21天突破 2022

中级会计资格
财务管理

向艳等 编著　　BT教育 组编

中国财经出版传媒集团
经济科学出版社

图书在版编目（CIP）数据

财务管理.2022/向艳等编著.—北京：经济科学出版社，2022.2

（21 天突破）

ISBN 978 – 7 – 5218 – 3429 – 1

Ⅰ.①财… Ⅱ.①向… Ⅲ.①财务管理 – 资格考试 – 自学参考资料 Ⅳ.①F275

中国版本图书馆 CIP 数据核字（2022）第 025900 号

责任编辑：孙丽丽　撒晓宇
责任校对：郑淑艳
责任印制：范　艳

财务管理（2022）

向　艳　等编著　BT 教育　组编
经济科学出版社出版、发行　新华书店经销
社址：北京市海淀区阜成路甲 28 号　邮编：100142
总编部电话：010 – 88191217　发行部电话：010 – 88191522
网址：www.esp.com.cn
电子邮箱：esp@esp.com.cn
天猫网店：经济科学出版社旗舰店
网址：http://jjkxcbs.tmall.com
北京鑫海金澳胶印有限公司印装
787×1092　16 开　28.75 印张　720000 字
2022 年 3 月第 1 版　2022 年 3 月第 1 次印刷
ISBN 978 – 7 – 5218 – 3429 – 1　定价：72.00 元
（图书出现印装问题，本社负责调换。电话：010 – 88191510）
（版权所有　侵权必究　打击盗版　举报热线：010 – 88191661
QQ：2242791300　营销中心电话：010 – 88191537
电子邮箱：dbts@esp.com.cn）

前　言

不少人对财务管理这科考试有畏难情绪，一看到书中各种符号和公式就心中凌乱了，错误地认为学习财务管理需要具备很好的数学基础。其实不然，财务管理具有清晰的学科逻辑，具有直观、简洁的基本原理和核心概念，它的各种理论和模型都是根据核心概念延伸展开而来。只要洞悉了这个规律，学习起来就会豁然开朗、得心应手。因此，我们编写了前言内容，向大家简单介绍财务管理的基本原理和知识框架，为我们正式学习财务管理提前打通"任督二脉"。

一、什么是财务管理

（一）财务管理的基本目的

任何学科都有它存在的目的，而目的是一个学科的逻辑起点，抓住这个起点我们就能顺藤摸瓜，学习就会事半功倍。所以，在介绍财务管理之前，首先就得告诉大家财务管理的基本目的。财务管理的基本目的就是增加股东财富。公司目的虽然看起来很多，但其基本目的只有一个，那就是为了盈利——增加股东财富。财务管理这个学科的各种概念、基本理论、方法模型等内容都是围绕增加股东财富这个目的发展而来的。下面，我们就从这个目的出发，一起来认识财务管理的基本内容。

（二）公司是如何创造价值的

既然财务管理的基本目的是增加股东财富或者说是公司价值最大化，那我们有必要先了解公司是如何创造价值的。简单地说，公司是通过筹资、投资、经营这三项基本活动来创造价值的。具体而言，一个公司要创造价值，它首先要在资本市场筹集资本，其中股东投资和借款是两个最主要的资本来源，然后把资本投资于生产经营性资产，如建造厂房、购买机器设备、原材料等，再运用这些资产进行生产、销售等经营活动，从而获取现金等收入。

那么，我们如何衡量公司创造价值的大小呢？最直观的方法就是看它获得了多少现金流入，现金流入越多，意味着它创造的价值越大。当然，这得有个前提，那就是假定获取现金流入的成本是相同的。但实际中，不同的公司或者同一公司不同项目的成本是不同的。因此，我们在衡量一个公司或者一个项目的价值时，成本和收益是两个基本的考虑因素，就是用现金流入减去现金流出的现金净流量。可以这么理解，现金流入代表收益，现金流出代表成本。

（三）什么是财务管理

通过前面的铺垫，下面可以正式了解财务管理了。

1. 财务管理的定义

前面说了，公司有筹资、投资和经营活动三个基本活动。财务管理主要与公司的投资和筹资有关，它对公司投资和筹资活动进行分析和决策，舍弃那些现金净流入为负的项目，选择现金净流入为正的项目，从而不断增加股东财富。从另一个角度来说，财务管理就是公司运营钱的活动，可以分为找钱和用钱两个方面，努力用最少的钱获得尽可能多的钱，从而不断增加股东财富（见图0-1）。

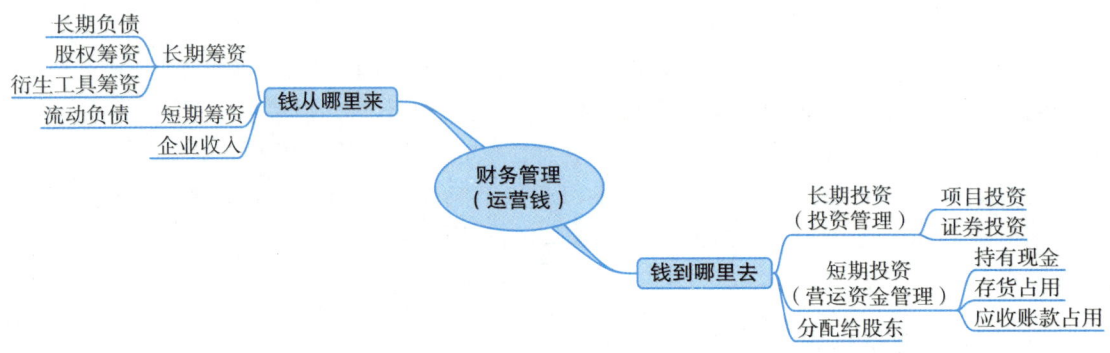

图0-1　什么是财务管理

2. 财务管理的基本原理

如果公司一项经营计划预期产生的现金流入超出实施该计划的现金流出，它就会增加股东财富；反之，就会减损股东财富。这就是财务管理的基本原理。大家一定要记住这个基本原理，因为所有财务管理的概念、理论和原则都是对这个基本原理的解释、论证和推理，所有财务管理的模型、程序和工具都是这个基本原理的应用。

3. 财务管理的核心概念

财务管理的核心概念是净现值，净现值是指一个项目的预期现金流入现值与实施该项计划预期现金流出现值的差额。净现值为正值的项目可以为股东创造价值，净现值为负值的项目会减损股东财富。

$$净现值 = 现金流入的现值 - 现金流出的现值$$

现值又是什么？前面在讲财务基本原理时不是说项目现金流入大于现金流出就会增加股东财富吗，怎么又出来个现值？请大家不用着急，让我慢慢道来。

提到现值，就不得不说货币的时间价值。简单地说，就是现在1元钱的价值不等于未来1元钱的价值，现在1元钱往往比未来1元钱的价值或者效用要大。因为即使不考虑通货膨胀的因素，我们把现在的1元钱存入银行，假设年利率为10%，一年之后我们就可以获得1.1元 $[1 \times (1 + 10\%)^1]$。我们开始投入的1元钱叫作本金，增加的0.1元叫作利息，这增加的0.1元也就是货币的时间价值。在实务中，人们习惯用相对数字来表示货币时间价值，即用增加价值占投入货币的百分数来表示。例如，前述货币时间价值为10%。

下面我们就正式说说现值这个重要的概念。我们把现在1元钱在将来某个时间的本金和利息之和叫作终值，通俗地说就是现在1元钱等于未来某个时间的多少钱。现值就是终值的对称概念，是将未来一定的金额按照一定比率折算成现在的价值，也就是未来某个时间的特定金额的钱等于现在多少钱。我们把计算未来一定金额的钱的现值就叫作折现。

还是举上面的例子，假设年利率还是10%，我们怎么计算1年后的1.1元等于现在多少钱呢？

假设现值为 P，根据终值的计算公式：$1.1 = P \times (1 + 10\%)^1$

变形可求得：$P = \dfrac{1.1}{1 + 10\%} = 1$（元）

正是因为同样的 1 元钱在不同时间的经济价值不一样，所以在使用财务管理基本原理的时候，我们不能对不同时间的现金流入和现金流出的金额直接比较大小，而是先将不同时间的现金统一折现到当前时点（也就是现值），再比较其现值的大小。所以，在考虑了货币的时间价值之后，财务管理的基本原理就变成了净现值原理。在这里，我们就提前认识一下净现值这个核心原理的计算公式吧。

计算净现值的公式：

$$\text{净现值} = \sum_{k=0}^{n} \frac{I_k}{(1+i)^k} - \sum_{k=0}^{n} \frac{O_k}{(1+i)^k}$$

式中，n——项目期限；I_k——第 k 年的现金流入量；O_k——第 k 年的现金流出量；i——资本成本。

净现值是财务管理基本原理模型化的结果，很多人也把财务管理的基本原理叫作净现值原理。净现值的内涵非常丰富，大部分财务管理的专业概念都与它有联系。从净现值的公式可以看出，计算净现值，涉及现金和现金流量、现值和折现率、资本成本等概念，这些概念共同构成了财务管理的基本理论体系，财务管理整本书也主要是这些基本理论的拓展和应用。看到这里，大家是不是有点小激动，居然在还没开始学习财务管理具体内容之前就已经扣住了它的命门。所以，财务管理以及其他中级职称考试科目，都是吓人的"纸老虎"而已。我们必须在战略上藐视它们，然后在战术上重视它们。下面就简单了解这几个重要的概念。

（1）现金、现金流。

现金是股东财富表现形式之一，它是最具流动性的资产，从本质上说，投资人只对现金流入感兴趣，股东财富的增加或减少必须用现金来计量。

现金流，又称现金流量，是指一定期间的经营活动、投资活动和筹资活动产生的现金流入、现金流出和现金净流量。需要指出的是，财务管理强调现金流量，突出现金净流量，与净利润区别开来。公司产生的现金净流量和实现的净利润在时间上往往并不一致。

在财务管理中，通常对备选项目投资的现金流入、现金流出和现金净流量进行预先估计，据以测算项目的净现值，作出是否投资该项目的决策。

（2）现值、折现率。

现值，也称折现值或者内在价值，是把未来现金流量折算为基准时点的价值。把未来现金流量折算为现值，需要恰当的折现率。实质上，折现率是投资者要求的必要收益率或者最低的收益率。在实务中，经常使用资本成本作为折现率。

（3）资本成本。

资本成本是指公司筹集和使用资本时付出的代价。广义上，公司筹集和使用任何资本，无论长期资本还是短期资本，都要付出代价，比如支付利息或者股利。狭义上，资本成本仅指筹集和使用长期资本的成本。按照长期资本的种类，相应有股票的资本成本、债券的资本成本和长期借款的资本成本。资本成本的大小主要由什么因素决定呢？资本成本主要跟投资项目的风险有关，风险越大，投资人要求的收益率必然就高。比如，相比于债权人，股东承担的风险或者不确定性就高多了，所以股权资本成本往往比债务资本成本要高。

（4）风险与报酬。

投资人要求的收益率就是公司的资本成本。前面也说了，风险和资本成本，也就是风险和报酬之间存在密切的关系，投资人承担的风险越大，要求的收益率就越高，相应地，公司承担的资本成本也高。风险与报酬之间是否有明确的数量关系呢？资本资产定价模型就解决了这个问题。

（5）价值评估。

价值评估是财务管理的核心原理之一，涉及投资项目价值评估、股票和债券价值评估、期权价值评估和公司价值评估。需要指出的是，财务管理所说的价值不同于公允价值和市场价值，它是根据现金流量折现的净现值，是项目的内在价值或者公平市场价值。价值评估其实也是净现值原理的具体运用。比如，在评估债券的价值时，某个债券的价值就是以后期间预计获得的每期利息和到期时收回的本金的现值之和。用公式表示就是：

$$PV = \frac{I_1}{1+i} + \frac{I_2}{(1+i)^2} + \cdots + \frac{I_n}{(1+i)^n} + \frac{M}{(1+i)^n}$$

式中，PV——债券价值；I——每年的利息；M——到期的本金；i——折现率，一般采用当前等风险投资的市场利率；n——债券到期前的年数。

（四）财务管理与会计学、投资学、金融学的区别

为了让大家更准确地理解财务管理，有必要讲一讲财务管理学与会计学等相关学科的区别。

1. 财务管理与会计

会计对公司已经发生的经营活动进行相应记录并编制财务报表，为我们做决策提供基础信息。而财务管理是对会计信息的分析和利用，它更侧重未来，通过对公司的筹资、投资活动进行研究分析，作出科学的决策，从而实现提高公司价值、增加股东财富的基本目的。两者既有联系又有区别。

2. 财务管理与投资学、金融学

财务管理学、金融学、投资学是现代财务学的三大分支。这三大分支相互联系，具有相同的理论基础，但侧重领域不同。金融学侧重货币、利率、汇率和金融市场；投资学侧重投资机构的证券评价；财务管理学则侧重经济组织的投资和筹资。

需要指出的是，财务管理学中的投资有别于投资学的投资，投资学中的投资主要是指股票、债券等证券的投资，而财务管理的投资特指公司对经营性资产的直接投资，投资的目的是获取经营活动所需的实物资源，以便运用这些资源获取营业利润，包括对子公司、合营企业的投资也是为了控制其经营，而不是为了再出售收益。有时公司也会购买一些风险较低的证券，作为现金的替代品，目的是在保持流动性的前提下降低闲置现金的机会成本，并非真正意义上的证券投资行为。

二、本书的基本框架

前面提到，财务管理是运营钱的活动，主要涉及钱从哪里来（筹资）、钱到哪里去（投资）这两个方面，本书的章节安排也主要围绕这两个方面。其中，第四章筹资管理（上）、第五章筹资管理（下）主要与钱从哪里来（筹资）相关，第六章投资管理和第七章营运资金管理主要与钱到哪里去（投资）相关，第九章收入与分配管理同时与这两个方面相关。其他章节，第一章总论、第二章财务管理基础是在介绍财务管理的基本概念和基本理论，为后续章节的学习打下基础；第三章预算管理是教我们在筹资、投资前先要做好预算，正所谓"谋定而后动"；第八章成本管理是学习如何在筹钱、花钱的过程中控制好成本，真正为企业盈利；第十章财务分析与评价是对企业的财务状况进行分析，从而检测财务管理的成果（见图0-2）。

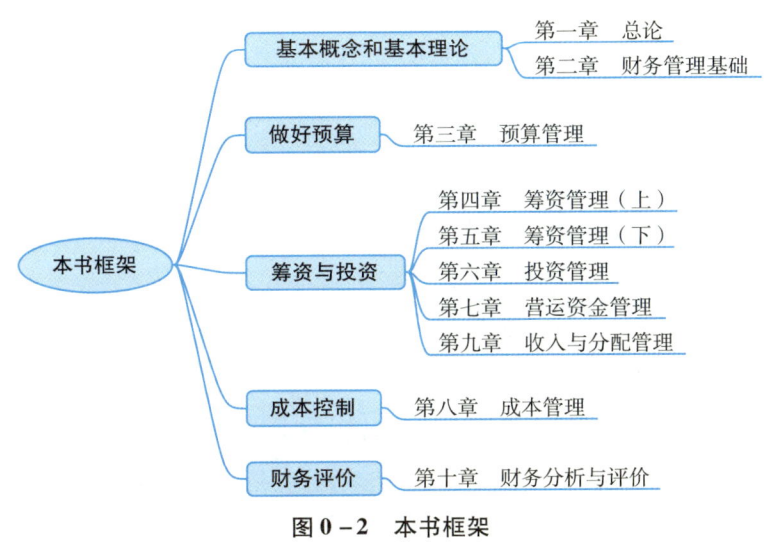

图0-2 本书框架

三、财务管理的学习方法

学习财务管理要克服两个"难关"，很多同学对这门课程有天然的畏难情绪，觉得财务管理有两大特点，其一"计算难"，其二"公式多，难记忆"。我们分别来分析这两点。

（一）计算难

财务管理这门课程主观题考查的都是计算分析题，然而考查计算分析题不代表"计算"很难，绝大多数的计算也就是小学层次。比如2019年真题让你计算：$1\,675 \times 3.7845 + 800 \times 0.4323 - 5\,000$等于多少？很明显这种层次的计算不能称之为难，而且考试当中电脑是带有计算器的。

大部分同学觉得计算分析题难其实是因为你列不出刚才那个等式，难点不在于计算，而在于知识点本身。因此不要妖魔化财务管理，中级财务管理的计算难度很低。关键在于学习财务管理的过程当中要深入地了解每一个知识点的原理，熟悉知识点才能熟练运用它。还有些同学习惯性马大哈，即使列出了等式，也可能在按计算器的过程中把3.7845

按成 3.7854，最终导致答案错误。细致是作为一个财务人员应有的良好品质，考试也会有所反映。

（二）公式多，难记忆

财务管理的公式并不是让大家去死记硬背的，而是应该通过理解来记忆，关键点在于如何理解。比如财务比率分析当中有很多的公式，我们会建议同学按照图示的方式去理解记忆。画一个简化的资产负债表你就能清晰地看到营运资金、流动比率等指标是如何计算的。具体可以登录 BT 教育官网听一下咱们"中级会计职称方法训练营"的课程。

目录 / Contents

第1天		第一章	**总论** / 3
		第一节	企业与企业财务管理 / 4
		第二节	财务管理目标 / 5
		第三节	财务管理原则 / 9
		第四节	财务管理环节 / 10
		第五节	财务管理体制 / 10
		第六节	财务管理环境 / 13
第2天	第3天	第二章	**财务管理基础** / 17
		第一节	货币时间价值 / 18
		第二节	收益与风险 / 30
		第三节	成本性态分析 / 42
第4天		第三章	**预算管理** / 47
		第一节	预算管理概述 / 48
		第二节	预算的编制方法与程序 / 50
		第三节	预算编制 / 55
		第四节	预算的执行与考核 / 68
第5天	第6天	第四章	**筹资管理（上）** / 70
		第一节	筹资管理概述 / 71
		第二节	债务筹资 / 76
		第三节	股权筹资 / 83
		第四节	衍生工具筹资 / 90
		第五节	筹资实务创新 / 94
第7天	第8天	第五章	**筹资管理（下）** / 99
		第一节	资金需要量预测 / 100
		第二节	资本成本 / 104

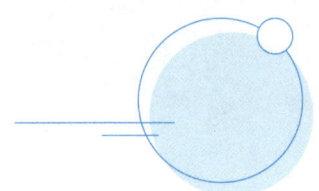

			第三节 杠杆效应 / 111
			第四节 资本结构 / 113
第9天	第10天	第11天	第六章 投资管理 / 119
			第一节 投资管理概述 / 120
			第二节 投资项目财务评价指标 / 121
			第三节 项目投资管理 / 127
			第四节 证券投资管理 / 135
			第五节 基金投资与期权投资 / 141
第12天	第13天	第14天	第七章 营运资金管理 / 148
			第一节 营运资金管理概述 / 149
			第二节 现金管理 / 153
			第三节 应收账款管理 / 163
			第四节 存货管理 / 172
			第五节 流动负债管理 / 178
第15天	第16天	第17天	第八章 成本管理 / 185
			第一节 成本管理概述 / 186
			第二节 本量利分析与应用 / 187
			第三节 标准成本控制与分析 / 201
			第四节 作业成本与责任成本 / 206
第18天	第19天		第九章 收入与分配管理 / 216
			第一节 收入与分配管理概述 / 217
			第二节 收入管理 / 218
			第三节 纳税管理 / 229
			第四节 分配管理 / 235
第20天	第21天		第十章 财务分析与评价 / 245
			第一节 财务分析与评价概述 / 246
			第二节 基本的财务报表分析 / 248
			第三节 上市公司财务分析 / 257
			第四节 财务评价与考核 / 260

附录 / 263

第 1 天

- **复习旧内容：**

    无

- **学习新内容：**

    第一章　总论

- **今天想对你说：**

    初学财务管理，你的心情可能跟学其他科目不一样，因为新鲜感已经过去，而且你心中有一座大山把你压着，总觉得财务管理最难。其实你们不知道的事实是，财务管理的考题一直都很稳定，而我们的思维也更容易接受计算，所以，请将心中的大山移除，轻松上阵。

- **简单解释今天学习内容：**

    本章内容是财务管理基本概念介绍，介绍了企业组织形式、财务管理目标、财务管理原则、财务管理环节、集权与分权型财务管理体制等，内容简单，多涉及一些名词概念，考查方式多为易混淆的概念区分。

- **可能会遇到的难点：**

    今天基本不会遇到难点，但可能会遇到一些名词概念，遇到名词概念不要怕，记住越是概念的地方，越要转化成我们工作和生活中熟悉的案例，进行联想理解记忆。

- **习题注意事项：**

    考查题型多为单选、多选和判断题，考查方式多为易混淆的概念区分，某类名词解释的优缺点等。由于考查的是客观题，大家不用大段背诵各类名词解释，理解记住关键词，能够根据关键词选出正确答案即可。

- **建议学习时间：**

    3 小时

第一章 总 论

扫码领取
学习资料

【本章导读】

（1）学习内容：本章内容是财务管理基本概念介绍，介绍了企业组织形式、财务管理目标、财务管理环节、集权与分权管理体制等，内容简单，近几年考题分值大概在5分，考查题型多为单选、多选和判断题，考查方式多为易混淆概念区分，某类名词解释的优缺点等，由于考查的是客观题，大家不用大段背诵各类名词解释，理解并记住关键词，能够选出正确答案即可。

（2）学习方法：通读一遍，做完历年考题，把考题中出现的名词解释弄清楚。

（3）学习思路（见图1-1）。

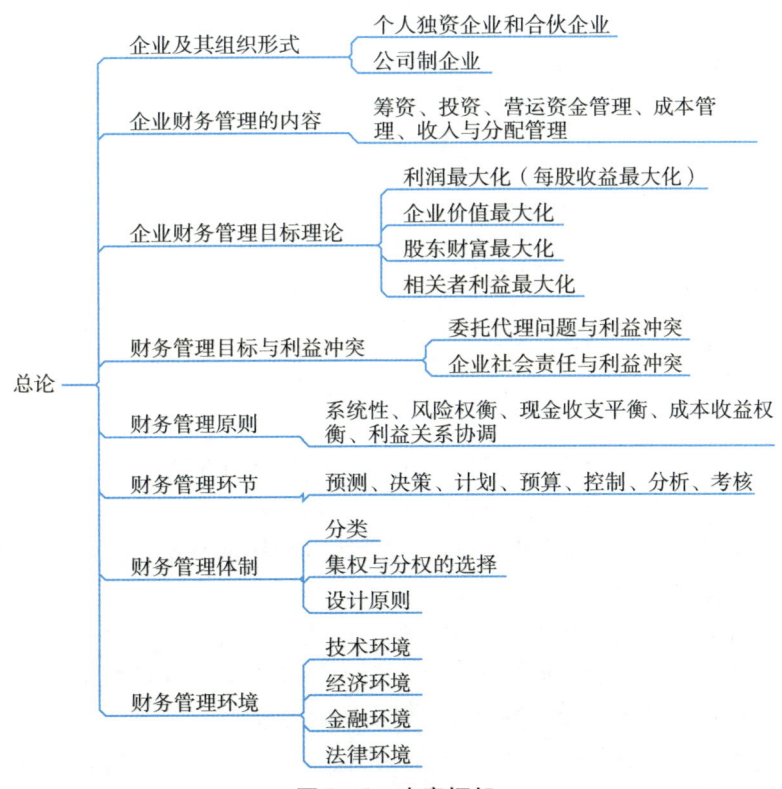

图1-1 本章框架

第一节 企业与企业财务管理

一、企业及其组织形式

企业是依法设立的，以营利为目的，运用各种生产要素（土地、劳动力、资本和技术等），向市场提供商品或服务，实行自主经营、自负盈亏、独立核算的法人或其他社会经济组织。企业的目标是创造财富（或价值）。企业在创造财富（或价值）过程中必须承担相应的社会责任，如表 1-1 所示。

表 1-1　　　　　　　　　　　　企业及其组织形式

组织形式	定义	优点	缺点
个人独资企业	是由一个自然人投资，全部资产为投资者个人所有，全部债务由投资者个人承担的经营实体	创立容易、经营管理灵活自由、不需要缴纳企业所得税	（1）无限责任； （2）难以从外部获取大量资金； （3）所有权的转移比较困难； （4）企业生命有限
合伙企业	是由两个或两个以上的自然人（有时也包括法人或其他组织）合伙经营的企业。各合伙人根据合伙协议，共同出资、合伙经营、共享收益、共担风险的营利性组织。合伙企业，分为普通合伙企业和有限合伙企业	同上	同上； 每个普通合伙人对企业债务承担无限连带责任，有限合伙人以其认缴出资额为限承担有限责任
公司制企业	公司是由投资人依法出资组建，有**独立法人财产**、自主经营、自负盈亏的企业法人。出资者按出资额对公司承担有限责任。 公司分为有限责任公司（1~50 人）和股份有限公司（2~200 人）	（1）容易转让所有权； （2）有限债务责任：以出资额为限； （3）无限存续； （4）融资渠道较多，更容易筹集所需资金	（1）组建公司的成本高； （2）存在代理问题； （3）双重课税；企业所得税 + 个人所得税

普通合伙企业：由普通合伙人组成，合伙人对合伙企业债务承担**无限连带责任**。依照合伙企业法的规定，国有独资公司、国有企业、上市公司以及公益性的事业单位、社会团体不得成为普通合伙人。以专业知识和专门技能为客户提供有偿服务的专业服务机构，可以设立为特殊的普通合伙企业。

有限合伙企业：由普通合伙人和有限合伙人组成，普通合伙人对合伙企业债务承担无限连带责任，有限合伙人以其认缴的出资额为限对合伙企业债务承担责任。有限合伙企业至少应当有一个普通合伙人，由普通合伙人执行合伙事务。

国有独资公司是有限责任公司的一种特殊形式。我国国有独资公司不设股东会，由国有资产监督管理机构行使股东会职权。

【例题1-1·单选题】与普通合伙制企业相比,下列各项中,属于公司制企业特点的是（　　）。(2017年)
A. 设立时股东人数不受限制　　B. 有限债务责任
C. 组建成本低　　D. 有限存续期
【答案】B
【解析】公司制企业的优点：(1) 容易转让所有权。(2) 有限债务责任（选项B）。(3) 公司制企业可以无限存续，一个公司在最初的所有者和经营者退出后仍然可以继续存在。(4) 公司制企业融资渠道较多，更容易筹集所需资金。

【例题1-2·判断题】不论是公司制企业还是合伙制企业，股东合伙人都面临双重课税问题，即在缴纳企业所得税后，还要缴纳个人所得税。（　　）(2016年)
【答案】错误
【解析】合伙制企业不需缴纳企业所得税。

二、企业财务管理的内容（了解）（见图1-2）

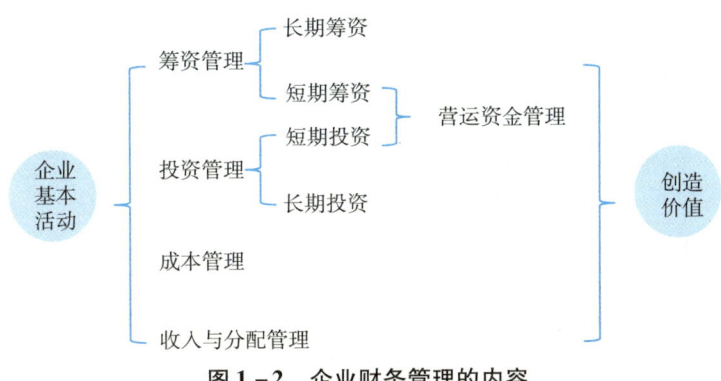

图1-2　企业财务管理的内容

第二节　财务管理目标

一、企业财务管理目标理论

（一）四种代表性理论

企业财务管理目标有以下几种具有代表性的理论：利润最大化、股东财富最大化、企业价值最大化、相关者利益最大化，如表1-2所示。

表 1-2　　　　　　　　　　　　　企业财务管理目标理论

目标	理由及解释	存在的问题
利润最大化	利润最大化的另一种表现形式是每股收益最大化。 有利于资源的合理配置，提高企业经济效益	缺点： （1）没有考虑利润实现时间和资金时间价值； （2）没有考虑风险问题； （3）没有反映创造的利润与投入资本之间的关系（每股收益最大化考虑）； （4）可能导致企业短期行为倾向，影响企业长远发展。 【注意】如果风险相同、每股收益时间相同，每股收益最大化也是衡量公司业绩的一个重要指标
股东财富最大化	与利润最大化相比，股东财富最大化的主要优点有： （1）考虑了风险因素； （2）在一定程度上能避免企业追求短期行为； （3）容易量化，便于考核和奖惩	缺点： （1）通常只适用于上市公司； （2）股价受众多因素的影响，特别是企业外部的因素，有些还可能是非正常因素，股价不能完全准确反映企业财务管理状况； （3）它更多强调的是股东利益，而对其他相关者的利益重视不够
企业价值最大化	优点： （1）考虑了取得收益的时间； （2）考虑了风险与收益的关系； （3）将企业长期、稳定的发展和持续的获利能力放在首位，能克服企业在追求利润上的短期行为； （4）用价值代替价格，避免了过多受外界市场因素的干扰，有效地规避了企业的短期行为	缺点： （1）过于理论化，不易操作； （2）对于非上市公司而言，只有对企业进行专门的评估才能确定其价值。而在评估企业的资产时，由于受评估标准和评估方式的影响，很难做到客观和准确
相关者利益最大化	股东作为企业的所有者，在企业中拥有最高的权力，并承担着最大的义务和风险。企业的利益相关者不仅包括股东，还包括债权人、企业经营者、客户、供应商、员工、政府等。因此，在确定企业财务管理目标时，不能忽视这些相关利益群体的利益。 优点： （1）有利于企业长期稳定发展； （2）体现了合作共赢的价值理念，有利于实现企业经济效益和社会效益的统一； （3）较好地兼顾了各利益主体的利益； （4）体现了前瞻性和现实性的统一	

【考点提示】企业财务管理目标四种代表性理论属于近两年客观题的高频考点，可以单独考查某一个理论的优缺点，也可以在多选题中考查理论之间共同的优缺点，其中利润最大化目标和股东财富最大化目标的优缺点对比是常见的"坑"，汇总对比表可以帮助大家更好地记忆（见表 1-3）。

表 1-3　　　　　　　　　　企业财务管理目标汇总对比

目标	投入产出对比	利润实现时间	风险	长远发展	衡量难易度
利润最大化	×	×	×	×	容易
股东财富最大化	考虑	考虑	考虑	考虑	上市公司容易
企业价值最大化	考虑	考虑	考虑	考虑	过于理论化，难以操作
相关者利益最大化	考虑	考虑	考虑	考虑	难以操作

（二）各种财务管理目标之间的联系（了解）

（1）利润最大化、股东财富最大化、企业价值最大化以及相关者利益最大化等各种财务管理目标，都以股东财富最大化为基础，因为股东在企业中承担最大的义务和风险，相应也应享有最高的收益。

（2）以股东财富最大化为核心和基础，还应该考虑利益相关者的利益。其他利益相关者的要求先于股东被满足，只有满足了其他方面的利益之后才会有股东的利益，因此股东权益是剩余权益。没有股东财富最大化的目标，利润最大化、企业价值最大化以及相关者利益最大化的目标也就无法实现。因此，在强调公司承担应尽的社会责任的前提下，应当允许企业以股东财富最大化为目标。

【例题1-3·单选题】与企业价值最大化财务管理目标相比，股东财富最大化目标的局限性是（　　）。（2018年）

A. 对债权人的利益重视不够
B. 容易导致企业的短期行为
C. 没有考虑风险因素
D. 没有考虑货币时间价值

【答案】A
【解析】股东财富最大化目标强调得更多的是股东利益，而对其他相关者的利益重视不够，所以选项A正确。企业价值最大化和股东财富最大化目标都考虑了风险因素和货币时间价值，都能在一定程度上避免企业的短期行为。

【例题1-4·判断题】相关者利益最大化作为财务管理目标，体现了合作共赢的价值理念。（　　）（2017年）

【答案】正确
【解析】以相关者利益最大化作为财务管理目标，具有以下优点：（1）有利于企业长期稳定发展；（2）体现了合作共赢的价值理念，有利于实现企业经济效益和社会效益的统一；（3）这一目标本身是一个多元化、多层次的目标体系，较好地兼顾了各利益主体的利益；（4）体现了前瞻性和现实性的统一。

二、财务管理目标与利益冲突

（一）委托代理问题与利益冲突

委托代理冲突问题引起的利益冲突包括股东与管理层、大股东与中小股东、股东与债权人之间的利益冲突（见表1-4）。

表1-4　　　　　　　　　　　　　利益冲突与协调

利益冲突人	表现形式	协调方式
股东与管理层	经营者希望在创造财富的同时，能够获得更多的报酬、更多的享受，并避免各种风险；而所有者则希望以较小的代价（支付较少报酬）实现更多的财富	（1）解聘：通过股东约束经营者； （2）接收：通过市场约束经营者； （3）激励：将经营者的报酬与绩效直接挂钩，包括股票期权和绩效股
大股东与中小股东之间	由于大股东与中小股东之间存在严重的信息不对称，导致大股东侵害中小股东利益，包括：（1）利用关联交易转移上市公司的资产；（2）非法占用上市公司巨额资金，或以上市公司的名义进行担保和恶意筹资；（3）通过发布虚假信息进行股价操纵，欺骗中小股东；（4）为大股东委派的高管支付不合理的报酬及特殊津贴；（5）采用不合理的股利政策，掠夺中小股东的既得利益	（1）完善上市公司的治理结构：增强中小股东的投票权和知情权，提高董事会中独立董事的比例，建立健全监事会； （2）规范上市公司的信息披露制度，完善会计准则体系和信息披露规则，加大对信息披露违规行为的处罚力度
股东与债权人	（1）所有者未经债权人同意，要求经营者改变资金用途，用于风险更高的项目； （2）所有者未经现有债权人同意，举借新债，致使原有债权的价值降低	（1）限制性借债； （2）收回借款或停止借款

【例题1-5·单选题】某上市公司职业经理人在任职期间不断提高在职消费，损害股东利益。这一现象所揭示的公司制企业的缺点主要是（　　）。（2016年）
A. 产权问题　　　　　　　　　　B. 激励问题
C. 代理问题　　　　　　　　　　D. 责权分配问题
【答案】C
【解析】经营者和所有者的主要利益冲突，是经营者希望在创造财富的同时，能够获得更多的报酬、更多的享受，并避免各种风险；而所有者则希望以较小的代价实现更多的财富，这主要是由于所有权与经营权分离导致的代理问题。

【例题1-6·判断题】公司将已筹集资金投资于高风险项目会给原债权人带来高风险和高收益。（　　）（2017年）
【答案】错误

【解析】公司改变举债资金的原定用途，将已筹集资金投资于高风险项目，会增大财务风险，债权人的债务价值从而降低，造成债权人风险与收益的不对称，此时承担的是高风险，高风险项目一旦成功，额外的利润会被所有者独享，而项目一旦失败，债权人却要和所有者共同负担因此承担的损失，因此高风险对应的未必是高收益。

（二）企业社会责任与利益冲突

企业的社会责任是指企业在谋求股东财富最大化之外所负有的维护和增进社会利益的义务。

具体来说，企业社会责任主要包括以下内容，如表1-5所示。

表1-5　　　　　　　　　　　　企业的社会责任

具体责任	具体内容
对员工的责任	（1）按时足额发放劳动报酬，并根据社会发展逐步提高工资水平； （2）提供安全健康的工作环境，加强劳动保护，实现安全生产，积极预防职业病； （3）建立公司职工的职业教育和岗位培训制度，不断提高职工的素质和能力； （4）完善工会、职工董事和职工监事制度，培育良好的企业文化
对债权人的责任	（1）真实、准确、完整、及时披露公司信息； （2）诚实守信，不滥用公司人格； （3）主动偿债，不无故拖欠； （4）确保交易安全，切实履行合法订立的合同
对消费者的责任	（1）确保产品质量，保障消费安全； （2）诚实守信，确保消费者的知情权； （3）提供完善的售后服务，及时为消费者排忧解难
对社会公益的责任	企业对社会公益的责任主要涉及慈善、社区等
对环境和资源的责任	（1）承担可持续发展与节约资源的责任； （2）承担保护环境和维护自然和谐的责任
其他	企业还有义务和责任遵从政府的管理、接受政府的监督
【注意】过分地强调社会责任而使企业价值减少，就可能导致整个社会资金运用的次优化，从而使社会经济发展步伐减缓	

第三节　财务管理原则

表1-6　　　　　　　　　　　　财务管理原则

原则	具体内容
系统性原则	财务管理是企业管理系统的一个子系统，它本身又由筹资管理、投资管理、营运管理和分配管理等子系统构成。在财务管理中坚持系统性原则，是财务管理工作的首要出发点

续表

原则	具体内容
风险权衡原则	风险权衡原则是指风险和报酬之间存在着一个对应关系，决策者必须对报酬和风险作出权衡，为追求较高报酬而承担较大的风险，或者为减少风险而接受较低的报酬。所谓对应关系是指高收益的投资机会必然伴随着较高的风险，风险小的投资机会必然只有较低的收益
现金收支平衡原则	财务管理贯彻的是收付实现制，而非权责发生制，客观上要求在财务管理活动中做到现金收入和现金支出在数量上、时间上达到动态平衡
成本收益权衡原则	在财务管理中，时刻都需要进行成本与收益的权衡。在筹资管理中，要进行资金成本和筹资收益的权衡；在长期投资管理中，要进行投资成本和投资收益的权衡；在营运资金管理中，收益难以量化，但应追求成本最低化；在分配管理中，应在追求分配管理成本最小的前提下，妥善处理好各种财务关系
利益关系协调原则	企业在进行财务活动时，离不开处理与股东、债权人、经营者、职工、内部各部门、债务人、被投资企业、国家（政府）、社会公众等利益主体之间的财务关系。从这个角度来说，财务管理过程也是一个协调各种利益关系的过程。利益关系协调成功与否，直接关系到财务管理目标的实现程度

第四节　财务管理环节

财务管理环节如图 1-3 所示。

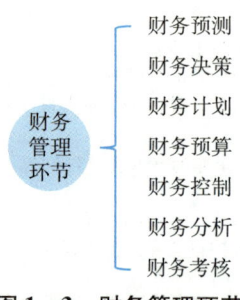

图 1-3　财务管理环节

第五节　财务管理体制

一、企业财务管理体制的一般模式

企业财务管理体制，概括地说，可分为三种类型，如表 1-7 所示。

表 1-7　　　　　　　　　　　企业财务管理体制的一般模式

模式	含义	特点
集权型	集权型财务管理体制是指企业对各所属单位的所有财务管理决策都进行集中统一，各所属单位没有财务决策权；企业总部财务部门不但参与决策和执行决策，在特定情况下还直接参与各所属单位的执行过程	(1) 优点。 ①一体化管理，利用企业的人才、智力、信息资源，努力降低资本成本和风险损失，使决策的统一化、制度化得到有力的保障； ②有利于在整个企业内部优化配置资源，有利于实行内部调拨价格，有利于内部采取避税措施及防范汇率风险等。 (2) 缺点。 集权过度会使各所属单位缺乏主动性、积极性，丧失活力，也可能因为决策程序相对复杂而失去适应市场的弹性，丧失市场机会
分权型	分权型财务管理体制是指企业将财务决策权与管理权完全下放到各所属单位，各所属单位只需对一些决策结果报请企业总部备案即可	(1) 优点。 ①有利于针对本单位存在的问题及时作出有效决策，因地制宜地搞好各项业务； ②有利于分散经营风险，促进所属单位管理人员及财务人员的成长。 (2) 缺点。 各所属单位大多从本单位利益出发安排财务活动，缺乏全局观念和整体意识，从而可能导致资金管理分散、资本成本增大、费用失控、利润分配无序
集权与分权相结合型	实质就是集权下的分权： 高度集权：所有重大问题的决策与处理； 分权：日常经营活动	集权与分权相结合型财务管理体制，吸收了集权型和分权型财务管理体制各自的优点，避免了二者各自的缺点，从而具有较大的优越性

【例题 1-7·单选题】集权型财务管理体制可能导致的问题是（　　）。(2017 年)
A. 利润分配无序　　　　　　　　　B. 削弱所属单位主动性
C. 资金成本增大　　　　　　　　　D. 资金管理分散
【答案】B
【解析】集权型财务管理体制下企业内部的主要管理权限集中于企业总部，各所属单位执行企业总部的各项指令，故它的缺点是：集权过度会使各所属单位缺乏主动性、积极性，丧失活力，也可能因为决策程序相对复杂而失去适应市场的弹性，丧失市场机会，选项 B 正确。

【例题 1-8·判断题】企业集团内部所属单位之间业务联系越密切，就越有必要采用相对集中的财务管理体制。（　　）(2016 年)
【答案】正确
【解析】各所属单位之间业务联系越密切，就越有必要采用相对集中的财务管理体制，反之则相反。

二、影响企业财务管理体制集权与分权选择的因素

影响企业财务管理体制集权与分权选择的因素如表1-8所示。

表1-8　　　　　　　　影响企业财务管理体制集权与分权选择的因素

考虑因素	具体内容
企业生命周期	一般而言，企业发展会经历初创阶段、快速发展阶段、稳定增长阶段、成熟阶段和衰退阶段
企业战略	企业战略的发展大致经历四个阶段，即数量扩大、地区开拓、纵向或横向联合发展和产品多样化，不同战略目标应匹配不同的财务管理体制
企业所处市场环境	如果企业所处的市场环境复杂多变，有较大的不确定性，就要求在财务管理中划分权力给中下层财务管理人员较多的随机处理权，以增强企业对市场环境变动的适应能力。如果企业面临的环境是稳定的、对生产经营的影响不太显著，则可以把财务管理权较多地集中
企业规模	一般而言，企业规模小，财务管理工作量小，为财务管理服务的财务组织制度也相应简单、集中，偏重于集权模式。企业规模大，财务管理工作量大，复杂性增加，财务管理的各种权限就有必要根据需要重新设置规划
企业管理层素质	包括财务管理人员在内的管理层如果素质高、能力强，可以采用集权型财务管理体制。反之，通过分权可以调动所属单位的生产积极性、创造性和应变能力
信息网络系统	集权型的财务管理体制，在企业内部需要有一个能及时、准确传递信息的网络系统，并通过对信息传递过程的严格控制以保障信息的质量

三、企业财务管理体制的设计原则

从企业的角度出发，其财务管理体制的设定或变更应当遵循如下四项原则，如表1-9所示。

表1-9　　　　　　　　企业财务管理体制的设计原则

原则	具体解释
与现代企业制度的要求相适应的原则	按照现代企业制度的要求，企业财务管理体制必须以产权管理为核心，以财务管理为主线，以财务制度为依据，体现现代企业制度特别是现代企业产权制度管理的思想
明确企业对各所属单位管理中的决策权、执行权与监督权相互制衡原则	现代企业要做到管理科学，必须首先要求从决策与管理程序上做到科学、民主，因此决策权、执行权与监督权相互制衡的制度必不可少

续表

原则	具体解释
明确财务综合管理和分层管理思想的原则	现代企业制度要求管理是一种综合管理、战略管理。这种管理要求： （1）从企业整体角度对企业的财务战略进行定位； （2）对企业的财务管理行为进行统一规范，做到高层的决策结果能被低层战略经营单位完全执行； （3）以制度管理代替个人的行为管理，从而保证企业管理的连续性； （4）以现代企业财务分层管理思想指导具体的管理实践
与企业组织体制相适应的原则	企业组织体制主要有 U 型组织、H 型组织和 M 型组织三种基本形式。 （1）U 型组织以职能化管理为核心，最典型的特征是在管理分工下实行集权控制； （2）H 型组织即控股公司体制，它的典型特征是过度分权，但是随着管理实践的深入，现代意义上的 H 型组织既可以分权管理，也可以集权管理； （3）M 型组织即事业部制，事业部不是独立法人，因此，M 型组织比 H 型组织集权程度更高

四、集权与分权相结合型财务管理体制的一般内容（见图 1-4）

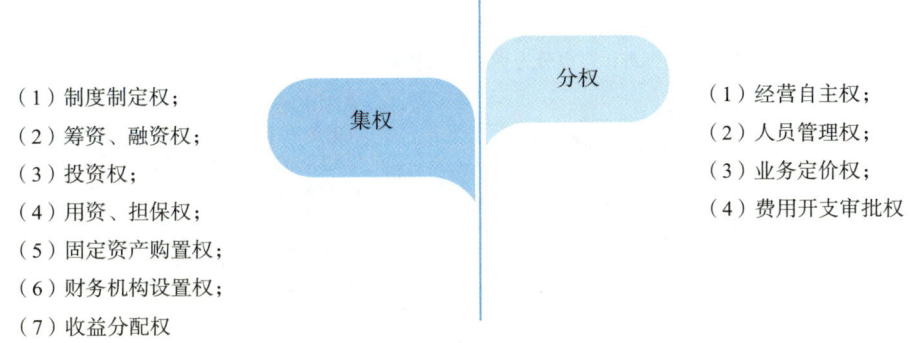

（1）制度制定权；
（2）筹资、融资权；
（3）投资权；
（4）用资、担保权；
（5）固定资产购置权；
（6）财务机构设置权；
（7）收益分配权

（1）经营自主权；
（2）人员管理权；
（3）业务定价权；
（4）费用开支审批权

图 1-4　集权与分权相结合型财务管理体制的一般内容

第六节　财务管理环境

财务管理环境是指对企业财务活动和财务管理产生影响作用的企业内外各种条件的统称，主要包括：技术环境、经济环境、金融环境、法律环境等，如表 1-10 所示。

表 1-10　　　　　　　　　　　　　　财务管理环境

环境因素	具体解释
技术环境	财务管理的技术环境，是指财务管理得以实现的技术手段和技术条件，它决定着财务管理的效率和效果。应用：会计信息化标准体系的可扩展商业报告语言（XBRL）分类标准

续表

环境因素	具体解释
经济环境	在影响财务管理的各种外部环境中，经济环境是最为重要的。 (1) 经济体制。 经济体制决定了企业财务管理活动的内容。如计划经济体制下企业财务管理活动内容单一、方法简单；市场经济体制下财务管理活动内容丰富、方法多样。 (2) 经济周期。 经济发展与运行大体上经历复苏、繁荣、衰退、萧条几个阶段的循环，在经济周期的不同阶段，企业应采用不同的财务管理战略。 (3) 经济发展水平。 财务管理应当以经济发展水平为基础，以宏观经济发展目标为导向，从业务工作角度保证企业经营目标和经营战略的实现。 (4) 宏观经济政策。 包括金融政策、财税政策、外汇政策、价格政策、会计制度等。 (5) 通货膨胀水平。 ①在通货膨胀初期，货币面临着贬值的风险，这时企业进行投资可以避免风险，实现资本保值；与客户应签订长期购货合同，以减少物价上涨造成的损失；取得长期负债，保持资本成本的稳定。 ②在通货膨胀持续期，企业可以采用比较严格的信用条件，减少企业债权；调整财务政策，防止和减少企业资本流失等
金融环境	(1) 金融机构主要是指银行和非银行金融机构。 (2) 金融工具分为基本金融工具和衍生金融工具。金融工具具有流动性、风险性、收益性的特征。 (3) 金融市场不仅为企业融资和投资提供了场所，而且还可以帮助企业实现长短期资金转换、引导资本流动，提高资金转移效率

	(4) 金融市场分类	以期限为标准，可以分为货币市场和资本市场	
		货币市场： ①1年以内，短期资金融通； ②包括同业拆借市场、票据市场、大额定期存单市场和短期债券市场； ③流动性强、价格平稳、风险较小	资本市场： ①1年以上，解决长期资本需要； ②包括债券市场、股票市场、期货市场和融资租赁市场等； ③资本借贷量大； ④收益较高，风险较大
		以功能为标准，可以分为发行市场（一级市场）和流通市场（二级市场）	
		以融资对象为标准，可以分为资本市场、外汇市场和黄金市场。 以所交易金融工具的属性为标准，可以分为基础性金融市场和金融衍生品市场。 以地理范围为标准，可以分为地方性金融市场、全国性金融市场和国际性金融市场	

法律环境	法律环境是指企业与外部发生经济关系时应遵守的有关法律、法规和规章制度，主要包括公司法、证券法、民法典、税法、企业财务通则、内部控制基本规范、管理会计指引等

【考点提示】财务管理环境属于历年考查的高频考点，尤其是经济环境和金融环境，大家一定要掌握这几处常考点：经济周期中的财务管理策略、通货膨胀对企业财务活动的影响以及应对措施、金融市场的分类、货币市场和资本市场的主要特点，建议自行汇总对比方便记忆。

【例题1-9·单选题】 下列各项措施中,无助于企业应对通货膨胀的是(　　)。(2017年)

　　A. 发行固定利率债券　　　　　　　　B. 以固定租金融资租入设备
　　C. 签订固定价格长期购货合同　　　　D. 签订固定价格长期销货合同

【答案】 D

【解析】 发行固定利率债券,在市场利率上升的时候,仍然可以保持资本成本的稳定,按照固定利率支付债券利息;同理,以固定租金融资租入设备,也可以保持资本成本的稳定,并应对通货膨胀;应与客户签订长期购货合同,这样在物价上涨的情形下,仍然可以按照原来合同约定的"低价"购入货物,从而减少物价上涨造成的损失;签订固定价格的长期销货合同,企业仍然要按照原来合同约定的"低价"销售货物,此时会减少在通货膨胀时期的现金流入,所以选项D无助于应对通货膨胀。

【例题1-10·多选题】 与货币市场相比,资本市场的特点有(　　)。(2018年)

　　A. 投资收益较高　　　　　　　　B. 融资期限较长
　　C. 投资风险较大　　　　　　　　D. 价格波动较小

【答案】 ABC

【解析】 与货币市场相比,资本市场的特点主要有:(1)融资期限长;(2)流动性相对较差;(3)风险大而收益较高;(4)资金借贷量大;(5)价格变动幅度大。

【例题1-11·判断题】 金融市场可以划分为货币市场和资本市场,股票市场属于资本市场。(　　)(2018年)

【答案】 正确

【解析】 金融市场可以划分为货币市场和资本市场,资本市场包括债券、股票、融资租赁。所以股票市场属于资本市场。

第 2 天

- **复习旧内容：**
    第一章　总论
- **学习新内容：**
    第二章　财务管理基础　第一节
- **今天想对你说：**
    经过前一天的学习，我们在逐步地入门，今天的内容无疑是令人期待的，也是带领大家真正走入财务管理的基础知识，让我们明白什么是货币时间价值。
- **简单解释今天学习内容：**
    本章内容是财务管理基础介绍，介绍了货币的时间价值的知识，是后面投资管理、债券、股票估值等的基础，属于一般重要的章节。
- **可能会遇到的难点：**
    考生会被各种现值和终值系数吓住。对于各种现值和终值系数，一定要画现金流量图，区分每一笔现金流准确的时点，是年初还是年末，现金流量图画准了，后面的计算就会容易很多，对于本章的大量现值和终值公式，大家不需要花费大量时间掌握具体的公式怎么推导，只需要掌握具体应用，例如如何查表、如何运用插值法进行计算求解。
- **习题注意事项：**
    考查题型多以单选、多选和判断题为主，考查方式多为各种现值、终值的简单计算。
- **建议学习时间：**
    2 小时

第二章　财务管理基础

扫码领取
学习资料

【本章导读】

(1) 学习内容：本章内容是财务管理基础介绍，介绍了货币的时间价值、风险与收益和成本性态三大方面的知识，是后面学习的基础，属于一般重要的章节，近几年考题分数大概在6分，考查题型多以单选题、多选题和判断题为主，有些年份也考查了简单的计算题，考查方式多为各种现值、终值、收益率计算，某类成本性态的属性等。

(2) 学习方法：本章的学习方法就是画图和看图，对于货币时间价值小节的学习，一定要画现金流量图，区分每一笔现金流准确的时点，是年初还是年末，现金流量图画准了，后面计算就会容易很多，对于本章大量的现值和终值公式，不需要大家掌握具体的公式怎么推导，只需要掌握如何查表、如何运用插值法进行计算；对于风险与收益章节，理解各种风险和收益率的概念，重点掌握风险和收益的衡量指标，以及资本资产定价模型，这一块请大家在学习的时候，结合日常生活中自己熟悉的股票、债券投资等进行理解；对于成本性态这个章节，请认真看图，掌握每一种成本性态对应的图形，对生活中具体成本案例加深理解。

(3) 学习思路（见图2-1）。

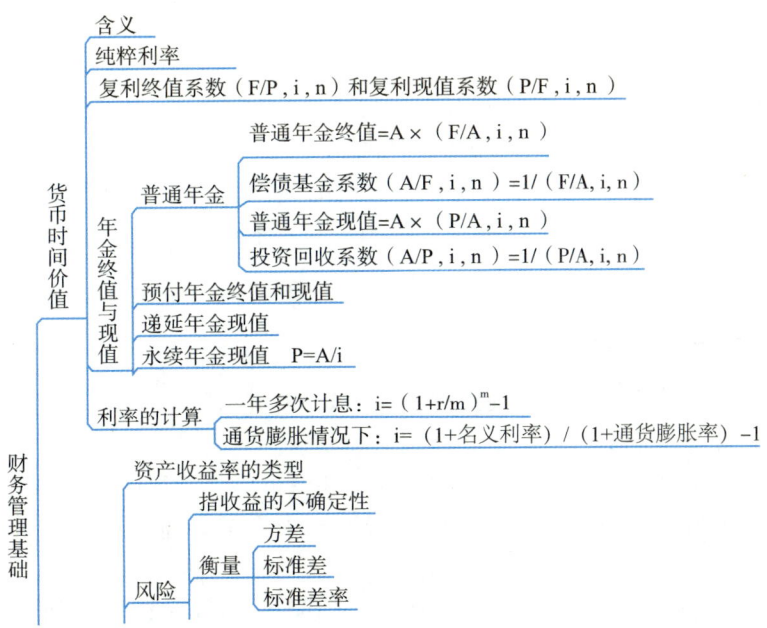

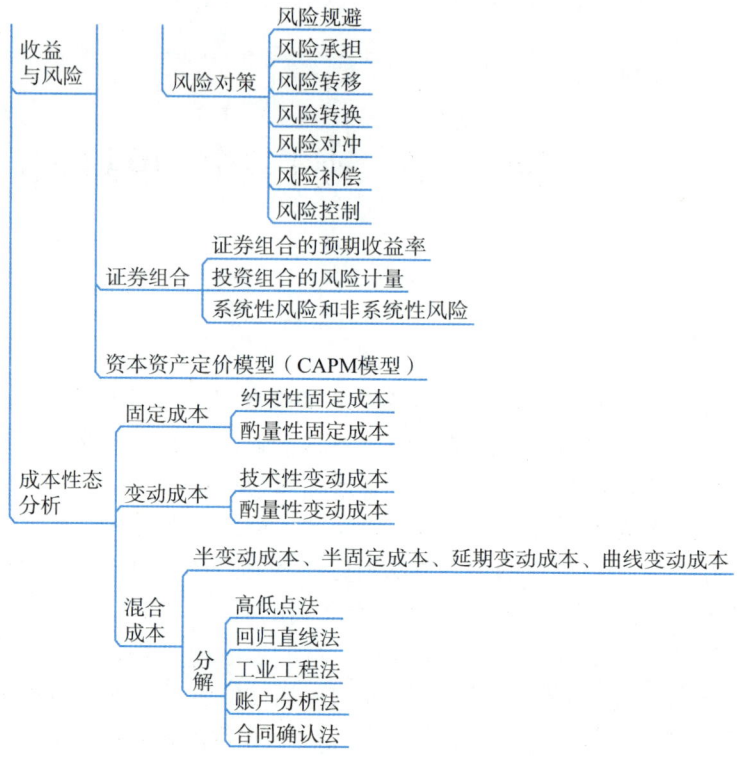

图 2-1 本章框架

第一节 货币时间价值

一、货币时间价值的含义

货币的时间价值是指在没有风险和没有通货膨胀的情况下，货币经历一定时间的投资和再投资所增加的价值，也称为资金的时间价值。

纯粹利率（纯利率）：用相对数表示的货币的时间价值。纯利率是指在没有通货膨胀、无风险情况下资金市场的平均利率。没有通货膨胀时，短期国库券的利率可以视为纯利率。

二、复利终值和现值

利息的计算方法分为单利和复利两种，如表 2-1 所示。

单利是指只计算本金的利息，不计算利息的利息。

复利不仅要对本金计算利息，而且对前期的利息也要计算利息，俗称"利滚利"。

终值又称将来值，是现在一定量的货币折算到未来某一时点所对应的金额，通常记作 F。

现值是指未来某一时点上一定量的货币折算到现在所对应的金额，通常记作 P。

表2-1　　　　　　　　　　　　　复利终值和现值

项目	概念	公式		系数
复利终值	现在的特定资金按复利计算方法，折算到将来某一时点的价值，或者说是现在的一定本金在将来一定时间，按复利计算的本金与利息之和，简称本利和	$F = P \times (1+i)^n$	P为现值或者初始值； i为利率或者收益率； n为期数； F为终值或者本利和	复利终值系数 $(F/P, i, n) = (1+i)^n$
复利现值	指未来一定时间的特定资金按复利计算方法，折算到现在的价值。或者说是为取得将来一定本利和，现在所需要的本金	$P = F \times (1+i)^{-n}$		复利现值系数 $(P/F, i, n) = (1+i)^{-n}$

【例题2-1·计算题】某人将100万元存入银行，年利率为10%，计算一年、两年后的本利和。

一年后的本利和：$F_1 = 100 + 100 \times 10\% = 100 \times (1 + 10\%)$。

两年后的本利和：$F_2 = 100 \times (1 + 10\%) \times (1 + 10\%) = 100 \times (1 + 10\%)^2$。

由此递推，可知经过n年的本利和为：$F_n = 100 \times (1 + 10\%)^n$。

根据"复利终值系数表"可知 $(F/P, 10\%, 3) = 1.331$。表明在利率为10%的情况下，现在的1元和3年后的1.331元在经济上是等效的。

【例题2-2·计算题】某人将100万元存入银行，年利率4%，半年计息一次，按照复利计算，求5年后的本利和。

本例中，一个计息期为半年，一年有两个计息期，所以，计息期利率 = 4%/2 = 2%，即i = 2%；由于5年共计有10个计息期，故n = 10。所以：

5年后的本利和 $F = P \times (F/P, 2\%, 10) = 100 \times (F/P, 2\%, 10) = 121.90$（万元）

三、年金现值

年金是指等额、定期的系列收支。例如，分期付款赊购、分期偿还贷款、发放养老金、分期支付工程款、每年相同的销售收入等，都属于年金收付形式。在年金中，间隔期间可以不是一年，例如每季末等额支付的债务利息也是年金。

按照收付时点和方式的不同可以将年金分为普通年金、预付年金、递延年金和永续年金四种。

（一）普通年金现值

普通年金又称后付年金，是指各期期末等额收付的年金。普通年金的收付形式如图2-2所示。横线代表时间的延续，用数字标出各期的顺序号；竖线的位置表示收付的时刻，竖线下端的数字表示收付的金额。

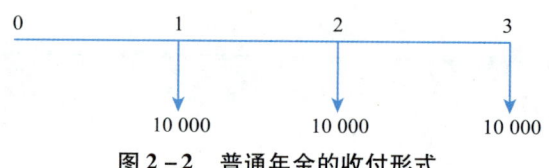

图 2–2　普通年金的收付形式

普通年金现值是指为在每期期末收付相等金额的款项，现在需要投入或收取的金额。设年金现值为 P，则如图 2–3 所示。

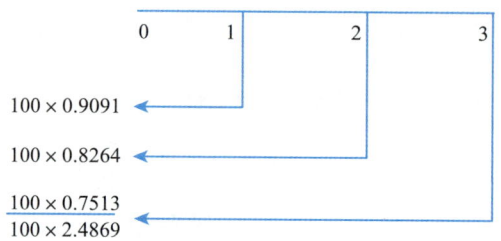

图 2–3　普通年金的现值

计算普通年金现值的一般公式：

$$P = A(1+i)^{-1} + A(1+i)^{-2} + \cdots + A(1+i)^{-n}$$

等式两边同乘（1+i）：

$$P(1+i) = A + A(1+i)^{-1} + \cdots + A(1+i)^{-(n-1)}$$

后式减前式：

$$P(1+i) - P = A - A(1+i)^{-n}$$

$$P \cdot i = A[1 - (1+i)^{-n}]$$

$$P = A \times \frac{1 - (1+i)^{-n}}{i}$$

$$P = A \times (P/A, i, n)$$

式中的 $\frac{1-(1+i)^{-n}}{i}$ 是普通年金为 1 元、利率为 i、经过 n 期的年金现值，记作**年金现值系数（P/A，i，n）**。

（二）预付年金现值

预付年金是指在每期期初收付的年金，又称即付年金或先付年金。预付年金的支付形式如图 2–4 所示。

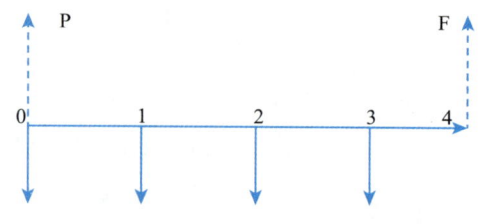

图 2–4　预付年金的支付形式

预付年金现值的计算公式为:
$$P = A + A(1+i)^{-1} + \cdots + A(1+i)^{-(n-1)}$$

根据等比数列的求和公式可知:
$$P = A \times \left[\frac{1-(1+i)^{-(n-1)}}{i} + 1\right] = A \times [(P/A,i,n-1)+1]$$

式中的 $\left[\frac{1-(1+i)^{-(n-1)}}{i}+1\right]$ 是**预付年金现值系数**,或称1元的预付年金现值,记作 **[(P/A,i,n−1)+1]**。它和普通年金现值系数相比,期数要减1,而系数要加1。

或者:**P = A × (P/A,i,n) × (1+i)**。它和普通年金现值系数相比,多了(1+i)。

【例题2−3·计算题】甲公司于2018年1月1日购置一条生产线,有四种付款方案可供选择。

方案一:2020年初支付100万元。

方案二:2018~2020年每年初支付30万元。

方案三:2019~2022年每年初支付24万元。

方案四:2020~2024年每年初支付21万元。

公司选定的折现率为10%,部分货币时间价值系数如下表所示。

期数(n)	1	2	3	4	5	6
(P/F,10%,n)	0.9091	0.8264	0.7513	0.6830	0.6209	0.5645
(P/A,10%,n)	0.9091	1.7355	2.4869	3.1699	3.7908	4.3553

要求:

(1)计算方案一的现值。

(2)计算方案二的现值。

(3)计算方案三的现值。

(4)计算方案四的现值。

(5)判断甲公司应选择哪种付款方案。(2018年)

【答案】

(1)方案一的现值:100×(P/F,10%,2)=100×0.8264=82.64(万元)。

(2)方案二的现值:30+30×(P/A,10%,2)=30+30×1.7355=82.07(万元)。

(3)方案三的现值:24×(P/A,10%,4)=24×3.1699=76.08(万元)。

(4)方案四的现值:21×(P/A,10%,5)×(P/F,10%,1)=21×3.7908×0.9091=72.37(万元)。

(5)甲公司应该选择方案四。

(三)递延年金现值

递延年金是指第一次收付发生在第二期或第二期以后的年金。递延年金的收付形式如

图 2-5 所示。从该图可以看出，前三期没有发生收付。一般用 m 表示递延期数，n 表示连续收支期数。本例的 m=3，第一次收付在第四期期末，连续收付 4 次，即 n=4。

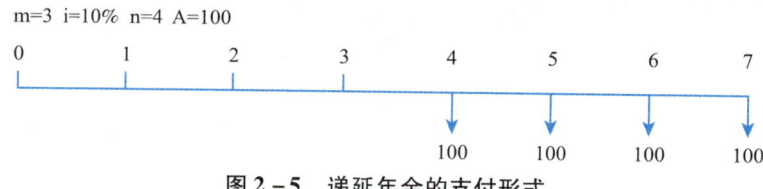

图 2-5 递延年金的支付形式

方法一：P = A × (P/A, i, n) × (P/F, i, m)（先求出递延期期末的普通年金现值，再折算到现在）

方法二：P = A × [(P/A, i, m+n) – (P/A, i, m)]（先计算 m+n 期年金现值，再减去 m 期年金现值）

方法三：P = A × (F/A, i, n) × (P/F, i, m+n)（先求递延年金终值再折现为现值）

式中，m 为递延期，n 为连续收支期数。

【例题 2-4·计算题】A 公司 2017 年 12 月 10 日欲购置一批电脑，销售方提出三种付款方案，具体如下：

方案 1：2017 年 12 月 10 日付款 10 万元，从 2019 年开始，每年 12 月 10 日付款 28 万元，连续支付 5 次；

方案 2：2017 年 12 月 10 日付款 5 万元，从 2018 年开始，每年 12 月 10 日付款 25 万元，连续支付 6 次；

方案 3：2017 年 12 月 10 日付款 10 万元，从 2018 年开始，6 月 10 日和 12 月 10 日付款，每次支付 15 万元，连续支付 8 次。

假设 A 公司的投资收益率为 10%，A 公司应该选择哪个方案？

如果把 2017 年 12 月 10 日作为 0 时点，

方案 1 的付款现值
= 10 + 28 × (P/A, 10%, 5) × (P/F, 10%, 1)
= 10 + 28 × 3.7908 × 0.9091
= 106.49（万元）

方案 2 的付款现值
= 5 + 25 × (P/A, 10%, 6)
= 5 + 25 × 4.3553
= 113.88（万元）

方案 3 的付款现值
= 10 + 15 × (P/A, 5%, 8)
= 10 + 15 × 6.4632
= 106.95（万元）

由于方案 1 的付款现值最小，所以应该选择方案 1。

(四) 永续年金现值

无限期定额支付的年金，称为永续年金。现实中的存本取息，可视为永续年金的一个例子。

永续年金的现值可以通过普通年金现值的计算公式导出：

$$P = A \times \frac{1-(1+i)^{-n}}{i}$$

当 n→∞ 时，$(1+i)^{-n}$ 的极限为0，故上式可写成：**P = A/i**。

> 【例题 2-5·计算题】某年金的收付形式为从第1期期初开始，每期支付80元，一直到永远。假设利率为5%，其现值为多少？
>
> 本例中第一次支付发生在第1期期初，所以，不是永续年金。从第2期期初开始的永续支付是永续年金。所以现值 = 80 + 80÷5% = 1 680（元），或者现值 = 80÷5% × (1 + 5%) = 1 680（元）。

四、年金终值

永续年金没有终止的时间，也就没有终值。

(一) 普通年金终值

普通年金终值是指其最后一次收付时的本利和，它是每次收付的复利终值之和，如图2-6所示。

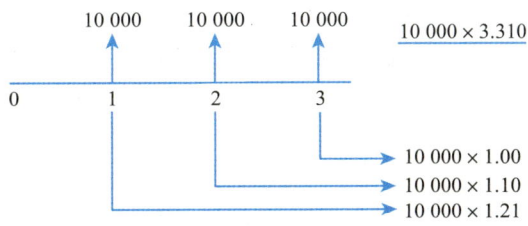

图 2-6 普通年金的终值

设每年的收付金额为 A，利率为 i，期数为 n，则按复利计算的普通年金终值 F 为：

$$F = A + A(1+i)^1 + A(1+i)^2 + \cdots + A(1+i)^{n-1}$$

等式两边同乘 (1+i)：

$$(1+i)F = A(1+i) + A(1+i)^2 + A(1+i)^3 + \cdots + A(1+i)^n$$

上述两式相减：　　　　$(1+i)F - F = A(1+i)^n - A$

$$F = A \times \frac{(1+i)^n - 1}{i} = A \times (F/A, i, n)$$

式中的 $\frac{(1+i)^n - 1}{i}$ 是普通年金为1元、利率为 i、经过 n 期的年金终值，记作**年金终值系数 (F/A, i, n)**。

【例题 2-6·计算题】 2018 年 1 月 16 日，某人制订了一个存款计划，计划从 2019 年 1 月 16 日开始，每年存入银行 10 万元，共计存款 5 次，最后一次存款时间是 2023 年 1 月 16 日。每次的存款期限都是 1 年，到期时利息和本金自动续存。假设存款年利率为 2%，打算 2024 年 1 月 16 日取出全部本金和利息。

本例中，"每次的存款期限是 1 年，到期时利息和本金自动续存"意味着"复利按年计息"。所以：

2019 年 1 月 16 日的 10 万元存款在 2024 年 1 月 16 日的本利和 $=10\times(1+2\%)^5$

2020 年 1 月 16 日的 10 万元存款在 2024 年 1 月 16 日的本利和 $=10\times(1+2\%)^4$

2021 年 1 月 16 日的 10 万元存款在 2024 年 1 月 16 日的本利和 $=10\times(1+2\%)^3$

2022 年 1 月 16 日的 10 万元存款在 2024 年 1 月 16 日的本利和 $=10\times(1+2\%)^2$

2023 年 1 月 16 日的 10 万元存款在 2024 年 1 月 16 日的本利和 $=10\times(1+2\%)$

在 2024 年 1 月 16 日取出的全部本金和利息 $=10\times(1+2\%)+10\times(1+2\%)^2+10\times(1+2\%)^3+10\times(1+2\%)^4+10\times(1+2\%)^5$

对照普通年金终值的公式：

$$F = A\times(F/A, i, n) = A + A(1+i) + A(1+i)^2 + \cdots + A(1+i)^{n-1}$$

可知，本题并不是普通年金终值计算问题。但是可以间接利用普通年金终值计算公式。由于，$10\times(1+2\%)+10\times(1+2\%)^2+10\times(1+2\%)^3+10\times(1+2\%)^4+10\times(1+2\%)^5=[10+10\times(1+2\%)+10\times(1+2\%)^2+10\times(1+2\%)^3+10\times(1+2\%)^4]\times(1+2\%)$。

所以，在 2024 年 1 月 16 日取出的全部本金和利息 $=10\times(F/A, 2\%, 5)\times(1+2\%)=10\times5.2040\times1.02=53.08$（万元）。

$10\times(F/A, 2\%, 5)$ 表示的是在 2023 年 1 月 16 日的全部本金和利息合计。

（二）预付年金终值

预付年金终值的计算公式为：

$$F = A(1+i) + A(1+i)^2 + \cdots + A(1+i)^n$$

$$F = A\times\left[\frac{(1+i)^{n+1}-1}{i}-1\right] = A\times[(F/A, i, n+1)-1]$$

式中 $\left[\frac{(1+i)^{n+1}-1}{i}-1\right]$ 是**预付年金终值系数**，或称为 1 元的预付年金终值，记作 $[(F/A, i, n+1)-1]$。**它和普通年金终值系数相比，期数加 1，而系数减 1**。

或者：$F = A\times(F/A, i, n)\times(1+i)$。**它和普通年金终值系数相比，多了 $(1+i)$**。

五、年偿债基金和年资本回收额

（一）年偿债基金

年偿债基金是指为使年金终值达到既定金额每年年末应收付的年金数额。

根据普通年金终值计算公式：

$$F = A \times \frac{(1+i)^n - 1}{i}$$

可知：

$$A = F \times \frac{i}{(1+i)^n - 1} = F \times (A/F, i, n)$$

式中的 $\frac{i}{(1+i)^n - 1}$ 是普通年金终值系数的倒数，也称**偿债基金系数**，记作 **（A/F，i，n）**。它可以把普通年金终值折算成每年需要收付的金额。

（二）年资本回收额

假设以年利率为 i 借款 P 元，投资于某个寿命为 n 年的项目，计算每年至少要收回多少现金才是有利的？

根据普通年金现值的计算公式可知：

$$P = A \times \frac{1 - (1+i)^{-n}}{i}$$

$$A = P \times \frac{i}{1 - (1+i)^{-n}} = P \times (A/P, i, n)$$

上式中的 $\frac{i}{1-(1+i)^{-n}}$ 是普通年金现值系数的倒数，记作资本回收系数（A/P，i，n）。

小结：系数汇总如表 2-2 所示。

表 2-2　　　　　　　　　　　　　系数汇总

系数名称	系数符号	说明
复利终值系数	$(F/P, i, n) = (1+i)^n$	互为倒数
复利现值系数	$(P/F, i, n) = (1+i)^{-n}$	
普通年金终值系数	$(F/A, i, n) = \frac{(1+i)^n - 1}{i}$	互为倒数
偿债基金系数	$(A/F, i, n) = \frac{i}{(1+i)^n - 1}$	
普通年金现值系数	$(P/A, i, n) = \frac{1 - (1+i)^{-n}}{i}$	互为倒数
投资回收系数	$(A/P, i, n) = \frac{i}{1 - (1+i)^{-n}}$	
预付年金终值系数	$[(F/A, i, n+1)] - 1 = \frac{(1+i)^{n+1} - 1}{i} - 1$	普通年金终值系数**期数加1，系数减1**

续表

系数名称	系数符号	说明
预付年金现值系数	$[(P/A, i, n-1)] + 1 = \dfrac{1-(1+i)^{-(n-1)}}{i} + 1$	普通年金现值系数**期数减1，系数加1**
递延年金终值	$F = A \times (F/A, i, n)$	—
递延年金现值	$P = A \times (P/A, i, n) \times (P/F, i, m)$； $P = A \times [(P/A, i, m+n) - (P/A, i, m)]$； $P = A \times (F/A, i, n) \times (P/F, i, m+n)$	n 表示连续收支期数，m 表示递延期数
永续年金现值	$P = A/i$	—

【例题 2-7·单选题】下列各项中，与普通年金终值系数互为倒数的是（ ）。（2017 年）

A. 预付年金现值系数 B. 普通年金现值系数
C. 偿债基金系数   D. 资本回收系数

【答案】C

【解析】普通年金终值系数与偿债基金系数互为倒数，普通年金现值系数与资本回收系数互为倒数，所以选项 C 正确。理解记忆方法：普通年金终值，是已知年金 A，求终值 F，而年偿债基金，是已知终值 F，求年金 A，因此两者互为倒数；普通年金现值，是已知年金 A，求普通年金现值 P，而资本回收额是已知普通年金现值 P，求年金 A。

六、利率的计算

（一）插值法

复利计息方式下，利率与现值（或者终值）系数之间存在一定的数量关系。已知现值（或终值）系数，则可以通过插值法计算对应的利率。

$$\frac{i - i_1}{i_2 - i_1} = \frac{B - B_1}{B_2 - B_1}$$

则：

$$i = i_1 + \frac{B - B_1}{B_2 - B_1} \times (i_2 - i_1)$$

式中，所求利率为 i，i 对应的现值（或者终值）系数为 B，B_1、B_2 为现值（或终值）系数表中 B 相邻的系数，i_1、i_2 为 B_1、B_2 所对应的利率。

提示：插值法的运算可以类比等比三角形，在两边各取一个（利率，现值）的点，即可按比例计算出中间的 r，如图 2-7 所示。

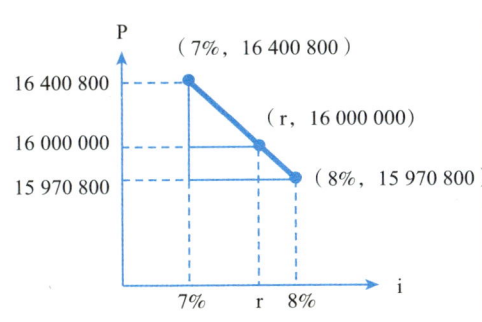

图2-7 插值法

【例题2-8·计算题】已知 $5\times(P/A, i, 10)+100\times(P/F, i, 10)=104$，求 i 的数值。

经过测试可知：

$i=5\%$，$5\times(P/A, i, 10)+100\times(P/F, i, 10)=5\times7.7217+100\times0.6139=100$，$i=4\%$ 时，$5\times(P/A, i, 10)+100\times(P/F, i, 10)=5\times8.1109+100\times0.6756=108.11$。

即：与5%对应的数值是100，与4%对应的数值是108.11，与所求的 i 对应的数值是104。

根据 $(5\%-i)/(5\%-4\%)=(100-104)/(100-108.11)$

解得：$i=5\%-(100-104)/(100-108.11)\times(5\%-4\%)=4.51\%$

【例题2-9·单选题】公司投资于某项长期基金，本金为5 000万元，每季度可获取现金收益50万元，则其年收益率为（　　）。（2018年）

A. 2.01%　　　　　　　　　　B. 1.00%
C. 4.00%　　　　　　　　　　D. 4.06%

【答案】D

【解析】年利率 $=(1+50\div5\ 000)^4-1=4.06\%$，选项D正确。

（二）名义利率与实际利率

1. 一年多次计息时的名义利率与实际利率（见表2-3）

表2-3　　　　　　　　一年多次计息时的名义利率与实际利率

含义	关系
如果以"年"作为基本计息期，每年计算一次复利，这种情况下的实际利率等于名义利率；如果按照短于一年的计息期计算复利，这种情况下的实际利率高于名义利率	i 为实际利率，r 为名义利率，假设每年计息 m 次，则 $i=\left(1+\dfrac{r}{m}\right)^m-1$

财务管理基础 | 27

【例题 2-10·单选题】 某企业向金融机构借款，年名义利率为 8%，按季度付息，则年实际利率为（　　）。(2017 年)

A. 9.60%　　　　　B. 8.32%　　　　　C. 8.00%　　　　　D. 8.24%

【答案】D

【解析】名义利率与实际利率的换算关系如下：$i = \left(1 + \dfrac{r}{m}\right)^m - 1$，$i$ 为实际利率，r 为名义利率，m 为每年复利计息次数，本题为按季度付息，$m=4$，$i = (1 + 8\% \div 4)^4 - 1 = 8.24\%$，选项 D 正确。

2. 通货膨胀情况下的名义利率与实际利率（见表 2-4）

表 2-4　　　　　　通货膨胀情况下的名义利率与实际利率

项目	含义	关系
名义利率	是央行所公布的未调整通货膨胀因素的利率	实际利率 = $\dfrac{1 + 名义利率}{1 + 通货膨胀率} - 1$
实际利率	是指剔除通货膨胀因素后的真实利率	

【例题 2-11·单选题】 已知银行存款利率为 3%，通货膨胀率为 1%，则实际利率为（　　）。(2018 年)

A. 1.98%　　　　　B. 3%　　　　　C. 2.97%　　　　　D. 2%

【答案】A

【解析】实际利率 = (1 + 名义利率) ÷ (1 + 通货膨胀率) - 1 = (1 + 3%) ÷ (1 + 1%) - 1 = 1.98%。

【考点提示】利率的计算属于超高频考点，在客观题、计算题、综合题中都可能考到，计算过程并不复杂，主要是要理清计算的思路，不需要死记硬背，平时通过练习来掌握计算方法。

第3天

- **复习旧内容：**

  第二章　财务管理基础　第一节

- **学习新内容：**

  第二章　财务管理基础　第二~第三节

- **今天想对你说：**

  经过前两天的学习，我们学了总论、学了货币时间价值，今天要学习整本财务管理教材的一个核心观念——风险收益观，让我们明白什么是风险、什么是收益，以及我们要学到的成本性态分析，主要学习成本与业务量之间的依存关系。

- **简单解释今天学习内容：**

  今天继续学习财务管理基础知识，将要学习收益与风险、成本性态两大方面的知识，属于一般重要的章节。

- **可能会遇到的难点：**

  考生会被方差、标准差的公式吓住。其实这也是列出来告诉大家这些方差和标准差到底是什么？考试不会要求计算，毕竟不是考高数。但是方差、标准差的性质要掌握，同时标准差率公式简单，必须熟练掌握。

- **习题注意事项：**

  考查题型多以单选题、多选题和判断题为主，有些年份也考查了简单的计算题，考查方式多为各种收益率计算、某类成本性态的属性等。

- **建议学习时间：**

  3小时

第二节 收益与风险

一、资产收益与收益率

（一）资产收益的含义与计算

资产的收益是指资产的价值在一定时期的增值。一般情况下，有两种表述资产收益的方式：

一是以金额表示，称为资产的收益额，通常以资产价值在一定期限内的增值量来表示。

二是以百分比表示，称为资产的收益率或报酬率，是资产增值量与期初资产价值（价格）的比值。

单期资产的收益率计算方法如下：

$$\text{单期资产的收益率} = \text{资产价值（价格）的增值} \div \text{期初资产价值（价格）}$$
$$= [\text{利息（股息）收益} + \text{资本利得}] \div \text{期初资产价值（价格）}$$
$$= \text{利息（股息）收益率} + \text{资本利得收益率}$$

（二）资产收益率的类型（见表2-5）

表2-5　　　　　　　　　　　　资产收益率的类型

类型	具体解释
实际收益率	实际收益率表示已经实现或者确定可以实现的资产收益率； 当存在通货膨胀时，还应当扣除通货膨胀率的影响，才是真实的收益率
预期收益率	预期收益率也称为期望收益率，是指在不确定的条件下，预测的某资产未来可能实现的收益率。 预期收益率的估算有三种方法，其中最常用到的预期收益率的计算公式如下： 预期收益率 $E(R) = \sum_{i=1}^{n}(P_i \times R_i)$ 式中，$E(R)$ 为预期收益率；P_i 表示情况 i 出现的概率；R_i 表示情况 i 出现时的收益率
必要收益率	必要收益率也称最低收益率或最低要求的收益率，表示投资者对某资产合理要求的最低收益率。 必要收益率与认识到的风险有关，如果某项资产的风险较高，对这项资产要求的必要收益率就会较高；相反，如果某项资产的风险较小，对这项资产要求的必要收益率也较小。 必要收益率由两部分构成： 必要收益率 = 无风险收益率 + 风险收益率 （1）无风险收益率。 无风险收益率也称无风险利率，它是指无风险资产的收益率，它的大小由纯粹利率（货币的时间价值）和通货膨胀补贴两部分组成。一般用国债的利率表示无风险利率，该国债应该与所分析的资产的现金流量有相同的期限。为了方便起见，通常用短期国债的利率近似地代替无风险收益率。 （2）风险收益率。 风险收益率是指资产持有者因承担该资产的风险而要求的超过无风险利率的额外收益率。它的大小取决于以下两个因素：一是风险的大小；二是投资者对风险的偏好

【例题 2-12·单选题】 已知纯粹利率为 3%，通货膨胀补偿率为 2%，投资某证券要求的风险收益率为 6%，则该证券的必要收益率为（　　）。(2018 年)

A. 5%　　　　　　　　　　　　B. 11%
C. 7%　　　　　　　　　　　　D. 9%

【答案】B

【解析】证券的必要收益率 = 3% + 2% + 6% = 11%

【例题 2-13·多选题】 某项目需要在第一年年初投资 76 万元，寿命期为 6 年，每年年末产生现金净流量 20 万元。已知（P/A，14%，6）= 3.8887，（P/A，15%，6）= 3.7845。若公司根据内含收益率法认定该项目具有可行性，则该项目的必要投资收益率不可能为（　　）。(2018 年)

A. 16%　　　　　　　　　　　　B. 13%
C. 14%　　　　　　　　　　　　D. 15%

【答案】AD

【解析】根据题目可知：20 ×（P/A，内含收益率，6）- 76 = 0，（P/A，内含收益率，6）= 3.8，所以内含收益率在 14% ~ 15%。又因为项目具有可行性，所以内含收益率大于必要收益率，其必要收益率不能大于等于 15%，即选项 AD 正确。

二、资产的风险及其衡量

（一）风险的概念

风险是指收益的不确定性。

（二）风险衡量

资产的风险是资产收益率的不确定性，其大小可用资产收益率的离散程度来衡量。离散程度是指资产收益率的各种可能结果与预期收益率的偏差。衡量离散程度的指标主要有收益率的方差、标准差和标准差率等（见表 2-6）。一般来说，离散程度越大，风险越大；离散程度越小，风险越小。

表 2-6　　　　　　　　　　衡量离散程度的指标

名称	含义	计算公式	适用范围
概率	在经济活动中，某一事件在相同的条件下可能发生也可能不发生，这类事件称为随机事件。概率就是用来表示随机事件发生可能性大小的数值	(1) $0 \leq P_i \leq 1$； (2) $\sum_{i=1}^{n} P_i = 1$	将随机事件各种可能的结果按一定的规则进行排列，同时列出各结果出现的相应概率，这一完整的描述称为概率分布

续表

名称	含义	计算公式	适用范围
期望值	期望值是一个概率分布中所有可能的结果，以各自相应的概率为权数计算的加权平均值。期望收益反映预期收益的平均化	$\bar{E}=\sum_{i=1}^{n}X_i\cdot P_i$	在各种不确定性因素的影响下，它代表着投资者的合理预期
方差	方差是用来表示随机变量与期望值之间的离散程度的一个数值	$\sigma^2=\sum_{i=1}^{n}(X_i-\bar{E})^2\times P_i$	方差和标准差作为绝对数，只适用于期望值相同的决策方案风险程度的比较。
标准差（也叫标准离差、均方差）	标准差是反映概率分布中各种可能结果对期望值的偏离程度的一个数值	$\sigma=\sqrt{\sum_{i=1}^{n}(X_i-\bar{E})^2\times P_i}$	在期望值相同的情况下，标准差（方差）越大，风险越大；反之，标准差（方差）越小，则风险越小
标准差率	标准差率是标准差与期望值之比	$V=\dfrac{\sigma}{\bar{E}}\times 100\%$	标准差率是一个相对指标，对于期望值不同的决策方案，评价和比较其各自的风险程度只能借助于标准差率这一相对数值。一般情况下，标准差率越大，风险越大；反之，标准差率越小，风险越小

【考点提示】本高频考点主要是注意方差、标准差和标准差率之间的区别、换算，考试时一定要看清题目表述，写的是标准差还是标准差率？

【注意】率代表比率，是两者相除得到的，而标准差本身是一个数值。

【例题2-14·多选题】下列指标中，能够反映资产风险的有（　　）。（2016年）
A. 方差　　　　　　　　　　　　B. 标准差
C. 期望值　　　　　　　　　　　D. 标准差率
【答案】ABD
【解析】资产的风险是资产收益率的不确定性，其大小可用资产收益率的离散程度来衡量。期望值反映资产的收益，选项C不正确。

【例题2-15·判断题】标准差率可用于收益率期望值不同的情况下的风险比较，标准差率越大，表明风险越大。（　　）（2018年）
【答案】正确
【解析】方差和标准差作为绝对数，只适用于期望值相同的决策方案风险程度的比较。对于期望值不同的决策方案，评价和比较其各自的风险程度只能借助于标准差率这一相对数值。在期望值不同的情况下，标准差率越大，风险越大；反之，标准差率越小，风险越小。

(三) 风险矩阵

风险矩阵是指按照风险发生的可能性和风险发生后果的严重程度,将风险绘制在矩阵图中,展示风险及其重要性等级的风险管理工具方法,如图2-8所示。

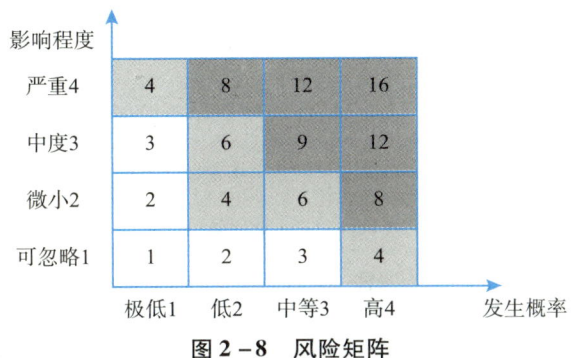

图2-8 风险矩阵

风险矩阵的应用流程:(1)明确应用主体(企业整体、下属企业或部门);(2)确定要识别的风险;(3)定义风险发生可能性和后果严重程度的标准;(4)定义风险重要性等级及其表现形式。

风险矩阵的优缺点如表2-7所示。

表2-7 风险矩阵的优缺点

主要优点	主要缺点
为企业确定各项风险重要性等级提供了可视化的工具	(1)需要对风险重要性等级标准、风险发生可能性、后果严重程度等作出主观判断,可能影响使用的准确性; (2)应用风险矩阵所确定的风险重要性等级是通过相互比较确定的,因而无法将列示的个别风险重要性等级通过数学运算得到总体风险的重要性等级

三、风险管理

(一) 风险管理的概念

风险管理是指项目或者企业在一个有风险的环境里,把风险及其可能造成的不良影响降至最低的管理过程,包括对风险的量度、评估和制定策略,企业需要在降低风险的收益与成本之间进行权衡并决定采取何种措施。良好的风险管理有助于降低决策错误概率、降低损失可能性以及相对提高企业本身的附加价值。

(二)风险管理原则(见表2-8)

表2-8　　　　　　　　　　　　　风险管理原则

原则	内容
战略性原则	风险管理主要运用于企业战略管理层面,站在战略层面整合和管理企业层面风险是全面风险管理的价值所在
全员性原则	企业风险管理是一个由企业治理层、管理层和所有员工参与,旨在把风险控制在风险容量以内、增加企业价值的过程。在这个过程中,只有将风险意识转化为全体员工的共同认识和自觉行动,才能确保风险管理目标的实现
专业性原则	要求风险管理的专业人才实施专业化管理
二重性原则	企业全面风险管理的商业使命在于:损失最小化管理、不确定性管理和绩效最优化管理。当风险损失不能避免时,尽量减少损失至最小化;风险损失可能发生可能不发生时,设法降低风险发生的可能性;风险预示着机会时,化风险为增加企业价值的机会
系统性原则	全面风险管理必须拥有一套系统的、规范的方法,建立健全全面风险管理体系,包括风险管理策略、风险理财措施、风险管理的组织职能体系、风险管理信息系统和内部控制系统,从而为实现风险管理的总体目标提供合理保证

(三)风险管理对策(见表2-9)

表2-9　　　　　　　　　　　　　风险管理对策

方式	定义	具体解释
风险规避	企业回避、停止或退出蕴含某一风险的商业活动或商业环境,避免成为风险的所有人	风险规避的例子包括: (1) 退出某一市场以避免激烈竞争; (2) 拒绝与信用不好的交易对手进行交易; (3) 禁止各业务单位在金融市场上进行投机
风险承担	企业对所面临的风险采取接受的态度,从而承担风险带来的后果	对未能辨识出的风险,企业只能采用风险承担;对于辨识出的风险,企业可能由于缺乏能力进行主动管理、没有其他备选方案等因素而选择风险承担;对于企业的重大风险,企业一般不采用风险承担
风险转移	企业通过合同将风险转移到第三方,企业对转移后的风险不再拥有所有权。转移风险不会降低其可能的严重程度,只是从一方移除后转移到另一方	风险转移的例子包括: (1) 购买保险; (2) 采取合营方式实现风险共担
风险转换	企业通过战略调整等手段将企业面临的风险转换成另一个风险,其简单形式就是在减少某一风险的同时增加另一风险	风险转换的例子有:通过放松交易客户信用标准增加了应收账款,但扩大了销售
风险对冲	引入多个风险因素或承担多个风险,使得这些风险能互相冲抵	风险对冲不是针对单一风险,而是涉及风险组合。常见的例子有资产组合使用、多种外币结算的使用和战略上的多种经营
风险补偿	企业对风险可能造成的损失采取适当的措施进行补偿	风险补偿形式包括财务补偿、人力补偿、物资补偿。常见的财务补偿包括企业自身的风险准备金或应急资本等

续表

方式	定义	具体解释
风险控制	控制风险事件发生的动因、环境、条件等,以达到减轻风险事件发生时的损失或降低风险事件发生概率的目的	风险控制对象一般是可控风险,包括多数运营风险,如质量、安全和环境风险以及法律风险中的合规性风险

【例题2-16·单选题】某公司购买一批贵金属材料,为避免资产被盗而造成的损失,向财产保险公司进行了投保,则该公司采取的风险管理对策是(   )。(2018年)
A. 风险规避   B. 风险承担   C. 风险转移   D. 风险控制
【答案】C
【解析】企业通过合同将风险转移到第三方,企业对转移后的风险不再拥有所有权。

四、证券资产组合的收益与风险

(一) 证券资产组合的预期收益率

证券资产组合的预期收益率就是组成证券资产组合的各种资产收益率的加权平均数,其权数为各种资产在组合中的价值比例,即:

$$E(R_P) = \sum W_i \times E(R_i)$$

式中,$E(R_P)$ 表示证券资产组合的预期收益率;$E(R_i)$ 表示组合之内第 i 项资产的预期收益率;W_i 表示第 i 项资产在整个组合中所占的价值比例。

【例题2-17·计算题】资产组合 M 的期望收益率为18%,标准差为27.9%,资产组合 N 的期望收益率为13%,标准差率为1.2,投资者张某和赵某决定将其个人资产投资于资产组合 M 和 N 中,张某期望的最低收益率为16%,赵某投资于资产组合 M 和 N 的资金比例分别为30%和70%。(2017年)
要求:
(1) 计算资产组合 M 的标准差率。
(2) 判断资产组合 M 和 N 哪个风险更大?
(3) 为实现期望的收益率,张某应在资产组合 M 上投资的最低比例是多少?
(4) 判断投资者张某和赵某谁更厌恶风险,并说明理由。
【答案】
(1) 资产组合 M 的标准差率 = 27.9% ÷ 18% = 1.55
(2) 资产组合 N 的标准差率为1.2,小于资产组合 M 的标准差率1.55,因此资产组合 M 的风险更大。
(3) 张某应在资产组合 M 上投资的最低比例是60%。

(4) 赵某更厌恶风险。投资组合中，M 有更高的风险，张某在高风险资产 M 上投资的最低比例是 60%，在低风险资产 N 上投资的最高比例是 40%，而赵某投资于资产组合 M 和 N 的资金比例分别为 30% 和 70%，因此，赵某更厌恶风险。

【解析】
(1) 标准差率是标准差同期望值之比。
(2) 在期望值不同的情况下，标准差率越大，风险越大；反之，标准差率越小，风险越小。
(3) 设张某应在资产组合 M 上投资的最低比例是 X：
18% × X + 13% × (1 − X) = 16%，解得 X = 60%。
因此，为实现期望的收益率，张某应在资产组合 M 上投资的最低比例是 60%。
(4) 风险偏好者会投资更高比例的高风险资产。

(二) 证券资产组合的风险及其衡量

1. 证券资产组合的风险分散功能

两项证券资产组合的收益率的方差满足以下关系式：

$$\sigma_p^2 = w_1^2 \sigma_1^2 + w_2^2 \sigma_2^2 + 2 w_1 w_2 \rho_{1,2} \sigma_1 \sigma_2$$

其中，σ_p 表示证券资产组合的标准差，它衡量的是组合的风险；σ_1 和 σ_2 分别表示组合中两项资产收益率的标准差；w_1 和 w_2 分别表示组合中两项资产所占的价值比例；$\rho_{1,2}$ 反映两项资产收益率的相关程度，称为相关系数。理论上，相关系数介于 [−1, 1]，如表 2−10 所示。

表 2−10　　　　　　　　　　　　　相关系数

相关系数 $\rho_{1,2}$	组合的标准差 σ_p （以两种证券为例）	风险分散情况
$\rho_{1,2} = 1$ （完全正相关）	$\sigma_p = A_1 \sigma_1 + A_2 \sigma_2$ 组合标准差 = 加权平均标准差	σ_p 达到最大。 组合不能抵消任何风险
$\rho_{1,2} = -1$ （完全负相关）	$\sigma_p = \lvert A_1 \sigma_1 - A_2 \sigma_2 \rvert$	σ_p 达到最小，甚至可能是零。 组合可以最大程度地抵消风险
$\rho_{1,2} < 1$	$0 < \sigma_p <$ 加权平均标准差	资产组合可以分散风险，但不能完全消除风险

【例题 2−18·单选题】若两项证券资产收益率的相关系数为 0.5，则下列说法正确的是（　　）。(2018 年)
A. 两项资产的收益率之间不存在相关性
B. 无法判断两项资产的收益率是否存在相关性
C. 两项资产的组合可以分散一部分非系统性风险
D. 两项资产的组合可以分散一部分系统性风险

【答案】C
【解析】若两项证券资产收益率的相关系数为0.5，具有风险分散化效应，分散掉一部分非系统性风险。因此选项C正确。

2. 非系统性风险和系统性风险（见表2-11）

表2-11　　　　　　　　　　　非系统性风险和系统性风险

分类	具体解释
非系统性风险	非系统性风险又被称为公司风险或可分散风险，是可以通过证券资产组合来消除的风险。 它是特定企业或特定行业所特有的，与政治、经济和其他影响所有资产的市场因素无关，对于特定企业而言，公司风险可进一步分为经营风险和财务风险： （1）经营风险是指因生产经营方面的原因给企业目标带来不利影响的可能性； （2）财务风险又称筹资风险，是指由于举债而给企业目标带来的可能影响
系统性风险	系统性风险又被称为市场风险或不可分散风险，是影响所有资产的、不能通过资产组合来消除的风险。 这部分风险是由那些影响整个市场的风险因素引起的，包括宏观经济形势的变动、国家经济政策的变化、税制改革、企业会计准则改革、世界能源状况、政治因素等

【例题2-19·单选题】下列各项中，属于证券资产的系统性风险的是（　　）。（2018年）
　　A. 破产风险　　　　B. 违约风险　　　　C. 公司研发风险　　　D. 再投资风险
【答案】D
【解析】证券投资系统性风险包括价格风险、再投资风险、购买力风险，所以选择D。

【例题2-20·多选题】证券投资的风险分为可分散风险和不可分散风险两大类，下列各项中，属于可分散风险的有（　　）。（2014年）
　　A. 研发失败风险　　B. 生产事故风险　　C. 通货膨胀风险　　D. 利率变动风险
【答案】AB
【解析】可分散风险是特定企业或特定行业所特有的，与政治、经济和其他影响所有资产的市场因素无关，选项AB正确；系统性风险又被称为市场风险或不可分散风险，是影响所有资产的、不能通过资产组合来消除的风险，这部分风险是由那些影响整个市场的风险因素所引起的，包括宏观经济形势的变动、国家经济政策的变化、税制改革、企业会计准则改革、世界能源状况、政治因素等，选项CD属于不可分散风险。

【例题2-21·判断题】根据证券投资组合理论,在其他条件不变的情况下,如果两项贷款的收益率具有完全正相关关系,则该证券投资组合不能够分散风险。( )(2014年)

【答案】正确

【解析】当两项资产的收益率完全正相关时,两项资产的风险完全不能互相抵消,所以这样的资产组合不能降低任何风险。

3. 系统性风险的衡量(见表2-12)

表2-12　　　　　　　　　　　　系统性风险的衡量

分类	具体解释
单项资产的系统性风险系数(β系数)	(1) 定义。 单项资产的β系数表示单项资产收益率的变动受市场平均收益率变动的影响程度,也称为系统性风险指数。 (2) 计算公式。 $$\beta_i = \frac{Cov(R_i, R_m)}{\sigma_m^2} = \frac{\rho_{i,m}\sigma_i\sigma_m}{\sigma_m^2} = \rho_{i,m} \times \frac{\sigma_i}{\sigma_m}$$ 其中,$\rho_{i,m}$表示第i项资产的收益率与市场组合收益率的相关系数;σ_i表示该项资产收益率的标准差,σ_m表示市场组合收益率的标准差;三个指标的乘积表示资产收益率与市场组合收益率的协方差。 (3) 含义。 当某项资产的β=1时,表示该单项资产的收益率与市场平均收益率呈相同方向、相同比例的变化,其系统性风险与市场组合的风险情况一致; 如果β>1,说明该资产收益率的变动幅度大于市场组合收益率的变动幅度,其系统性风险大于整个市场组合的风险; 如果β<1,说明该资产收益率的变动幅度小于市场组合收益率的变动幅度,其系统性风险小于整个市场组合的风险。 绝大多数资产的β系数是大于0的,也就是说,它们收益率的变化方向与市场平均收益率的变化方向是一致的,只是变化幅度不同而导致β系数的不同;极个别资产的β系数是负数,表明这类资产与市场平均收益的变化方向相反,当市场平均收益增加时,这类资产的收益反而会减少
市场组合	市场组合,是指由市场上所有资产组成的组合,它的收益率就是市场平均收益率,市场组合收益率的方差则代表了市场整体的风险。市场组合的风险只有系统性风险
证券资产组合的系统性风险系数	对于证券资产组合来说,其系统性风险程度也可以用组合β系数来衡量。投资组合的β系数是所有单项资产β系数的加权平均数,权数为各种资产在投资组合中所占的价值比例。 计算公式为: $$\beta_p = \sum w_i \times \beta_i$$

【例题2-22·单选题】当某上市公司的β系数大于0时,下列关于该公司风险与收益的表述中,正确的是( )。(2015年)

A. 系统性风险高于市场组合风险

B. 资产收益率与市场平均收益率呈同向变化
C. 资产收益率变动幅度小于市场平均收益率变动幅度
D. 资产收益率变动幅度大于市场平均收益率变动幅度

【答案】B

【解析】β系数表示单项资产收益率的变动受市场平均收益率变动的影响程度，而不是风险的大小，选项A错误；当某资产的β系数大于0时，说明该资产的收益率与市场平均收益率呈同方向的变化，选项B正确。当某资产的β系数大于0且小于1时，说明该资产收益率的变动幅度小于市场组合收益率的变动幅度；当某资产的β系数大于1时，说明该资产收益率的变动幅度大于市场组合收益率的变动幅度，选项CD不正确。

【例题2-23·多选题】下列关于证券投资组合的表述中，正确的有（   ）。（2017年）

A. 两种证券的收益率完全正相关时可以消除风险
B. 投资组合收益率为组合中各单项资产收益率的加权平均数
C. 投资组合风险是各单项资产风险的加权平均数
D. 投资组合能够分散掉的是非系统性风险

【答案】BD

【解析】当两种证券的收益率完全正相关时，两项资产的风险完全不能相互抵消，这样的组合不能分散任何风险，选项A错误；注意区分投资组合的收益和投资组合的风险，投资组合的预期收益率是组成证券资产组合的各种资产收益率的加权平均数，而两种资产组合的收益率的方差公式为 $\sigma_p^2 = w_1^2\sigma_1^2 + w_2^2\sigma_2^2 + 2w_1w_2\rho_{1,2}\sigma_1\sigma_2$，由于 $\rho_{1,2}$ 小于1时，投资组合可能分散非系统性风险，并不是各单项资产风险简单的加权平均，故选项C错误。

五、资本资产定价模型（见表2-13）

表2-13　　　　　　　　　资本资产定价模型

类别	具体解释
资本资产定价模型的基本原理	基本原理：必要收益率 = 无风险收益率 + 风险收益率。 核心关系式：$R = R_f + \beta \times (R_m - R_f)$。 其中：$R_f$ 表示无风险收益率，通常以短期国债的利率来近似替代；$(R_m - R_f)$ 称为市场风险溢价，反映的是市场作为整体对风险的平均"容忍"程度（或厌恶程度）。对风险越是厌恶和回避，要求的补偿就越高，市场风险溢价就越大；反之，市场风险溢价则越小。 某项资产的风险收益率是该资产的β系数与市场风险溢价的乘积。 即：风险收益率 = $\beta \times (R_m - R_f)$

续表

类别	具体解释
证券市场线（SML）	如果把资本资产定价模型核心关系式中的系统性风险系数 β 看作自变量，必要收益率 R 作为因变量，无风险利率 R_f 和市场风险溢价（$R_m - R_f$）作为已知系数，那么这个关系式在数学上就是一个直线方程，叫作证券市场线，即以下关系式表达的直线： $R = R_f + β × (R_m - R_f)$ 证券市场线对任何公司、任何资产都是合适的。 证券市场线一个重要的暗示就是<u>只有系统性风险才有资格要求补偿</u>。该公式中并没有引入非系统性风险即公司风险，因为<u>公司风险可以通过证券资产组合被消除掉</u>
证券资产组合的必要收益率	证券资产组合的必要收益率 = $R_f + β_p × (R_m - R_f)$ 这里的 $β_p$ 是<u>证券资产组合的 β 系数</u>
资本资产定价模型的有效性和局限性	（1）有效性。 首次将"高收益伴随高风险"用简单关系式表达出来。 （2）局限性。 ①某些资产或企业的 β 值难以估计； ②由于经济环境的不确定性和不断变化，通过历史数据估算出来的 β 值对未来的指导作用必然要打折扣； ③资本资产定价模型建立在一系列的假设之上，与实际情况有较大偏差

【考点提示】资本资产定价模型公式是历年必考点，此类考题，特别容易出错的地方在于题目有时给定的是"市场组合收益率（R_m）"，有时给定的是"市场风险溢酬（$R_m - R_f$）"，有时给定的是"风险收益率 [β × ($R_m - R_f$)]"，大家在做这一类题目时，一定要认真读题。

【例题 2-24·多选题】关于资本资产定价模型，下列说法正确的有（　　）。(2018年)

A. 该模型反映资产的必要收益率而不是实际收益率
B. 该模型中的资本资产主要指的是债券资产
C. 该模型解释了风险收益率的决定因素和度量方法
D. 该模型反映了系统性风险对资产必要收益率的影响

【答案】ACD

【解析】资本资产定价模型反映资产的必要收益率而不是实际收益率，所以选项 A 正确，该模型中的资本资产主要指的是股票资产，所以选项 B 错误，该模型解释了风险收益率的决定因素和度量方法，反映了系统性风险对资产必要收益率的影响，所以选项 CD 正确。

【例题2-25·计算题】乙公司拟用2 000万元进行证券投资,并准备长期持有。其中,1 200万元购买A公司股票,800万元购买B公司债券,有关资料如下:

(1) 目前无风险收益率为6%,市场平均收益率为16%,A公司股票的β系数为1.2。

(2) A公司当前每股市价为12元。预计未来每年的每股股利均为2.7元。

(3) B公司债券的必要收益率为7%。

要求:
(1) 利用资本资产定价模型计算A公司股票的必要收益率。
(2) 计算A公司股票的价值,并据以判断A公司股票是否值得购买。
(3) 计算乙公司证券投资组合的必要收益率。(2018年)

【答案】
(1) A公司股票的必要收益率=6%+1.2×(16%-6%)=18%
(2) A公司股票的价值=2.7÷18%=15(元)
因为市价低于价值,所以值得购买。
(3) 乙公司证券投资组合的必要收益率=1 200÷2 000×18%+800÷2 000×7%=13.6%

【解析】
(1) 资本资产定价模型公式:$R = R_f + \beta \times (R_m - R_f)$;
(2) 每股股利保持不变,零增长模型公式:$V_s = \dfrac{D}{R_s}$;
(3) 证券资产组合的预期收益率就是组成证券资产组合的各种资产收益率的加权平均数,其权数为各种资产在组合中的价值比例。

证券资产组合的风险与收益内容如表2-14所示。

表2-14 总结:证券资产组合的风险与收益内容

项目		单项资产	证券资产组合(以两种资产为例)
预期收益率		$E(R) = \sum P_i \times R_i$	$E(R_p) = \sum W_i \times E(R_i)$
风险的衡量	全部风险	标准差 $\sigma = \sqrt{\sum_{i=1}^{n}(X_i - \bar{E})^2 \times P_i}$	$\sigma_p^2 = w_1^2\sigma_1^2 + w_2^2\sigma_2^2 + 2w_1w_2\rho_{1,2}\sigma_1\sigma_2$
	非系统性风险(公司风险)	公司风险,包括经营风险和财务风险	可以通过组合分散,但组合中资产数目增加到一定程度时,风险分散的效益会逐渐减弱
	系统性风险(市场风险)	$\beta_i = \dfrac{Cov(R_i, R_m)}{\sigma_m^2} = \dfrac{\rho_{i,m}\sigma_i\sigma_m}{\sigma_m^2} = \rho_{i,m} \times \dfrac{\sigma_i}{\sigma_m}$ 反映单项资产收益率与市场平均收益率之间的变动关系	$\beta_p = \sum W_i \times \beta_i$ 不可以通过组合分散;与组合内资产的相关系数无关

财务管理基础

续表

项目	单项资产	证券资产组合（以两种资产为例）
资本资产定价模型（用数学等式揭示高收益、高风险的关系）	$R = R_f + \beta \times (R_m - R_f)$ 用直线方程式表示：证券市场线。 证券市场线的斜率（$R_m - R_f$）取决于全体投资者的风险回避态度，越厌恶风险，斜率越高	同左式。 其中 β_p 是证券资产组合的 β 系数

第三节 成本性态分析

成本性态又称成本习性，是指成本的变动与业务量（产量或销售量）之间的依存关系。按照成本性态，通常可以把成本区分为**固定成本、变动成本和混合成本**。

固定成本是指其总额在一定时期以及一定业务量范围内，不直接受业务量变动的影响而保持固定不变的成本。其基本特征是：固定成本总额不因业务量的变动而变动，但**单位固定成本会与业务量的增减呈反向变动**。

变动成本是指在特定的业务量范围内，其总额会**随着业务量变动而呈正比例变动**的成本，如直接材料、直接人工、按销售量支付的推销员佣金、装运费、包装费，以及**按产量计提的固定设备折旧**等。其基本特征是：变动成本总额因业务量的变动而呈正比例变动，但**单位变动成本不变**。

混合成本，就是"混合"了固定成本和变动成本两种不同性质的成本（见表 2–15）。

表 2–15　　　　　　　　　　　成本的划分

项目	分类	含义
固定成本	约束性固定成本	约束性固定成本，又称经营能力成本，是指管理当局的短期（经营）决策行动**不能改变其具体数额**的固定成本。例如，**保险费、房屋租金、设备折旧费、管理人员工资**等。 要想降低约束性固定成本，只能通过合理利用企业现有的生产能力，提高生产效率加以解决
	酌量性固定成本	酌量性固定成本是指管理当局的短期经营决策行动**能改变其数额**的固定成本，如**广告费、研究与开发费、职工培训费**等。这些费用的发生额取决于管理当局的决策行动，**关系到企业的竞争能力**
变动成本	技术性变动成本	技术性变动成本也称约束性变动成本。技术性变动成本是指与产量有明确的技术或实物关系的变动成本。这种成本只要生产就必然会发生，若不生产，其技术性变动成本便为零
	酌量性变动成本	酌量性变动成本是指**通过管理当局的决策行动**可以改变的变动成本。如**按销售收入的一定百分比支付的销售佣金、技术转让费**等。这类成本的特点是其单位变动成本的发生额可由企业最高管理层决定

续表

项目	分类	含义
混合成本	半变动成本	半变动成本是指通常有一个初始量，类似于固定成本，在这个初始量的基础上其余部分随业务量的增长而呈正比例增长，又类似于变动成本。如固定电话座机费等
	半固定成本	半固定成本也称阶梯式变动成本，是指成本随业务量的变化而呈阶梯式增长，业务量在一定限度内该类成本总额不变，当业务量增长到一定限度后，这种成本就跳跃到一个新的水平，并在新的限度内保持不变，直到另一个新的跳跃。如管理员、运货员、检验员的工资
	延期变动成本	延期变动成本，是指在一定业务量范围内，成本总额保持不变，超过特定业务量范围则随业务量的增长呈正比例变化。如固定工资加加班工资

续表

项目	分类	含义
混合成本	曲线变动成本	曲线变动成本通常有一个不变的初始量，相当于固定成本，在这个初始量的基础上，随着业务量的增加，成本也逐步变化，但它与业务量的关系是非线性的。曲线成本可以分为：递减曲线成本、递增曲线成本 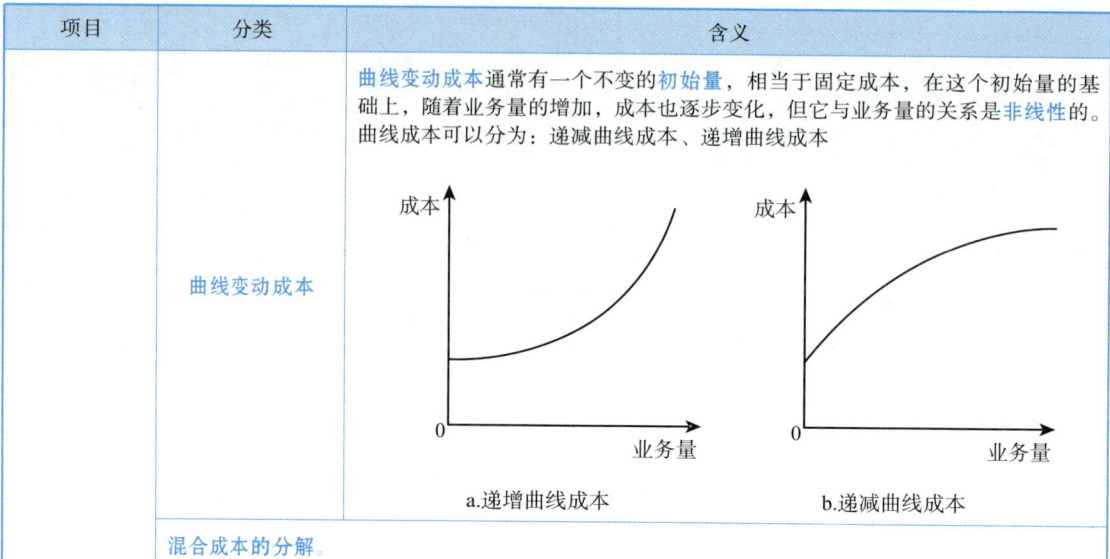 a.递增曲线成本　　　　b.递减曲线成本
	混合成本的分解。 为了经营管理的需要，企业需要将混合成本分解为固定与变动两个部分。混合成本的分解主要有以下几种方法： （1）高低点法。 高低点法是以过去某一会计期间的总成本和业务量资料为依据，从中选出业务量最高点和业务量最低点，将总成本进行分解，得出成本性态的模型。 单位变动成本＝（最高点业务量成本－最低点业务量成本）÷（最高点业务量－最低点业务量） 固定成本总额＝最高点业务量成本－单位变动成本×最高点业务量 或：＝最低点业务量成本－单位变动成本×最低点业务量 优点：计算较简单； 缺点：只考虑高点和低点两组数据，代表性差。 【注意】高低点是指业务量的高低点。 （2）回归直线法。 回归直线法是根据过去一定期间的业务量和成本资料，应用最小二乘法原理，算出最能代表业务量和成本关系的回归直线，据以确定混合成本中固定成本和变动成本的方法。这种方法假设混合成本符合总成本模型，即：Y＝a＋bX。 式中：a 表示固定成本；b 表示单位变动成本。 优点：较为精确； 缺点：计算复杂。 （3）工业工程法。 工业工程法指运用工业工程的研究方法，逐项研究确定成本高低的每个因素，在此基础上直接估算固定成本与单位变动成本的一种方法。该方法主要是测定各项材料和人工投入的成本与产出的数量，将与产量有关的投入归集为单位变动成本，与产量无关的部分归集为固定成本。 通常适用于投入成本与产出数量之间有规律性联系的成本分解，可以在没有历史成本数据的情况下使用。 （4）账户分析法。 账户分析法，又称会计分析法，它是根据有关成本账户及其明细账的内容，结合其与产量的依存关系，判断其比较接近哪一类成本，就视其为哪一类成本。 优点：简便易行； 缺点：比较粗糙且带有主观判断。 （5）合同确认法。 合同确认法是根据企业订立的经济合同或协议中关于支付费用的规定，来确认并估算哪些项目属于变动成本，哪些项目属于固定成本的方法。 合同确认法要配合账户分析法使用	
总成本模型		总成本＝固定成本总额＋变动成本总额＝固定成本总额＋单位变动成本×业务量

【考点提示】本高频考点重点要注意各种成本的区分,工业工程法可能是最完备的方法,账户分析法是比较粗略的方法,高低点法和回归直线法属于历史成本分析的方法。不需要强行记忆,通过练习来掌握原理即可。

【例题2-26·多选题】某企业发生的下列固定成本中,一般属于酌量性固定成本的有(   )。(2018年)
A. 广告费
B. 职工培训费
C. 新产品研发费
D. 设备折旧费

【答案】ABC

【解析】酌量性固定成本——管理当局的短期(经营)决策行动能改变其数额的固定成本;如广告费、职工培训费、新产品研究开发费等,所以选择ABC。

【例题2-27·多选题】下列各项中,属于变动成本的有(   )。(2017年)
A. 新产品的研究开发费用
B. 按产量法计提的固定资产折旧
C. 按销售收入一定百分比支付的技术转让费
D. 随产品销售的包装物成本

【答案】BCD

【解析】变动成本是指在特定的业务量范围内,其总额会随业务量的变动而呈正比例变动的成本。如直接材料、直接人工、按销售量支付的推销员佣金、装运费、包装费,以及按产量计提的固定设备折旧等都是和单位产品的生产直接联系的,其总额会随着产量的增减呈正比例增减。变动成本也可以区分为两大类:技术性变动成本和酌量性变动成本,其中酌量性变动成本是指通过管理当局的决策行动可以改变的变动成本,如按销售收入的一定百分比支付的销售佣金、技术转让费等,选项BCD正确;新产品的研究开发费用属于酌量性固定成本,不因业务量变动而变动,选项A不正确。

第4天

- **复习旧内容：**
    第二章　财务管理基础
- **学习新内容：**
    第三章　预算管理
- **今天想对你说：**

    经过前三天的学习，我们学习了财务管理的总论以及一些基础知识，今天我们就要进入新的知识学习，将要学习一项在企业日常经营过程实务中很重要，但是考试相对简单的预算管理，特点是表格和数据较多，但是不要怕，本章数据之间的勾稽关系都是简单的加减乘除，因此无论各位考生有无实务经验，都不影响本章预算管理的学习以及做对本章考题。

- **简单解释今天学习内容：**

    何为预算？凡事预则立，不预则废，预算是一个企业的整体计划，一个企业对自己的产品销售多少进行预计，然后以销定产，决定需要生产多少相关产品，这些产品又需要消耗多少原材料和人工，整个企业围绕生产期间消耗的制造费用，以及根据各项原材料、人工和制造费用的投入分解来对产品成本进行预算，然后再根据企业各项服务、生产、销售产生的销售费用和管理费用进行预算，以上过程就是销售预算、生产预算、直接材料预算、直接人工预算、制造费用预算、产品成本预算、销售费用和管理费用预算的整个全流程思考路线。

- **可能会遇到的难点：**

    预算编制学习过程中，可能会混淆各种表格数据之间的勾稽关系。因此在学习预算编制时，要保持思路清晰，知道前面的预算往往是后面预算编制的基础，后面预算中的不同项目往往来自前面不同的预算，期初数据往往和上一期期末数据有关联。建议大家在学习过程中使用Excel将教材涉及的预算自己全部编制一遍，加深理解，对照自己编制的预算和教材例题，找出错误和差异点，对于存在理解偏差的部分加深理解。

- **习题注意事项：**

    考试以多种题型考查，属于比较重要的章节。客观题考查的内容多为预算的特征，以及六种不同预算方法的优缺点，能够根据题目描述，选出其对应的预算；对于预算的编制，这一块既可以在客观题中考查，也可以在主观题中进行考查，客观题主要会考查某类预算中具体某个项目的计算，主观题则会考查某类具体的预算编制，例如销售预算。因此在本章节学习过程中，请大家先掌握教材例题中整个流程预算的编制，然后再掌握历年真题中出现的各类单独预算编制。

- **建议学习时间：**

    3.5 小时

第三章 预算管理

扫码领取
学习资料

【本章导读】

（1）学习内容：本章主要介绍了预算管理的主要内容，预算的不同编制方法，预算的具体编制和预算的执行和考核。各位考生在学习本章的时候，大家要把自己代入财务总监（CFO）的角色，站在 CFO 的角度来对一家企业进行整体的规划。何为预算？凡事预则立不预则废，预算即是一个企业的整体计划，一个企业对自己的产品销售多少进行预计，然后以销定产，决定需要生产多少相关产品，这些产品又需要消耗多少原材料和人工，整个企业围绕生产期间消耗的制造费用，以及根据各项原材料、人工和制造费用的投入分解，来对产品成本进行预算，然后再根据企业各项服务、生产、销售产生的销售费用和管理费用进行预算，以上过程就是销售预算、生产预算、直接材料预算、直接人工预算、制造费用预算、产品成本预算、销售费用和管理费用预算的整个全流程思考路线。

（2）学习方法：考试以多种题型考查，分值为 11 分左右，属于比较重要的章节。客观题考查的内容多为预算的特征，以及六种不同预算方法的优缺点，能够根据题目描述，选出其对应的预算；对于预算的编制，这一块既可以在客观题中考查，也可以在主观题中进行考查，客观题主要会考查某类预算中具体某个项目的计算，主观题则会考查某类具体的预算编制，例如销售预算。因此在本章节学习过程中，请大家先掌握教材例题中整个流程预算的编制，然后掌握历年真题中出现的各类预算编制。在学习预算编制时，要保持思路清晰，知道前面的预算往往是后面预算编制的基础，后面预算中不同的项目往往来自前面不同的预算，建议大家在学习过程中使用 Excel 自己全部编制一遍，加深理解，对照自己编制的预算和教材例题，找出错误和差异点，对于存在理解偏差的部分加深理解。

（3）学习思路（见图 3-1）。

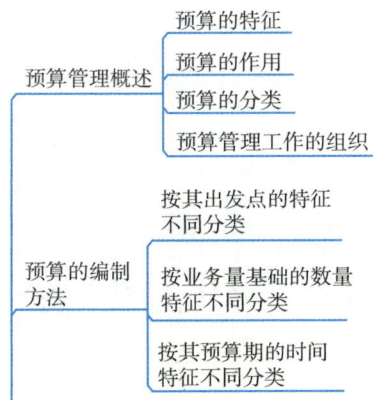

```
                              ┌ 销售预算
                              │ 生产预算
                              │ 直接材料预算
              ┌ 经营预算的编制 ┤ 直接人工预算
              │                │ 制造费用预算
              │                │ 产品成本预算
              │                └ 销售及管理费用预算
预算管理 ─────┤ 专门决策预算的编制  与项目投资决策相关；
              │                     编制资金预算和预计资产负债表的依据
              │ 财务预算的编制  资金预算、利润表预算、资产负债表预算（全面预算的终点）
              │                ┌ 预算的执行
              └ 预算的执行与考核┤ 预算的调整
                               └ 预算的分析与考核
```

图 3-1 本章框架

第一节 预算管理概述

一、预算的特征与作用（见表 3-1）

表 3-1　　　　　　　　　　　预算的特征与作用

类别	具体解释
预算的定义	预算是企业在预测、决策的基础上，以数量和金额的形式反映企业未来一定时期内经营、投资、筹资等活动的具体计划，是为实现企业目标而对各种资源和企业活动所做的详细安排
预算的特征	（1）预算必须与企业的战略目标保持一致； （2）数量化和可执行性
预算的作用	（1）预算通过规划、控制和引导经济活动，使企业经营达到预期目标； （2）预算可以实现企业内部各个部门之间的协调； （3）预算是业绩考核的重要依据

二、预算的分类（见表 3-2）

表 3-2　　　　　　　　　　　预算的分类

分类标准	类型	具体解释
根据内容的不同	经营预算	经营预算是指与企业日常经营活动直接相关的经营业务的各种预算。主要包括销售预算、生产预算、采购预算、费用预算、人力资源预算等

续表

分类标准	类型	具体解释
根据内容的不同	专门决策预算	专门决策预算指企业重大的或不经常发生的、需要根据特定决策编制的预算。专门决策预算直接反映相关决策的结果,是实际中已选方案的进一步规划。如资本支出预算
	财务预算	财务预算指与企业资金收支、财务状况或经营成果等有关的预算,包括资金预算、预计资产负债表预算、预计利润表预算等。 财务预算作为全面预算体系的最后环节,是从价值方面总括地反映企业经营预算和专门决策预算的结果,故亦称为总预算,其他预算则相应称为辅助预算或分预算
按预算指标覆盖的时间长短划分	短期预算	通常将预算期在一年以内(含一年)的预算称为短期预算。 一般情况下,企业的经营预算和财务预算多为1年期的短期预算
	长期预算	预算期在一年以上的称为长期预算

三、预算体系

各种预算是一个有机联系的整体。一般将由经营预算、专门决策预算和财务预算组成的预算体系,称为全面预算体系,如图3-2所示。

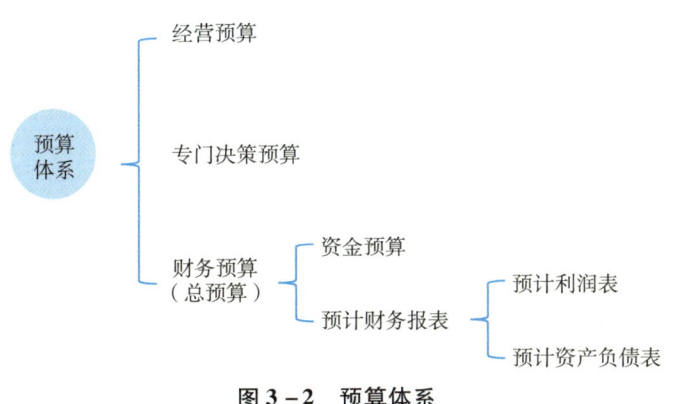

图3-2 预算体系

四、预算管理的概念和原则

预算管理是指企业以战略目标为导向,通过对未来经营活动和财务结果进行全面预测和筹划,合理配置资源,监督分析过程,评价反馈结果,指导经营活动的改善和调整,进而推动战略目标实现的管理活动。

企业进行预算管理,一般应遵循的原则有战略导向原则、过程控制原则、融合性原则、平衡管理原则、权变性原则。

五、预算管理工作的组织

预算工作的组织包括决策层、管理层、执行层和考核层,具体如表3-3所示。

表 3-3　　　　　　　　　　　　　预算工作的组织

组织	预算工作具体内容
决策层	企业董事会或类似机构应当对企业预算的管理工作负总责（注意，不是财务部门，也不是 CFO）
管理层	预算管理委员会审批公司预算管理制度、政策，审议年度预算草案或预算调整草案并报董事会等机构审批，监控、考核本单位的预算执行情况并向董事会报告，协调预算编制、预算调整及预算执行中的有关问题等
考核层	企业财务管理部门具体负责企业预算的跟踪管理，监督预算的执行情况，分析预算与实际执行的差异及原因，提出改进管理的意见与建议
执行层	（1）企业内部生产、投资、物资、人力资源、市场营销等职能部门具体负责本部门业务涉及的预算编制、执行、分析等工作，其主要负责人参与企业预算管理委员会的工作，并对本部门预算执行结果承担责任。 （2）企业所属基层单位是企业预算的基本单位，在企业财务管理部门的指导下，负责本单位现金流量、经营成果和各项成本费用预算的编制、控制、分析工作，接受企业的检查、考核。其主要负责人对本单位财务预算的执行结果承担责任

第二节　预算的编制方法与程序

一、增量预算法与零基预算法

按其出发点的特征不同，预算编制的方法可以分为增量预算法和零基预算法。

增量预算法与零基预算法的含义与特征如表 3-4 所示。

表 3-4　　　　　　　增量预算法与零基预算法的含义与特征

	增量预算法	零基预算法
含义	增量预算法是指以历史期实际经营活动及其预算为基础，结合预算期经济活动及其相关影响因素的变动情况，通过调整历史期经济活动项目及金额形成预算的预算编制方法	零基预算法，是指不以历史期实际经营活动及其预算为基础，而是以零为起点，从实际需要出发分析预算期经济活动的合理性，经综合平衡，形成预算的预算编制方法
编制	遵循如下假定： （1）企业现有业务活动是合理的，不需要进行调整； （2）企业现有各项业务的开支水平是合理的，在预算期予以保持； （3）以现有业务活动和各项活动的开支水平，确定预算期各项活动的预算数	编制方法： （1）明确预算编制标准； （2）制订业务计划； （3）编制预算草案； （4）审定预算方案
优点	编制相对简单	（1）不受历史期不合理因素影响，贴近真实需要； （2）增加预算编制透明度，有利于预算控制
缺点	可能导致无效费用开支项目无法得到有效控制，造成预算上的浪费	（1）编制工作量大，成本较高； （2）准确性受企业管理水平和相关数据标准准确性影响大

【例题 3-1·单选题】 下列各项中,不属于零基预算法优点的是( )。(2017年真题改编)

A. 不受历史期不合理因素影响
B. 增加预算编制透明度
C. 有利于预算控制
D. 编制预算的工作量小

【答案】D

【解析】零基预算的优点表现在:(1) 不受历史期不合理因素影响,能够灵活应对内外环境的变化,贴近真实需要;(2) 增加预算编制透明度,有利于预算控制。故选项 ABC 正确,其缺点是编制工作量大,故选项 D 错误。

【例题 3-2·判断题】 增量预算有助于增加预算编制透明度,有利于预算控制。( )(2018年真题改编)

【答案】错误

【解析】增量预算的缺点:可能导致无效费用开支项目无法得到有效控制,造成预算上的浪费。

二、固定预算法与弹性预算法

按其业务量基础的数量特征不同,编制预算的方法可分为固定预算法和弹性预算法,如表 3-5 所示。

表 3-5   编制预算的方法

项目	固定预算法(静态预算)	弹性预算法(动态预算)
含义	只根据预算期内正常的、最可能实现的某一固定业务量(如生产量、销售量)水平作为唯一基础来编制预算的方法	又称动态预算法,是指企业在分析业务量与预算项目之间数量依存关系的基础上,分别确定不同业务量及其相应预算项目所消耗资源的预算编制方法。 编制弹性预算,要选用一个最能代表生产经营活动水平的业务量计量单位。例如,手工操作车间选用人工工时,修理部门选用修理工时等。 运用弹性预算法编制预算的基本步骤是: (1) 选择业务量的计量单位,预测其变动范围; (2) 分析预算项目与业务量之间的数量依存关系,确定弹性定额; (3) 构建弹性预算模型,形成预算方案; (4) 预算管理委员会审议,董事会审批
特点	(1) 适应性差; (2) 可比性差	优点:考虑了不同业务量水平,更贴近实际情况。 缺点:(1) 编制工作量大;(2) 受主观判断影响

弹性预算法又分为公式法和列表法两种具体方法,如表 3-6 所示。

表 3-6　　　　　　　　　　　　弹性预算法的分类

项目	公式法	列表法
方法描述	根据总成本性态模型：Y = a + bX。通过确定系数 a、b 来编制成本费用预算。其中，Y——某项预算成本总额；a——该项成本中的预算固定成本额；b——该项成本中的预算单位变动成本额；X——表示预计业务量	列表法是在预计的业务量范围内将业务量分为若干个水平，然后按照不同业务量编制预算
优点	便于在一定范围内计算任何业务量的预算成本，可比性和适应性强，编制预算的工作量相对较小	不管实际业务量多少，不必经过计算即可找到与业务量相近的预算成本；混合成本中的阶梯成本和曲线成本，可按总成本性态模型计算填列，不必用数学方法修正为近似的直线成本
缺点	按公式法进行成本分解比较麻烦，工作量很大。另外对于阶梯成本和曲线成本只能先用数学方法修正为直线，才能应用公式法。必要时，还需在"备注"中说明适用不同业务量范围的固定费用和单位变动费用	运用列表法编制预算，在评价和考核实际成本时，往往需要使用插值法来计算"实际业务量的预算成本"，比较麻烦

【例题 3-3·单选题】某公司在编制成本费用预算时，利用成本性态模型（Y = a + bx），测算预算期内各种可能的业务量水平下的成本费用，这种预算编制方法是（　　）。（2018 年）

A. 零基预算法　　　　　　　　B. 固定预算法
C. 弹性预算法　　　　　　　　D. 滚动预算法

【答案】C

【解析】弹性预算法又称动态预算法，是指企业在分析业务量与预算项目之间数量依存关系的基础上，分别确定不同业务量及其相应预算项目所消耗资源的预算编制方法。而利用总成本性态模型（Y = a + bx）对应的是弹性预算法中的公式法。

【例题 3-4·判断题】编制弹性预算时，以手工操作为主的车间，可以选用人工工时作为业务量的计量单位。（　　）（2017 年）

【答案】正确

【解析】编制弹性预算，要选用一个最能代表生产经营活动水平的业务量计量单位。例如，以手工操作为主的车间，就应选用人工工时；制造单一产品或零件的部门，可以选用实物数量；修理部门可以选用直接修理工时等。

【例题 3-5·计算题】A 企业经过分析得出某种产品的制造费用与人工工时密切相关，采用公式法编制的制造费用预算如下表所示。

制造费用预算（公式法）

业务量范围	420~660（人工工时）	
费用项目	固定费用（元/月）	变动费用（元/人工工时）
运输费用		0.20
电力费用		1
材料费用		0.10
修理费用	85	0.85
油料费用	108	0.20
折旧费用	300	
人工费用	100	
合计	593	2.35
备注	当业务量超过600人工工时后，修理费中的固定费用将由85元上升为185元	

本例中，针对制造费用而言，在业务量为 420~600 人工工时的情况下，Y = 593 + 2.35x；在业务量为 600~660 人工工时的情况下，Y = 693 + 2.35x。如果业务量为 500 人工工时，则制造费用预算为 593 + 2.35 × 500 = 1 768（元）；如果业务量为 650 人工工时，则制造费用预算为 693 + 2.35 × 650 = 2 220.5（元）。

【例题3-6·计算题】 根据〖例题3-5〗制造费用预算表，A 企业采用列表法编制的 2012 年 6 月制造费用预算如下表所示。

制造费用预算（列表法）

业务量（直接人工工时）	420	480	540	600	660
占正常生产能力百分比	0.7	0.8	0.9	1	1.1
变动成本：					
运输费用（b=0.2）	84	96	108	120	132
电力费用（b=1.0）	420	480	540	600	660
材料费用（b=0.1）	42	48	54	60	66
合计	546	624	702	780	858
混合成本：					
修理费用	442	493	544	595	746
油料费用	192	204	216	228	240
合计	634	697	760	823	986
固定成本：					
折旧费用	300	300	300	300	300
人工费用	100	100	100	100	100
合计	400	400	400	400	400
总计	1 580	1 721	1 862	2 003	2 244

在上表中，分别列示了五种业务量水平的成本预算数据（根据企业情况，也可以按更多的业务量水平来列示）。这样，无论实际业务量达到何种水平，都有适用的一套成本数据来发挥控制作用。

如果固定预算法是按 600 小时编制的，成本总额为 2 003 元。在实际业务量为 500 小时的情况下，不能用 2 003 元去评价实际成本的高低，也不能按业务量变动的比例调整后的预算成本 1 669.2 元（2 003×500÷600）去考核实际成本，因为并不是所有的成本都一定同业务量呈同比例关系。

如果采用弹性预算法，就可以根据各项成本与业务量的不同关系，采用不同方法确定"实际业务量的预算成本"，去评价和考核实际成本，如下表所示。

成本类型	实际业务量为 500 小时，在 480～540 小时之间
变动总成本	500×0.2+500×1+500×0.1=650（元）
固定总成本	300+100=400（元）
混合成本	修理费在 493～544 元之间，设实际业务的预算修理费为 X 元，则（500-480）÷（540-480）=（X-493）÷（544-493），解出 X=510 元。 油料费用在 204～216 元之间，用插值法计算 500 小时应为 208 元
总成本	650+400+510+208=1 768（元）

三、定期预算法与滚动预算法

按其预算期的时间特征不同，编制预算的方法可分为定期预算法和滚动预算法两大类，如表 3-7 所示。

表 3-7 　　　　　　　　　　　定期预算法与滚动预算法

项目	定期预算法	滚动预算法
含义	定期预算法是指在编制预算时，以固定会计期间（如日历年度）作为预算期的一种编制预算的方法	滚动预算法是指企业根据上一期预算执行情况和新的预测结果，按既定的预算编制周期和滚动频率，对原有的预算方案进行调整和补充、逐期滚动、持续推进的预算编制方法。 按照滚动的时间单位不同可分为逐月滚动、逐季滚动和混合滚动
优点	能够使预算期间与会计期间相对应，便于将实际数与预算数进行对比，也有利于对预算执行情况进行分析和评价	通过持续滚动预算编制、逐期滚动管理，实现动态反映市场、建立跨期综合平衡，从而有效指导企业运营，强化预算的决策与控制职能
缺点	固定以一年为预算期，缺乏长远打算，导致一些短期行为的出现	（1）预算滚动的频率越高，对预算沟通的要求越高，预算编制的工作量越大； （2）过高的滚动频率容易增加管理层的不稳定感，导致预算执行者无所适从

四、预算的编制程序

企业一般按照分级编制、逐级汇总的方式，采用自上而下、自下而上、上下结合或多维度相协调的流程编制预算：（1）下达目标；（2）编制上报；（3）审查平衡；（4）审议批准；（5）下达执行。

> 【考点提示】预算的编制方法属于历年考查的高频考点，掌握本考点，注意理解各预算方法的特点，主要从客观题的角度掌握各方法的优缺点。

【例题3-7·单选题】随着预算执行不断补充预算，但始终保持一个固定预算期长度的预算编制方法是（　　）。（2015年）
A. 滚动预算法　　　　　　　　B. 弹性预算法
C. 零基预算法　　　　　　　　D. 定期预算法
【答案】A
【解析】滚动预算法是指在编制预算时，将预算期与会计期间脱离开，随着预算的执行不断地补充预算，逐期向后滚动，使预算期始终保持为一个固定长度的一种预算方法，选项A正确。

第三节　预算编制

一、经营预算的编制（见表3-8）

表3-8　　　　　　　　　　　经营预算的编制

项目	要点	相关项目金额的确定方法
销售预算	销售预算是编制全面预算的起点	销售预算中通常还包括预计现金收入的计算，即假设分两期收款： （1）本期销售商品、提供劳务收到的现金 = 本期营业收入×本期收现率 + 前期营业收入×在本期收现率 （2）期末应收账款余额 = 本期营业收入×本期赊销比率
生产预算	生产预算是在销售预算的基础上编制的，并可以作为编制直接材料预算和产品成本预算的依据。生产预算只涉及实物量指标，不涉及价值量指标	核心公式：期初 + 本期增加 - 本期减少 = 期末 预计生产量 = 预计销售量 + 预计期末产成品存货量 - 预计期初产成品存货量 其中，预计销售量来自销售预算，预计期初产成品存货 = 上期期末产成品存货
直接材料预算	直接材料预算以生产预算为基础编制，同时要考虑原材料存货水平	（1）生产需用量 = 单位产品材料用量×预计生产量 （2）预计采购量 = 生产需用量 + 期末库存量 - 期初库存量 为了便于以后编制资金预算，通常要预计材料采购各季度的现金支出，假设分两期付款： （3）购买材料支付的现金 = 本期采购金额×本期付现率 + 上期采购金额×在本期付现比率 （4）期末应付账款余额 = 本期采购金额×本期赊购比率

续表

项目	要点	相关项目金额的确定方法
直接人工预算	直接人工预算，**以生产预算为基础编制**，其主要内容有预计产量、单位产品工时、人工总工时、每小时人工成本和人工总成本	（1）预计人工总成本＝预计人工总工时×每小时人工成本＝预计生产量×单位产品工时×每小时人工成本 （2）由于人工工资都需要使用现金支付，因此不需要另外预计现金支出，可直接参加资金预算的汇总
制造费用预算	制造费用分为变动制造费用和固定制造费用，变动制造费用以生产预算为基础编制	（1）变动制造费用预算＝单位产品标准成本×预计生产量 （2）固定制造费用，需要逐项进行预计，通常与本期产量无关，按每季度实际需要的支付额预计，然后求出全年数。 （3）现金支出的费用＝制造费用－折旧费
产品成本预算	产品成本预算是销售预算、生产预算、直接材料预算、直接人工预算和制造费用预算的**汇总**。其主要内容是**产品的单位成本和总成本，不直接涉及现金收支**	（1）单位产品成本的有关数据，来自直接材料预算、直接人工预算和制造费用预算。 （2）生产量、期末存货量来自生产预算，销售量来自销售预算
销售及管理费用预算	销售费用预算是以销售预算为基础编制。 在编制管理费用预算时，要分析企业的业务成绩和一般经济状况，务必做到费用**合理化**。 管理费用多属于固定成本，一般以过去的实际开支为基础，按预算期内可预见变化进行调整	

预算编制关联图示（见图 3-3）：

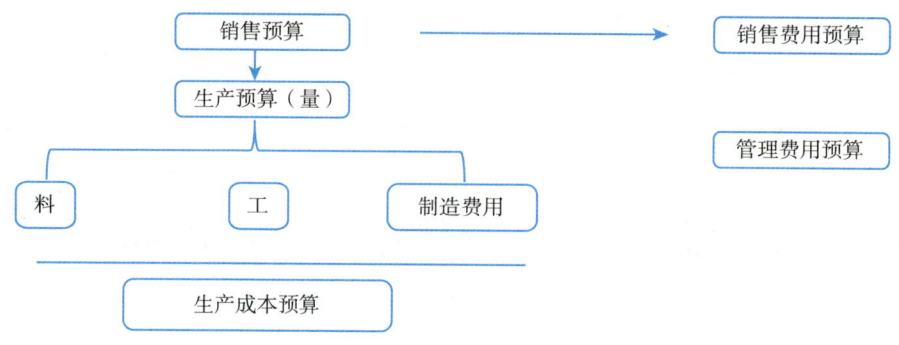

图 3-3 预算编制关联

（一）销售预算（见表 3-9）

表 3-9　　　　　　　　　　销售预算金额　　　　　　　　　　单位：元

项目	第一季度	第二季度	第三季度	第四季度	全年
预计销售量（件）	100	150	200	180	630
预计单位售价	200	200	200	200	200
销售收入	20 000	30 000	40 000	36 000	126 000
预计现金收入					
上年应收账款	6 200				6 200

续表

项目	第一季度	第二季度	第三季度	第四季度	全年
第一季度（销货 20 000）	12 000	8 000			20 000
第二季度（销货 30 000）		18 000	12 000		30 000
第三季度（销货 40 000）			24 000	16 000	40 000
第四季度（销货 36 000）				21 600	21 600
现金收入合计	18 200	26 000	36 000	37 600	117 800

第一季度的现金收入包括两部分，即上年应收账款在本年第一季度收到的货款以及本季度销售中可能收到的货款。本例中，假设每季度销售收入中，本季度收到现金60%，另外的40%现金要到下季度才能收到。

第一季度现金收入 = 6 200 + 20 000 × 60% = 18 200（元）

第二季度现金收入 = 20 000 × 40% + 30 000 × 60% = 26 000（元），以此类推。

（二）生产预算（见表 3 – 10）

表 3 – 10　　　　　　　　　　　　生产预算　　　　　　　　　　　　单位：件

项目	第一季度	第二季度	第三季度	第四季度	全年
预计销售量	100	150	200	180	630
加：预计期末产成品存货	15	20	18	20	20
合计	115	170	218	200	650
减：预计期初产成品存货	10	15	20	18	10
预计生产量	105	155	198	182	640

期末产成品存货数量通常按下期销售量的一定百分比确定，本例按10%安排期末产成品存货。

年初产成品存货是编制预算时预计的，年末产成品存货根据长期销售趋势来确定。

本例假设年初有产成品存货10件，年末留存20件。

生产预算的"预计销售量"来自销售预算：

预计期末产成品存货 = 下季度销售量 × 10%

预计期初产成品存货 = 上季度期末产成品存货

预计生产量 = 预计销售量 + 预计期末产成品存货 – 预计期初产成品存货

（三）直接材料预算（见表 3 – 11）

直接材料预算是为了规划预算期直接材料采购金额的一种经营预算。直接材料预算以生产预算为基础编制，同时要考虑原材料存货水平。

各季度"期末材料存量"＝下季度生产需用量×20%
各季度"期初材料存量"＝上季度的期末材料存量

预计各季度"采购量"根据下式计算确定：

预计采购量＝生产需用量＋期末存量－期初存量

表 3–11　　　　　　　　　　　直接材料预算

项目	第一季度	第二季度	第三季度	第四季度	全年
预计生产量（件）	105	155	198	182	640
单位产品材料用量（千克/件）	10	10	10	10	10
生产需用量（千克）	1 050	1 550	1 980	1 820	6 400
加：预计期末存量（千克）	310	396	364	400	400
合计	1 360	1 946	2 344	2 220	6 800
减：预计期初存量（千克）	300	310	396	364	300
预计材料采购量（千克）	1 060	1 636	1 948	1 856	6 500
单价（元/千克）	5	5	5	5	5
预计采购金额（元）	5 300	8 180	9 740	9 280	32 500
预计现金支出（元）					
上年应付账款（元）	2 350				2 350
第一季度（采购 5 300 元）	2 650	2 650			5 300
第二季度（采购 8 180 元）		4 090	4 090		8 180
第三季度（采购 9 740 元）			4 870	4 870	9 740
第四季度（采购 9 280 元）				4 640	4 640
合计（元）	5 000	6 740	8 960	9 510	30 210

每个季度的现金支出包括偿还上期应付账款和本期应支付的采购货款。本例假设材料采购的货款有 50% 在本季度内付清，另外 50% 在下季度付清。这个百分比一般是根据经验确定的。

第一季度现金支出 ＝ 2 350 ＋ 5 300×50% ＝ 5 000（元）

第二季度现金支出 ＝ 5 300×50% ＋ 8 180×50% ＝ 6 740（元），**以此类推**。

（四）直接人工预算（见表 3–12）

直接人工预算也是以生产预算为基础编制的。

表 3-12　　　　　　　　　　　直接人工预算

项目	第一季度	第二季度	第三季度	第四季度	全年
预计产量（件）	105	155	198	182	640
单位产品工时（小时/件）	10	10	10	10	10
人工总工时（小时）	1 050	1 550	1 980	1 820	6 400
每小时人工成本（元/小时）	2	2	2	2	2
人工总成本（元）	2 100	3 100	3 960	3 640	12 800

（五）制造费用预算

表 3-13 为 A 公司某期的制造费用预算表，其中：
变动制造费用分配率 = 3 200 ÷ 6 400 = 0.5（元/小时）
固定制造费用分配率 = 9 600 ÷ 6 400 = 1.5（元/小时）
其中上式中"6 400"来自"直接人工预算"中"人工总工时"。

表 3-13　　　　　　　　　　　制造费用预算　　　　　　　　　　　单位：元

项目	第一季度	第二季度	第三季度	第四季度	全年
变动制造费用					
间接人工（1 元/件）	105	155	198	182	640
间接材料（1 元/件）	105	155	198	182	640
修理费（2 元/件）	210	310	396	364	1 280
水电费（1 元/件）	105	155	198	182	640
小计	525	775	990	910	3 200
固定制造费用					
修理费	1 000	1 140	900	900	3 940
折旧	1 000	1 000	1 000	1 000	4 000
管理人员工资	200	200	200	200	800
保险费	75	85	110	190	460
财产税	100	100	100	100	400
小计	2 375	2 525	2 310	2 390	9 600
合计	2 900	3 300	3 300	3 300	12 800
减：折旧	1 000	1 000	1 000	1 000	4 000
现金支出的费用	1 900	2 300	2 300	2 300	8 800

（六）产品成本预算（见表 3-14）

产品成本预算，是销售预算、生产预算、直接材料预算、直接人工预算、制造费用预算的汇总。

表 3-14　　　　　　　　　　　产品成本预算

项目	单位成本		生产成本 (640 件) (元)	期末存货 (20 件) (元)	销货成本 (630 件) (元)
	每千克或每小时	投入量　成本（元）			
直接材料	5	10 千克　　50	32 000	1 000	31 500
直接人工	2	10 小时　　20	12 800	400	12 600
变动制造费用	0.5	10 小时　　5	3 200	100	3 150
固定制造费用	1.5	10 小时　　15	9 600	300	9 450
合计		90	57 600	1 800	56 700

（七）销售及管理费用预算（见表 3-15）

销售费用预算，是指为了实现销售预算所需支付的费用预算。它以销售预算为基础，分析销售收入、销售利润和销售费用的关系，力求实现销售费用的最有效使用。

管理费用多属于固定成本，所以，一般是以过去的实际开支为基础，按预算期的可预见变化来调整。

表 3-15　　　　　　　　　　销售及管理费用预算　　　　　　　　　　　　　单位：元

项目	金额
销售费用	
销售人员工资	2 000
广告费	5 500
包装、运输费	3 000
保管费	2 700
折旧	1 000
管理费用	
管理人员薪金	4 000
福利费	800
保险费	600
办公费	1 400
折旧	1 500
合计	22 500
折旧	2 500
每季度支付现金（20 000÷4）	5 000

【考点提示】经营预算的编制，无论是客观题还是计算题都属于常考点，因此不光要熟悉各类预算的要点，还要掌握相关项目金额的确定方法。只要理解**核心公式：期初＋本期增加－本期减少＝期末**，便可以应对计算这类题目。

【例题3-8·多选题】下列预算中,需要以生产预算为基础编制的有(   )。(2018年)
  A. 销售费用预算   B. 制造费用预算
  C. 直接人工预算   D. 管理费用预算
【答案】BC
【解析】一般以生产预算为基础的预算有直接材料预算、直接人工预算、制造费用预算、产品成本预算,所以选择BC。

【例题3-9·判断题】在产品成本预算中,产品成本总预算金额是将直接材料、直接人工、制造费用以及销售与管理费用的预算金额汇总相加而得到的。(   )(2016年)
【答案】错误
【解析】产品成本预算是销售预算、生产预算、直接材料预算、直接人工预算和制造费用预算的汇总,不包括销售及管理费用的预算。

【例题3-10·计算题】甲公司编制销售预算的相关资料如下:
资料一:甲公司预计每季度销售收入中,有70%在本季度收到现金,30%于下一季度收到现金,不存在坏账。2016年末应收账款余额为6 000万元。假设不考虑增值税及其影响。
资料二:甲公司2017年的销售预算如下表所示。

销售预算   单位:万元

项目	第一季度	第二季度	第三季度	第四季度	全年
预计销售量(万件)	500	600	650	700	2 450
预计单价(元/件)	30	30	30	30	30
预计销售收入	15 000	18 000	19 500	21 000	73 500
预计现金收入					
上年应收账款	*				*
第一季度	*	*			*
第二季度		(B)	*		*
第三季度			*	(D)	*
第四季度				*	*
预计现金收入合计	(A)	17 100	(C)	20 550	*

注:表内的"*"为省略的数值。

要求:
(1) 确定表格中字母所代表的数值(不需要列式计算过程)。
(2) 计算2017年末预计应收账款余额。(2017年)

【答案】
(1) A = 16 500；B = 12 600；C = 19 050；D = 5 850。
(2) 2017 年末预计应收账款余额 = 21 000 × 30% = 6 300（万元）

【解析】
(1) 第一季度预计现金收入应为第一季度销售收入的 70% 和上一年度应收账款的年末余额，故 A = 15 000 × 70% + 6 000 = 16 500（万元）；

第二季度应收的当季现金为当月销售收入的 70%，故 B = 18 000 × 70% = 12 600（万元）；

第三季度预计现金收入包含两部分，即第二季度收入剩下的 30% 和当季收入的 70%，故 C = 18 000 × 30% + 19 500 × 70% = 19 050（万元）；

第四季度应收第三季度的现金收入 D = 19 500 × 30% = 5 850（万元）

(2) 根据题目表述，甲公司预计每季度销售收入中，有 70% 在本季度收到现金，30% 于下一季度收到现金，不存在坏账。2017 年前三季度的收入在第四季度都已经全部收回。第四季度预计销售收入为 21 000 万元，有 70% 在第四季度收到现金，30% 于 2018 年第一季度收到现金，因此，2017 年末预计应收账款余额为 6 300 万元（21 000 × 30%）。

二、专门决策预算的编制

专门决策预算主要是**长期投资预算**（又称**资本支出预算**），通常是指**与项目投资决策相关**的专门预算。

专门决策预算的要点是准确反映项目投资支出与筹资计划，它同时也是编制资金预算和预计资产负债表的依据，如表 3-16 所示。

表 3-16　　　　　　　　　　　　　专门决策预算表　　　　　　　　　　　　　单位：元

项目	第一季度	第二季度	第三季度	第四季度	全年
投资支出预算	50 000	—	—	80 000	130 000
借入长期借款	30 000	—	—	60 000	90 000

【例题 3-11·判断题】经营预算是全面预算编制的起点，因此专门决策预算应当以经营预算为依据。（　　）（2017 年）

【答案】错误

【解析】销售预算是整个预算的编制起点。专门决策预算主要是长期投资预算（又称资本支出预算），通常是指与项目投资决策相关的专门预算，它往往涉及长期建设项目的资金投放与筹集，并经常跨越多个年度。编制专门决策预算的依据是项目财务可行性分析资料以及企业筹资决策资料。专门决策预算是编制资金预算和预计资产负债表的依据。

三、财务预算的编制

(一) 资金预算

资金预算是以经营预算和专门决策预算为依据编制的（见表3-17）。

资金预算由四部分组成：**可供使用现金、现金支出、现金余缺、现金筹措与运用。**

(1) **可供使用现金 = 期初现金余额 + 现金收入**
(2) **现金余缺 = 可供使用现金 − 该期现金支出**
(3) **期末现金余额 = 现金余缺 + 现金筹措 − 现金运用**

表3-17　　　　　　　　　　　　资金预算　　　　　　　　　　　　单位：元

项目	第一季度	第二季度	第三季度	第四季度	全年
期初现金余额	8 000	3 200	3 060	3 040	8 000
加：现金收入	18 200	26 000	36 000	37 600	117 800
可供使用现金	26 200	29 200	39 060	40 640	125 800
减：现金支出					
直接材料	5 000	6 740	8 960	9 510	30 210
直接人工	2 100	3 100	3 960	3 640	12 800
制造费用	1 900	2 300	2 300	2 300	8 800
销售及管理费用	5 000	5 000	5 000	5 000	20 000
所得税费用	4 000	4 000	4 000	4 000	16 000
购买设备	50 000			80 000	130 000
股利				8 000	8 000
现金支出合计	68 000	21 140	24 220	112 450	225 810
现金余缺	(41 800)	8 060	14 840	(71 810)	(100 010)
现金筹措与运用					
借入长期借款	30 000			60 000	90 000
取得短期借款	20 000			22 000	42 000
归还短期借款			6 800		6 800
短期借款利息（年利10%）	500	500	500	880	2 380
长期借款利息（年利12%）	4 500	4 500	4 500	6 300	19 800
期末现金余额	3 200	3 060	3 040	3 010	3 010

表3-17中：

可供使用现金 = 期初现金余额 + 现金收入

可供使用现金 − 现金支出 = 现金余缺

现金余缺 + 现金筹措 − 现金运用 = 期末现金余额

本例中理想的现金余额是3 000元，如果资金不足，可以取得短期借款，银行的要求是，借款额必须是 1 000 元的整数倍。本例中借款利息按季支付，做资金预算时假设新增借款发生在季度的期初，归还借款发生在季度的期末（如果需要归还借款，先归还短期借款，归还的数额为 100 元的整数倍）。本例中，M 公司上年末的长期借款余额为 120 000 元，所以，第一季度、第二季度、第三季度的长期借款利息均为（120 000 + 30 000）× 12% ÷ 4 = 4 500（元），第四季度的长期借款利息 =（120 000 + 30 000 + 60 000）× 12% ÷ 4 = 6 300（元）。

由于第一季度的长期借款利息支出为 4 500 元，理想的现金余额是 3 000 元，所以，（现金余缺 + 借入长期借款 30 000 元）的结果只要小于 7 500 元，就必须取得短期借款，而第一季度的现金余缺是 -41 800 元，所以，需要取得短期借款。本例中 M 公司上年末不存在短期借款，假设第一季度需要取得的短期借款为 W 元，则根据理想的期末现金余额要求可知：-41 800 + 30 000 + W - W × 10% ÷ 4 - 4 500 = 3 000（元），解得：W = 19 794.88 元，由于按照要求必须是 1 000 元的整数倍，所以，第一季度需要取得 20 000 元的短期借款，支付短期借款利息 500 元（20 000 × 10% ÷ 4），期末现金余额 = -41 800 + 30 000 + 20 000 - 500 - 4 500 = 3 200（元）。

第二季度的现金余缺是 8 060 元，如果既不增加短期借款也不归还短期借款，则需要支付 500 元的短期借款利息和 4 500 元的长期借款利息，期末现金余额 = 8 060 - 500 - 4 500 = 3 060（元），刚好符合要求。如果归还借款，由于必须是 100 元的整数倍，所以必然导致期末现金余额小于 3 000 元，因此，不能归还借款，期末现金余额为 3 060 元。

第三季度的现金余缺是 14 840 元，固定的利息支出为 500 + 4 500 = 5 000（元），所以，按照理想的现金余额是 3 000 元的要求，最多可以归还短期借款 6 840 元（14 840 - 5 000 - 3 000），由于必须是 100 元的整数倍，所以，可以归还短期借款 6 800 元，期末现金余额 = 14 840 - 5 000 - 6 800 = 3 040（元）。

第四季度的现金余缺是 -71 810 元，固定的利息支出 =（20 000 - 6 800）× 10% ÷ 4 + 6 300 = 6 630（元），第四季度的现金余缺 + 借入的长期借款 = -71 810 + 60 000 = -11 810（元）小于 9 630 元（固定的利息支出 6 630 + 理想的现金余额 3 000），所以，需要取得短期借款。假设需要取得的短期借款为 W 元，则根据理想的期末现金余额要求可知：-11 810 + W - W × 10% ÷ 4 - 6 630 = 3 000（元），解得：W = 21 989.74 元，由于必须是 1 000 元的整数倍，所以，第四季度应该取得短期借款 22 000 元，支付短期借款利息（20 000 - 6 800 + 22 000）× 10% ÷ 4 = 880（元），期末现金余额 = -71 810 + 60 000 + 22 000 - 880 - 6 300 = 3 010（元）。

全年的期末现金余额指的是年末的现金余额，即第四季度末的现金余额，所以，应该是 3 010 元。

（二）利润表预算

利润表预算与会计的利润表的内容、格式相同，只不过数据是面向预算期的。

其中，"所得税费用"项目是在利润规划时估计的，并已列入资金预算。它通常不是根据"利润总额"和所得税税率计算出来的，因为有诸多纳税调整的事项存在（见表 3-18）。

表 3-18　利润表预算　　　　　　　　　　　　　　　　　单位：元

项目	金额
销售收入（表3-9）	126 000
销售成本（表3-14）	56 700
毛利	69 300
销售及管理费用（表3-15）	22 500
利息（表3-17）	22 180
利润总额	24 620
所得税费用（估计）	16 000
净利润	8 620

（三）资产负债表预算

资产负债表预算与会计的资产负债表内容、格式相同，只不过数据是反映预算期末的财务状况。预计资产负债表的编制需以计划期开始日的资产负债表为基础，结合计划期间各项经营预算、专门决策预算、资金预算和预计利润表进行编制，也是编制全面预算的终点。

"未分配利润"是根据利润表预算的数据填写的（见表3-19）。

表 3-19　资产负债表预算　　　　　　　　　　　　　　　　单位：元

资产	年初余额	年末余额	负债和股东权益	年初余额	年末余额
流动资产：			流动负债：		
货币资金（表3-17）	8 000	3 010	短期借款	0	35 200
应收账款（表3-9）	6 200	14 400	应付账款（表3-11）	2 350	4 640
存货（表3-11、表3-14）	2 400	3 800	流动负债合计	2 350	39 840
流动资产合计	16 600	21 210	非流动负债：		
非流动资产：			长期借款	120 000	210 000
固定资产	43 750	37 250	非流动负债合计	120 000	210 000
在建工程	100 000	230 000	负债合计	122 350	249 840
非流动资产合计	143 750	267 250	股东权益：		
			股本	20 000	20 000
			资本公积	5 000	5 000
			盈余公积	10 000	10 000
			未分配利润	3 000	3 620
			股东权益合计	38 000	38 620
资产总计	160 350	288 460	负债和股东权益合计	160 350	288 460

"货币资金"的数据来自"资金预算表"中的"现金"的年初和年末余额。

"应收账款"的年初余额 6 200 元来自"销售预算表"的"上年应收账款",年末余额 14 400 = 36 000 – 21 600 或 = 36 000 × (1 – 60%)。

"存货"包括直接材料和产成品,直接材料年初余额 = 300 × 5 = 1 500(元),年末余额 = 400 × 5 = 2 000(元);产成品成本年初余额 = (20 + 630 – 640) × 90 = 900(元),年末余额 = 20 × 90 = 1 800(元);存货年初余额 = 1 500 + 900 = 2 400(元),年末余额 = 2 000 + 1 800 = 3 800(元)。

"固定资产"的年末余额 37 250 = 43 750 – 6 500,其中的 6 500 = 4 000 + 1 000 + 1 500,指的是本年计提的折旧,数字来自"制造费用预算表"和"销售及管理费用预算表"。

"在建工程"的年末余额 230 000 = 100 000 + 130 000,本年的增加额 130 000 元来自"专门决策预算表"(项目本年未完工)。

"固定资产""在建工程"的年初余额来自 M 公司上年末的资产负债表(略)。

"短期借款"本年的增加额 35 200 = 20 000 – 6 800 + 22 000,来自"资金预算表"。

"应付账款"的年初余额 2 350 元来自"直接材料预算表"的"上年应付账款",年末余额 4 640 = 9 280 – 4 640 或 = 9 280 × (1 – 50%)。

"长期借款"本年的增加额 90 000 元来自"专门决策预算表";"短期借款""长期借款"的年初余额来自 M 公司上年末的资产负债表。

"未分配利润"本年的增加额 620 元 = 本年的净利润 8 620 元(见利润表预算表) – 本年的股利 8 000 元(见资金预算表);股东权益各项目的期初余额均来自 M 公司上年末的资产负债表。各项预算中都没有涉及股本和资本公积的变动,所以,股本和资本公积的余额不变。M 公司没有计提任意盈余公积,由于"法定盈余公积"达到股本的 50% 时可以不再提取,所以,M 公司本年没有提取法定盈余公积,即"盈余公积"的余额不变。

> 【考点提示】财务预算的编制属于历年真题中的常考点,重点掌握资金预算,应对这一类考点,要充分理解预算编制的思路,不要去死记硬背,厘清编制顺序,按照步骤解题。

【例题 3 – 12 · 多选题】下列各项中,能够成为预计资产负债表中存货项目金额来源的有( )。(2017 年)

A. 销售费用预算
B. 直接人工预算
C. 直接材料预算
D. 产品成本预算

【答案】CD

【解析】"存货"包括直接材料和产成品,影响这两项的预算是直接材料预算和产品成本预算,所以选项 CD 正确。销售费用预算,是指为了实现销售预算所需支付的费用预算。产品成本预算是销售预算、生产预算、直接材料预算、直接人工预算和制造费用预算的汇总。直接人工预算,以生产预算为基础编制,其主要内容有预计产量、单位产品工时、人工总工时、每小时人工成本和人工总成本。

【**例题 3-13·计算题**】甲公司编制资金预算的相关资料如下：

资料一：甲公司预计 2018 年每季度的销售收入中，有 70% 在本季度收到现金，30% 在下一季度收到现金，不存在坏账。2017 年末应收账款余额为 0。不考虑增值税及其他因素的影响。

资料二：甲公司 2018 年末各季度的资金预算如下表所示。

甲公司 2018 年各季度资金预算　　　　　　　　　　　　单位：万元

项目	第一季度	第二季度	第三季度	第四季度
期初现金余额	500	（B）	1 088	1 090
预计销售收入	2 000	3 000	4 000	3 500
现金收入	（A）	2 700	（C）	3 650
现金支出	1 500	＊	3 650	1 540
现金余缺	＊	－700	＊	（D）
向银行借款	＊	＊	＊	＊
归还银行借款及利息	＊	＊	＊	＊
期末现金余额	1 000	＊	＊	＊

注：表内"＊"为省略的数值。

要求：

（1）计算 2018 年末预计应收账款余额。

（2）计算表中用字母代表的数值。(2018 年)

【答案】

（1）2018 年末预计应收账款余额 = 3 500 × 30% = 1 050（万元）

（2）A = 2 000 × 70% = 1 400（万元）

B = 1 000 万元

C = 4 000 × 70% + 3 000 × 30% = 3 700（万元）

D = 1 090 + 3 650 - 1 540 = 3 200（万元）

【解析】

（1）根据题目表述，甲公司预计每季度销售收入中，有 70% 在本季度收到现金，30% 于下一季度收到现金，不存在坏账。2018 年前三季度的收入在第四季度都已经全部收回。第四季度预计销售收入为 3 500 万元，有 70% 在第四季度收到现金，30% 于 2019 年第一季度收到现金，因此，2018 年末预计应收账款余额为 1 050 万元（3 500 × 30%）。

（2）第一季度预计现金收入应为第一季度销售收入的 70% 和上一年度应收账款的年末余额，故 A = 2 000 × 70%；

第二季度期初现金余额等于第一季度期末现金余额；

第三季度应收的当季现金为当月销售收入的 70%；第三季度预计现金收入包含两部分，即第二季度收入剩下的 30% 和当季收入的 70%，故 C = 4 000 × 70% + 3 000 × 30%；

第四季度现金余缺 = 第四季度期初现金余额 + 第四季度现金收入 - 第四季度现金支出，故 D = 1 090 + 3 650 - 1 540。

第四节 预算的执行与考核

预算的执行与考核如表 3-20 所示。

表 3-20　　预算的执行与考核

类别	具体解释
预算的执行	（1）企业预算一经批复下达，各预算执行单位就必须认真组织实施，形成全方位的预算执行责任体系。 （2）对于预算内的资金拨付，按照授权审批程序执行。对于预算外的项目支出，应当按预算管理制度规范支付程序。对于无合同、无凭证、无手续的项目支出，不予支付。 （3）企业应通过信息系统展示、会议、报告、调研等多种途径及形式，及时监督、分析预算执行情况，分析预算执行差异的原因，提出对策建议。 （4）企业财务管理部门应当利用财务报表监控预算的执行情况，及时向预算执行单位、企业预算管理委员会以至董事会或经理办公会提供财务预算的执行进度、执行差异及其对企业预算目标的影响等财务信息，促进企业完成预算目标。
预算的调整	（1）年度预算经批准后，原则上不做调整。企业应在制度中严格明确预算调整的条件、主体、权限和程序等事宜，当内外战略环境发生重大变化或突发重大事件等，导致预算编制的基本假设发生重大变化时，可进行预算调整。 （2）企业应当建立内部的弹性预算机制，对于不影响预算目标的经营预算、资本支出预算、筹资预算之间的调整，企业可以按照内部授权批准制度执行，鼓励预算执行单位及时采取有效的经营管理对策，保证预算目标的实现。 （3）企业调整预算，应当由预算执行单位逐级向企业预算管理委员会提出书面报告，阐述预算执行的具体情况、客观因素变化情况及其对预算执行造成的影响程度，提出预算指标的调整幅度。 （4）企业财务管理部门应当对预算执行单位的预算调整报告进行审核分析，集中编制企业年度预算调整方案，提交预算管理委员会以至企业董事会或经理办公会审议批准，然后下达执行。 （5）对于预算执行单位提出的预算调整事项，企业进行决策时，一般应当遵循以下要求： ①预算调整事项不能偏离企业发展战略； ②预算调整方案应当在经济上能够实现最优化； ③预算调整重点应当放在预算执行中出现的重要的、非正常的、不符合常规的关键性差异方面
预算的分析与考核	（1）企业应当建立预算分析制度，由预算管理委员会定期召开预算执行分析会议，全面掌握预算的执行情况，研究解决预算执行中存在的问题，纠正预算的执行偏差。 （2）企业预算管理委员会应当定期组织预算审计，纠正预算执行中存在的问题，充分发挥内部审计的监督作用。 （3）预算年度终了，预算管理委员会应当向董事会或经理办公会报告预算执行情况，并依据预算完成情况和预算审计情况对预算执行单位进行考核。 （4）预算考核主要针对定量指标进行考核，是企业绩效考核的重要组成部分。 （5）预算考核以预算完成情况为考核核心，通过预算执行情况与预算目标的比较，确定差异查明原因，进而据以评价各责任中心的工作业绩，并通过与相应的激励制度挂钩，促进其与预算目标相一致

【例题 3-14·多选题】在预算执行过程中，可能导致预算调整的情形有（　　）。（2016 年）

A. 原材料价格大幅度上涨　　　　B. 公司进行重大资产重组
C. 主要产品市场需求大幅下降　　D. "营改增"导致公司税负大幅下降

【答案】ABCD

【解析】预算执行单位在执行中由于市场环境、经营条件、政策法规等发生重大变化，致使预算的编制基础不成立，或者将导致预算执行结果产生重大偏差，可以调整预算，4 个选项均正确。

第5天

- **复习旧内容：**
  第三章　预算管理
- **学习新内容：**
  第四章　筹资管理（上）　第一～第二节
- **今天想对你说：**
  经过前面预算管理较多表格和数据的学习，今天本章内容突然"画风"大变，变得全是文字了，这个时候很多同学就要开始背大段文字了，本章节学习不要盲目进行大段背诵，要理解记住关键词、关键考点，越是文字多的地方，越要学会抓关键，了解这一点，我们就可以轻松上阵学习。
- **简单解释今天学习内容：**
  今天我们将学习筹资管理概述和债务筹资，筹资管理概述我们将学到企业的筹资动机、筹资管理的内容、筹资方式、筹资的分类；债务筹资部分我们将学到最常见的银行借款、公司债券、租赁等知识。
- **可能会遇到的难点：**
  考生可能会对三种债务筹资的各种优缺点比较产生困惑，解决方法是考生列出各类筹资的特性，针对共性的优缺点，按高低、优劣进行排序，做到心中有数。
- **习题注意事项：**
  在做相关选择题目的时候，一定要认真读题，看清题目的要求，如问某一类债务筹资的优缺点，一定要看是跟哪一类债务筹资进行比较，因为优缺点不是绝对的，而是跟其他筹资比较的相对优缺点。
- **建议学习时间：**
  2.5 小时

第四章 筹资管理(上)

【本章导读】

(1)学习内容:前面学习了预算管理,我们编制了资金预算,出现了现金余缺,那么作为 CFO,我们知道了需要多少钱,下一步就得知道钱从哪里来,因此本章就是学习筹集资金的各种渠道,按不同性质分类,可以分为直接筹资和间接筹资、内部筹资和外部筹资、长期筹资和短期筹资、债务筹资、股权筹资和衍生工具筹资等。我们将详细学习具体每一类筹资方式的优缺点。因此,针对每种筹资的优缺点,要详细了解两两对比的具体情形,这就要求掌握每类优缺点的排序,要有彼之优点、我之缺点、我之优点、彼之缺点的这种思路。

(2)学习方法:考试以多种题型考查,分值为 8 分左右,属于比较重要的章节。本章节主要以考查客观题为主,且主要考查各种筹资方式的概念和优缺点对比,大家对优缺点的学习,一定要按照排序进行学习,由强到弱,由大到小,不能死记硬背,因为一种相对于其他筹资方式来说是优点的方法,相对于另外一种筹资方式却可能是缺点。

(3)学习思路(见图 4-1)。

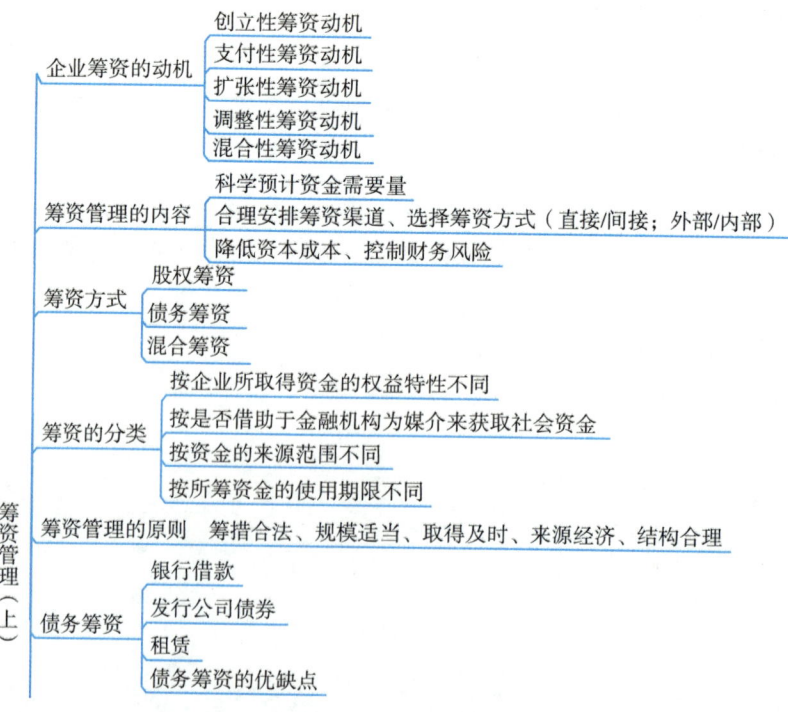

```
           ┌ 特点
           │ 吸收直接投资
   股权筹资 │ 发行普通股股票
           │ 留存收益
           └ 股权筹资的优缺点

           ┌ 可转换债券
 衍生工具筹资│ 认股权证
           └ 优先股

 筹资实务创新
```

图 4-1　本章框架

第一节　筹资管理概述

一、企业筹资的动机（了解）

企业筹资是指企业为了满足经营活动、投资活动、资本结构管理和其他需要，运用一定的筹资方式，通过一定的筹资渠道，筹措和获取所需资金的一种财务行为（见表 4-1）。

表 4-1　　　　　　　　　　　企业筹资的动机

类别 （按筹资原因）	具体解释
创立性筹资动机	是指企业设立时，为取得资本金并形成开展经营活动的基本条件而产生的筹资动机
支付性筹资动机	是指为了满足经营业务活动的正常波动所形成的支付需要而产生的筹资动机。企业在开展经营活动过程中，经常会出现超出维持正常经营活动资金需求的季节性、临时性的交易支付需要，如原材料购买的大额支付、员工工资的集中发放、银行借款的偿还、股东红利的发放等。这些情况要求除了正常经营活动的资金投入以外，还需要通过经常的临时性筹资来满足经营活动的正常波动需求，维持企业的支付能力
扩张性筹资动机	是指企业因扩大经营规模或对外投资需要而产生的筹资动机。具有良好发展前景、处于成长期的企业，往往会产生扩张性的筹资动机。 扩张性筹资的直接结果，往往是企业资产总规模的增加和资本结构的明显变化
调整性筹资动机	是指企业因调整资本结构而产生的筹资动机。 资本结构调整的目的在于降低资本成本，控制财务风险，提升企业价值。调整性筹资的结果通常不会增加企业的资本总额。 企业产生调整性筹资动机的原因有： （1）优化资本结构，合理利用财务杠杆效应。 （2）偿还到期债务，债务结构内部调整。如一些债务即将到期，企业虽然有足够的偿债能力，但为了保持现有的资本结构，可以举借新债以偿还旧债
混合性筹资动机	一般是基于企业规模扩张和调整资本结构两种目的，兼具扩张性筹资动机和调整性筹资动机的特性，同时增加了企业的资产总额和资本总额，也导致企业的资产结构和资本结构同时变化

【例题4-1·单选题】 企业因发放现金股利的需要而进行筹资的动机属于（ ）。(2017年)

A. 扩张性筹资动机
B. 支付性筹资动机
C. 创立性筹资动机
D. 调整性筹资动机

【答案】B

【解析】支付性筹资动机，是指为了满足经营业务活动的正常波动所形成的支付需要而产生的筹资动机。企业在开展经营活动过程中，经常会出现超出维持正常经营活动资金需求的季节性、临时性的交易支付需要，如原材料购买的大额支付、员工工资的集中发放、银行借款的提前偿还、股东股利的发放等，故选项B正确。

【例题4-2·单选题】 当一些债务即将到期时，企业虽然有足够的偿债能力，但为了保持现有的资本结构，仍然举新债还旧债。这种筹资的动机是（ ）。(2015年)

A. 扩张性筹资动机
B. 支付性筹资动机
C. 调整性筹资动机
D. 创立性筹资动机

【答案】C

【解析】调整性筹资动机，是指企业因调整资本结构而产生的筹资动机。企业虽然有足够的偿债能力，但为了保持现有的资本结构，仍然举借新债以偿还旧债，属于调整性筹资动机。

二、筹资管理的内容（了解）

（一）科学预计资金需要量（解决为什么要筹资）

在正常情况下，企业资金的需求，来源于两个基本目的：满足经营运转的资金需要，满足投资发展的资金需要。

（1）企业创立时，要按照规划的生产经营规模，预计长期资本需要量和流动资金需要量；

（2）企业正常营运时，要根据年度经营计划和资金周转水平，预计维持营业活动的日常资金需求量；

（3）企业扩张发展时，要根据扩张规模或对外投资对大额资金的需求，安排专项资金。

（二）合理安排筹资渠道、选择筹资方式（解决资金从哪里来，以什么方式取得）

筹资渠道是指企业筹集资金的来源方向与通道。

（1）企业最基本的筹资渠道有两条：直接筹资和间接筹资。

直接筹资是指企业与投资者签订协议或通过发行股票、债券等方式直接从社会取得资金；

间接筹资是指企业通过银行等金融机构以信贷关系间接从社会取得资金。

（2）企业筹资，总体来说是从企业外部和内部取得的。

外部筹资是指从企业外部筹措资金，主要包括股权筹资和债务筹资。

内部筹资主要依靠企业的利润留存积累。

（三）降低资本成本、控制财务风险

资本成本是企业筹集和使用资金所付出的代价，包括筹资费用和占用费用。

筹资费用：资金筹集过程中发生的股票发行费、借款手续费、证券印刷费、公证费、律师费等费用；

占用费用：在企业生产经营和对外投资活动中发生的利息支出、股利支出、租赁的资金利息等费用。

企业筹资的资本成本，需要通过资金使用所取得的收益与报酬来补偿，资本成本的高低，决定了企业资金使用的最低投资收益率要求。因此，企业在筹资管理中，要权衡债务清偿的财务风险，合理利用资本成本较低的资金种类，努力降低企业的资本成本率。

一般来说，债务资金比股权资金的资本成本要低，但企业承担的财务风险比股权资金要大一些。

财务风险，是指企业无法足额偿付到期债务的本金和利息、支付股东股利的风险，主要表现为偿债风险。由于无力清偿债权人的债务，可能会导致企业的破产。企业筹集资金在降低资本成本的同时，要充分考虑财务风险，防范企业破产的财务危机。

【例题4-3·单选题】下列各项中，属于资金占用费的是（　　）。（2017年）
A. 借款手续费　　　　　　　　B. 债券利息费
C. 借款公证费　　　　　　　　D. 债券发行费
【答案】B
【解析】资本成本是企业筹集和使用资金所付出的代价，包括筹资费用和占用费用。在资金筹集过程中，要发生股票发行费、借款手续费、证券印刷费、公证费、律师费等费用，这些属于筹资费用。在企业生产经营和对外投资活动中，要发生利息支出、股利支出、租赁的资金利息等费用，这些属于占用费用，因此选项B正确，选项ACD属于筹资费用。

【例题4-4·判断题】直接筹资是企业直接从社会取得资金的一种筹资方式，一般只能用来筹集股权资金。（　　）（2016年）
【答案】错误
【解析】直接筹资不需要通过金融机构来筹措资金，是企业直接从社会取得资金的方式。直接筹资方式主要有发行股票、发行债券、吸收直接投资等。

三、筹资方式（见图 4–2）

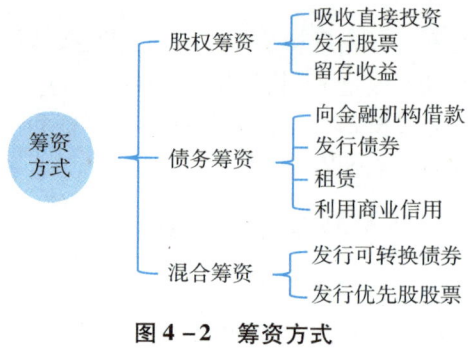

图 4–2 筹资方式

【例题 4–5·多选题】下列各项中，属于债务筹资方式的有（　　）。（2018 年）
A. 商业信用　　　　　　　　　　　　B. 吸收直接投资
C. 租赁　　　　　　　　　　　　　　D. 留存收益
【答案】AC
【解析】商业信用、租赁属于债务筹资方式，吸收直接投资与留存收益属于权益筹资方式。选项 AC 正确。

四、筹资的分类（见表 4–2）

表 4–2　　　　　　　　　　　　　　　筹资的分类

分类标准	类型	特点
按企业所取得资金的权益特性不同	股权筹资	股权资本一般不用偿还本金，形成了企业的永久性资本，因而财务风险小，但付出的资本成本相对较高
	债务筹资	债务资金需要定期还本付息，具有较大的财务风险，但付出的资本成本相对较低。 **永续债**：一种介于债权和股权之间的融资工具，其特点包括： （1）不设定债券到期日；（2）票面利率较高；（3）包含赎回条款及利率调整条款
	衍生工具筹资	包括兼具股权与债务筹资性质的混合融资和其他衍生工具融资。 我国上市公司目前最常见的混合筹资方式是可转换债券融资和优先股筹资，最常见的其他衍生工具融资方式是认股权证融资
按是否借助于金融机构为媒介来获取社会资金	直接筹资	直接筹资的筹资手续比较复杂，筹资费用较高； 筹资领域广阔，能够直接利用社会资金，有利于提高企业的知名度和资信度
	间接筹资	间接筹资，形成的主要是债务资金，主要用于满足企业资金周转的需要。 间接筹资手续相对比较简便，筹资效率高，筹资费用较低，但容易受金融政策的制约和影响

续表

分类标准	类型	特点
按资金的来源范围不同	内部筹资	内部筹资是指企业通过利润留存而形成的筹资来源。 内部筹资数额大小主要取决于企业可分配利润的多少和利润分配政策，一般无须花费筹资费用，从而降低了资本成本
	外部筹资	处于初创期的企业，内部筹资的可能性是有限的；处于成长期的企业，内部筹资往往难以满足需要。这就需要企业广泛地开展外部筹资，如发行股票、债券、取得商业信用、银行借款等。 企业向外部筹资大多需要花费一定的筹资费用，从而提高了筹资成本
按所筹资金的使用期限不同	长期筹资	长期筹资通常采取吸收直接投资、发行股票、发行债券、长期借款、租赁等方式。 长期筹资可以是股权资金，也可以是债务资金
	短期筹资	短期筹资经常利用商业信用、短期借款、保理业务等方式筹集

【例题4-6·多选题】下列筹资方式中，一般属于间接筹资方式的有（　　）。(2018年)

A. 优先股筹资
B. 租赁
C. 银行借款筹资
D. 债券筹资

【答案】BC
【解析】优先股筹资与债券筹资是直接筹资方式，租赁与银行借款筹资是间接筹资方式，所以选择BC。

【例题4-7·判断题】企业在初创期通常采用外部筹资，而在成长期通常采用内部筹资。（　　）(2015年)

【答案】错误
【解析】处于初创期的企业，内部筹资的可能性是有限的；处于成长期的企业，内部筹资往往难以满足需要。这就需要企业广泛地开展外部筹资，如发行股票、债券、取得商业信用、银行借款等。

五、筹资管理的原则

筹资管理的原则见表4-3。

表 4-3　　　　　　　　　　　　　筹资管理的原则

原则	具体内容
筹措合法	企业筹资要遵循国家法律法规，合法筹措资金
规模适当	根据生产经营及其发展的需要，合理安排资金需求
取得及时	合理安排筹资时间，适时取得资金
来源经济	充分利用各种筹资渠道，选择经济、可行的资金来源
结构合理	筹资管理要综合考虑各种筹资方式，优化资本结构

第二节　债务筹资

债务筹资形成企业的债务资金，债务资金是企业通过银行借款、向社会发行公司债券、租赁等方式筹集和取得的资金。

一、银行借款（见表 4-4）

表 4-4　　　　　　　　　　　　　　银行借款

项目	具体解释
银行借款的定义	银行借款是指企业从银行或其他非银行金融机构借入的，需要还本付息的款项，包括偿还期限超过 1 年的长期借款和不足 1 年的短期借款，主要用于企业购建固定资产和满足流动资金周转的需要
银行借款的种类	（1）按照提供贷款的机构，分为政策性银行贷款、商业银行贷款和其他金融机构贷款。 （2）按机构对贷款有无担保要求，分为信用贷款和担保贷款。 ①信用贷款是指以借款人的信誉或保证人的信用为依据而获得的贷款。企业取得这种贷款，无须以财产做抵押。对于这种贷款，由于风险较高，银行通常要收取较高的利息，往往还附加一定的限制条件。 ②担保贷款是指由借款人或第三方依法提供担保而获得的贷款，包括保证贷款、抵押贷款和质押贷款三种基本类型。 【注意】 （1）抵押，是指债务人或第三方并不转移对财产的占有，只将该财产作为对债权人的担保。作为贷款担保的抵押品，可以是不动产、机器设备、交通运输工具等实物资产，可以是依法有权处分的土地使用权，也可以是股票、债券等有价证券等，它们必须是能够变现的资产。 （2）质押，是指债务人或第三方将其动产或财产权利移交给债权人占有，将该动产或财产权利作为债权的担保。作为贷款担保的质押品，可以是汇票、支票、债券、存款单、提单等信用凭证，可以是依法可以转让的股份、股票等有价证券，也可以是依法可以转让的商标专用权、专利权、著作权中的财产权等，但不包括不动产
银行借款的程序	（1）提出申请，银行审批； （2）签订合同，取得借款

续表

项目	具体解释
长期借款的保护性条款	(1) 例行性保护条款。 (2) 一般性保护条款。 是对企业资产流动性及偿债能力等方面要求的条款。 (3) 特殊性保护条款。 主要包括：要求公司的主要领导人购买人身保险；借款的用途不得改变；违约惩罚条款等。 上述各项条款结合使用，将有利于全面保护银行等债权人的权益
银行借款的筹资特点	与其他债务筹资方式相比，银行借款的筹资特点包括： (1) 筹资速度快； (2) 资本成本较低； (3) 筹资弹性较大； (4) 限制条款多； (5) 筹资数额有限

【例题 4-8·单选题】与发行公司债券相比，银行借款筹资的优点是（　　）。(2017 年)

A. 资本成本较低
B. 资金使用的限制条件少
C. 能提高公司的社会声誉
D. 单次筹资数额较大

【答案】A

【解析】与发行公司债券相比，银行借款的筹资优点包括：(1) 筹资速度快；(2) 资本成本较低；(3) 筹资弹性较大。所以选项 A 正确。资本成本：银行借款＜发行债券＜租赁（从低到高）。

【例题 4-9·判断题】长期借款的例行性保护条款、一般性保护条款、特殊性保护条款可结合使用，有利于全面保护债权人的权益。(　　)(2017 年)

【答案】正确

【解析】长期借款的保护性条款包括例行性保护条款、一般性保护条款和特殊性保护条款。上述各项条款结合使用，将有利于全面保护银行等债权人的权益，表述正确。

二、发行公司债券

公司债券又称企业债券，是企业按照法定程序发行的、约定在一定期限内还本付息的有价证券，如表 4-5 所示。

表 4-5　　　　　　　　　　　　　发行公司债券

项目	具体解释
发行债券的条件	在我国，股份有限公司和有限责任公司，具有发行债券的资格。 公开发行公司债券，应当符合下列条件： （1）具备健全且运行良好的组织机构； （2）最近三年平均可分配利润足以支付公司债券一年的利息； （3）国务院规定的其他条件。 公开发行公司债券筹集的资金，必须用于核准的用途，不得用于弥补亏损和非生产性支出。改变资金用途，必须经债券持有人会议作出决议
公司债券的种类	（1）按是否记名，分为记名债券和无记名债券。 （2）按是否能够转换成公司股权，公司债券分为可转换债券与不可转换债券。 ①可转换债券，是指债券持有者可以在规定的时间内按规定的价格转换为股票的一种债券。这种债券在发行时，对债券转换为股票的价格和比率等都做了详细规定。可转换债券的发行主体是股份有限公司中的上市公司。 ②不可转换债券，是指不能转换为股票的债券，大多数公司债券属于这种类型。 （3）按有无特定财产担保，分为担保债券和信用债券。 （4）按是否公开发行，分为公开发行债券和非公开发行债券
公司债券的发行程序	（1）做出发债决定。公司发行债券由董事会制订方案，并由股东大会批准，作出决议。 （2）提出发债申请。 （3）公告募集办法。 （4）委托证券经营机构发售。 （5）交付债券，收缴债券款
债券的偿还	（1）提前偿还，只有在公司发行债券的契约中明确规定了有关允许提前偿还的条款，公司才可以进行此项操作； （2）到期分批偿还； （3）到期一次偿还
发行公司债券的筹资特点	与其他债务筹资方式相比，发行公司债券的筹资特点包括： （1）一次筹资数额大； （2）筹资使用限制少； （3）资本成本负担较高； （4）提高公司社会声誉

三、租赁（见表 4-6）

表 4-6　　　　　　　　　　　　　租赁

项目	具体解释
租赁的基本特征	（1）所有权与使用权相分离； （2）融资与融物相结合（借物还钱）； （3）租金的分期支付

续表

项目	具体解释
租赁的形式	（1）直接租赁； （2）售后回租； （3）杠杆租赁。 杠杆租赁是指涉及承租人、出租人和资金出借人三方的租赁业务。出租人既是债权人也是债务人，既要收取租金又要支付债务
租赁的租金计算	（1）租金的构成。 租赁每期租金的多少，取决于以下几项因素： ①设备原价及预计残值。包括设备买价、运输费、安装调试费、保险费等，以及该设备租赁期满后，出售可得的收入。 ②利息。指租赁公司为承租企业购置设备垫付资金所应支付的利息。 ③租赁手续费和利润。租赁手续费指租赁公司承办租赁设备所发生的业务费用，包括业务人员工资、办公费、差旅费等。 （2）租金的支付方式。 实务中，承租企业与租赁公司商定的租金支付方式，大多为后付等额年金。 （3）租金的计算。 我国租赁实务中，租金的计算大多采用等额年金法。 等额年金法下，通常要根据利率和租赁手续费率确定一个租费率，作为折现率。 即：利率+租赁手续费率=折现率 【提示】 （1）残值收入归出租人。 设备原价=租金×(P/A, i, n)+残值收入×(P/F, i, n) （2）残值收入归承租人。 设备原价=租金×(P/A, i, n)
租赁的筹资特点	（1）无须大量资金就能迅速获得资产； （2）财务风险小，财务优势明显； （3）筹资的限制条件较少； （4）能延长资金融通的期限； （5）资本成本负担较高（银行借款＜发行债券＜租赁）

【例题4-10·计算题】某企业于2011年1月1日从租赁公司租入一套设备，价值60万元，租期6年，租赁期满时预计残值5万元，归租赁公司。年利率8%，租赁手续费率每年2%。租金每年末支付一次，则：

每年租金=[600 000-50 000×(P/F, 10%, 6)]÷(P/A, 10%, 6)=131 283（元）

2011年末租金摊余成本=600 000×(1+10%)-131 283=528 717（元）

2012年末租金摊余成本=528 717×(1+10%)-131 283=450 306（元）

后面年份计算，以此类推。

【例题4-11·单选题】下列筹资方式中，能给企业带来财务杠杆效应的是（　　）。(2018年)

A. 发行普通股　　　　　　　　B. 认股权证
C. 租赁　　　　　　　　　　　D. 留存收益

【答案】C

【解析】租赁属于债务筹资，可以带来财务杠杆效应。

【例题4-12·单选题】 某公司从租赁公司融资租入一台设备,价格为350万元,租期为8年,租赁期满时预计净残值15万元归租赁公司所有,假设年利率为7%,租赁手续费为每年2%,每年末等额支付租金,则每年租金为（　　）万元。(2017年)

A．[350 - 15 × (P/A, 7%, 8)] ÷ (P/F, 7%, 8)

B．[350 - 15 × (P/F, 7%, 8)] ÷ (P/A, 7%, 8)

C．[350 - 15 × (P/F, 9%, 8)] ÷ (P/A, 9%, 8)

D．[350 - 15 × (P/A, 9%, 8)] ÷ (P/F, 9%, 8)

【答案】 C

【解析】 租赁折现率 = 7% + 2% = 9%,残值归租赁公司所有,承租人支付的租金总额中应扣除残值现值,所以选项C正确。

【例题4-13·多选题】 与发行股票筹资相比,租赁筹资的特点有（　　）。(2016年)

A．财务风险较小　　　　　　　　B．筹资限制条件较少

C．资本成本负担较低　　　　　　D．形成生产能力较快

【答案】 BCD

【解析】 租赁无须大量资金就能迅速获得资产,筹资的限制条件较少,选项BD正确;由于租赁需要定期支付租金,与股票相比,财务风险较大,选项A错误;一般来说,债务筹资的资本成本要低于股权筹资,选项C正确。

不同债务筹资方式对比见表4-7。

表4-7　　　　　　　　　　不同债务筹资方式对比

项目	结果
限制条件	银行存款 > 发行公司债券 > 租赁
资本成本	银行存款 < 发行公司债券 < 租赁
筹资速度	银行存款 > 租赁 > 发行公司债券

四、债务筹资的优缺点（见表4-8）

表4-8　　　　　　　　　　债务筹资的优缺点

分类	具体内容
债务筹资的优点	(1) 筹资速度较快; (2) 筹资弹性大; (3) 资本成本负担较轻; (4) 可以利用财务杠杆; (5) 稳定公司的控制权
债务筹资的缺点	(1) 不能形成企业稳定的资本基础; (2) 财务风险较大; (3) 筹资数额有限

【考点提示】 债务筹资属于高频考点,在考试中以客观题为主,其中各种筹资方式的特点需要重点掌握,大家一定要对比理解记忆,对各类筹资优缺点做好区分,切莫在考试中将优点当缺点、缺点当优点,也不能将一种筹资方式的优点用到另一种筹资方式上。而且近两年租赁考查的频率很高,建议多练习此类内容题目。

【例题 4-14·多选题】 与股权筹资方式相比,下列各项中,属于债务筹资方式优点的有( )。(2017 年)

A. 资本成本低
B. 筹资规模大
C. 财务风险较低
D. 筹资弹性较大

【答案】 AD

【解析】 一般来说,债务筹资的资本成本要低于股权筹资。一是取得资金的手续费用等筹资费用较低;二是利息、租金等用资费用比股权资本要低;三是利息等资本成本可以在税前支付,所以选项 A 正确。利用债务筹资,可以根据企业的经营情况和财务状况,灵活地商定债务条件,控制筹资数量,安排取得资金的时间,所以选项 D 正确。债务筹资的财务风险要比股权筹资的财务风险要大,债务筹资有固定的到期日,有固定的债息负担,而股权筹资没有还本付息的财务压力,所以选项 C 错误。债务筹资的数额有限,其数额往往受到贷款机构资本实力的制约,除发行债券方式外,一般难以像发行股票那样一次筹集到大笔资金,无法满足公司大规模筹资的需要,所以选项 B 错误。

第6天

- **复习旧内容：**

  第四章　筹资管理（上）　第一～第二节

- **学习新内容：**

  第四章　筹资管理（上）　第三～第五节

- **今天想对你说：**

  经过前面债务筹资的学习，我们知道了学习筹资管理的特点，了解了各种筹资的定义、分类和程序，同时了解到各种筹资的优缺点，今天再来学习股权筹资和衍生工具筹资的时候，就能依葫芦画瓢，做到游刃有余。

- **简单解释今天学习内容：**

  今天我们将学习股权筹资和衍生工具筹资，股权筹资我们将学到吸收直接投资、发行普通股股票和留存收益以及股权筹资的优缺点；衍生工具筹资部分我们将学到可转换债券、认股权证和优先股等知识。

- **可能会遇到的难点：**

  各类筹资方式的优缺点比较，无论是债务筹资大类与股权筹资大类比较，还是股权筹资内部小类进行比较，考生在这里会比较困惑，因此要针对每种筹资的优缺点，详细了解两两对比的具体情形，这就要求掌握每类优缺点的排序，要有彼之优点，我之缺点，我之优点，彼之缺点的思路。

- **习题注意事项：**

  在做相关选择题目的时候，一定要认真读题，看清题目的要求，问某一类股权筹资的优缺点，一定要看是与哪一类股权筹资进行比较，因为优缺点不是绝对的，而是相对其他筹资的优缺点。同时也会出现某类具体的股权筹资和某类具体的债务筹资进行比较，这类题型，则要站在大类之间进行优缺点比较后再解题。

- **建议学习时间：**

  2.5 小时

第三节 股权筹资

股权筹资形成企业的股权资金,是企业最基本的筹资方式。

吸收直接投资、发行普通股股票和利用留存收益是股权筹资的三种基本形式。

一、吸收直接投资

(一) 吸收直接投资的种类

(1) 吸收国家投资;

(2) 吸收法人投资;

(3) 吸收外商投资;

(4) 吸收社会公众投资(以参与利润分配为目的)。

(二) 吸收直接投资的出资方式

1. 以货币资产出资

以货币资产出资是吸收直接投资中最重要的出资方式。

2. 以实物资产出资

3. 以土地使用权出资

4. 以知识产权出资

知识产权通常是指专有技术、商标权、专利权、非专利技术等无形资产。吸收知识产权等无形资产出资的风险较大。

国家相关法律法规对无形资产出资方式另有限制,股东或者发起人不得以劳务、信用、自然人姓名、商誉、特许经营权或者设定担保的财产等作价出资。

5. 以特定债权出资

特定债权,指企业依法发行的可转换债券以及按照国家有关规定可以转作股权的债权。在实践中,企业可以将特定债权转为股权的情形主要有:

(1) 上市公司依法发行的可转换债券;

(2) 金融资产管理公司持有的国有及国有控股企业债权;

(3) 企业实行公司制改建时,经银行以外的其他债权人协商同意,可以按照有关协议和企业章程的规定,将其债权转为股权;

(4) 国有企业的境内债权人将持有的债权转给外国投资者,企业通过债转股改组为外商投资企业;

(5) 国有企业改制时,账面原有应付工资余额中欠发职工工资部分,在符合国家政策、职工自愿的条件下,依法扣除个人所得税后可转为个人投资;未退还职工的集资款也可转为个人投资。

(三) 吸收直接投资的筹资特点

(1) 能够尽快形成生产能力。
(2) 容易进行信息沟通。
(3) 资本成本较高。

相对于股票筹资来说，吸收直接投资的资本成本较高。不过，吸收直接投资的手续相对比较简便，**筹资费用较低**。

(4) 企业控制权集中，不利于企业治理。
(5) 不易进行产权交易。

【例题 4-15·单选题】与发行股票筹资相比，吸收直接投资的优点是（ ）。(2016年)

A. 筹资费用较低　　　　　　　B. 资本成本较低
C. 易于进行产权交易　　　　　D. 有利于提高公司声誉

【答案】A

【解析】吸收直接投资的筹资特点包括：(1) 能够尽快形成生产能力；(2) 容易进行信息沟通；(3) 资本成本较高（但手续相对比较简便，筹资费用较低，选项A正确）；(4) 公司控制权集中，不利于公司治理；(5) 不易进行产权交易。

【例题 4-16·多选题】下列各项中，能够作为吸收直接投资出资方式的有（ ）。(2017年)

A. 特许经营权　　B. 土地使用权　　C. 商誉　　D. 非专利技术

【答案】BD

【解析】吸收直接投资的出资方式包括：(1) 以货币资产出资；(2) 以实物资产出资；(3) 以土地使用权出资；(4) 以知识产权出资。知识产权通常是指专有技术、商标权、专利权、非专利技术等无形资产。股东或者发起人不得以劳务、信用、自然人姓名、商誉、特许经营权或者设定担保的财产等作价出资（选项AC错误）；(5) 以特定债权出资。选项BD正确。

二、发行普通股股票

(一) 股票的特征与分类（见表 4-9）

表 4-9　　　　　　　　　　　股票的特征与分类

分类	具体内容
股票的特点	(1) 永久性； (2) 流通性； (3) 风险性； (4) 参与性

续表

分类	具体内容
股东的权利	(1) 公司管理权; (2) 收益分享权; (3) 股份转让权; (4) 优先认股权; (5) 剩余财产要求权
股票的种类	(1) 按股东权利和义务,分为普通股股票和优先股股票。 普通股:股利不固定的股票; 优先股:股利分配优先权和分配剩余财产优先权;无表决权,仅对涉及优先股权利的问题有表决权。 (2) 按票面有无记名,分为记名股票和无记名股票。 (3) 按发行对象和上市地点,分为 A 股、B 股、H 股、N 股和 S 股

【例题 4-17·单选题】下列各项中,不属于普通股股东权利的是(　　)。(2018 年)
A. 剩余财产要求权　　　　　　B. 固定收益权
C. 转让股份权　　　　　　　　D. 参与决策权
【答案】B
【解析】普通股股东的权利:(1) 公司管理权;(2) 收益分享权;(3) 股份转让权;(4) 优先认股权;(5) 剩余财产要求权。普通股股东获得的股利金额是不确定的,所以选项 B 不属于普通股股东的权利。

(二) 我国证券交易所概况与股份有限公司的设立

1. 我国证券交易所概况（见表 4-10）

证券交易所是为证券集中交易提供场所和设施,组织和监督证券交易,实行自律管理的法人。从世界各国的情况看,证券交易所有公司制的营利性法人和会员制的非营利性法人。中国大陆有三家证券交易所,即上海证券交易所、深圳证券交易所和北京证券交易所。这三家证券交易所互联互通、相互补充、相互促进构成了我国各板块差异化发展的多层次资本市场体系。

表 4-10　　　　　　　　　　　证券交易所概况

证券交易所	成立时间	性质	市场定位
上海证券交易所	1990 年 11 月 26 日	国务院授权批准设立的全国性证券交易场所,受中国证监会监督管理。实行自律管理的会员制非营利性法人	以主板为主,重点服务各行业、各地区的龙头企业和大型骨干企业;2019 年设立科创板,支持高科技企业发展。上海证券交易所包括主板和科创板资本市场
深圳证券交易所	1990 年 12 月 1 日		初步建立主板、中小企业板和创业板差异化发展的多层次资本市场体系;2021 年 2 月 5 日,主板和中小板合并
北京证券交易所	2021 年 9 月 3 日	国务院授权批准设立的中国第一家公司制证券交易所,受中国证监会监督管理	以现有的新三板精选层为基础,服务创新型中小企业

2. 股份有限公司的设立

设立股份有限公司，应当有 2 人以上 200 人以下作为发起人，其中须有半数以上的发起人在中国境内有住所。

股份有限公司的设立，可以采取发起设立或者募集设立的方式。

发起设立是指由发起人认购公司应发行的全部股份而设立的公司。

募集设立是指由发起人认购公司应发行股份的一部分，其余股份向社会公开募集或者向特定对象募集而设立的公司。

3. 股票的发行方式（见表 4-11）

表 4-11　　　　　　　　　　　股票的发行方式

类别	定义	优点	缺点
公开间接发行	指通过中介机构，公开向社会公众发行股票	发行范围广，发行对象多；易于足额筹集资本；有利于提高公司知名度	审批手续复杂，发行成本高
非公开直接发行	只向少数特定对象直接发行股票，不需要中介机构承销	发行弹性较大；节省发行费用	发行范围小，不易及时足额筹集资本；发行后股票的变现性差

【例题 4-18·单选题】与公开间接发行股票相比，非公开直接发行股票的优点是（　　）。（2017 年）

A. 有利于筹集足额的资本　　　　　B. 有利于引入战略投资者
C. 有利于降低财务风险　　　　　　D. 有利于提升公司知名度

【答案】B

【解析】公开间接发行，这种发行方式的发行范围广，有利于提升公司的知名度，发行对象多，易于足额筹集资本，所以财务风险较低，所以选项 ACD 是公开间接发行股票的优点。非公开直接发行，发行方式弹性较大，企业能控制股票的发行过程，节省发行费用。

4. 股票的上市交易与退市（见表 4-12）

表 4-12　　　　　　　　　　　股票的上市交易与退市

项目	具体内容
股票上市的目的	优点： （1）便于筹措新资金，可以通过增发、配股、发行可转债进行再融资； （2）促进股权流通和转让； （3）便于确定公司价值。 缺点： （1）上市成本高，手续复杂严格； （2）信息披露成本高； （3）不利于保护商业秘密； （4）可能分散控制权； （5）股价歪曲会影响公司声誉

续表

项目	具体内容
股票退市风险警示	（1）最近一个会计年度经审计的净利润为负值且营业收入低于人民币 1 亿元，或追溯重述后最近一个会计年度净利润为负值且营业收入低于人民币 1 亿元。 （2）最近一个会计年度经审计的期末净资产为负值，或追溯重述后最近一个会计年度期末净资产为负值。 （3）最近一个会计年度的财务会计报告被出具无法表示意见或者否定意见的审计报告。 （4）中国证监会行政处罚决定书表明公司已披露的最近一个会计年度财务报告存在虚假记载、误导性陈述或者重大遗漏，导致该年度相关财务指标实际已触及上述第（1）项、第（2）项情形的。 （5）认定的其他情形
股票终止上市	（1）公司披露的最近一个会计年度经审计的财务报告存在股票退市风险警示第（1）项至第（3）项规定的任一情形或财务报告被出具保留意见审计报告。 （2）公司未在法定期限内披露最近一年年度报告。 （3）公司未在最近一年年度报告披露后 5 个交易日内向上海证券交易所申请撤销退市风险警示。 （4）半数以上董事无法保证公司所披露最近一年年度报告的真实性、准确性和完整性，且未在法定期限内改正。 （5）公司撤销退市风险警示未被上海证券交易所同意

【例题 4-19·多选题】股票上市对公司可能的不利影响有（   ）。（2017 年）
A. 商业机密容易泄露　　　　　　　　B. 公司价值不易确定
C. 资本结构容易恶化　　　　　　　　D. 信息披露成本较高
【答案】AD
【解析】股票上市后，公司股价有市价可循，便于确定公司的价值，选项 B 不正确。但股票上市也有对公司不利影响的一面，主要有：上市成本较高，手续复杂严格；公司将负担较高的信息披露成本；信息公开的要求可能会暴露公司商业机密；股价有时会歪曲公司的实际情况，影响公司声誉；可能会分散公司的控制权，造成管理上的困难，选项 AD 正确。

（三）上市公司的股票发行

1. 首次上市公开发行股票（IPO）

首次上市公开发行股票（IPO）是指股份有限公司对社会公开发行股票并上市流通和交易。

2. 上市公开发行股票

上市公开发行股票是指股份有限公司已经上市后，通过证券交易所在证券市场上对社会公开发行股票。上市公司公开发行股票，包括增发和配股。增发包括公开增发和非公开增发。公开增发是指上市公司向社会公众发售股票；非公开增发是指上市公司向特定对象发行股票的再融资方式；配股是指上市公司向原股东配售股票。

定向增发的对象可以是老股东，也可以是新投资者。
上市公司定向增发的优势在于：

（1）有利于引入战略投资者和机构投资者；

（2）有利于利用上市公司的市场化估值溢价，将母公司资产通过资本市场放大，从而提升母公司的资产价值；

（3）定向增发是一种主要的并购手段，特别是资产并购型定向增发，有利于集团企业整体上市，并同时减轻并购的现金流压力。

（四）引入战略投资者

1. 战略投资者的概念与要求

战略投资者是指与发行人具有合作关系或有合作意向和潜力，与发行公司业务联系紧密且欲长期持有发行公司股票的法人。

一般来说，作为战略投资者的基本要求是：

（1）要与公司的经营业务联系紧密；

（2）要出于长期投资目的而较长时期地持有股票；

（3）要具有相当的资金实力，且持股数量较多。

2. 引入战略投资者的作用

（1）提升公司形象，提高资本市场认同度；

（2）优化股权结构，健全公司法人治理；

（3）提高公司资源整合能力，增强公司的核心竞争力；

（4）达到阶段性的融资目标，加快实现公司上市融资的进程。

（五）发行普通股的筹资特点

（1）两权分离，有利于公司自主经营管理；

（2）资本成本较高；

（3）能增强公司的社会声誉，促进股权流通和转让；

（4）不易及时形成生产能力。

三、留存收益

（一）留存收益的性质

从性质上看，企业通过合法有效的经营所实现的税后净利润，都属于企业的所有者。因此，属于所有者的利润包括分配给所有者的利润和尚未分配留存于企业的利润。

（二）留存收益的筹资途径

1. 提取盈余公积金

盈余公积金是指有指定用途的留存净利润，其提取基数是抵减年初累计亏损后的本年度净利润。

用途：用于企业未来的经营发展、转增股本（实收资本）、弥补以前年度经营亏损。

盈余公积金不得用于以后年度的对外利润分配。

2. 未分配利润

未分配利润是指未限定用途的留存净利润。

用途：用于企业未来经营发展、转增股本（实收资本）、弥补以前年度经营亏损、以后年度利润分配。

（三）留存收益筹资的特点

（1）不用发生筹资费用，资本成本较低；
（2）维持公司的控制权分布；
（3）筹资数额有限。

【例题 4-20·多选题】与增发新股筹资相比，留存收益筹资的优点有（　　）。(2018 年)
A. 筹资成本低
B. 有助于增强公司的社会声誉
C. 有助于维持公司的控制权分布
D. 筹资规模大

【答案】AC
【解析】利用留存收益的筹资特点包括：（1）不用发生筹资费用；（2）维持公司的控制权分布；（3）筹资数额有限。

不同股权筹资方式对比见表 4-13。

表 4-13　　　　　　　　不同股权筹资方式对比

项目	结果
资本成本	吸收股权投资＞发行股票＞留存收益
筹资费用	留存收益＜吸收股权投资＜发行股票

四、股权筹资的优缺点

（一）股权筹资的优点

（1）股权筹资是企业稳定的资本基础；
（2）股权筹资是企业良好的信誉基础；
（3）股权筹资的财务风险较小。

（二）股权筹资的缺点

（1）资本成本负担较重；
（2）控制权变更可能影响企业长期稳定发展；
（3）信息沟通与披露成本较大。

【考点提示】股权筹资属于高频考点,一定要重点掌握,可以结合前面债务筹资一起分类记忆,注意区分两者的区别,切莫混淆两者优缺点。

【例题4-21·单选题】下列各种筹资方式中,最有利于降低公司财务风险的是( )。(2015年)

A. 发行普通股　　B. 发行优先股　　C. 发行公司债券　　D. 发行可转换债券

【答案】A

【解析】股权筹资企业的财务风险较小,股权资本不用在企业正常营运期内偿还,没有还本付息的财务压力;优先股介于债务和权益之间,股利支付的固定性可能成为企业的财务负担,因此选项A正确。

【例题4-22·多选题】与银行借款筹资相比,公开发行股票筹资的优点有( )。(2018年)

A. 提升企业知名度
B. 不受金融监管政策约束
C. 资本成本较低
D. 筹资对象广泛

【答案】AD

【解析】发行普通股股票的筹资特点包括:(1)两权分离,有利于公司自主经营管理;(2)资本成本高;(3)能增强公司的社会声誉,促进股票流通与转让;(4)不易及时形成生产能力。

【例题4-23·判断题】因为公司债务必须付息,而普通股不一定支付股利,所以普通股资本成本小于债务资本成本。( )(2016年)

【答案】错误

【解析】一般来说,股权筹资的资本成本较高,债务利息可以抵税,且由于股票投资的风险较大,收益具有不确定性,投资者会要求较高的风险补偿。

第四节　衍生工具筹资

一、可转换债券(见表4-14)

表4-14　　　　　　　　　　可转换债券

项目	具体内容
可转债的定义	(1)可转换债券是一种<u>混合型证券</u>,是公司<u>普通债券与证券期权</u>的组合体。 (2)可转换债券的持有人在一定期限内,可以按照事先规定的价格或者转换比例,<u>自由地选择</u>是否转换为公司普通股。 (3)可转换债券可以分为:<u>不可分离交易的可转换债券</u>、<u>可分离交易的可转换债券</u>(附有认股权证)

续表

项目	具体内容
可转债的基本性质	(1) 证券期权性：实质上是一种**未来的买入期权**； (2) 资本转换性：取决于投资者是否行权； (3) 赎回与回售
可转债的基本要素	**(1) 标的股票。** 标的股票一般是发行公司自己的普通股票，不过也可以是其他公司的股票，如该公司的上市子公司的股票。 **(2) 票面利率。** 可转换债券的票面利率**一般会低于普通债券的票面利率**，有时甚至还低于同期银行存款利率。因为可转换债券的投资收益中，除了债券的利息收益外，还附加了股票买入期权的收益部分。 **(3) 转换价格。** 转换价格是可转换债券转换为普通股的每股普通股的价格。 转换价格通常比发行时的股价**高出** 10%～30%。 转股价格应不低于募集说明书公告日前 20 个交易日该公司股票交易均价和前 1 个交易日的均价。 **(4) 转换比率。** 转换比率是指每一张可转换债券在既定的转换价格下能转换为普通股股票的数量。 转换比率 = 债券面值 ÷ 转换价格 **(5) 转换期。** 可转换债券的转换期可以与债券的期限相同，也可以短于债券的期限。 可转换债券自发行结束之日起 6 个月后可转换为公司股票，转股期限由公司根据可转换债券的存续期限及公司财务状况确定。 **(6) 赎回条款（保护发债公司利益）。** 赎回条款是指**发债公司**按事先约定的价格买回未转股债券的条件规定，赎回一般发生在**公司股票价格在一段时期内连续高于转股价格达到某一幅度时**。 设置赎回条款的目的：①强制债券持有者**积极行使转股权**，因此又被称为加速条款。 ②使发债公司避免在市场利率下降后，继续向债券持有人按较高的票面利率支付利息所蒙受的损失。 **(7) 回售条款（保护债券投资人利益）。** 回售条款是指债券持有人有权按照事先约定的价格将债券卖回给发债公司的条件规定。回售一般发生在**公司股票价格在一段时期内连续低于转股价格达到某一幅度时**。 **(8) 强制性转换条款（保证顺利转换）。** 强制性转换条款是指在某些条件具备之后，债券持有人必须将可转换债券转换为股票，无权要求偿还债券本金的条件规定。 设置强制性转换条款的目的： 保证可转换债券顺利地转换成股票，预防投资者到期集中挤兑引发公司破产的悲剧
可转债的筹资特点	(1) 筹资灵活性； (2) 资本成本较低； (3) 筹资效率高； (4) 存在一定的财务压力

【例题 4-24·单选题】某公司发行的可转换债券面值为 100 元，转股价格为 20 元。当前该债券已到转股期，股票市价为 25 元，则该可转换债券的转换比率为（ ）。(2018 年)

A. 1.25　　　　　　　　　　　　B. 0.8
C. 5　　　　　　　　　　　　　　D. 4

【答案】C

【解析】转换比率 = 可转换债券面值 ÷ 转股价格 = 100 ÷ 20 = 5。注意公式中是转股价格，转换比率与股票市场价格无关，所以选 C。

【例题 4-25·单选题】 下列各项条款中，有利于保护可转换债券持有者利益的是（　　）。(2018 年)
A．无担保条款
B．赎回条款
C．回售条款
D．强制性转换条款

【答案】 C

【解析】 回售条款是指债券持有人有权按照事先约定的价格将债券卖回给发债公司的条件规定。回售一般发生在公司股票价格在一段时期内连续低于转股价格达到某一幅度时。回售对于投资者而言实际上是一种卖权，有利于降低投资者的持券风险，所以回售条款有利于保护可转换债券持有者的利益。

二、认股权证

认股权证是一种由上市公司发行的证明文件，持有人有权在一定时间内按约定价格认购该公司发行的一定数量的股票。

（一）认股权证的基本性质

1. 认股权证的期权性

认股权证本质上是一种股票期权，属于衍生金融工具，具有实现融资和股票期权激励的双重功能。认股权证本身是一种期权，没有普通股的红利收入，也没有普通股相应的投票权。

2. 认股权证是一种投资工具

投资者可以通过购买认股权证获得市场价与认购价之间的股票差价收益，因此它是一种具有内在价值的投资工具。

（二）认股权证的筹资特点

（1）认股权证是一种融资促进工具；
（2）有助于改善上市公司的治理结构；
（3）有利于推进上市公司的股权激励机制。

【例题 4-26·判断题】 可转换债券是常用的员工激励工具，可以把管理者和员工的利益与企业价值成长紧密联系在一起。（　　）(2017 年)

【答案】 错误

【解析】 认股权证是常用的员工激励工具，通过给予管理者和重要员工一定的认股权证，可以把管理者和员工的利益与企业价值成长紧密联系在一起，建立一个管理者与员工通过提升企业价值实现自身财富增值的利益驱动机制。

三、优先股

优先股是指股份有限公司发行的具有优先权利、相对优先于普通股的股份种类（见

表4-15)。

优先:在利润分配及剩余财产清偿分配的权利方面,优先股持有人优先于普通股股东;
限制:在参与公司决策管理等方面,优先股的权利受到限制。

表4-15   优先股

项目	具体内容
优先股的基本性质	(1) 约定股息。 由于优先股的股息率事先已经做了规定,因此优先股的股息一般不会根据公司经营情况而变化,而且优先股一般也不再参与公司普通股的利润分红。但优先股的固定股息率各年可以不同,优先股也可以采用浮动股息率分配利润。 (2) 权利优先(相对于普通股)。 优先股在年度利润分配和剩余财产清偿分配方面,具有比普通股股东优先的权利。优先股的优先权是相对于普通股而言的,与公司债权人不同,优先股股东不可以要求经营成果不佳无法分配股利的公司支付固定股息;优先股股东也不可以要求无法支付股息的公司进入破产程序,不能向人民法院提出企业重整、和解或者破产清算申请。 (3) 权利范围小。 优先股股东一般没有选举权和被选举权,对股份公司的重大经营事项无表决权。仅在股东大会表决与优先股股东自身利益直接相关的特定事项时,具有有限表决权,例如,在修改公司章程中与优先股股东利益相关的事项条款时,优先股股东有表决权
优先股的特点	优先股筹资属于混合筹资,其筹资特点兼有债务筹资和股权筹资性质。 (1) 有利于丰富资本市场的投资结构。 (2) 有利于股份公司股权资本结构的调整。 (3) 有利于保障普通股收益和控制权。 (4) 有利于降低公司财务风险。 优先股股利不是公司必须偿付的一项法定债务。 (5) 可能给股份公司带来一定的财务压力。 首先是资本成本相对于债务较高,优先股股息不能抵减所得税,而债务利息可以抵减所得税;其次是股利支付相对于普通股的固定性,股利支付的固定性可能成为企业的一项财务负担

【考点提示】衍生工具筹资属于历年真题的常考点,需要从客观题角度重点掌握,特别是可转换债券的基本要素,要区分回售条款和赎回条款分别保护哪类人的利益,优先股的优缺点需要结合之前债务筹资、股权筹资一起记忆,注意彼此之间的区别。

【例题4-27·多选题】一般而言,与发行普通股相比,发行优先股的特点有( )。(2017年)
　　A. 可以降低公司的资本成本　　　　B. 可以增加公司的财务杠杆效应
　　C. 可以保障普通股股东的控制权　　D. 可以降低公司的财务风险
【答案】ABC
【解析】优先股的资本成本相对于普通股较低,选项A正确;优先股筹资特点兼有债务筹资和股权筹资性质,因此可以增加公司的财务杠杆效应,选项B正确;优先股股东无表决权,不影响普通股股东对企业的控制权,选项C正确;相对于普通股而言,优先股的股利支付有固定性,可能会成为企业的一项财务负担,选项D不正确。

【例题4-28·判断题】 若某公司当年可分配利润不足以支付优先股的全部股息时,所欠股息在以后年度不予补发,则该优先股属于非累积优先股。(   )(2018年)

【答案】 正确

【解析】 若某公司当年可分配利润不足以支付优先股的全部股息时,所欠股息在以后年度不予补发,则该优先股属于非累积优先股。

第五节　筹资实务创新

一、非公开定向债务融资工具(PPN)

非公开定向债务融资工具是具有法人资格的非金融企业,向银行间市场特定机构投资人发行债务融资工具取得资金的筹资方式,是一种债务筹资创新方式。

特点包括:(1)简化的信息披露要求;(2)发行规模没有明确限制;(3)发行方案灵活;(4)融资工具有限度流通;(5)发行价格存在流动性溢价。

二、私募股权投资

私募股权投资(PE)是指通过私募基金对非上市公司进行的权益性投资。PE投资就是PE投资者寻找优秀的高成长性的未上市公司,注资其中,获得其一定比例的股份,推动公司发展、上市,此后通过转让股权获利。非上市公司获得私募股权投资,是一种股权筹资方式。

主要特点包括:

(1)在资金募集上,主要通过非公开方式面向少数机构投资者或高净值个人募集,它的销售和赎回都是基金管理人通过私下与投资者协商进行的。

(2)多采取权益型投资方式,绝少涉及债权投资。PE投资机构也因此对被投资企业的决策管理享有一定的表决权。

(3)投资的企业一般是非上市企业,投资比较偏向于已形成一定规模和产生稳定现金流的成形企业。

(4)投资期限较长,一般可达3~5年或更长,属于中长期投资。

(5)流动性差,没有现成的市场供非上市公司的股权出让方与购买方直接达成交易。

(6)是被投资企业的重要股权筹资方式。

三、产业基金

产业基金一般指产业投资基金,向具有高增长潜力的未上市企业进行股权或准股权投资,并参与被投资企业的经营管理,以期所投资企业发育成熟后通过股权转让实现资本增值。产业投资基金主要投资于新兴的、有巨大增长潜力的企业。企业获得产业投资基金投资,是一种股权筹资方式。

政府出资产业投资基金是我国产业基金的主要形式,是指由政府出资,主要投资于非公开交易企业股权的股权投资基金和创业投资基金。投向的产业领域具体包括：非基本公共服务领域、基础设施领域、住房保障领域、生态环境领域、区域发展领域、战略性新兴产业领域和先进制造业领域、创业创新领域等。设立政府出资产业投资基金的目的在于，通过财政性资金撬动社会资本进入国民经济发展重点领域，及具有较大发展潜力、经过前期扶持培育后可成长为新的经济增长点的领域。

四、商业票据融资

商业票据融资是指通过商业票据进行融通资金。商业票据是一种商业信用工具，是由债务人向债权人开出的、承诺在一定时期内支付一定款项的支付保证书，即由无担保、可转让的短期期票组成。商业票据融资具有融资成本较低、灵活方便等特点。

五、中期票据融资（见表4-16）

表4-16　　　　　　　　　　　　　中期票据融资

项目	具体内容
中期票据融资的定义	中期票据是指具有法人资格的非金融类企业在银行间债券市场按计划分期发行的、约定在一定期限还本付息的债务融资工具
中期票据融资的一般要求	（1）具有稳定的偿债资金来源； （2）拥有连续三年的经审计的会计报表，且最近一个会计年度盈利； （3）主体信用评级达到AAA； （4）待偿还债券余额不超过企业净资产的40%； （5）募集资金应用于企业生产经营活动，并在发行文件中明确披露资金用途； （6）发行利率、发行价格和相关费用由市场化方式确定
中期票据融资的特点	（1）发行机制灵活。 中期票据发行采用注册制，一次注册通过后两年内可分次发行；可选择固定利率或浮动利率，到期还本付息；付息可选择按年或季等。 （2）用款方式灵活。 （3）融资额度大。 企业申请发行中期票据，按规定发行额度最多可达企业净资产的40%。 （4）使用期限长。 中期票据的发行期限在1年以上，一般3~5年，最长可达10年。 （5）成本较低。 根据企业信用评级和当时市场利率，中期票据利率较中长期贷款等融资方式往往低20%~30%。 （6）无须担保抵押

六、股权众筹融资

股权众筹融资主要是指通过互联网形式进行公开小额股权融资的活动。股权众筹融资必须通过股权众筹融资中介机构平台（互联网网站或其他类似的电子媒介）进行。股权众筹融资方应为小微企业，由证监会负责监管。

七、企业应收账款证券化

企业应收账款资产支持证券，是指证券公司、基金管理公司子公司作为管理人，通过设立资产支持专项计划开展资产证券化业务，以企业应收账款债权为基础资产或基础资产现金流来源所发行的资产支持证券。企业应收账款证券化是企业拓宽融资渠道、降低融资成本、盘活存量资产、提高资产使用效率的重要途径。

八、融资租赁债权资产证券化

融资租赁债权资产支持证券是指证券公司、基金管理公司子公司作为管理人，通过设立资产支持专项计划开展资产证券化业务，以融资租赁债权为基础资产或基础资产现金流来源所发行的资产支持证券。

融资租赁债权是指融资租赁公司依据融资租赁合同对债务人（承租人）享有的租金债权、附属担保权益（如有）及其他权利（如有）。

九、商圈融资

商圈融资模式包括商圈担保融资、供应链融资、商铺经营权、租赁权质押、仓单质押、存货质押、动产质押、企业集合债券等。

优点是：（1）有助于增强中小商贸经营主体的融资能力，缓解融资困难，促进企业健康发展；（2）有助于促进商圈发展，增强经营主体集聚力，提升产业关联度，整合产业价值链，推进商贸服务业结构调整和升级，实现搞活流通、扩大消费的战略目标；（3）有助于银行业金融机构和融资性担保机构等培养长期稳定的优质客户群体，扩大授信规模，降低融资风险。

缺点是商圈内多数商贸经营主体属中小企业，抵押物少，信用记录不健全，"融资难"问题较为突出。

十、供应链融资

供应链融资，是将供应链核心企业及其上下游配套企业作为一个整体，根据供应链中相关企业的交易关系和行业特点制定基于货权和现金流控制的"一揽子"金融解决方案的一种融资模式。供应链融资解决了上下游企业融资难、担保难的问题，降低了供应链条融资成本，提高了核心企业及配套企业的竞争力。

十一、绿色信贷

绿色信贷是指银行业金融机构为支持环保产业、倡导绿色文明、发展绿色经济而提供的信贷融资。绿色信贷重点支持节能环保、清洁生产、清洁能源、生态环境、基础设施绿色升级和绿色服务六大类产业。

十二、能效信贷

能效信贷，是指银行业金融机构为支持用能单位提高能源利用效率，降低能源消耗而提供的信贷融资。

能效信贷业务的重点服务领域包括：（1）工业节能；（2）建筑节能；（3）交通运输节能；（4）与节能项目、服务、技术和设备有关的其他重要领域。

能效信贷包括用能单位能效项目信贷和节能服务公司合同能源管理信贷两种方式。

（1）用能单位能效项目信贷是指银行业金融机构向用能单位投资的能效项目提供的信贷融资。用能单位是项目的投资人和借款人。

（2）合同能源管理信贷是指银行业金融机构向节能服务公司实施的合同能源管理项目提供的信贷融资。节能服务公司是项目的投资人和借款人。

合同能源管理是指节能服务公司与用能单位以合同形式约定节能项目的节能目标，节能服务公司为实现节能目标向用能单位提供必要服务，用能单位以节能效益支付节能服务公司的投入及其合理利润的节能服务机制。

合同能源管理包括节能效益分享型、节能量保证型、能源费用托管型、融资租赁型和混合型等类型。

节能服务公司是指提供用能状况诊断、能效项目设计、改造（施工、设备安装、调试）、运行管理等服务的专业化公司。

第 7 天

- **复习旧内容：**

    第四章　筹资管理（上）

- **学习新内容：**

    第五章　筹资管理（下）　第一~第二节

- **今天想对你说：**

    经过了第四章筹资管理（上）大段文字的学习，"画风"再变，本章的公式和计算较多，但是不要怕，本章公式大多有其内在逻辑，我们可以通过形象记忆以及掌握公式核心通用结构进行学习。

- **简单解释今天学习内容：**

    前面学习了各种筹资方式的优缺点，在对资金需要量进行预测时，我们还可以采取因素分析法、销售百分比法和资金习性预测法等其他方法，而对比各种筹资方式的时候，作为企业的CFO，最重要的是要考虑每种筹资的资本成本和风险。

- **可能会遇到的难点：**

    （1）考生觉得销售百分比公式复杂。实际上销售百分比公式可以采取形象记忆的方法，大家想象企业有一个资金池，现在有"三滴水"，"第一滴水"是敏感性资产的增加，将占用资金，因此相当于资金流出，"第二滴水"是敏感性负债的增加，是资金的来源，相当于资金流入，"第三滴水"是留存收益的增加，也是资金的来源，相当于资金流入。

    （2）资本成本计算公式较多。各类资本成本的计算公式的核心部分，可以总结为：分子为某项筹资要付出的代价，例如要支付的利息和股利，分母为实际借到可以用的资金，一般要扣除相应的筹资费。

- **习题注意事项：**

    资金需要量预测主要在客观题中考查，因此大家掌握简单的公式计算即可；资本成本计算则容易在计算题和综合题中出现，属于记住公式即可得分的题型，因此大家一定要熟练掌握。

- **建议学习时间：**

    3小时

第五章　筹资管理（下）

扫码领取
学习资料

【本章导读】

（1）学习内容：前面学习了各种筹资方式的优缺点，在对资金需要量进行预测时，我们还可以采取因素分析法、销售百分比法和资金习性预测法等其他方法，而对比各种筹资方式的时候，作为企业的CFO，最重要的是要考虑每种筹资的资本成本和风险，采用多大杠杆，以及资本结构如何安排，是股权筹资多一点还是债务筹资多一点。

（2）学习方法：考试以多种题型考查，分值为10分左右，属于非常重要的章节。资金需要量预测主要在客观题中考查，因此大家掌握简单的公式计算即可；资本成本章节存在着大量的各种成本计算公式，大家一定不要死记硬背，要掌握资本成本计算最核心的部分，分子为某项筹资要付出的代价，例如要支付的利息和股利，分母为实际借到可以用的资金，一般要扣除相应的筹资费用；对于杠杆效应章节，一定要分清经营杠杆、财务杠杆和总杠杆的定义公式和计算公式，考试环节主要考查的是各杠杆的计算公式；资本结构章节重点掌握 MM 理论、权衡理论、代理理论和优序融资理论的内涵和优缺点。

（3）学习思路（见图5-1）。

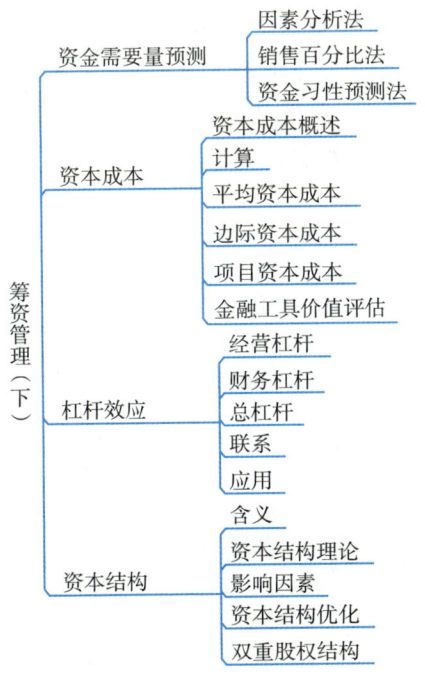

图5-1　本章框架

第一节　资金需要量预测

一、因素分析法（见表5-1）

表5-1　　　　　　　　　　因素分析法

项目	具体内容
因素分析法的概念	因素分析法又称分析调整法，是以有关项目基期年度的平均资金需要量为基础，根据预测年度的生产经营任务和资金周转加速的要求，进行分析调整，来预测资金需要量的一种方法
核心公式	资金需要量=（基期资金平均占用额-不合理资金占用额）×（1+预测期销售增长率）÷（1+预测期资金周转速度增长率）
特点	计算简便，容易掌握，但预测结果不太精确

【例题5-1·单选题】某公司2016年度资金平均占用额为4 500万元，其中不合理部分占15%，预计2017年销售增长率为20%，资金周转速度不变，采用因素分析法预测的2017年度资金需求量为（　　）万元。（2017年）
A. 4 590　　　　　　　　　　B. 4 500
C. 5 400　　　　　　　　　　D. 3 825
【答案】A
【解析】资金需要量=（基期资金平均占用额-不合理资金占用额）×（1+预测期销售增长率）÷（1+预测期资金周转速度增长率）=（4 500-4 500×15%）×（1+20%）÷（1+0）=4 590（万元），选项A正确。

二、销售百分比法

（一）基本原理

销售百分比法，假设某些资产和负债与销售额存在稳定的百分比关系，根据这个假设预计外部资金需要量的方法。

（二）基本步骤

（1）确定随销售额变动而变动的资产和负债项目，即经营性（敏感性）资产和经营性（敏感性）负债（见图5-2）。

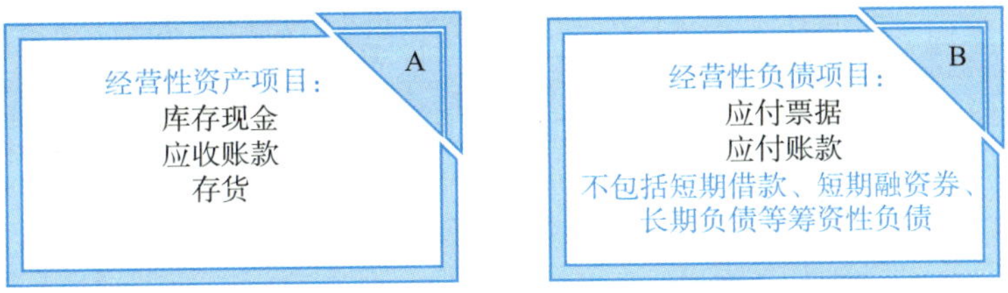

```
┌─────────────────────┐A      ┌─────────────────────┐B
│ 经营性资产项目：     │       │ 经营性负债项目：     │
│   库存现金           │       │   应付票据           │
│   应收账款           │       │   应付账款           │
│   存货               │       │ 不包括短期借款、短期融资券、│
│                     │       │ 长期负债等筹资性负债  │
└─────────────────────┘       └─────────────────────┘
```

图 5-2 随销售额变动而变动的资产和负债项目

（2）确定有关项目与销售额的稳定比例关系。

增加的经营性资产＝增量销售收入×基期经营性资产占基期销售额的百分比（主观题按题目要求调整，如告诉固定资产和收入保持稳定百分比，则固定资产也需要进行调整）

增加的经营性负债＝增量销售收入×基期经营性负债占基期销售额的百分比

（3）确定需要增加的筹资数额（见图 5-3）。

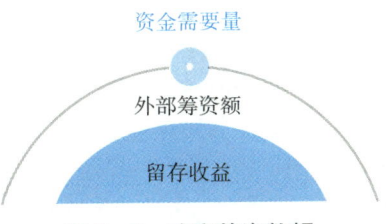

图 5-3 确定筹资数额

外部筹资额＝资金需求增长额－增加的留存收益
　　　　　＝销售变动额×经营性资产与负债占销售额比例之差－增加的留存收益

$$外部融资需求量 = \frac{A}{S_1} \times \Delta S - \frac{B}{S_1} \times \Delta S - P \times E \times S_2$$

式中，A——基期敏感性资产；B——基期敏感性负债；S_1——基期销售额；S_2——预测期销售额；ΔS——销售变动额；P——预测期销售净利率；E——预测期利润留存率。

【例题 5-2·计算题】 光华公司 2012 年 12 月 31 日的简要资产负债及相关信息如下表所示。假定光华公司 2012 年销售额 10 000 万元，销售净利率为 10%，利润留存率 40%。2013 年销售额预计增长 20%，公司有足够的生产能力，无须追加固定资产投资。

光华公司资产负债及相关信息（2012 年 12 月 31 日）

资产	金额（万元）	与销售的关系（%）	负债与权益	金额（万元）	与销售的关系（%）
现金	500	5	短期借款	2 500	N
应收账款	1 500	15	应付账款	1 000	10
存货	3 000	30	预提费用	500	5

续表

资产	金额（万元）	与销售的关系（%）	负债与权益	金额（万元）	与销售的关系（%）
固定资产	3 000	N	公司债券	1 000	N
			实收资本	2 000	N
			留存收益	1 000	N
合计	8 000	50	合计	8 000	15

从合计一栏可以看出，左侧敏感性资产与销售的关系为50%，即销售收入每增加100元，必须增加50元的资金占用；右侧敏感性负债与销售的关系为15%，即销售收入每增加100元，同时自动增加15元的资金来源，两者差额的35%（50%－15%）产生了资金需求。

由题目可知，2013年销售额预计增长20%，即增加了2 000万元（10 000×20%），将增加700万元（2 000×35%）的资金需求。

最后，确定外部融资需求的数量。2013年的净利润为1 200万元[10 000×（1＋20%）×10%]，利润留存率40%，则将有480万元（1 200×40%）利润被留存下来，还有220万元（700－480）的资金必须从外部筹集。

根据公式：

外部融资需求量 $= \dfrac{A}{S_1} \times \Delta S - \dfrac{B}{S_1} \times \Delta S - P \times E \times S_2$

外部融资需求量 $= 50\% \times 2\,000 - 15\% \times 2\,000 - 10\% \times 40\% \times 12\,000 = 220$（万元）

【例题5－3·单选题】根据资金需要量预测的销售百分比法，下列负债项目中，通常会随销售额变动而呈正比例变动的是（ ）。（2016年）
A. 应付票据　　　　　　　　　　B. 长期负债
C. 短期借款　　　　　　　　　　D. 短期融资券
【答案】A
【解析】随着销售额的变化，经营性资产项目将占用更多的资金，同时，随着经营性资产的增加，相应的经营性短期债务也会增加。经营性资产项目包括库存现金、应收账款、存货等项目；经营负债项目包括应付票据、应付账款等项目，不包括短期借款、短期融资券、长期负债等筹资性负债。选项A正确。

三、资金习性预测法

所谓资金习性，是指<u>资金的变动同产销量变动之间的依存关系</u>。

按照资金的习性，可以把资金分为<u>不变资金、变动资金和半变动资金</u>。

（一）根据资金占用总额与产销量的关系预测

根据历史资料，把资金分为不变和变动两部分，然后结合预计的销售量来预测资金需要量。

设产销量为自变量 x，资金占用为因变量 Y，它们之间的关系可用下式表示：

$$Y = a + bx$$

式中，a 为不变资金；b 为单位产销量所需变动资金。

可见，只要求出 a 和 b，并知道预测期的产销量，就可以用上述公式测算资金需求情况。a 和 b 可用回归直线方程组求出。

（二）采用逐项分析法预测

这种方式是根据各资金占用项目（如现金、存货、应收账款、固定资产）和资金来源项目同产销量之间的关系，把各项目的资金都分成变动和不变两部分，然后汇总在一起，求出企业变动资金总额和不变资金总额，进而来预测资金需求量。

假设 Y = a + bx，可用高低点法计算资金占用项目中不变资金（a）和变动资金（b）的数额。

某企业历年现金占用与销售收入之间的关系如表 5-2 所示。

表 5-2　　　　　　　　　　现金与销售额变化情况　　　　　　　　　　单位：元

年度	销售收入 x	现金占用 Y
2011	2 000 000	110 000
2012	2 400 000	130 000
2013	2 600 000	140 000
2014	2 800 000	150 000
2015	3 000 000	160 000

$$b = \frac{最高收入期的资金占用量 - 最低收入期的资金占用量}{最高销售收入 - 最低销售收入}$$

代入关系式 Y = a + bx，可求出不变资金 a 的数额。

【考点提示】资金需要量预测主要是考查计算题中的客观题，所以要掌握相关公式计算，注意在运用高低点法分离资金占用中的不变资金与变动资金时，高低点取的是最高收入和最低收入两点，即 x 的最大值和最小值。

【例题 5-4·单选题】某公司 2013~2016 年度销售收入和资金占用的历史数据（单位：万元）分别为（800，18），（760，19），（1 000，22），（1 100，21），运用高低点法分离资金占用中的不变资金与变动资金时，应采用的两组数据是（　　）。（2017 年）

A. (760, 19) 和 (1 000, 22) B. (760, 19) 和 (1 100, 21)
C. (800, 18) 和 (1 000, 22) D. (800, 18) 和 (1 100, 21)

【答案】B
【解析】运用高低点法来计算现金占用项目中不变资金和变动资金的数额，应该取销售收入的最大值和最小值作为最高点和最低点，因此应选择 (760, 19) 和 (1 100, 21)，选项 B 正确。

第二节　资本成本（熟练掌握）

企业的筹资管理，在选择筹资方式的同时，还要合理安排资本结构。资本结构优化是企业筹资管理的基本目标。资本成本是资本结构优化的标准，资本成本的固定性特性，带来了杠杆效应。

资本成本是衡量资本结构优化管理的标准，也是对**投资获得经济效益的最低要求**，通常用**资本成本率**表示。企业所筹得的资本付诸使用以后，只有投资项目的投资收益率高于资本成本率，才能表明所筹集的资本取得了较好的经济效益。

一、资本成本的作用和影响因素（见表5-3）

表5-3　　　　　　　　　　资本成本的作用和影响因素

项目	具体内容
资本成本的含义	资本成本是指企业为筹集和使用资本而付出的代价，包括筹资费用和占用费用。 **筹资费用**：企业在资本筹措过程中为**获取资本**而付出的代价，如借款手续费、**股票、债券的发行费**等。筹资费用通常在资本筹集时**一次性发生**，在资本使用过程中不再发生，因此，视为筹资数额的一项扣除。 **占用费用（资本成本的主要内容）**：利息、股利等
资本成本的作用	(1) 资本成本是比较筹资方式、选择筹资方案的依据。 (2) 平均资本成本是衡量资本结构是否合理的依据。 注：计算企业价值时，经常采用企业的平均资本成本作为贴现率，当平均资本成本最小时，企业价值最大，此时的资本结构是企业理想的资本结构。 (3) 资本成本是评价投资项目可行性的主要标准。 (4) 资本成本是评价企业整体业绩的重要依据
影响因素	**(1) 总体经济环境。** 如国民经济发展水平、预期的通货膨胀等。 **(2) 资本市场条件。** 资本市场条件包括资本市场的**效率和风险**。如果资本市场缺乏效率，证券的市场流动性低，投资者投资风险大，要求的预期收益率高，那么通过资本市场筹集的资本其资本成本就比较高。 **(3) 企业经营状况和融资状况。** **企业总体风险 = 经营风险 + 财务风险** 如果企业经营风险高，财务风险大，则企业总体风险水平高，投资者要求的预期收益率高，企业筹资的资本成本相应就大。 **(4) 企业对筹资规模和时限的需求。** 资本是一种稀缺资源，企业一次性需要筹集的资金规模越大、占用资金时限越长，资本成本就越高。当然，融资规模、时限与资本成本的正向相关性并非线性关系，一般来说，融资规模在一定限度内，并不引起资本成本的明显变化，当融资规模突破一定限度时，才会引起资本成本的明显变化

二、资本成本的计算

个别资本成本是指单一融资方式本身的资本成本,如图 5-4 和表 5-4 所示。

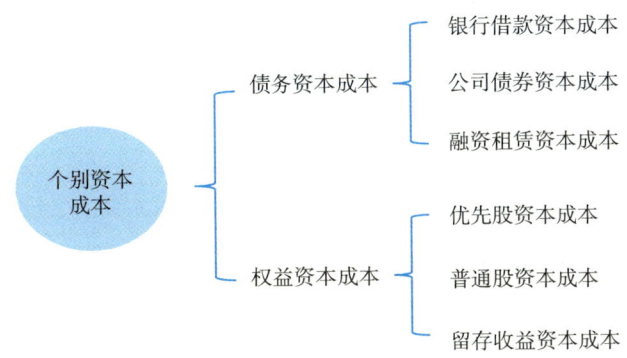

图 5-4　个别资本成本

表 5-4　　　　　　　　　　　　各项目的资本成本

各项目的资本成本	具体解释
基本模式	(1) 一般模式。 资本成本率 = $\dfrac{\text{年资金占用费}}{\text{筹资总额} - \text{筹资费用}} = \dfrac{\text{年资金占用费}}{\text{筹资总额} \times (1 - \text{筹资费用率})}$ 筹资净额 = 筹资总额 − 筹资费用 年资金占用费是指税后资金占用费用,如税后利息、优先股股利、普通股股利。 (2) 贴现模式。 对于金额大、时间超过 1 年的长期资本,应采用贴现模式。 由:筹资净额现值 − 未来资本清偿额现金流量现值 = 0 得:资本成本率 = 所采用的贴现率
银行借款	包括借款利息和借款手续费用。利息费用在税前支付,可以抵税。(税盾效应) $K_b = \dfrac{\text{年利率} \times (1 - \text{所得税税率})}{1 - \text{手续费率}} = \dfrac{i(1-T)}{1-f}$ 式中,K_b 表示银行借款资本成本率;i 表示银行借款年利率;f 表示筹资费用率;T 表示所得税税率。 对于长期借款,考虑货币时间价值,还可以用贴现模式计算资本成本率。 $M(1-f) = \sum\limits_{t=1}^{n} \dfrac{I_t(1-T)}{(1+K_b)^t} + \dfrac{M}{(1+K_b)^n}$ 注:这个公式看上去复杂,但是实际运用很简单(M 为名义借款额)。 【例题·计算题】某企业取得 5 年期长期借款 200 万元,年利率 10%,每年付息一次,到期一次还本,借款费用率 0.2%,企业所得税税率 20%,考虑时间价值该项借款的资本成本率为: 即 $200 \times (1 - 0.2\%) = 200 \times 10\% \times (1 - 20\%) \times (P/A, K_b, 5) + 200 \times (P/F, K_b, 5)$ 左式 $200 \times (1 - 0.2\%)$ 为筹资净额现值,右式为 5 年每年税后利息折现和最后一年末本金折现。 按插值法计算,得:$K_b = 8.05\%$

续表

各项目的资本成本	具体解释
公司债券	包括**债券利息和债券发行费用**。 $$K_b = \frac{\text{年利息} \times (1-\text{所得税税率})}{\text{债券筹资总额} \times (1-\text{手续费率})} = \frac{I(1-T)}{L(1-f)}$$ 式中，L 表示公司债券筹资总额；I 为公司债券年利息
优先股	主要是向优先股股东支付的各期股利。若各期股利相等： $$K_s = \frac{D}{P_n(1-f)}$$ 式中，K_s 表示优先股资本成本率；D 为优先股年固定股息；P_n 为优先股发行价格；f 为筹资费用率。 【注意】优先股的股利是税后支付的，因此不用乘以（1－T），即优先股股利没有税盾的效果
普通股	主要是向股东支付的各期股利。只能按贴现模式计算，并假定各期股利的变化呈一定规律。 **(1) 股利增长模型法。** 假定资本市场有效，股票市场价格与价值相等，某股票本期支付的股利为 D_0，未来各期股利按 g 速度永续增长，目前股票价格为 P_0，则普通股资本成本为： $$K_s = \frac{D_0(1+g)}{P_0(1-f)} + g = \frac{D_1}{P_0(1-f)} + g$$ 【注意】题目如果告诉是本年发放的股利，则是 D_0；如果是预计将发放的股利，则是 D_1。 【例题·计算题】某公司普通股市价 30 元，筹资费用率 2%，本年发放现金股利每股 0.6 元，预期股利年增长率为 10%。则： $K_s = [0.6 \times (1+10\%)] \div [30 \times (1-2\%)] + 10\% = 12.24\%$ **(2) 资本资产定价模型法。** $K_s = R_f + \beta(R_m - R_f)$ R_f 为无风险收益率，R_m 为市场平均收益率，β 为股票的贝塔系数。 【例题·计算题】某公司普通股 β 系数为 1.5，此时一年期国债利率为 5%，市场平均收益率为 15%，则该普通股资本成本率为： $K_s = 5\% + 1.5 \times (15\% - 5\%) = 20\%$
留存收益	留存收益是由企业税后净利润形成的，其实质是**所有者向企业追加投资**。 留存收益的资本成本率，表现为股东追加投资要求的收益率，其计算与普通股相同，也分为股利增长模型法和资本资产定价模型法，不同点在于**不考虑筹资费用**
平均资本成本	反映企业资本成本整体水平的高低。计算公式为： $$K_w = \sum_{j=1}^{n} K_j W_j$$ 式中，K_w 表示平均资本成本；K_j 表示第 j 种个别资本成本率；W_j 表示第 j 种个别资本在全部资本中的比重。 平均资本成本率的计算，存在着权数价值的选择问题。通常，可供选择的价值形式有账面价值、市场价值、目标价值等。 **(1) 账面价值权数。** 优点：资料容易取得，可以直接从资产负债表中得到，计算结果比较稳定； 缺点：当债券和股票的市价与账面价值差距较大时，导致按账面价值计算出来的资本成本不能反映目前从资本市场上筹集资本的现时机会成本，不适合评价现时的资本结构

续表

各项目的资本成本	具体解释
平均资本成本	（2）**市场价值权数**。 优点：能够**反映现时的资本成本水平，有利于进行资本结构决策**； 缺点：现行市价处于经常变动之中，不容易取得，而且现行市价反映的只是现时的资本结构，不适用未来的筹资决策。 （3）**目标价值权数（未来价值）**。 优点：目标价值是目标资本结构要求下的产物，适用于未来的筹资决策；以目标价值为基础计算资本权重，能体现决策的相关性。 缺点：目标价值的确定难免具有主观性。 【例题·计算题】万达公司本年年末长期资本账面总额为1 000万元，其中：银行长期贷款400万元，占40%；长期债券150万元，占15%；股东权益450万元（共200万股，每股面值1元，市价8元），占45%。个别资本成本分别为：5%、6%、9%。则该公司的平均资本成本为： 按账面价值计算： $K_w = 5\% \times 40\% + 6\% \times 15\% + 9\% \times 45\% = 6.95\%$ 按市场价值计算： $\dfrac{5\% \times 400 + 6\% \times 150 + 9\% \times 200 \times 8}{400 + 150 + 1\,600} = \dfrac{173}{2\,150} = 8.05\%$
边际资本成本	企业的个别资本成本和平均资本成本，是企业过去筹集的单项资本的成本或目前使用全部资本的成本。边际资本成本，是企业进行**追加筹资**的决策依据。筹资方案组合时，边际资本成本的权数采用**目标价值权数**。 【例题·计算题】某公司设定的目标资本结构为：银行借款20%、公司债券15%、股东权益65%。现拟追加筹资300万元，按此资本结构来筹资。个别资本成本率预计分别为：银行借款7%，公司债券12%，股东权益15%。追加筹资300万元的边际资本成本如下表所示。 **边际资本成本计算表** | 资本种类	目标资本结构（%）	追加筹资额（万元）	个别资本成本（%）	边际资本成本（%）
---	---	---	---	---
银行借款	20	60	7	1.4
公司债券	15	45	12	1.8
股东权益	65	195	15	9.75
合计	100	300	—	12.95	
项目资本成本	指项目本身所需投资资本的机会成本，即将资本用于本项目投资所放弃的其他投资机会的收益，也可称为项目最低可接受的报酬率。项目资本成本的估计可以有以下两种方法： （1）使用企业当前综合资本成本。 前提条件：项目的风险与企业当前资产的平均风险相同；公司继续采用相同的资本结构为项目筹资。 （2）运用可比公司法估计。 寻找一个经营业务与待估计的投资项目类似的上市公司，以该上市公司的β值替代待评估项目的系统风险，也称为"替代公司法"。 ①卸载可比公司财务杠杆。 将可比公司含有负债（财务杠杆）的$\beta_{权益}$调整为不含负债（财务杠杆）的$\beta_{资产}$。 $\beta_{资产} = \beta_{权益} \div [1 + (1 - T) \times (可比公司负债/权益)]$ ②加载待估计的投资项目财务杠杆。 根据待估计的投资项目的资本结构调整$\beta_{权益}$。 $\beta_{权益} = \beta_{资产} \times [1 + (1 - T) \times (目标公司负债/权益)]$ ③根据得出的投资项目$\beta_{权益}$计算股东权益成本。 投资项目股东权益成本采用资本资产定价模型计算。

续表

各项目的资本成本	具体解释
项目资本成本	④计算投资项目的资本成本。 投资项目的资本成本，按加权平均方法计算，即综合资本成本。 综合资本成本＝负债利率×（1－税率）×负债/资本＋股东权益成本×股东权益/资本 【教材例 5－12】某房地产公司计划投资一个保健品项目 A，预计该项目债务资金占 30%，债务资金年利率为 6%。保健品上市公司代表企业为 B 公司，$\beta_{权益}$为 0.9，债务/权益为 1/1，企业所得税税率为 25%。假设无风险报酬率为 6%，市场组合的平均报酬率为 11%。 投资项目 A 的资本成本的计算： （1）将 B 公司 $\beta_{权益}$ 转换为 $\beta_{资产}$。 $\beta_{资产}$＝0.9÷[1＋(1－25%)×1/1]＝0.51 （2）将 $\beta_{资产}$ 转换为项目 A 的 $\beta_{权益}$。 $\beta_{权益}$（项目 A）＝0.51×[1＋(1－25%)×0.3/0.7]＝0.67 （3）根据 $\beta_{权益}$ 计算项目 A 的股东权益成本。 股东权益成本＝6%＋0.67×(11%－6%)＝9.35% （4）计算项目 A 的资本成本。 项目 A 的资本成本＝6%×(1－25%)×30/100＋9.35%×70/100＝7.9%
金融工具价值评估	详见第六章第四节证券投资管理"二、债券投资"和"三、股票投资"

【考点提示】资本成本属于考试重点中的重点，无论是客观题、计算题还是综合题，都需要熟练掌握，一定要把握有关的计算。

【例题 5－5·多选题】下列因素中，一般会导致企业借款资本成本上升的有（ ）。（2018 年）
A. 资本市场流动性增强 　　B. 企业经营风险加大
C. 通货膨胀水平提高 　　D. 企业盈利能力上升
【答案】BC
【解析】影响资本成本的因素有：（1）总体经济环境，总体经济环境和状态决定企业所处的国民经济发展状况和水平，以及预期的通货膨胀；（2）资本市场条件，即资本市场效率，资本市场效率表现为资本市场上的资本商品的市场流动性；（3）企业经营状况和融资状况，经营风险的大小与企业经营状况相关；（4）企业对筹资规模和时限的需求。资本市场流动性增强、企业盈利能力上升导致企业借款资本成本下降，所以选择 BC。

【例题 5－6·计算题】甲公司 2015 年末长期资本为 5 000 万元，其中长期银行借款为 1 000 万元，年利率为 6%；所有者权益（包括普通股资本及留存收益）为 4 000 万元。公司计划在 2016 年追加筹集资金 5 000 万元，其中按面值发行债券 2 000 万元，票面年利率为 6.86%，期限 5 年，每年付息一次，到期一次还本，筹资费用率为 2%；发行优先股筹资 3 000 万元，固定股息率为 7.76%，筹资费用率为 3%，公司普通股 β 系数为 2，一年期国债利率为 4%，市场平均收益率为 9%。公司适用的所得税税率为 25%。假设不考虑筹资费用对资本结构的影响，发行债券和优先股不影响借款利率和普通股股价。（2016 年）

要求：
(1) 计算甲公司长期银行借款的资本成本。
(2) 假设不考虑货币时间价值，计算甲公司发行债券的资本成本。
(3) 计算甲公司发行优先股的资本成本。
(4) 利用资本资产定价模型计算甲公司留存收益的资本成本。
(5) 计算甲公司2016年完成筹资计划后的平均资本成本。

【答案】
(1) 甲公司长期银行借款的资本成本 = 6% × (1 − 25%) = 4.5%
(2) 甲公司发行债券的资本成本 = 6.86% × (1 − 25%) ÷ (1 − 2%) = 5.25%
(3) 甲公司发行优先股的资本成本 = 7.76% ÷ (1 − 3%) = 8%
(4) 留存收益资本成本 = 4% + 2 × (9% − 4%) = 14%
(5) 甲公司2016年完成筹资计划后的平均资本成本 = 1 000 ÷ (5 000 + 5 000) × 4.5% + 2 000 ÷ (5 000 + 5 000) × 5.25% + 3 000 ÷ (5 000 + 5 000) × 8% + 4 000 ÷ (5 000 + 5 000) × 14% = 9.5%

【解析】
(1) 银行借款的利息费用在税前支付，可以抵税。（税盾效应）
(2) 债券的资本成本率 = $\dfrac{\text{年利息} \times (1 - \text{所得税税率})}{\text{债券筹资总额} \times (1 - \text{手续费率})} = \dfrac{i(1-T)}{L(1-f)}$
(3) 优先股的股利是税后支付的，因此不用乘以 (1 − T)，即优先股股利没有税盾的效果。
(4) 留存收益的资本成本率，表现为股东追加投资要求的收益率，其计算与普通股相同，本题采用资本资产定价模型，不同点在于不考虑筹资费用。
(5) 本题计算平均资本成本直接采用账面价值权数，追加筹资后全部资本总额为 5 000 + 5 000 = 10 000（万元）。

第 8 天

- **复习旧内容：**

    第五章　筹资管理（下）　第一～第二节

- **学习新内容：**

    第五章　筹资管理（下）　第三～第四节

- **今天想对你说：**

    大家可能会觉得又要学一堆公式了，还是之前讲的，公式多的地方，我们抓住核心公式即可。实际上本章所学的杠杆概念在高中物理已经学习过。正如阿基米德所说，"给我一个支点，我可以撬动整个地球"，杠杆具有放大的作用。

- **简单解释今天学习内容：**

    今天将要学习杠杆效应章节，杠杆产生是由于固定成本的存在，导致营业收入的变动引起利润的更大幅度的变动，或者是由于固定融资成本的存在，导致息税前利润的变动引起每股收益的更大幅度的变动。资本结构章节重点掌握 MM 理论、权衡理论、代理理论和优序融资理论的内涵和优缺点。

- **可能会遇到的难点：**

    （1）各种杠杆的定义公式和计算公式分不清楚。注意了定义公式中有"Δ"，而计算公式则用的都是基期数据，即求某一年的杠杆系数，用的是上一年的数据。

    （2）觉得各种杠杆系数计算公式较多。我们要抓住核心公式，因此本章各类杠杆公式之间的变形，其实都是基于"息税前利润（EBIT）= S－V－F =（P－V_C）×Q－F = M－F"这一核心公式进行简单变形，掌握了这个核心，接下来要做的就是在理解的基础上熟练运用。

- **习题注意事项：**

    在计算题和综合题中一定要分清经营杠杆、财务杠杆和总杠杆的定义公式和计算公式，考试环节主要考查的是各杠杆的计算公式，即使用基期数据进行计算。

- **建议学习时间：**

    3 小时

第三节 杠杆效应（熟练掌握）

杠杆效应是指由于**特定固定支出或费用**的存在，当某一财务变量以较小幅度变动时，另一相关变量会以较大幅度变动。财务管理中的杠杆效应，包括**经营杠杆、财务杠杆和总杠杆**三种形式。杠杆效应既可以产生杠杆利益，也可能带来杠杆风险。

用息税前利润（EBIT）表示资产总收益，则：

$$EBIT = S - V - F = (P - V_C)Q - F = M - F$$

式中，EBIT——息税前利润；S——销售额；V——变动性经营成本；F——固定性经营成本；Q——产销业务量；P——销售单价；V_C——单位变动成本；M——边际贡献。

【注意】经营杠杆、财务杠杆和总杠杆要分别掌握定义公式和计算公式（见表5-5）。

息税前利润 = 净利润 + 所得税 + 财务费用，反映公司经营业务的利润，由股东（净利润）、政府（所得税）和债权人（财务费用）共同分享。因此分析经营业务风险，应当关注息税前利润，而非净利润。

表 5-5 经营杠杆、财务杠杆与总杠杆

种类	经营杠杆	财务杠杆	总杠杆
定义	经营杠杆是由于**固定性经营成本**的存在，而导致**息税前利润变动率**大于**产销量变动率**的现象	财务杠杆是由于**固定性资本成本**的存在，而导致**每股收益变动率**大于**息税前利润变动率**的现象	总杠杆是由于**固定性经营成本和固定性资本成本**的共同存在而导致的普通股**每股收益变动率**大于**产销量变动率**的现象
杠杆系数	**经营杠杆系数（DOL）** 反映了资产收益的波动性，用以评价企业的**经营风险**	**财务杠杆系数（DFL）** 反映了权益资本收益的波动性，用以评价企业的**财务风险**	**总杠杆系数（DTL）** 表示总杠杆效应程度，是经营杠杆和财务杠杆共同作用的结果
公式	$DOL = \dfrac{\Delta EBIT/EBIT_0}{\Delta Q/Q_0}$ $= \dfrac{\text{息税前利润变动率}}{\text{产销业务量变动率}}$ $DOL = \dfrac{M_0}{M_0 - F_0} = \dfrac{EBIT_0 + F_0}{EBIT_0}$ $= \dfrac{\text{基期边际贡献}}{\text{基期息税前利润}}$ $DOL = 1 + \dfrac{\text{基期固定成本}}{\text{基期息税前利润}}$ 式中，F_0 为基期固定性经营成本；M_0 为基期边际贡献；$EBIT_0$ 为基期息税前利润	$DFL = \dfrac{\Delta EPS/EPS_0}{\Delta EBIT/EBIT_0}$ $= \dfrac{\text{普通股收益变动率}}{\text{息税前利润变动率}}$ $DFL = \dfrac{EBIT_0}{EBIT_0 - I_0}$ $= \dfrac{\text{基期息税前利润}}{\text{基期利润总额}}$ $DFL = 1 + \dfrac{\text{基期利息}}{\text{基期息税前利润} - \text{基期利息}}$ 如果企业既存在固定利息的债务，也存在固定股息的优先股，则财务杠杆系数的计算公式为： $DFL = \dfrac{EBIT_0}{EBIT_0 - I_0 - \dfrac{D_P}{1 - T}}$ 式中，D_P 为基期优先股股利；T 为所得税税率	$DTL = \dfrac{\Delta EPS/EPS_0}{\Delta Q/Q_0}$ $= \dfrac{\text{普通股收益变动率}}{\text{产销量变动率}}$ $DTL = DOL \times DFL$ $= \dfrac{\text{基期边际贡献}}{\text{基期利润总额}}$ $= \dfrac{\text{基期税后边际贡献}}{\text{基期税后利润}}$ $DTL = \dfrac{EBIT_0 + F_0}{EBIT_0 - I_0 - \dfrac{D_P}{1 - T}}$ $= \dfrac{M_0}{EBIT_0 - I_0 - \dfrac{D_P}{1 - T}}$

续表

种类	经营杠杆	财务杠杆	总杠杆
杠杆效应	(1) 如果 $F_0=0$，则 DOL = 1，表示不存在经营杠杆效应，但依然存在经营风险； (2) 如果 $F_0>0$，则 DOL > 1，表示存在经营杠杆的放大效应； (3) 经营杠杆系数越高，经营风险越大	(1) 如果 $I_0=0$ 同时 $D_P=0$，则 DFL = 1，表示不存在财务杠杆效应； (2) 如果 $I_0>0$，或 $D_P>0$，则 DFL > 1，表示存在财务杠杆的放大效应； (3) 财务杠杆系数越高，财务风险越大	(1) 如果 $F_0=0$，$I_0=0$，$D_P=0$，则 DTL = 1，表示不存在总杠杆效应； (2) 如果 F_0、D_P 和 I_0 不同时等于0，则 DTL 大于1，表示存在总杠杆的放大效应
影响因素	影响企业经营杠杆的主要因素有： (1) 销售量、销售价格（反向变动）； (2) 单位产品变动成本和固定成本（同向变动）	影响财务杠杆的因素包括： (1) 债务资金比重、固定性资本成本（同向变动）； (2) 息税前利润（反向变动）	凡是影响经营杠杆和财务杠杆的因素均会影响总杠杆
控制途径	企业一般可以通过增加销售量、提高单价、降低单位产品变动成本、降低固定成本比重等措施使经营杠杆系数下降，降低经营风险	企业可以通过合理安排资本结构，适度负债，使财务杠杆利益抵消风险增大所带来的不利影响	通过降低总成本构成中固定经营成本所占的比重以使经营杠杆系数下降，降低经营风险，或通过降低固定资本成本以使财务杠杆系数下降，降低财务风险等控制总风险
三者关系	总杠杆系数 = 经营杠杆系数 × 财务杠杆系数 在总杠杆系数一定的情况下，经营杠杆系数与财务杠杆系数此消彼长		
注意	杠杆系数简化计算公式中的有关数据为基期数，但计算结果表示预测期的杠杆系数		
应用	(1) 固定资产比重较大的资本密集型企业，经营杠杆系数高，经营风险大，企业筹资主要依靠权益资本，以保持较小的财务杠杆系数和财务风险； (2) 变动成本比重较大的劳动密集型企业，经营杠杆系数低，经营风险小，企业筹资可以主要依靠债务资金，保持较大的财务杠杆系数和财务风险； (3) 在企业初创阶段，产品市场占有率低，产销业务量小，经营杠杆系数大，此时企业筹资主要依靠权益资本，在较低程度上使用财务杠杆； (4) 在企业扩张成熟期，产品市场占有率高，产销业务量大，经营杠杆系数小，此时，企业资本结构中可扩大债务资本比重，在较高程度上使用财务杠杆		

【考点提示】杠杆效应是考试重点考查内容，主要区分经营杠杆、财务杠杆和总杠杆的公式，以及三者之间的联系，定义公式和计算公式都要求掌握。

【例题 5-7·计算题】某企业生产 A 产品，固定成本 100 万元，变动成本率 60%，当销售额分别为 1 000 万元、500 万元、250 万元时，经营杠杆系数分别为：

$$DOL_{1\,000} = \frac{1\,000 - 1\,000 \times 60\%}{1\,000 - 1\,000 \times 60\% - 100} = 1.33$$

$$DOL_{500} = \frac{500 - 500 \times 60\%}{500 - 500 \times 60\% - 100} = 2$$

$$DOL_{250} = \frac{250 - 250 \times 60\%}{250 - 250 \times 60\% - 100} \to \infty$$

上例计算结果表明：在其他因素不变的情况下，销售额越小，经营杠杆系数越大，经营风险也就越大，反之亦然。如销售额为1 000万元，DOL为1.33，销售额为500万元，DOL为2，显然后者的不稳定性大于前者，经营风险也大于前者。在销售额处于盈亏临界点250万元时，经营杠杆系数趋于无穷大，此时企业销售额稍有减少便会导致更大的亏损。

【例题5-8·计算题】乙公司是一家服装企业，只生产销售某种品牌的西服。2016年度固定成本总额为20 000万元。单位变动成本为0.4万元。单位售价为0.8万元，销售量为100 000套，乙公司2016年度发生的利息费用为4 000万元。

要求：
(1) 计算2016年度的息税前利润。
(2) 以2016年为基数，计算下列指标：①经营杠杆系数；②财务杠杆系数；③总杠杆系数。(2017年)

【答案】
(1) 2016年度的息税前利润 = (0.8 - 0.4) × 100 000 - 20 000 = 20 000（万元）
(2) ①经营杠杆系数 = (0.8 - 0.4) × 100 000 ÷ 20 000 = 2
②财务杠杆系数额 = 20 000 ÷ (20 000 - 4 000) = 1.25
③总杠杆系数 = 2 × 1.25 = 2.5

【解析】
(1) 息税前利润 = 销售数量 × (销售单价 - 单位变动成本) - 固定成本 = (0.8 - 0.4) × 100 000 - 20 000 = 20 000（万元）
(2) ①经营杠杆系数 = 基期边际贡献 ÷ 基期息税前利润，边际贡献 = 销售数量 × (销售单价 - 单位变动成本)，故经营杠杆系数 = (0.8 - 0.4) × 100 000 ÷ 20 000 = 2。
②财务杠杆系数 = 息税前利润 ÷ [息税前利润 - 利息费用 - 优先股股息 ÷ (1 - 所得税税率)]，本题中无优先股股息，故财务杠杆系数 = 20 000 ÷ (20 000 - 4 000) = 1.25。
③总杠杆系数 = 经营杠杆系数 × 财务杠杆系数 = 2 × 1.25 = 2.5

第四节　资本结构（熟练掌握）

一、资本结构的含义

资本结构：长期负债与股东权益构成比例。

不同的资本结构会给企业带来不同的后果。企业利用债务资本进行举债经营具有双重作用，既可以发挥财务杠杆效应，也可能带来财务风险。因此企业必须权衡财务风险和资本成本的关系，确定最佳资本结构。

所谓最佳资本结构，是指在一定条件下使企业平均资本成本率最低、企业价值最大的资本结构。资本结构优化的目标，是**降低平均资本成本率或提高普通股每股收益**。

从理论上讲，最佳资本结构是存在的，但由于企业内部条件和外部环境的经常性变化，动态地保持最佳资本结构十分困难。因此在实践中，目标资本结构通常是企业结合自身实际进行适度负债经营所确立的资本结构，是根据满意化原则确定的资本结构。

二、资本结构理论

资本结构理论是现代企业财务领域的核心部分，美国学者莫迪格莱尼（Franco Modigliani）与米勒（Mertor Miller）提出了著名的 MM 理论，标志着现代资本结构理论的建立。

1. MM 理论

最初的 MM 理论是建立在以下基本假设基础上的：（1）企业只有长期债券和普通股票，债券和股票均在完善的资本市场上交易，不存在交易成本；（2）个人投资者与机构投资者的借款利率与公司的借款利率相同且无借债风险；（3）具有相同经营风险的公司称为风险同类，经营风险可以用息税前利润的方差衡量；（4）每一个投资者对公司未来的收益、风险的预期都相同；（5）所有的现金流量都是永续的，债券也是。

该理论认为，不考虑企业所得税，有无负债不改变企业的价值。因此企业价值不受资本结构的影响。而且，有负债企业的股权成本随着负债程度的增大而增大。

在考虑企业所得税带来的影响后，**提出了修正的 MM 理论**。该理论认为企业可利用财务杠杆增加企业价值，因负债利息可带来避税利益，**企业价值会随着资产负债率的增加而增加**。具体而言：有负债企业的价值等于同一风险等级中某一无负债企业的价值加上赋税节余的价值；有负债企业的股权成本等于相同风险等级的无负债企业的股权成本加上以市值计算的债务与股权比例成比例的风险收益，且风险收益取决于企业的债务比例以及企业所得税税率。

之后，米勒进一步将个人所得税因素引入修正的 MM 理论，并建立了同时考虑企业所得税和个人所得税的 MM 资本结构理论模型。

2. 权衡理论

修正的 MM 理论只是接近了现实，在现实经济实践中，各种负债成本随负债比率的增大而上升，当负债比率达到某一程度时，企业负担破产成本的概率会增加。经营良好的企业，通常会维持其债务不超过某一限度。为解释这一现象，权衡理论应运而生。

权衡理论通过放宽 MM 理论完全信息以外的各种假定，考虑在税收、财务困境成本存在的条件下，资本结构如何影响企业市场价值。**权衡理论认为，有负债企业的价值等于无负债企业价值加上税赋节约现值，再减去财务困境成本的现值。**

3. 代理理论

代理理论认为企业资本结构会影响经理人员的工作水平和其他行为选择，从而影响企业未来现金收入和企业市场价值。该理论认为，债务筹资有很强的激励作用，并将债务视为一种担保机制。这种机制能够促使经理多努力工作，少个人享受，并且作出更好的投资决策，从而降低由于两权分离而产生的代理成本（股权代理成本）；但是，债务筹资可能导致另一种代理成本，即企业接受债权人监督而产生的成本（债务代理成本）。**均衡的企业所有权结构是由股权代理成本和债务代理成本之间的平衡关系决定的。**

4. 优序融资理论

优序融资理论以非对称信息条件以及交易成本的存在为前提，认为企业外部融资要多支付各种成本，使得投资者可以从企业资本结构的选择来判断企业市场价值。相较外部融资，企业偏好内部融资；当需要进行外部融资时，债务筹资优于股权筹资。从成熟的证券市场来看，企业的筹资优序模式首先是内部筹资，其次是借款、发行债券、可转换债券，最后是发行新股筹资。但是，该理论显然难以解释现实生活中所有的资本结构规律。

值得一提的是，积极主动地改变企业的资本结构（例如，通过出售或者回购股票或债券）牵涉到交易成本，企业很可能不愿意改变资本结构，除非资本结构严重偏离了最优水平。由于公司股权的市值随股价的变化而波动，所以大多数企业的资本结构变动很可能是被动发生的。

三、影响资本结构的因素

（1）企业经营状况的稳定性和成长率。
（2）企业的财务状况和信用等级。
（3）企业的资产结构。

拥有大量固定资产的企业主要通过发行股票融通资金；拥有较多流动资产的企业更多地依赖流动负债融通资金，资产适用于抵押贷款的企业负债较多，以技术研发为主的企业则负债较少。

（4）企业投资人和管理当局的态度。
（5）行业特征和企业发展周期。

不同行业资本结构差异很大。产品市场稳定的成熟产业经营风险低，因此可提高债务资金比重，发挥财务杠杆作用。高新技术企业的产品、技术、市场尚不成熟，经营风险高，因此可降低债务资金比重，控制财务杠杆风险。

同一企业不同发展阶段上，资本结构安排不同。企业初创阶段，经营风险高，在资本结构安排上应控制负债比例；企业发展成熟阶段，产品产销业务量稳定和持续增长，经营风险低，可适度增加债务资金比重，发挥财务杠杆效应；企业收缩阶段，产品市场占有率下降，经营风险逐步加大，应逐步降低债务资金比重，保证经营现金流量能够偿付到期债务，保持企业持续经营能力，减少破产风险。

（6）经济环境的税务政策和货币政策。

四、资本结构优化

资本结构优化，要求企业权衡负债的低资本成本和高财务风险的关系，确定合理的资本结构。资本结构优化的目标，是降低平均资本成本率或提高企业价值。资本结构优化的方法有以下三种：每股收益分析法、平均资本成本比较法和公司价值分析法，如表 5–6 所示。

表 5-6　　　　　　　　　　　　　资本结构优化

方法	要点阐释
每股收益 分析法 （又称每股收益 无差别点法）	**能够提高普通股每股收益的资本结构，就是合理的资本结构。** **每股收益无差别点**计算公式： $$\frac{(\text{EBIT}-I_1)(1-T)-DP_1}{N_1}=\frac{(\text{EBIT}-I_2)(1-T)-DP_2}{N_2}$$ 式中，$\overline{\text{EBIT}}$ 为息税前利润平衡点，即**每股收益无差别点**；I_1、I_2 分别表示两种筹资方式下的债务利息；DP_1、DP_2 分别表示两种筹资方式下的优先股股利；N_1、N_2 分别表示两种筹资方式下的普通股股数；T 表示所得税税率。 预计追加筹资后的 EBIT > $\overline{\text{EBIT}}$ 时，运用**负债筹资**可获得较高的每股收益。 预计追加筹资后的 EBIT < $\overline{\text{EBIT}}$ 时，运用**权益筹资**可获得较高的每股收益
平均资本成本比较法	**能够降低平均资本成本的资本结构，则是合理的资本结构。** 这种方法侧重于**从资本投入的角度**对筹资方案和资本结构进行优化分析
公司价值分析法	(1) 每股收益分析法、平均资本成本分析法都是从账面价值的角度进行资本结构优化分析，没有考虑市场反应和风险因素。公司价值分析法，是在**考虑市场风险的基础上**，**以公司市场价值为标准**，进行资本结构优化。即**能够提升公司价值的资本结构，就是合理的资本结构**。 (2) 这种方法主要用于**对现有资本结构进行调整**，适用于**资本规模较大的上市公司资本结构**优化分析。同时，**在公司价值最大的资本结构下，公司的平均资本成本率也是最低的。** (3) 设：V 表示公司价值，B 表示债务资金价值，S 表示权益资本价值。公司价值应该等于资本的市场价值，即：V = S + B。 为简化分析，假设公司各期的 EBIT 保持不变，债务资金的市场价值等于其面值，权益资本的市场价值可通过下式计算： $S=(\text{EBIT}-I)\times(1-T)\div K_s=$ 净利润÷资本成本 且：$K_s=R_s=R_f+\beta(R_m-R_f)$（资本资产定价模型） 此时：$K_w=K_b\times B/V+K_s\times S/V$（平均资本成本）

【考点提示】 资本结构属于高频考点，需要从客观题和主观题角度掌握本考点，客观题主要是掌握 MM 理论、权衡理论、代理理论、优序融资理论四个资本结构理论概念，主观题要知道如何通过股权收益分析法、平均资本成本比较法和公司价值分析法来对筹资方案和资本结构进行优化分析，通过计算来作出评价。

【例题 5-9·多选题】下列财务决策方法中，可用于资本结构优化决策的有（　　）。（2018 年）

A. 公司价值分析法
B. 安全边际分析法
C. 每股收益分析法
D. 平均资本成本比较法

【答案】ACD

【解析】可用于资本结构优化决策的有：每股收益分析法、平均资本成本比较法和公司价值分析法。

五、双重股权结构（见表 5–7）

表 5–7　　　　　　　　　　　　　　双重股权结构

定义	也称 AB 股制度，即同股不同权结构，股票的投票权和分红权相分离。在 AB 股制度下，公司股票分为 A、B 两类，通常，A 类股票 1 股有 1 票投票权，B 类股票 1 股有 N 票投票权。其中，A 类股票通常由投资人和公众股东持有，B 类股票通常由创业团队持有。在这种股权结构下，公司可以实现控制权不流失的目的，降低公司被恶意收购的可能性
优点	（1）同股不同权制度能避免企业内部股权纷争，保障企业创始人或管理层对企业的控制权，防止公司被恶意收购； （2）提高企业运行效率，有利于企业的长期发展
缺点	（1）容易导致管理中独裁行为的发生； （2）控股股东为自己谋利而损害非控股股东的利益，不利于非控股股东利益的保障； （3）可能加剧企业治理中实际经营者的道德风险和逆向选择

第 9 天

- 复习旧内容：
    第五章　筹资管理（下）
- 学习新内容：
    第六章　投资管理　第一～第二节
- 今天想对你说：

　　今天的内容如果能够从开始就明白在学什么，那你将学习得很轻松，如果从开始都不知道在学什么内容，那会一直糊涂。本章的内容是财务管理教材承上启下的章节，难度有所上升，但是相对于后面的章节还是相对比较容易，接下来的几章相对于前面几章来说，难度要大一点，跨过了这几章，后面的章节又很简单，所以不要着急，学习过程就是攻克一个又一个的难点。

- 简单解释今天学习内容：

　　（1）某项目值不值得投资，判定方法有很多种，但主要还是折现法。折现法包括净现值法和内含收益率法，它们的核心原理是一致的，都是计算未来流入的现金流的现值和未来流出的现金流的现值。如果流入的大于流出的，这个项目就可以投资。

　　（2）具体的项目投资主要是需要寻找现金流量，对于一个正常的项目来说，现金流量主要包含三个方面：投资期现金流量、营业期现金流量、终结期现金流量。

- 可能会遇到的难点：

　　（1）本章的难度大于前面几章，主要是现金流量的计算可能会稍微难一点，因为本章的题目很多是计算题或综合题，做题的时候感觉时间有点紧张，不过经过训练，我们可以形成做题套路，看见关于投资管理的大题，我们就直接将所有的题干分成三段：第一段是投资期的现金流出；第二段是营业期现金流量；第三段是终结期现金流量。

　　（2）本章的综合题往往是跟资本成本结合起来出题，所以要求大家要把前面的章节也熟练掌握。

- 习题注意事项：

　　既然是综合题，要注意两件事情：

　　（1）基本上每年的真题都有相关的题目，因此要多去练习，而且每次练习的时候要养成好习惯，按照三段法去寻找现金流。

　　（2）所谓的综合题就是"资料一""资料二""资料三"等各种小题的大汇编，因此前面某问或者中间某问不会做，导致一些小的分数拿不到，不会影响其他小问的拿分，这种情形很正常，我们要做的就是尽量去拿分。

- 建议学习时间：

　　3.5 小时

第六章　投资管理

扫码领取
学习资料

【本章导读】

（1）学习内容：前面学习了如何编制预算，资金需求量如何确定，各项筹资方式的优缺点，以及选取最优的筹资方式和最优的筹资组合以达到企业最优的资本结构。作为CFO来说，已经拿到了足够的资金，下一步是要考虑如何使用这些资金，因此本章即是学习如何进行投资决策，是直接投资还是间接投资，是内部投资还是外部投资，如何在不同的投资方案中进行选择，哪些指标可以评价投资的好坏。

（2）学习方法：考试以多种题型考查，分值为16分左右，属于非常重要的章节。对于各种评价指标，要掌握在具体各项评价指标有冲突的情形下，应该优先采用哪一种评价指标。对于投资现金流类型的题目的计算，首先是要分三个阶段来进行考虑：投资期、营业期和终结期，最好的办法就是画现金流量图，在图上标出每一笔现金流量，这样整个解题思路会非常清晰。

（3）学习思路（见图6-1）。

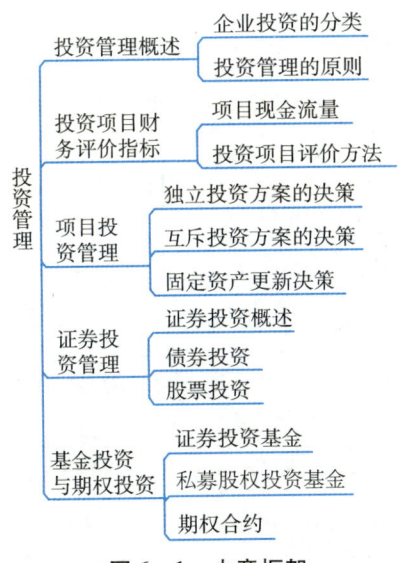

图6-1　本章框架

第一节 投资管理概述

投资决策是对各个可行方案进行分析与评价，并从中选择最优方案的过程。常用的财务可行性评价指标有净现值、年金净流量、现值指数、内含收益率和回收期等指标。其中，考虑货币时间价值因素的称为动态评价指标，没有考虑货币时间价值因素的称为静态评价指标（见表6-1）。

表6-1   投资管理

项目	主要内容
企业投资的意义	企业需要通过投资配置资产，才能形成生产能力，取得未来的经济利益。 （1）投资是企业生存与发展的基本前提； （2）投资是企业获取利润的基本前提； （3）投资是企业风险控制的重要手段
企业投资管理的特点	与日常经营活动相比，企业投资的主要特点有： （1）属于企业的战略性决策。 企业的投资活动先于经营活动，是企业进行经营活动的前提条件。这些投资活动，往往需要一次性地投入大量的资金，并在一段较长的时期内发挥作用，对企业经营活动的方向产生重大影响。 （2）属于企业的非程序化管理。 企业的投资活动涉及企业的未来经营发展方向和规模等重大问题，是不经常发生的。 （3）投资价值的波动性大。 投资标的物资产的形态不断转换，市场利率、物价等外部因素变化，使投资活动未来收益的获得具有较强不确定性。企业确定投资管理决策时，要充分考虑投资项目的时间价值和风险价值
企业投资的分类	（1）直接投资和间接投资。 按投资活动与企业本身生产经营活动的关系，企业投资可以划分为直接投资和间接投资。 直接投资是将资金直接投放于形成生产经营能力的实体性资产，直接谋取经营利润的企业投资。 间接投资是将资金投放于股票、债券、基金等资产上的企业投资。间接投资方不直接介入具体生产经营活动，通过获取股利或利息收入，分享直接投资的经营利润。 （2）项目投资与证券投资。 按投资对象的存在形态和性质，企业投资可以划分为项目投资和证券投资。 项目投资，是指企业购买具有实质内涵的经营资产，包括有形资产和无形资产，形成具体的生产经营能力，开展实质性的生产经营活动，谋取经营利润。项目投资属于直接投资。 证券投资，是指企业购买证券资产，通过证券资产上所赋予的权利，间接控制被投资企业的生产经营活动，获取投资收益。证券投资属于间接投资。 （3）发展性投资与维持性投资。 按投资活动对企业未来生产经营前景的影响，企业投资可以划分为发展性投资和维持性投资。 发展性投资是指对企业未来的生产经营发展全局有重大影响的企业投资。发展性投资也可以称为战略性投资。如企业间兼并合并的投资、转换新行业和开发新产品投资、大幅度扩大生产规模的投资等。 维持性投资，是为了维持企业现有的生产经营正常进行，不会改变企业未来生产经营发展全局的企业投资。维持性投资也可以称为战术性投资，如更新替换旧设备的投资、配套流动资金投资等。 （4）对内投资与对外投资。 按投资活动资金投出的方向，企业投资可以划分为对内投资和对外投资。 对内投资是在本企业范围内部的资金投放，用于购买和配置各种生产经营所需的经营性资产，属于直接投资。 对外投资是指向本企业范围以外的其他单位的资金投放，主要是间接投资，但也可能是直接投资。 （5）独立投资与互斥投资。 按投资项目之间的相互关联关系，企业投资可以划分为独立投资和互斥投资。 独立投资是相容性投资，各个投资项目之间互不关联、互不影响，可以同时并存。因此，独立投资项目决策考虑的是方案本身是否满足某种决策标准。 互斥投资是非相容性投资，各个投资项目之间相互关联、相互替代，不能同时并存。互斥投资项目决策考虑的是各方案之间的排斥性，也许每个方案都是可行方案，但互斥决策需要从中选择最优方案

续表

项目	主要内容
投资管理的原则	(1) 可行性分析原则。 投资项目可行性分析，主要包括环境可行性、技术可行性、市场可行性、财务可行性等方面。 (2) 结构平衡原则。 合理配置资源，构建结构。 (3) 动态监控原则。 指对投资项目实施过程动态监控

【例题6-1·单选题】下列投资活动中，属于间接投资的是（　　）。(2018年)
A. 建设新的生产线　　　　　　B. 开办新的子公司
C. 吸收合并其他企业　　　　　D. 购买公司债券
【答案】D
【解析】购买公司债券属于证券投资，证券投资是间接投资，所以选择D。

【例题6-2·多选题】按照企业投资的分类，下列各项中，属于发展性投资的有（　　）。(2016年)
A. 开发新产品投资
B. 更新替换旧设备的投资
C. 企业间兼并收购的投资
D. 大幅度扩大生产规模的投资
【答案】ACD
【解析】发展性投资，是指对企业未来的生产经营发展全局有着重大影响的企业投资，也称为战略性投资，如企业兼并、转换新行业、开发新产品、大幅扩大生产规模等。更新替换旧设备的投资属于维持性投资。

第二节　投资项目财务评价指标

一、项目现金流量

现金流量是指由一项长期投资方案所引起的在未来一定期间所发生的现金收支。其中，现金收入称为现金流入量，现金支出称为现金流出量，现金流入量与现金流出量相抵后的余额，称为现金净流量。

在一般情况下，投资决策中的现金流量通常指**现金净流量（NCF）**。这里，所谓的现金既指货币性资产（如库存现金、银行存款等），也可以指相关非货币性资产（如原材料、设备等）的变现价值。

投资项目从整个经济寿命周期来看，大致可以分为三个阶段：**投资期、营业期、终结期**，现金流量的各个项目也可归属于各个阶段之中（见表6-2）。

表 6-2　　投资项目阶段

投资项目阶段	具体阐述
投资期	投资阶段的现金流量主要是现金流出量，即在该投资项目上的原始投资。 （1）长期资产投资。 它包括在固定资产、无形资产、递延资产等长期资产上的购入、建造、运输、安装、试运行等方面所需的现金支出，如购置成本、运输费、安装费等。对于投资实施后导致固定资产性能改进而发生的改良支出，也属于固定资产的后期投资。 （2）垫支的营运资金。 垫支的营运资金＝追加的流动资产扩大量－结算性流动负债扩大量 （3）旧设备变现净损益对现金流量的影响（适用于固定资产更新决策）。 旧设备变现净损益对现金净流量的影响＝（账面价值－变价净收入）×所得税税率 如果（账面价值－变价净收入）>0，则意味着假设卖掉旧设备，发生了变现净损失，可以抵税，减少现金流出，增加现金流量。 如果（账面价值－变价净收入）<0，则意味着发生了变现净收益，应该纳税，增加现金流出，减少现金净流量
营业期	在正常营业阶段，由于营运各年的营业收入和付现营运成本数额比较稳定，因此营业阶段各年现金净流量一般为： 营业现金净流量（NCF）＝营业收入－付现成本－所得税 ＝税后营业利润＋非付现成本 ＝收入×（1－所得税税率）－付现成本×（1－所得税税率）＋非付现成本×所得税税率 ＝税后营业收入－税后付现成本＋非付现成本抵减所得税 式中，非付现成本主要是固定资产年折旧费用、长期资产摊销费用。其中，长期资产摊销费用主要有：跨年的大修理摊销费用、改良工程折旧摊销费用、筹建开办费摊销费用等
终结期	终结阶段的现金流量主要是现金流入量，包括固定资产变价净收入、固定资产变现净损益的影响和垫支营运资金的收回。 （1）固定资产变价净收入。 固定资产变价净收入是指固定资产出售或报废时的出售价款或残值收入扣除清理费用后的净额。 （2）固定资产变现净损益对现金净流量的影响。 固定资产变现净损益对现金净流量的影响＝（账面价值－变价净收入）×所得税税率 如果（账面价值－变价净收入）>0，则意味着发生了变现净损失，可以抵税，减少现金流出，增加现金净流量。 如果（账面价值－变价净收入）<0，则意味着发生了变现净收益，应该纳税，增加现金流出，减少现金净流量。 （3）垫支营运资金的收回

【例题6-3·单选题】某投资项目某年的营业收入为600 000元，付现成本为300 000元，折旧额为100 000元，所得税税率为25%，则该年营业现金净流量为（　　）元。（2017年）

A．250 000　　　　B．175 000　　　　C．75 000　　　　D．100 000

【答案】A

【解析】年营业现金净流量＝税后收入－税后付现成本＋非付现成本抵税＝600 000×（1－25%）－300 000×（1－25%）＋100 000×25%＝250 000（元），或者年营业现金净流量＝税后营业利润＋非付现成本＝（600 000－300 000－100 000）×（1－25%）＋100 000＝250 000（元），所以选项A正确。

二、几种投资项目评价方法（见表6-3）

表6-3　　　　　　　　　　　　　　投资项目评价方法

评价方法	原理	优缺点
净现值法	(1) 定义： 净现值（NPV）= 未来现金净流量现值 - 原始投资额现值 (2) 决策原则：净现值≥0，投资项目可行。 (3) 基本步骤： ①测定投资方案各年现金净流量； ②设定投资方案采用的贴现率：贴现率的参考标准有市场利率、投资者期望获得的最低投资收益率、企业平均资本成本率； ③按设定的贴现率，将各年现金流量折现； ④计算净现值，净现值≥0，方案可行；否则不可行	优点： (1) 适用性强，能基本满足项目年限相同的互斥投资方案的决策。 (2) 能灵活地考虑投资风险。净现值法在所设定的贴现率中包含投资风险收益率的要求，能有效地考虑投资风险。 缺点： (1) 所采用的贴现率不易确定。 (2) 不适宜独立投资方案的比较决策。如果各方案的原始投资额现值不相等，有时无法作出正确决策。 (3) 不能直接用于对寿命期不同的互斥投资方案进行决策
年金净流量	(1) 定义： 项目期间内全部现金净流量的总现值或总终值折算为等额年金的平均现金净流量，称为年金净流量。 年金净流量 = 现金净流量总现值÷年金现值系数 　　　　　　= 现金净流量总终值÷年金终值系数 (2) 决策原则：年金净流量≥0，投资项目可行。 在两个以上寿命期不同的投资方案比较时，年金净流量越大，方案越好	优点： 年金净流量法是净现值法的辅助方法，在各方案寿命期相同时，实质上就是净现值法。因此它适用于期限不同的投资方案决策。 缺点： 不便于对原始投资额不相等的独立投资方案进行决策
现值指数	(1) 定义： 现值指数 = 未来现金净流量现值/原始投资额现值 (2) 决策原则： 现值指数≥1，方案可行； 现值指数越大，方案越好	评价： 用现值指数指标来评价独立投资方案，可以克服净现值指标不便于对原始投资额现值不同的独立投资方案进行比较和评价的缺点，从而使对方案的分析评价更加合理、客观
内含收益率（IRR）	(1) 定义： 内含收益率是指对投资方案的未来每年现金净流量进行贴现，使所得的现值恰好与原始投资额现值相等，从而使净现值等于零时的贴现率。 (2) 基本原理： ①未来每年现金净流量相等时： 未来每年现金净流量相等是一种普通年金形式，通过查年金现值系数表，可计算出未来现金净流量现值，并令其净现值为零，则有： 未来每年现金净流量×年金现值系数 - 原始投资额现值 = 0。 计算出现值为零时的年金现值系数后，通过查年金现值系数表，利用插值法，即可求得方案的内含收益率。 ②未来每年现金净流量不相等时（不重要）： 如果投资方案未来每年现金净流量不相等，各年现金净流量的分布就不是年金形式，不能采用直接查年金现值系数表的方法来计算内含收益率，而需采用逐次测试法	优点： (1) 内含收益率反映了投资项目可能达到的收益率，易于被高层决策人员所理解。 (2) 对于独立投资方案的比较决策，如果各方案原始投资额现值不同，可以通过计算各方案的内含收益率，反映各独立投资方案的获利水平。 缺点： (1) 计算复杂，不易直接考虑投资风险大小。 (2) 在互斥投资方案决策时，如果各方案的原始投资额现值不相等，有时无法作出正确的决策。某一方案原始投资额低，净现值小，但内含收益率可能较高；而另一方案原始投资额高，净现值大，但内含收益率可能较低

续表

评价方法	原理	优缺点
回收期 （PP）	（1）定义： 回收期，是指投资项目的未来现金净流量（现值）与原始投资额（现值）相等时所经历的时间，即原始投资额通过未来现金流量回收所需要的时间。 （2）决策原则： 用回收期指标评价方案时，回收期越短越好。 ①静态回收期： 静态回收期没有考虑货币时间价值，直接用未来现金净流量累计到原始投资数额时所经历的时间作为回收期。 第一，未来每年现金净流量相等时： 静态回收期 = 原始投资额 ÷ 每年现金净流量 第二，未来每年现金净流量不相等时： 在这种情况下，应把未来每年的现金净流量逐年加总，根据累计现金流量来确定回收期。 静态回收期 = M + 第 M 年的尚未收回额 ÷ 第（M+1）年的现金净流量 设 M 是收回原始投资额的前一年。 ②动态回收期： 动态回收期需要将投资引起的未来现金净流量进行贴现，以未来现金净流量的现值等于原始投资额现值时所经历的时间为动态回收期。 第一，未来每年现金净流量相等时： 在这种年金形式下，假定经历几年所取得的未来现金净流量的现值的年金现值系数为（P/A，i，n），则： （P/A，i，n）= 原始投资额现值 ÷ 每年现金净流量 计算出年金现值系数后，通过查年金现值系数表，利用插值法，即可推算出动态回收期 n。 第二，未来每年现金净流量不相等时： 在这种情况下，应把未来每年的现金净流量逐一贴现并加总，根据累计现金流量现值来确定回收期。 动态回收期 = M + 第 M 年的尚未收回额的现值 ÷ 第（M+1）年的现金净流量现值	优点： 计算简便，易于理解。这种方法是以回收期的长短来衡量方案的优劣，收回投资所需的时间越短，所冒的风险就越小。可见，回收期法是一种较为保守或稳妥的方法。 缺点： 回收法中静态回收期的不足之处是没有考虑货币的时间价值。 静态回收期和动态回收期还有一个共同局限，就是它们计算回收期时只考虑了未来现金净流量（或现值）总和中等于原始投资额（或现值）的部分，没有考虑超过原始投资额（或现值）的部分。显然，回收期长的项目，其超过原始投资额（或现值）的现金流量并不一定比回收期短的项目少

【考点提示】投资项目评价方法属于高频考点，主要是从客观题角度掌握，同时兼顾主观题。在计算现金净流量时，大家注意分为投资起始期、运营期、回收期，特别是在做主观题时，建议大家绘制流出流入时间线，以免混淆。

【注意】财务可行性评价指标要以项目的现金流量为基础来进行计算，而非会计利润。

【例题 6-4·多选题】下列投资项目财务评价指标中，考虑了货币时间价值因素的有（　　）。(2018年)

A. 静态回收期　　B. 净现值　　C. 内含收益率　　D. 现值指数

【答案】BCD

【解析】净现值、内含收益率、现值指数都是考虑货币时间价值的财务评价指标，静态回收期是不考虑货币时间价值的财务评价指标。

【例题 6-5·判断题】 净现值法不适宜于独立投资方案的比较决策，而且能够对寿命期不同的互斥投资方案进行直接决策。（ ）（2014 年）

【答案】 错误

【解析】 净现值法不适宜于独立投资方案的比较决策，有时也不能对寿命期不同的投资互斥方案进行直接决策，要采用净现值法对寿命期不同的投资方案进行决策，需要将各方案均转化为相等寿命期进行比较。

【例题 6-6·计算题】 乙公司为了扩大生产能力，拟购买一台新设备，该投资项目相关资料如下：

资料一：新设备的投资额为 1 800 万元，经济寿命期为 10 年。采用直线法计提折旧，预计期末净残值为 300 万元。假设设备购入即可投入生产，不需要垫支营运资金，该企业计提折旧的方法、年限、预计净残值等与税法规定一致。

资料二：新设备投资后第 1~6 年每年为企业增加营业现金净流量 400 万元，第 7~10 年每年为企业增加营业现金净流量 500 万元，项目终结时，预计设备净残值全部收回。

资料三：假设该投资项目的贴现率为 10%，相关货币时间价值系数如下表所示：

相关货币时间价值系数表

期数（n）	4	6	10
(P/F, 10%, n)	0.6830	0.5645	0.3855
(P/A, 10%, n)	3.1699	4.3553	6.1446

要求：
(1) 计算项目静态回收期。
(2) 计算项目净现值。
(3) 评价项目投资可行性并说明理由。（2017 年）

【答案】
(1) 项目静态回收期 = 原始投资额 ÷ 每年现金净流量 = 1 800 ÷ 400 = 4.5（年）
(2) 项目净现值 = -1 800 + 400 × (P/A, 10%, 6) + 500 × (P/A, 10%, 4) × (P/F, 10%, 6) + 300 × (P/F, 10%, 10) = -1 800 + 400 × 4.3553 + 500 × 3.1699 × 0.5645 + 300 × 0.3855 = 952.47（万元）
(3) 项目静态回收期小于经济寿命期，且该项目净现值大于 0，所以项目投资可行。

【解析】
(1) 本题中前 6 年即可收回投资额，且未来 6 年现金净流量相等，因此静态回收期 = 原始投资额 ÷ 每年现金净流量。
(2) 净现值（NPV）= 未来现金净流量现值 - 原始投资额现值，原始投资额为 1 800 万元，注意在计算第 7~10 年现值时，先乘以年金现值系数，还要记得乘以复利现值系数。
(3) 根据决策原则：净现值 > 0，投资项目可行。

第 10 天

· 复习旧内容：

　　第六章　投资管理　第一～第二节

· 学习新内容：

　　第六章　投资管理　第三节

· 今天想对你说：

　　学习完了投资期、营业期、终结期三期现金流量，已经建立了投资项目三期现金流量分析的逻辑，再来学习固定资产更新决策，这是三期现金流量的具体应用，因此相当于既是学习新知识，同时也是对之前学习内容的再次复习。

· 简单解释今天学习内容：

　　今天将学习项目投资管理，项目投资管理中将学到独立投资方案决策、互斥投资方案决策以及固定资产更新决策，独立投资方案是对各备选方案进行投资先后排序；互斥投资方案，则是选取最优方案。

· 可能会遇到的难点：

　　在保留使用旧设备时，应该假设目前处理旧设备的情形，假设目前变现旧设备卖赚了，本来要交税，但是现在保留使用旧设备，不用交税了，相当于一笔现金流入；假如目前变现旧设备卖亏了，本来可以抵税的，现在继续保留使用旧设备，则丧失掉了这笔抵税收益，相当于一笔现金流出。

· 习题注意事项：

　　在做固定资产的更新决策的计算题时，要注意固定资产的更新决策是属于互斥投资方案决策，即继续使用旧设备和购买新设备是两个互斥方案，在考虑现金流量时要单独考虑，不要将两种情形混淆在一起考虑。

· 建议学习时间：

　　2 小时

第三节 项目投资管理

一、独立投资方案的决策

独立投资方案是指两个或以上的项目互不依赖，可以同时并存，各方案的决策也是独立的。

独立投资方案之间比较时，决策要解决的问题是如何确定各种可行方案的投资顺序，即评价方案的优先次序。排序分析时，以各独立方案的获利程度作为评价标准，一般采用内含收益率法进行比较决策。

> 【例题6－7·单选题】在对某独立投资项目进行财务评价时，下列各项中，并不能据以判断该项目具有财务可行性的是（　　）。(2018年)
> A. 以必要收益率作为折现率计算的项目，现值指数大于1
> B. 以必要收益率作为折现率计算的项目，净现值大于0
> C. 项目静态投资回收期小于项目寿命期
> D. 以必要收益率作为折现率，计算的年金净流量大于0
> 【答案】C
> 【解析】选项AB，当以必要收益率作为折现率的时候，现值指数大于1，净现值大于0的时候，该项目是具有可投资性的。选项D，以必要收益率作为折现率时，年金净流量大于0，则可以推出该项目的净现值大于0，因此该项目是具有可投资性的。静态投资回收期是辅助评价指标，需要跟设定的期限进行比较来判断项目是否可行，而不是跟项目寿命期进行比较，选项C错误。

二、互斥投资方案的决策

互斥投资方案，方案之间互相排斥，不能并存，因此决策的实质在于选择最优的方案，属于选择决策。

从选定经济效益最大的要求出发，互斥决策以方案的获利数额作为评价标准。因此，一般采用净现值法和年金净流量法进行选优决策。但由于净现值指标受投资项目寿命期的影响，因而年金净流量法是互斥方案最恰当的决策方法。

（一）项目的寿命期相等时

以净现值为标准，无须考虑原始投资额。

（二）项目的寿命期不相等时

在两个寿命期不等的互斥投资项目比较时，可采用如下方法：

方法一，共同年限法。针对各项目寿命期不等的情况，可以找出各项目寿命期的最小公倍期数，作为共同的有效寿命期。原理为假设投资项目在终止时进行重置，通过重置使两个项目达到相等的年限，然后比较两者的净现值大小。

方法二，年金净流量法。用该方案的净现值除以对应的年金现值系数，得到年金净流量。当两项目资本成本相同时，优先选取年金净流量较大者；当两项目资本成本不同时，还需进一步核算永续净现值，即用年金净流量除以各自对应的资本成本。

> 【例题6-8·单选题】下列投资决策方法中，最适用于项目寿命期不同的互斥投资方案决策的是（　　）。(2018年)
> A. 净现值法　　　B. 静态回收期法　　　C. 年金净流量法　　　D. 动态回收期法
> 【答案】C
> 【解析】在两个寿命期不等的互斥投资项目比较时，可采用共同年限法或年金净流量法，所以选择C。

三、固定资产更新决策

固定资产更新决策是项目投资决策的重要组成部分。从决策性质上看，固定资产更新决策属于互斥投资方案的决策类型。

（一）寿命期相同的设备重置决策：净现值法

一般来说，用新设备来替换旧设备，如果不改变企业的生产能力，就不会增加企业的营业收入，即使有少量的残值变价收入，也不是实质性收入增加。因此，大部分以旧换新进行的设备重置都属于替换重置。在替换重置方案中，所发生的现金流量主要是现金流出量。如果购入的新设备性能提高，扩大了企业的生产能力，这种设备重置属于扩建重置。

【例题6-9·计算题】宏基公司现有一台旧机床是三年前购进的，目前准备用一新机床替换。该公司所得税税率为25%，资本成本率为10%，其余资料如表1所示。

表1　　　　　　　　　　　新旧设备资料　　　　　　　　　　单位：元

项目	旧设备	新设备
原价	84 000	76 500
税法残值	4 000	4 500
税法使用年限（年）	8	6
已使用年限（年）	3	0
尚可使用年限（年）	6	6
垫支营运资金	10 000	11 000
大修理支出	18 000（第2年年末）	9 000（第4年年末）
每年折旧费（直线法）	10 000	12 000
每年营运成本	13 000	7 000
目前变现价值	40 000	76 500
最终报废残值	5 500	6 000

本例中，两机床的使用年限均为 6 年，可采用净现值法决策。将两个方案的有关现金流量资料整理后，列出分析表见表 2 和表 3。

表 2 和表 3 结果说明：在两方案营业收入一致的情况下，新设备现金流出总现值为 92 515.88 元，旧设备现金流出总现值为 89 089.13 元。因此，继续使用旧设备比较经济。本例中有几个特殊问题应注意：

（1）两机床使用年限相等，均为 6 年。如果年限不等时，不能用净现值法决策。另外，新机床购入后，并未扩大企业营业收入。

表 2   保留旧机床方案   单位：元

项目	现金流量	年数	现值系数	现值
(1) 每年营运成本	13 000×(1−25%)=(9 750)	1~6	4.355	(42 461.25)
(2) 每年折旧抵税	10 000×25%=2 500	1~5	3.791	9 477.50
(3) 大修理费	18 000×(1−25%)=(13 500)	2	0.826	(11 151)
(4) 残值变价收入	5 500	6	0.565	3 107.5
(5) 残值净收益纳税	(5 500−4 000)×25%=(375)	6	0.565	(211.88)
(6) 营运资金收回	10 000	6	0.565	5 650
(7) 目前变价收入	(40 000)	0	1	(40 000)
(8) 变现净损失减税	(40 000−54 000)×25%=(3 500)	0	1	(3 500)
(9) 垫支营运资金	(10 000)	0	1	(10 000)
净现值	—	—	—	(89 089.13)

表 3   购买新机床方案   单位：元

项目	现金流量	年数	现值系数	现值
(1) 设备投资	(76 500)	0	1	(76 500)
(2) 垫支营运资金	(11 000)	0	1	(11 000)
(3) 每年营运成本	7 000×(1−25%)=(5 250)	1~6	4.355	(22 863.75)
(4) 每年折旧抵税	12 000×25%=3 000	1~6	4.355	13 065
(5) 大修理费	9 000×(1−25%)=(6 750)	4	0.683	(4 610.25)
(6) 残值变价收入	6 000	6	0.565	3 390
(7) 残值净收益纳税	(6 000−4 500)×25%=(375)	6	0.565	(211.88)
(8) 营运资金收回	11 000	6	0.565	6 215
净现值	—	—	—	(92 515.88)

(2) 垫支营运资金时，尽管是现金流出，但不是本期成本费用，不存在纳税调整问题。营运资金收回时，按存货等资产账面价值出售，无出售净收益，也不存在纳税调整问题。如果营运资金收回时，存货等资产变价收入与账面价值不一致，需要进行纳税调整。

(3) 本题中大修理支出是确保固定资产正常工作状态的支出，在发生时计入当期损益，不影响固定资产后续期间账面价值。如果涉及固定资产的改扩建支出等需资本化的后续支出，则需考虑对固定资产价值的影响以及后续期间折旧抵税额等相关现金流量的变化。

（二）寿命期不同的设备重置决策：年金净流量法

寿命期不同的设备重置方案，在决策时有如下特点：

(1) **扩建重置**的设备更新后会引起营业现金流入与流出的变动，应考虑**年金净流量**最大的方案。**替换重置**的设备更新一般不改变生产能力，营业现金流入不会增加，**只需比较各方案的年金流出量**即可，年金流出量最小的方案最优。

(2) 如果不考虑各方案的营业现金流入量变动，只比较各方案的现金流出量，我们把按年金净流量原理计算的**等额年金流出量称为年金成本**。替换重置方案的决策标准，是**要求年金成本最低**。**扩建重置方案**所增加或减少的**营业现金流入也可以作为现金流出量的抵减**，并据此比较各方案的年金成本。

(3) 设备重置方案运用年金成本方式决策时，应考虑的现金流量主要有：

①**新旧设备目前市场价值**。对于新设备而言，目前市场价格就是新设备的购入价，即原始投资额；对于旧设备而言，目前市场价值就是旧设备的重置成本或变现价值。

②**新旧设备残值变价收入**，残值变价收入应**作为现金流出的抵减**。

③**新旧设备的年营运成本，即年付现成本**。如果考虑每年的营业现金流入，应作为每年营运成本的抵减。

④年金成本可在特定条件下（无所得税因素），按如下公式计算：

$$年金成本 = \frac{\sum 各项目现金净流出现值}{年金现值系数}$$

$$= \frac{原始投资额 - 残值收入 \times 复利现值系数 + \sum 年营运成本现值}{年金现值系数}$$

$$= \frac{原始投资额 - 残值收入}{年金现值系数} + 残值收入 \times 贴现率 + \frac{\sum 年营运成本现值}{年金现值系数}$$

【考点提示】固定资产更新决策属于历年真题的常考点，主要是从主观题角度把握，特别应掌握有关计算，结合之前资本成本计算、项目现金流量，建议考试时绘制现金流量时间线，以免混淆。

【例题6-10·计算题】 安保公司现有旧设备一台，由于节能减排的需要，准备予以更新。当期贴现率为15%，假定企业所得税税率为25%，其他有关资料如下表所示。

安保公司新旧设备资料　　　　　　　　　　　　　　单位：元

项目	旧设备	新设备
原价	35 000	36 000
预计使用年限（年）	10	10
已经使用年限（年）	4	0
税法残值	5 000	4 000
最终报废残值	3 500	4 200
目前变现价值	10 000	36 000
每年折旧费（直线法）	3 000	3 200
每年营运成本	10 500	8 000

（1）新设备。

每年折旧费为3 200元，每年营运成本为8 000元，因此：

每年折旧抵税 = 3 200 × 25% = 800（元）

每年税后营运成本 = 8 000 × (1 − 25%) = 6 000（元）

新设备的购价为36 000元，报废时残值收入为4 200元，报废时账面残值4 000元，因此：

税后残值收入 = 4 200 − (4 200 − 4 000) × 25% = 4 150（元）

每年税后投资净额 = (36 000 − 4 150) ÷ (P/A, 15%, 10) + 4 150 × 15% = 6 969.65（元）

综上可得：

新设备年金成本 = 6 969.65 + 6 000 − 800 = 12 169.65（元）

（2）旧设备。

每年折旧费为3 000元，每年营运成本为10 500元，因此：

每年折旧抵税 = 3 000 × 25% = 750（元）

每年税后营运成本 = 10 500 × (1 − 25%) = 7 875（元）

旧设备目前变现价值为10 000元，目前账面净值为23 000元（35 000 − 3 000 × 4），资产报废损失为13 000元，可抵税3 250元（13 000 × 25%）。同样，旧设备最终报废时残值收入为3 500元，账面残值5 000元，报废损失1 500元可抵税375元（1 500 × 25%）。因此：

旧设备投资额 = 10 000 + (23 000 − 10 000) × 25% = 13 250（元）

旧设备税后残值收入 = 3 500 + (5 000 − 3 500) × 25% = 3 875（元）

每年税后投资净额 = (13 250 − 3 875) ÷ (P/A, 15%, 6) + 3 875 × 15% = 3 058.79（元）

综上可得：

旧设备年金成本 = 3 058.79 + 7 875 − 750 = 10 183.79（元）

上述计算表明，继续使用旧设备的年金成本为 10 183.79 元，低于购买新设备的年金成本 12 169.65 元，应采用继续使用旧设备方案。

【例题 6-11·计算题】 乙公司是一家机械制造企业，适用的所得税税率为 25%。公司现有一套设备（以下简称旧设备）已经使用 6 年，为降低成本，公司管理层拟将该设备提前报废，另行购建一套新设备。新设备的投资于更新起点一次性投入，并能立即投入运营。设备更新后不改变原有的生产能力，但营运成本有所降低。会计上对于新旧设备折旧年限、折旧方法以及净残值等的处理与税法保持一致。假定折现率为 12%，要求考虑所得税费用的影响。相关资料如表 1 所示。

表 1　　新旧设备相关资料　　　　　　　　　　　单位：万元

项目	旧设备	新设备
原价	5 000	6 000
预计使用年限（年）	12	10
已使用年限（年）	6	0
净残值	200	400
当前变现价值	2 600	6 000
年折旧费（直线法）	400	560
年营运成本（付现成本）	1 200	800

相关货币时间价值系数如表 2 所示。

表 2　　相关货币时间价值系数

期数（n）	6	7	8	9	10
(P/F, 12%, n)	0.5066	0.4523	0.4039	0.3606	0.3220
(P/A, 12%, n)	4.1114	4.5638	4.9676	5.3282	5.6502

经测算，旧设备在其现有可使用年限内形成的净现金流出量现值为 5 787.80 万元，年金成本（即年金净流出量）为 1 407.74 万元。

要求：

（1）计算新设备在其可使用年限内形成的现金净流出量现值（不考虑设备运营所带来的营业收入，也不能把旧设备的变现价值作为新设备投资的减项）。

（2）计算新设备的年金成本（即年金净流出量）。

（3）指出净现值法与年金净流量法中哪一个更适用于评价该设备更新方案的财务可行性，并说明理由。

（4）判断乙公司是否应该进行设备更新，并说明理由。（2016年）

【答案】

（1）新设备在其可使用年限内形成的现金净流出量=800×（1-25%）-560×25%=460（万元）

现值=6 000+460×5.6502-400×0.3220=8 470.29（万元）

（2）年金成本=8 470.29÷（P/A，12%，10）=8 470.29÷5.6502=1 499.11（万元）

（3）年金净流量法更适用于评价该设备更新方案的财务可行性，因为新旧设备的预计使用年限不同，而年金净流量法适用于期限不同的投资方案决策。

（4）乙公司不应该进行设备更新，因为新设备年金成本为1 499.11万元，大于旧设备年金成本1 407.74万元，不具有可行性。

【解析】

（1）税后付现成本=付现成本×（1-所得税税率）=800×（1-25%）=600（万元）

税后折旧抵税=折旧额×所得税税额=560×25%=140（万元）

折旧属于非付现成本，每期营业现金净流出=付现成本×（1-所得税税率）-非付现成本×所得税税率=800×（1-25%）-560×25%=460（万元）

现值=6 000（初始投资）+460×（P/A，12%，10）（营运期现金净流量折现）-400×（P/F，12%，10）（净残值回收折现）=6 000+460×5.6502-400×0.3220=8 470.29（万元）

（2）年金净流量=现金净流量总现值÷年金现值系数

（3）年金净流量法是净现值法的辅助方法，在各方案寿命期相同时，实质上就是净现值法。因此它适用于期限不同的投资方案决策，不便于对原始投资额不相等的独立投资方案进行决策。

（4）设备更新后不改变原有的生产能力，营业现金流入不会增加，只需比较各方案的年金流出量即可，年金流出量最小的方案最优。因此替换重置方案的决策标准是比较年金成本，选择年金成本低的方案，新设备年金成本大于旧设备年金成本，乙公司不应该进行设备更新。

第 11 天

- **复习旧内容：**

    第六章　投资管理　第三节

- **学习新内容：**

    第六章　投资管理　第四～第五节

- **今天想对你说：**

    经过前三节的学习，你会发现投资管理整章都是套路，考虑三期的现金流量，即可以做对各年份的真题，因此，接下来就能轻松地学完第四节的知识。第五节为 2022 年新增内容，需要同学们熟读内容。

- **简单解释今天学习内容：**

    今天将学习证券投资管理，即对债券和股票的特性以及估价公式进行掌握。基金投资与期权投资需熟悉基金的分类、期权到期日价值与净损益的计算。

- **可能会遇到的难点：**

    （1）债券的特性很多。可以根据两道教材中例题的图形来理解记忆债券的特性，也可以根据债券的估价公式进行理解。

    （2）债券和股票的估价公式比较复杂。财管的价值评估就是求内在价值，因此就是将其未来现金流量按照折现率进行折现，对一些模型不要过分纠结，例如固定增长模式的股票估价公式，学有余力的同学可以理解公式是如何通过等比数列求和算出来的，时间比较紧的同学只需直接记住公式结论，考试时出题的方式也相对固定，只要弄懂历年真题，就可以拿到全部分数，同学们要放轻松。

- **习题注意事项：**

    财管这一学科最重要的学习方法就是做真题！尤其在这种出题方式固定的章节更是如此！同学们要重视真题，学会以题代学的学习方法，加油！

- **建议学习时间：**

    2 小时

第四节　证券投资管理

证券资产是企业进行金融投资所形成的资产，如股票、债券、基金及其衍生证券等。

一、证券投资概述（见表 6-4）

表 6-4　　　　　　　　　　　　　　　证券投资

证券投资	具体阐述
证券资产的特点	(1) 价值虚拟性。 证券资产不能脱离实体资产而完全独立存在，但证券资产的价值不完全由实体资产的现实生产经营活动决定，而是取决于契约性权利所能带来的未来现金流量，是一种未来现金流量折现的资本化价值。 (2) 可分割性。 (3) 持有目的多元性。 (4) 强流动性： ①变现能力强； ②持有目的可以相互转换。 (5) 高风险性：公司风险和市场风险双重影响
证券投资的目的	(1) 分散资金投向，降低投资风险（多元化经营）； (2) 利用闲置资金，增加企业收益； (3) 稳定客户关系，保障生产经营； (4) 提高资产的流动性，增强偿债能力
证券投资的风险	证券投资风险较大。按风险性质划分，证券投资的风险分为系统性风险和非系统性风险两大类别。 (1) 系统性风险。 证券资产的系统性风险，是由于外部经济环境因素变化引起整个资本市场不确定性加强，从而对所有证券都产生影响的共同性风险。系统性风险影响到资本市场上的所有证券，无法通过投资多元化的组合而加以避免，也称为不可分散风险。 系统性风险波及所有证券资产，最终会反映在资本市场平均利率的提高上，所有的系统性风险几乎都可以归结为利率风险（由于市场利率变动引起证券资产价值变化的可能性）。 市场利率反映了社会平均收益率，投资者对证券资产投资收益率的预期总是在市场利率基础上进行的，当证券资产投资收益率大于市场利率时，证券资产的价值才会高于其市场价格。市场利率的变动会造成证券资产价格的普遍波动，两者呈反向变化： 市场利率上升，证券资产价格下跌；市场利率下降，证券资产价格上升。 ①价格风险。 价格风险是由于市场利率上升，而使证券资产价格普遍下跌的可能性。价格风险来自资本市场买卖双方资本供求关系的不平衡，资本需求量增加，市场利率上升；资本供应量增加，市场利率下降。 当证券资产持有期间的市场利率上升，证券资产价格就会下跌，证券资产期限越长，投资者遭受的损失越大。到期风险附加率，就是对投资者承担利率变动风险的一种补偿，期限越长的证券资产，要求的到期风险附加率就越大。 ②再投资风险。 再投资风险是由于市场利率下降，而造成的无法通过再投资而实现预期收益的可能性。 根据流动性偏好理论，长期证券资产的收益率应当高于短期证券资产。 为了避免市场利率上升的价格风险，投资者可能会投资于短期证券资产，但短期证券资产又会面临市场利率下降的再投资风险，即无法按预定收益率进行再投资而实现所要求的预期收益。

续表

证券投资	具体阐述
证券投资的风险	③购买力风险。 购买力风险是由于通货膨胀而使货币购买力下降的可能性。证券资产是一种货币性资产，通货膨胀会使证券资产投资的本金和收益贬值，名义收益率不变而实际收益率降低。购买力风险对具有收款权利性质的资产影响很大，债券投资的购买力风险远大于股票投资。如果通货膨胀长期延续，投资人会把资本投向于实体性资产以求保值，对证券资产的需求量减少，引起证券资产价格下跌。 (2) 非系统性风险。 证券资产的非系统性风险，是由于特定经营环境或特定事件变化引起的不确定性，从而对个别证券资产产生影响的特有风险。非系统性风险源于每个公司自身特有的营业活动和财务活动，与某个具体的证券资产相关联，同整个证券资产市场无关。非系统性风险可以通过持有证券资产的多元化来抵消，也称为可分散风险。 非系统性风险是公司特有风险，从公司内部管理的角度考察，公司特有风险的主要表现形式是公司经营风险和财务风险。从外部投资者的角度考察，公司特有风险是以违约风险、变现风险、破产风险等形式表现出来的。 ①违约风险。 违约风险是指证券资产发行者无法按时兑付证券资产利息和偿还本金的可能性。 ②变现风险。 变现风险是证券资产持有者无法在市场上以正常的价格平仓出货的可能性。 ③破产风险。 破产风险是在证券资产发行者破产清算时投资者无法收回应得权益的可能性

【例题6-12·单选题】某ST公司在2018年3月5日宣布其发行的公司债券本期利息总额8 980万元将无法于原定付息日2018年3月9日全额支付，仅能够支付500万元，则该公司债券的投资者面临的风险是（ ）。(2018年)
A. 价格风险   B. 购买力风险
C. 变现风险   D. 违约风险
【答案】D
【解析】价格风险是由于市场利率上升，而使证券资产价格普遍下跌的可能性。购买力风险是由于通货膨胀而使货币购买力下降的可能性。变现风险是证券资产持有者无法在市场上以正常的价格平仓出货的可能性。违约风险是指证券资产发行者无法按时兑付证券资产利息和偿还本金的可能性。

【例题6-13·单选题】一般认为，企业利用闲置资金进行债券投资的主要目的是（ ）。(2017年)
A. 控制被投资企业   B. 谋取投资收益
C. 降低投资风险   D. 增强资产流动性
【答案】B
【解析】企业在生产经营过程中，由于各种原因有时会出现资金闲置、现金结余较多的情况。这些闲置的资金可以投资于股票、债券等有价证券上，谋取投资收益，这些投资收益主要表现在股利收入、债息收入、证券买卖差价等方面，选项B正确。

【例题 6-14·单选题】 持续通货膨胀期间，投资人把资本投向实体性资产，减持证券资产，这种行为所体现的证券投资风险类别是（　　）。(2014年)

A．经营风险　　　　B．变现风险　　　　C．再投资风险　　　　D．购买力风险

【答案】 D

【解析】 购买力风险是由于通货膨胀而使货币购买力下降的可能性。证券资产是一种货币性资产，通货膨胀会使证券资产的本金和收益贬值，名义收益率不变而实际收益率降低。如果通货膨胀长期延续，投资人会把资本投向于实体性资产以求保值，对证券资产的需求量减少，引起证券资产价格下跌，选项 D 正确。

二、债券投资

（一）债券要素

1. 债券面值

债券面值是指债券设定的票面金额，它代表发行人承诺于未来某一特定日偿付债券持有人的金额。

债券面值包括：（1）票面币种；（2）票面金额。

2. 债券票面利率

债券票面利率是指债券发行者预计一年内向持有者支付的利息占票面金额的比率。

3. 债券到期日

债券到期日是指偿还债券本金的日期。

4. 计息方式

债券复利计息方式、单利计息方式。

5. 付息方式

债券分期付息（每月付息、每半年付息、每年付息）、到期一次还本付息。

（二）债券的价值

将在债券投资上未来收取的利息和收回的本金折为现值，即可得到债券的内在价值。债券的内在价值也称为债券的理论价格，只有**债券价值大于其购买价格时，该债券才值得投资**。影响债券价值的因素主要有**债券面值、期限、票面利率和所采用的贴现率**等因素。

1. 债券估价基本模型

典型的债券是固定的票面利率、每期付息一次、到期归还本金。债券价值计算的基本模型是：

$$V_b = \sum_{t=1}^{n} \frac{I_t}{(1+R)^t} + \frac{M}{(1+R)^n}$$

式中，V_b——债券价值；I_t——每期支付的利息；M——面值；n——债券到期前的年数；R——折现率，一般采用当前等风险投资的市场利率作为最低投资收益率。

纯贴现债券是到期按面值兑付的债券。纯贴现债券的估值方法是：

$$V = M/(1+i)^n$$

永续债券，又称无期债券，没有到期日。若每年的利息相同，永续债券的估值方法是：

$$V = I/i$$

2. 债券价值对债券期限的敏感性

（1）引起债券价值随债券期限的变化而波动的原因，是债券票面利率与市场利率的不一致。

（2）债券期限越短，债券票面利率对债券价值的影响越小。

（3）债券期限越长，债券价值越偏离债券面值。

（4）随着债券期限延长，在票面利率偏离市场利率的情况下，债券的价值会越偏离债券的面值，但这种偏离的变化幅度最终会趋于平稳。

综上可知，债券的票面利率可能小于、等于或大于市场利率，因而债券价值就可能小于、等于或大于债券票面价值，因此在债券实际发行时就要折价、平价或溢价发行。折价发行是为了对投资者未来少获利息而给予的必要补偿；平价发行是因为票面利率与市场利率相等，此时票面价值和债券价值是一致的，所以不存在补偿问题；溢价发行是为了对债券发行者未来多付利息而给予的必要补偿。

3. 债券价值对市场利率的敏感性

债券一旦发行，市场利率就成为债券价值的主要影响因素。市场利率是决定债券价值的贴现率，市场利率的变化会造成系统性的利率风险。

（1）市场利率的上升会导致债券价值的下降，市场利率的下降会导致债券价值的上升（反向变动）。

（2）长期债券对市场利率的敏感性会大于短期债券，在市场利率较低时，长期债券的价值远高于短期债券；在市场利率较高时，长期债券的价值远低于短期债券。

（3）市场利率低于票面利率时，债券价值对市场利率的变化较为敏感。市场利率超过票面利率后，债券价值对市场利率的变化敏感性减弱。

> 【提示】长期债券的价值波动较大，特别是票面利率高于市场利率的长期溢价债券，容易获取投资收益但安全性较低，利率风险较大。如果市场利率波动频繁，利用长期债券来储备现金显然是不明智的，将为较高的收益率而付出安全性的代价。

（三）债券投资的收益率

1. 债券收益的来源

债券投资的收益是投资于债券所获得的全部投资收益，这些投资收益来源于三个方面：

（1）名义利息收益；

（2）利息再投资收益（复利）；

（3）价差收益（资本利得收益）。

2. 债券的内部收益率（内含收益率）

债券的内部收益率是指按当前市场价格购买债券并持有至到期日或转让日，所产生的预期收益率，也就是债券投资项目的内含收益率，也就是说，用该内部收益率贴现所决定的债券内在价值，刚好等于债券的目前购买价格。

债券真正的内在价值是按市场利率贴现所决定的内在价值。

决策原则：债券的内部收益率＞市场利率。

> 【考点提示】债券投资属于高频考点，在把握客观题的同时，要掌握主观题相关的计算，特别是债券估值模型，注意区分票面利率和折现率。

> 【例题6-15·单选题】市场利率和债券期限对债券价值都有较大的影响。下列相关表述中，不正确的是（　　）。(2015年)
> A. 市场利率上升会导致债券价值下降
> B. 长期债券的价值对市场利率的敏感性小于短期债券
> C. 债券期限越短，债券票面利率对债券价值的影响越小
> D. 债券票面利率与市场利率不同时，债券面值与债券价值存在差异
> 【答案】B
> 【解析】长期债券对市场利率的敏感性会大于短期债券，在市场利率较低时，长期债券的价值远高于短期债券；在市场利率较高时，长期债券的价值远低于短期债券，选项B不正确。

三、股票投资

（一）股票的价值

投资于股票预期获得的未来现金流量的现值，即为股票的价值或内在价值、理论价格。价格小于内在价值的股票，是值得投资者投资购买的。股份公司的净利润是决定股票价值的基础。股票给持有者带来未来的收益一般是以股利形式出现的，因此也可以说股利决定了股票价值。

1. 股票估价基本模型

从理论上说，如果股东不中途转让股票，股票投资没有到期日，投资于股票所得到的未来现金流量是各期的股利。假定某股票未来各期股利为 D_t（t为期数），R_s 为估价所采用的贴现率即所期望的最低收益率，股票价值的估价模型为：

$$V_s = \sum_{t=1}^{\infty} \frac{D_t}{(1+R_s)^t}$$

优先股是特殊的股票，优先股股东每期在固定的时点上收到相等的股利，并且没有到期日，未来的现金流量是一种永续年金，其价值计算为：

$$V_s = D/R_s$$

2. 常用的股票估价模式

与债券不同的是，持有期限、股利、贴现率是影响股票价值的重要因素。我们假定未

来的股利按一定的规律变化，从而形成几种常用的股票估价模式。

（1）固定增长模式。

$$V_s = \frac{D_0(1+g)}{R_s - g} = \frac{D_1}{R_s - g}$$

注意：区分 D_0 和 D_1。D_0 是当前的股利或最近刚支付的股利，D_1 是预计未来第一期的股利。

（2）零增长模式。

如果公司未来各期发放的股利都相等，其支付过程是永续年金，那么这种股票与优先股是相类似的。或者说，当固定增长模式中 $g=0$ 时，有：

$$V_s = \frac{D_0}{R_s}$$

（3）阶段性增长模式。

许多公司的股利在某一期间有一个超常的增长率，这个期间的增长率 g 可能大于 R_s，而后阶段公司的股利固定不变或正常增长。对于阶段性增长的股票，需要分段计算，才能确定股票的价值。

股票价值 = 股利高速增长阶段现值 + 股利固定不变或正常增长阶段现值

（二）股票投资的收益率

1. 股票收益的来源

与债券投资类似，股票投资的收益由**股利收益、股利再投资收益、转让价差收益**三部分构成。并且，只要按货币时间价值的原理计算股票投资收益，就无须单独考虑再投资收益的因素。

2. 股票的内部收益率（内含收益率）

股票的内部收益率是指股票投资未来现金流量的贴现值等于目前的购买价格时的贴现率，也就是股票投资项目的内含收益率。

股票的内部收益率高于投资者所要求的最低收益率时，投资者才愿意购买该股票。

在固定增长股票估价模型中，用股票的购买价格 P_0 代替内在价值 V_s，股票投资收益率计算公式为：

$$R = \frac{D_1}{P_0} + g$$

从上式可以看出，股票投资内部收益率由两部分构成：一部分是预期股利收益率 D_1/P_0；另一部分是股利增长率 g。

如果投资者不打算长期持有股票，而将股票转让出去，则股票投资的收益由股利收益和资本利得（转让价差收益）构成。这时，股票内部收益率 R 是使股票投资净现值为零时的贴现率，计算公式为：

$$NPV = \sum_{t=1}^{n} \frac{D_t}{(1+R)^t} + \frac{P_t}{(1+R)^n} - P_0 = 0$$

【考点提示】股票投资属于高频考点，主要是熟悉常用的股票估值模型公式，考试中经常会考到固定增长模型，一定要注意时间点，区分 D_0 和 D_1。D_0 是当前的股利或最近刚支付的股利，D_1 是预计未来第一期的股利。

【例题6-16·单选题】公司预期下一年每股股利为3.30元，预计未来每年以3%的速度增长，假设投资者的必要收益率为8%，则该公司每股股票的价值为（　　）元。(2017年)

A. 41.25　　　　B. 67.98　　　　C. 66.00　　　　D. 110.00

【答案】C

【解析】某公司预期下一年每股股利为3.30元，即 $D_1=3.30$ 元，预计未来每年以3%的速度增长，即 $g=3\%$，假设投资者的必要收益率为8%，即 $R_s=8\%$，根据公式 $V_s=\dfrac{D_0(1+g)}{R_s-g}=\dfrac{D_1}{R_s-g}$，该公司每股股票的价值=3.30÷(8%-3%)=66（元）。

假设题目告知的是某公司当期每股股利为3.30元，即 $D_0=3.30$ 元，预计未来每年以3%的速度增长，即 $g=3\%$，假设投资者的必要收益率为8%，即 $R_s=8\%$，根据公式 $V_s=\dfrac{D_0(1+g)}{R_s-g}=\dfrac{D_1}{R_s-g}$，该公司每股股票的价值=3.30×(1+3%)÷(8%-3%)=67.98（元）。

第五节　基金投资与期权投资

一、证券投资基金

证券投资基金以股票、债券等金融证券为投资对象，基金投资者通过购买基金份额的方式间接进行证券投资，由基金管理人进行专业化投资决策，由基金托管人对资金进行托管，基金托管人往往为商业银行或其他金融机构。基金反映了一种信托关系，它是一种受益凭证。

（一）证券投资基金的特点

（1）集合理财实现专业化管理；

（2）通过组合投资实现分散风险的目的；

（3）投资者利益共享且风险共担；

（4）权力隔离的运作机制；

（5）严格的监管制度。

（二）证券投资基金的分类（见表6-5）

表6-5　　证券投资基金的分类

依据	分类	说明
依据法律形式的分类	契约型基金	契约型基金依据基金管理人、基金托管人之间签署的基金合同设立，合同规定了参与基金运作各方的权利与义务
	公司型基金	公司型基金则为独立法人，依据基金公司章程设立，基金投资者是基金公司的股东，按持有股份比例承担有限责任，分享投资收益
依据运作方式的分类	封闭式基金	基金份额持有人不得在基金约定的运作期内赎回基金，即基金份额在合同期限内固定不变。适合资金可进行长期投资的投资者
	开放式基金	可以在合同约定的时间和场所对基金进行申购或赎回，即基金份额不固定。更适合强调流动资金管理的投资者
依据投资对象的分类	股票基金	股票基金为基金资产80%以上投资于股票的基金
	债券基金	债券基金为基金资产80%以上投资于债券的基金
	货币市场基金	仅投资于货币市场工具的为货币市场基金
	混合基金	混合基金是指投资于股票、债券和货币市场工具，但股票投资和债券投资的比例不符合股票基金、债券基金规定的基金
依据投资目标的分类	增长型基金	增长型基金主要投资于具有较好增长潜力的股票，投资目标为获得资本增值，较少考虑当期收入，投资风险高
	收入型基金	收入型基金则更加关注能否取得稳定的经常性收入，投资对象集中于风险较低的蓝筹股、公司及政府债券等，投资风险低
	平衡型基金	平衡型基金则集合了上述两种基金投资的目标，既关注是否能够获得资本增值，也关注收入问题，投资风险中等
依据投资理念的分类	主动型基金	主动型基金是指由基金经理主动操盘寻找超越基准组合表现的投资组合进行投资
	被动（指数）型基金	被动型基金则期望通过复制指数的表现，选取特定的指数成分股作为投资对象，不期望能够超越基准组合，只求能够与所复制的指数表现同步
依据募集方式的分类	私募基金	私募基金采取非公开方式发售，面向特定的投资者，他们往往风险承受能力较高，单个投资者涉及的资金量较大
	公募基金	公募基金可以面向社会公众公开发售，募集对象不确定，投资金额较低，适合中小投资者，由于公募基金涉及的投资者数量较多，因此受到更加严格的监管并要求更高的信息透明度

（三）证券投资基金业绩评价

（1）在进行业绩评价时需要考虑如下因素：

①投资目标与范围。两种投资目标与范围不同的基金不具有可比性，不能作为基金投资决策的选择标准。

②风险水平。根据财务学的基本理论，风险与收益之间存在正相关关系，风险增加时必然要求更高的收益进行补偿，所以单纯比较收益水平会导致业绩评价结果存在偏差，应当关注收益背后的风险水平。

③基金规模。基金存在研究费用、信息获取费用等固定成本，随着基金规模的增加，基金的平均成本会下降。另外，非系统性风险也会随着基金规模的增加而降低。

④时间区间。在比较不同的基金业绩时需要注意是否处在同样的业绩计算期，不同的业绩比较起止时间下的基金业绩可能存在较大差异。

（2）在考虑业绩评价因素的基础上，运用以下系统的基金业绩评估指标对基金业绩进行评估。

①绝对收益：不关注与业绩基准之间的差异，测量的是在一定时期内获得的回报情况。

第一，持有期间收益率。基金持有期间所获得的收益通常来源于所投资证券的资产回报和收入回报两部分。计算公式如下：

$$持有期间收益率 = \frac{期末资产价格 - 期初资产价格 + 持有期间红利收入}{期初资产价格} \times 100\%$$

第二，现金流和时间加权收益率。该方法将收益率计算区间划分为若干个子区间，每个子区间以现金流发生时间划分，以各个子区间收益率为基础计算整个期间的绝对收益水平。

例如，某股票基金 2019 年 5 月 1 日有大客户进行了申购，9 月 1 日进行了分红，上述两个时点即为现金流发生的时点，因此，将 2019 年以上述两个时点划分为三个阶段，假设三个阶段的收益率分别为 -6%、5%、4%，则该基金当年的现金流和时间加权收益率为 2.65%，即 $(1-6\%) \times (1+5\%) \times (1+4\%) - 1 = 2.65\%$。

第三，平均收益率。基金的平均收益率根据计算方法不同可分为算术平均收益率和几何平均收益率。

算术平均收益率（R_A）的计算公式为：

$$R_A = \frac{\sum_{t=1}^{n} R_t}{n} \times 100\%$$

式中，R_t 表示 t 期收益率；n 表示期数。

几何平均收益率（R_G）的计算公式为：

$$R_G = \left[\sqrt[n]{\prod_{i=1}^{n}(1+R_i)} - 1 \right] \times 100\%$$

式中，R_i 表示 i 期收益率；n 表示期数。

几何平均收益率相比算术平均收益率考虑了货币时间价值。一般来说，收益率波动越明显，算术平均收益率相比几何平均收益率越大。

【例题 6-17·计算题】某基金近三年的收益率分别为 6%、8%、10%，分别计算其三年的算术平均收益率与几何平均收益率。

算术平均收益率 $R_A = (6\% + 8\% + 10\%) \div 3 \times 100\% = 8\%$

几何平均收益率 $R_G = \left[\sqrt[3]{(1+6\%)(1+8\%)(1+10\%)} - 1 \right] \times 100\% = 7.99\%$

② 相对收益。

基金的相对收益，是基金相对于一定业绩比较基准的收益。例如，某基金以沪深300指数作为业绩比较基准，当沪深300指数收益率为8%时，该基金收益率为6%，从绝对收益看确实盈利了，但其相对收益则为-2%。

二、私募股权投资基金

在前面基金概念的叙述中，提到的另类投资基金包括私募股权基金（PE）、风险投资基金（VC），二者都属于股权投资基金，投资对象往往为私人股权，包括未上市企业和上市企业非公开发行和交易的普通股、依法可转换为普通股的优先股和可转换债券。目前我国的股权投资基金只能以非公开方式募集，因此我国的股权投资基金可以理解为私募类股权投资基金。

（一）私募股权投资基金的特点

（1）具有较长的投资周期。
（2）较大的投资收益波动性。
（3）对投资决策与管理的专业度要求较高，投后需要进行非财务资源注入。

（二）私募股权投资基金的退出

（1）股份上市转让或挂牌转让。
（2）股权转让。
（3）清算退出。

三、期权合约

（一）期权合约的概念

期权合约，又称选择权合约，是指合约持有人可以选择在某一特定时期或该日期之前的任何时间以约定价格买入或卖出标的资产的合约（见表6-6）。

表6-6　　　　　　　　　　期权合约的构成要素

要素名称	含义
标的资产	指合约中约定交易的资产，包括商品、金融资产、利率、汇率或综合价格指数
期权买方	买方通过支付费用获取期权合约规定的权利，也称为期权的多头
期权卖方	卖出期权的一方通过获得买方支付的合约购买费用，承担在规定时间内履行期权合约义务的责任，也称为期权的空头
执行价格	或称协议价格，即合约约定的固定价格
期权费用	买方获取期权支付的对价
通知日与到期日	合约规定必须履约的时间点

（二）期权合约的分类

（1）按照期权执行时间，期权分为欧式期权（只能在到期日执行）和美式期权（可以在到期日或到期日之前的任何时间执行）。

（2）按照合约授予期权持有人权利的类别，期权分为看涨期权（买权）和看跌期权（卖权）。

（三）期权的到期日价值和净损益

1. 看涨期权到期日价值和净损益（见表6-7）

表6-7　　　　　　　　　　看涨期权到期日价值和净损益

项目	计算公式
到期日价值	买入看涨期权（多头）= Max(0，股票市价 – 执行价格)
	卖出看涨期权（空头）= – Max(0，股票市价 – 执行价格)
净损益	买入看涨期权（多头）= 买入看涨期权到期日价值 – 期权价格
	卖出看涨期权（空头）= 卖出看涨期权到期日价值 + 期权价格

2. 看跌期权到期日价值和净损益（见表6-8）

表6-8　　　　　　　　　　看跌期权到期日价值和净损益

项目	计算公式
到期日价值 （执行净收入）	买入看跌期权（多头）= Max(执行价格 – 股票市价，0)
	卖出看跌期权（空头）= – Max(执行价格 – 股票市价，0)
净损益	买入看跌期权（多头）= 买入看跌期权到期日价值 – 期权价格
	卖出看跌期权（空头）= 卖出看跌期权到期日价值 + 期权价格

【例题6-18·计算题】 某期权交易所2020年1月1日对ABC公司的期权报价如下：

到期日和执行价格		看涨期权价格	看跌期权价格
7月	37元	3.80元	5.25元

针对以下互不相干的几问进行回答：

（1）若甲投资人购买一份看涨期权，标的股票的到期日市价为45元，其期权到期日价值为多少，投资净损益为多少。

(2) 若乙投资人卖出一份看涨期权，标的股票的到期日市价为45元，其空头看涨期权到期价值为多少，投资净损益为多少。

(3) 若甲投资人购买一份看涨期权，标的股票的到期日市价为30元，其期权到期价值为多少，投资净损益为多少。

(4) 若乙投资人卖出一份看涨期权，标的股票的到期日市价为30元，其空头看涨期权到期价值为多少，投资净损益为多少。

(5) 若丙投资人购买一份看跌期权，标的股票的到期日市价为45元，其期权到期日价值为多少，投资净损益为多少。

(6) 若丁投资人卖出一份看跌期权，标的股票的到期日市价为45元，其空头看跌期权到期日价值为多少，投资净损益为多少。

(7) 若丙投资人购买一份看跌期权，标的股票的到期日市价为30元，其期权到期日价值为多少，投资净损益为多少。

(8) 若丁投资人卖出一份看跌期权，标的股票的到期日市价为30元，其空头看跌期权到期日价值为多少，投资净损益为多少。

【答案】
(1) 甲投资人购买看涨期权到期日价值 = 45 − 37 = 8（元）
甲投资人投资净损益 = 8 − 3.8 = 4.2（元）
(2) 乙投资人空头看涨期权到期日价值 = −8（元）
乙投资净损益 = −8 + 3.8 = −4.2（元）
(3) 甲投资人购买看涨期权到期日价值 = 0
甲投资人投资净损益 = 0 − 3.8 = −3.8（元）
(4) 乙投资人空头看涨期权到期日价值 = 0
乙投资净损益 = 3.8（元）
(5) 丙投资人购买看跌期权到期日价值 = 0
丙投资人投资净损益 = 0 − 5.25 = −5.25（元）
(6) 丁投资人空头看跌期权到期日价值 = 0
丁投资人投资净损益 = 0 + 5.25 = 5.25（元）
(7) 丙投资人购买看跌期权到期日价值 = 37 − 30 = 7（元）
丙投资人投资净损益 = 7 − 5.25 = 1.75（元）
(8) 丁投资人空头看跌期权到期日价值 = −7（元）
丁投资人投资净损益 = −7 + 5.25 = −1.75（元）

第 12 天

- **复习旧内容：**
    第六章 投资管理
- **学习新内容：**
    第七章 营运资金管理 第一~第二节
- **今天想对你说：**

    经过了第六章投资管理的锻炼，今天的内容对你来说不难，在掌握原理的基础上，继续使用画图法，可以轻松做对历年真题。

- **简单解释今天学习内容：**

    今天将学习营运资金管理的主要内容和现金管理，注意区分流动资产的投资策略和流动资产的融资策略，流动资产的投资策略分为紧缩的流动资产投资策略和宽松的流动资产投资策略，流动资产的融资策略分为期限匹配融资策略、保守融资策略、激进融资策略。现金管理将重点学习成本模型、存货模型和随机模型三种模型，掌握公式运用即可。

- **可能会遇到的难点：**

    考生可能对现金管理的存货模型公式中字母的含义记不住。因此一定要强调多做真题，看到真题中的一句话能立刻条件反射出这句话告诉的是哪个字母对应的数值，这个判断对了，剩下的就是套公式，属于送分题。

- **习题注意事项：**

    营运资金管理题型，注意题干问的是流动资产的投资策略还是融资策略，考题容易将两种策略在选项中混淆起来设置陷阱，这点请考生留意。

- **建议学习时间：**

    2.5 小时

第七章 营运资金管理

【本章导读】

(1) 学习内容:本章主要学习营运资金管理,涉及营运资金管理策略的选择、现金管理、应收账款管理、存货管理、流动负债管理等。其中本章的现金管理和存货管理两个模型非常具有相似性,大家可以对比进行学习。

(2) 学习方法:考试以多种题型考查,分值为10分左右,属于非常重要的章节。注意本章现金管理模式中,对于涉及的各种模型,大家不要看到模型两个字就产生畏惧,财管所涉及的模型,跟复杂的高数和量化没有太大关系,都是最基础的加减乘除运算,实际最终都是单独考查某个公式的具体运用,或者是模型的优缺点。请大家轻松上阵学习。

(3) 学习思路(见图7-1)。

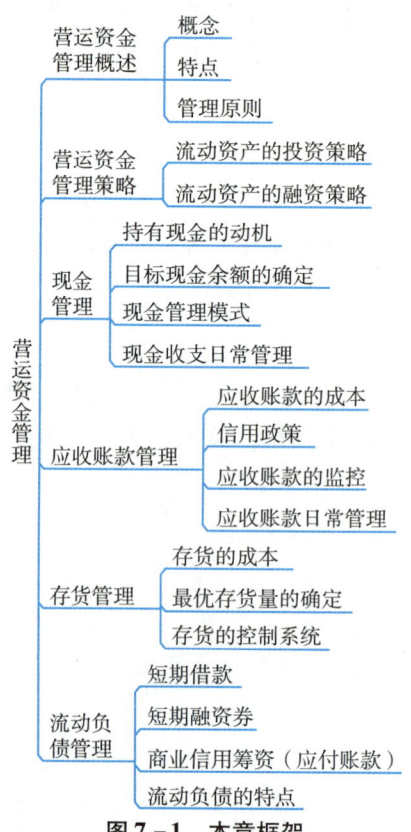

图7-1 本章框架

第一节 营运资金管理概述

一、营运资金概述(见表 7-1)

表 7-1　　　　　　　　　　　　营运资金概述

项目	具体内容
营运资金的概念	营运资金是指在企业生产经营活动中占用在流动资产上的资金。 营运资金 = 流动资产 - 流动负债 (1) 流动资产。 流动资产是指可以在 1 年以内或超过 1 年的一个营业周期内变现或运用的资产。 流动资产具有占用时间短、周转快、易变现等特点。 企业拥有较多的流动资产,可在一定程度上降低财务风险。 (2) 流动负债。 流动负债是指需要在 1 年或者超过 1 年的一个营业周期内偿还的债务。 流动负债又称短期负债,具有成本低、偿还期短的特点,必须加强管理
营运资金的特点	(1) 营运资金的来源具有多样性; (2) 营运资金的数量具有波动性; (3) 营运资金的周转具有短期性; (4) 营运资金的实物形态具有变动性和易变现性
营运资金的管理原则	(1) 满足正常资金需求; (2) 提高资金使用效率; (3) 节约资金使用成本; (4) 维持短期偿债能力

【例题 7-1·单选题】一般而言,营运资金成本指的是(　　)。(2018 年)
A. 流动资产减去存货的余额
B. 流动资产减去流动负债的余额
C. 流动资产减去速动资产后的余额
D. 流动资产减去货币资金后的余额
【答案】B
【解析】营运资金成本 = 流动资产 - 流动负债

【例题 7-2·判断题】营运资金具有多样性、波动性、短期性、变动性和不易变现性等特点。(　　)(2015 年)
【答案】错误
【解析】营运资金的特点有:营运资金的来源具有多样性;营运资金的数量具有波动性;营运资金的周转具有短期性;营运资金的实物形态具有变动性和易变现性。

二、营运资金管理策略

企业需要评估营运资金管理中的风险与收益,制定流动资产的投资策略和融资策略。

(一)流动资产的投资策略——需要拥有多少流动资产

流动资产的投资策略有两种基本类型,如表7-2所示。

表7-2　　　　　　　　　　　　流动资产的投资策略

分类	特征
紧缩的流动资产投资策略	(1)在紧缩的流动资产投资策略下,企业维持低水平的流动资产与销售收入比率。这里的流动资产通常只包括生产性流动资产,如存货、应收账款和现金。 (2)低(持有)成本、高风险、高收益。 (3)代表:存货适时管理系统(JIT)
宽松的流动资产投资策略	(1)在宽松的流动资产投资策略下,企业通常会维持高水平的流动资产与销售收入比率,企业将保持高水平的存货、应收账款和现金。 (2)高成本,低风险,低收益
影响因素	(1)稳定性和可预见性。 如果销售额不稳定而且难以预测:宽松投资策略; 如果销售既稳定又可预测:紧缩投资策略。 (2)管理风格。 如果企业管理政策趋于保守:宽松投资策略; 如果管理者愿意承担风险:紧缩投资策略。 (3)内外部环境。 流动性是债权人确定信用额度和借款利率的主要依据之一。有些企业因为融资困难,通常采用紧缩的流动资产投资策略。 (4)产业因素。 在销售边际毛利较高的产业,如果从额外销售中获得的利润超过额外应收账款所增加的成本,宽松的信用政策可能为企业带来更为可观的收益。 (5)资产的收益性与风险性。 增加流动资产投资会增加流动资产的持有成本,降低资产的收益性,但会提高资产的流动性。反之,减少流动资产投资会降低流动资产的持有成本,增加资产的收益性,但资产的流动性会降低,短缺成本会增加。因此,最优的流动资产投资应该是使流动资产的持有成本与短缺成本之和最低

【例题7-3·多选题】关于营运资金管理的表述中,正确的有(　　)。(2017年)
A. 销售稳定并可预测时,投资于流动资产的资金可以相对少一些
B. 管理者偏好高风险高收益时,通常多保持较低的流动资产投资水平
C. 加速营运资金周转,有助于降低资金使用成本
D. 销售变数较大而难以预测时,通常要维持较低的流动资产与销售收入比率
【答案】ABC

【解析】如果销售额不稳定而且难以预测：宽松投资策略（高水平的流动资产与销售收入比率，高成本，低风险，低收益）。如果销售既稳定又可预测：紧缩投资策略（低水平的流动资产与销售收入比率，低成本，高风险，高收益）。

【例题 7-4·判断题】在紧缩型流动资产投资策略下，企业一般会维持较高水平的流动资产与销售收入比率，因此财务风险与经营风险较小。（ ）（2018 年）
【答案】错误
【解析】在紧缩的流动资产投资策略下，企业维持低水平的流动资产与销售收入比率。紧缩的流动资产投资策略可以节约流动资产的持有成本，但与此同时可能伴随着更高的风险，所以经营风险和财务风险较高。

（二）流动资产的融资策略——如何为需要的流动资产融资

永久性流动资产：满足企业长期最低需求的流动资产，相对稳定；

波动性流动资产：临时性流动资产，由于季节性或临时性的原因而形成的流动资产，随需求波动。

与流动资产的分类相对应，流动负债也可以分为临时性负债和自发性负债。

临时性负债：筹资性流动负债，为了满足临时性流动资金需要所发生的负债；

自发性负债：经营性流动负债，是指直接产生于企业持续经营中的负债，如商业信用筹资和日常运营中产生的其他应付款，以及应付职工薪酬、应付利息、应交税费等，自发性负债可供企业长期使用。

融资决策主要取决于管理者的风险导向，此外它还受短期、中期、长期负债的利率差异的影响。根据资产的期限结构与资金来源的期限结构的匹配程度差异，流动资产的融资策略可以划分为期限匹配融资策略、保守融资策略和激进融资策略三种基本类型，如图 7-2 所示。

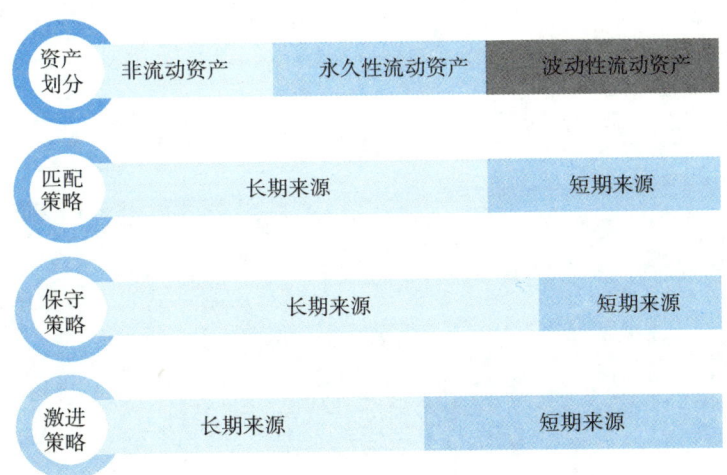

图 7-2 可供选择的流动资产融资策略

其中，长期来源包括自发性流动负债、长期负债以及股东权益资本，如表 7-3 所示。

表 7-3   长期来源

分类	特征
期限匹配融资策略	永久性流动资产＋非流动资产＝长期融资来源 波动性流动资产＝短期融资来源＝临时性流动负债
保守融资策略	永久性流动资产＋非流动资产＜长期融资来源 波动性流动资产＞临时性流动负债 特点：风险小、收益低、成本高
激进融资策略	永久性流动资产＋非流动资产＞长期融资来源 波动性流动资产＜临时性流动负债 特点：风险大、收益高、成本低

【考点提示】营运资金管理策略属于高频考点，主要是从客观题角度把握，注意理解流动资产的投资策略和融资策略。

【例题 7-5·单选题】某公司资产总额为 9 000 万元，其中永久性流动资产为 2 400 万元，波动性流动资产为 1 600 万元，该公司长期资金来源金额为 8 100 万元，不考虑其他情形，可以判断该公司的融资策略属于（　　）。(2017 年)

A. 期限匹配融资策略　　　　　　　B. 保守融资策略
C. 激进融资策略　　　　　　　　　D. 风险匹配融资策略

【答案】B

【解析】在保守融资策略中，长期融资支持非流动资产、永久性流动资产和部分波动性流动资产。本题中，该公司永久性流动资产为 2 400 万元，波动性流动资产为 1 600 万元，则非流动资产为 5 000 万元（9 000－2 400－1 600），非流动资产和永久性流动资产之和为 7 400 万元（5 000＋2 400），小于长期资金来源 8 100 万元，因此，该公司长期资金来源还支持部分波动性流动资产，也就属于保守融资策略，选项 B 正确。

【例题 7-6·单选题】某公司用长期资金来源满足非流动资产和部分永久性流动资产的需要，而用短期资金来源满足剩余部分永久性流动资产和全部波动性资产的需要，则该公司的流动资产融资策略是（　　）。(2015 年)

A. 激进融资策略　　　　　　　　　B. 保守融资策略
C. 折中融资策略　　　　　　　　　D. 期限匹配融资策略

【答案】A

【解析】用短期资金来满足部分永久性流动资产的需要，是激进融资策略的特点，选项 A 正确。

【例题 7-7·判断题】 一般而言，企业依靠大量短期负债来满足自身资金需求的做法体现出一种较为保守的融资策略。（   ）(2018 年)
【答案】 错误
【解析】 一般而言，企业依靠大量短期负债来满足自身资金需求的做法体现出一种较为激进的融资策略。

第二节　现金管理

现金管理，即在现金的流动性和收益性之间进行合理选择。
此现金指广义的现金，包括库存现金、银行存款和其他货币资金等。

一、持有现金的动机（见表 7-4）

表 7-4　　　　　　　　　　　持有现金的动机

动机类型	具体内容
交易性需求	企业的交易性需求是企业为了维持日常周转及正常商业活动所需持有的现金额
预防性需求	预防性需求是指企业需要持有一定量的现金，以应付突发事件。 确定预防性需求的现金数额时，需要考虑以下因素： （1）企业愿冒现金短缺风险的程度； （2）企业预测现金收支可靠的程度； （3）企业临时融资的能力
投机性需求	投机性需求是企业为了抓住突然出现的获利机会而持有的现金
注意：企业的现金持有量一般小于三种需求下的现金持有量之和，因为为某一需求持有的现金可以用于满足其他需求	

【例题 7-8·多选题】 企业持有现金，主要出于交易性、预防性和投机性三大需求，下列各项中体现了交易性需求的有（   ）。(2018 年)
A. 为满足季节性库存的需求而持有现金
B. 为避免因客户违约导致的资金链意外断裂而持有现金
C. 为提供更长的商业信用期而持有现金
D. 为在证券价格下跌时买入证券而持有现金
【答案】 AC
【解析】 企业的交易性需求是指企业为了维持日常周转及正常商业活动所需持有的现金额。预防性需求是指企业需要持有一定量的现金，以应付突发事件。投机性需求是企业需要持有一定量的现金以抓住突然出现的获利机会。选项 B 属于应付突发事件，所以是预防性需求；选项 D 是企业需要持有一定量的现金以抓住突然出现的获利机会，所以是投机性需求。

二、目标现金余额的确定

（一）成本模型

成本模型下，最优的现金持有量是使得<u>现金持有成本最小化</u>的持有量。

公司持有现金，将会有三种成本：

（1）机会成本：指企业因持有一定现金余额丧失的再投资收益，跟现金持有量呈<u>正比例变动</u>；

（2）管理成本：是一种<u>固定成本</u>，与现金持有量之间无明显的比例关系；

（3）短缺成本：因缺乏必要的现金，不能应付业务开支所需而使企业蒙受损失或为此付出的转换成本等代价，跟现金持有量呈<u>反比例变动</u>。

所谓最佳现金持有量，就是使上述三项成本之和最小的现金持有量，如图 7-3 所示。

在图 7-3 中，机会成本与短缺成本的交点对应的总成本最低，即当现金管理的机会成本与短缺成本相等时，现金管理的现金持有总成本最低。

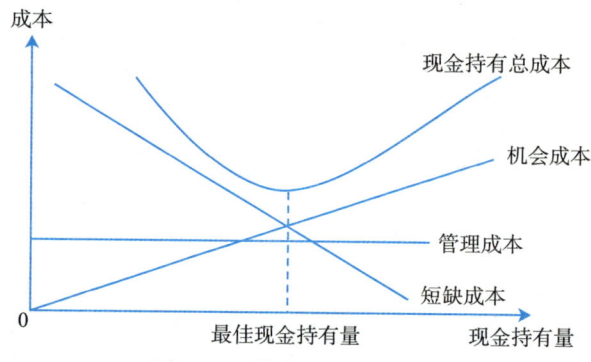

图 7-3 持有现金的总成本

（二）存货模型

若企业平时持有较多现金，会增加机会成本；若持有现金较少，又会增加短缺成本。此时，一般企业都会在现金和有价证券之间转换，当现金过多时，则购买有价证券，降低机会成本；现金过少时，出售有价证券来补充现金，以降低短缺成本。在此过程中，我们会涉及两个成本：**机会成本和交易成本**（存货模型假设资金短缺可以通过出售证券快速获取现金，因此不存在短缺成本）。

交易成本：企业每次以有价证券转换回现金是要付出代价的，这就是现金的交易成本，和现金持有量呈反比例变动。

存货模式下的最佳现金持有量，就是使上述两项成本之和最小的现金持有量，如图 7-4 所示。

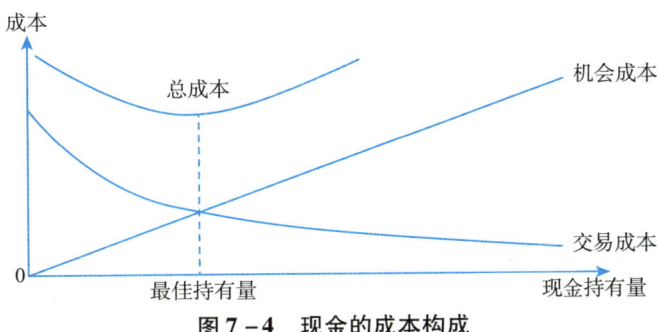

图 7-4 现金的成本构成

计算过程:
(1) 确定一定期间内的现金需求量, 用 T 表示。
(2) 确定每次出售有价证券以补充现金所需的交易成本, 用 F 表示。则, 交易成本 $= \left(\dfrac{T}{C}\right) \times F$。
(3) 确定持有现金的机会成本率, 用 K 表示。则, 机会成本 $= \left(\dfrac{C}{2}\right) \times K$。
(4) 确定最佳现金持有量 C^*, 因最佳现金持有量满足"机会成本 = 交易成本", 可得:
$$\dfrac{C^*}{2} \times K = \dfrac{T}{C^*} \times F$$
(5) 最佳现金持有量: $C^* = \sqrt{(2T \times F)/K}$
(6) 确定最小相关总成本 $= \sqrt{2TFK}$

优点: 简单、直观。

缺点: (1) 该模型假设现金需求量恒定; (2) 该模型假定现金的流出量稳定不变, 实际上这种情况很少出现。

【注意】要区分成本分析模式和存货模式。
(1) 成本分析模式(三个成本): 机会成本、短缺成本、管理成本, 最佳现金持有量是机会成本 = 短缺成本时的现金持有量。
(2) 存货模式(两个成本): 机会成本、交易成本, 最佳现金持有量是机会成本 = 交易成本时的现金持有量。

【例题 7-9·计算题】某企业每月现金需求总量为 5 200 000 元, 每次现金转换的成本为 1 000 元, 持有现金的机会成本率约为 10%, 则该企业的最佳现金持有量可以计算如下:
$$C^* = \sqrt{(2 \times 5\,200\,000 \times 1\,000) \div 10\%} = 322\,490 \text{ (元)}$$
该企业最佳现金持有量为 322 490 元, 持有超过 322 490 元则会降低现金的投资收益率, 低于 322 490 元则会加大企业正常现金支付的风险。

【例题 7-10·计算题】 乙公司使用存货模型确定最佳现金持有量。根据有关资料分析，2015 年该公司全年现金需求量为 8 100 万元，每次现金转换的成本为 0.2 万元，持有现金的机会成本率为 10%。

要求：
(1) 计算最佳现金持有量。
(2) 计算最佳现金持有量下的现金转换次数。
(3) 计算最佳现金持有量下的现金交易成本。
(4) 计算最佳现金持有量下持有现金的机会成本。
(5) 计算最佳现金持有量下的相关总成本。(2015 年)

【答案】
(1) 最佳现金持有量 = $\sqrt{(2 \times 8\,100 \times 0.2 \div 10\%)}$ = 180（万元）
(2) 最佳现金持有量下的现金转换次数 = 8 100 ÷ 180 = 45（次）
(3) 最佳现金持有量下的现金交易成本 = 45 × 0.2 = 9（万元）
(4) 最佳现金持有量下持有现金的机会成本 = 180 ÷ 2 × 10% = 9（万元）
(5) 最佳现金持有量下的相关总成本 = 9 + 9 = 18（万元）

或：根据公式，最小相关总成本 = $\sqrt{2TFK}$，最佳现金持有量下的相关总成本 = $\sqrt{(2 \times 8\,100 \times 0.2 \times 10\%)}$ = 18（万元）。

【解析】
(1) 最佳现金持有量 $C^* = \sqrt{\dfrac{2T \times F}{K}}$，T——一定期间的现金需求量；F——现金转换成本；K——现金的机会成本率。

(2) 最佳现金持有量下的现金转换次数 = $\dfrac{T}{C}$

(3) 交易成本 = $\left(\dfrac{T}{C}\right) \times F$

(4) 机会成本 = $\left(\dfrac{C}{2}\right) \times K$

(5) 最佳现金持有量下的相关总成本 = 交易成本 + 机会成本 = $\sqrt{2TFK}$

(三) 随机模型

随机模型是在现金流量波动随机的情况下进行现金持有量控制的方法，适用于所有企业现金最佳持有量的测算，适用范围广，模型建立在企业的现金未来需求总量和收支不可预测的前提下，计算出来的现金持有量比较保守，如图 7-5 所示。

公司根据历史经验和现实需要，测算出一个现金持有量的控制范围，即制定出现金持有量的上限和下限，将现金量控制在上下限之内。具体如下：

(1) 当现金量 > 控制上限时，用现金购入有价证券，使现金持有量下降；
(2) 当现金量 < 控制下限时，则抛售有价证券换回现金，使现金持有量回升；

（3）若现金量在控制的上下限之内，便不必进行现金与有价证券的转换，保持它们各自的现有存量。

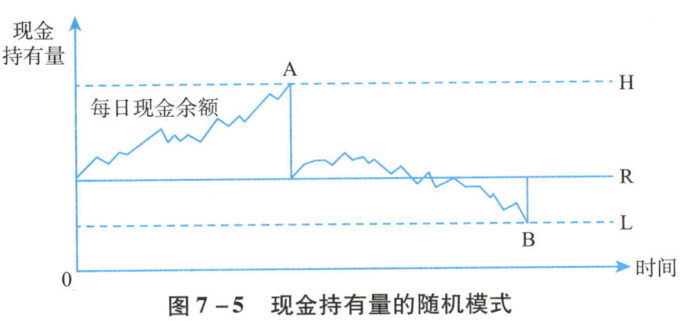

图7-5 现金持有量的随机模式

计算过程：

（1）确定**最低控制线 L**，综合考虑**现金的短缺风险、企业借款能力、企业日常周转所需资金、银行要求的补偿性余额**等因素的影响。

（2）确定**现金返回线 R**：

$$R = \sqrt[3]{\frac{3b \times \delta^2}{4i}} + L$$

式中，b——**证券转换为现金或现金转换为证券的成本**；i——以日为基础计算的现金机会成本（有价证券的**日**利息率）；δ——企业每日现金流量变动的标准差。

（3）确定**最高控制线 H**：

$$H = 3R - 2L$$

【例题7-11·计算题】设某企业现金部经理决定 L 值应为 10 000 元，估计企业现金流量标准差 δ 为 1 000 元，持有现金的年机会成本为 14.04%，换算为 i 值是 0.000 39，b = 150 元。根据该模型，可求得：

$$R = \sqrt[3]{\frac{3 \times 150 \times 1\,000^2}{4 \times 0.000\,39}} + 10\,000 = 16\,607 （元）$$

$$H = 3R - 2L = 16\,607 \times 3 - 10\,000 \times 2 = 29\,821 （元）$$

该企业目标现金余额为 16 607 元。若现金持有额达到 29 821 元，则买进 13 214 元的证券；若现金持有额降至 10 000 元，则卖出 6 607 元的证券。

三、现金管理模式

（一）收支两条线管理模式

"收支两条线"原本是政府为了加强财政管理和整顿财政秩序对财政资金采取的一种管理模式。当前，企业，特别是大型集团企业，也纷纷采用"收支两条线"资金管理模式。

1. 企业实行"收支两条线"管理模式的目的

第一，对企业范围内的现金进行集中管理，减少现金持有成本，加速资金周转，提高资金

使用效率;第二,以实施"收支两条线"为切入点,通过高效的价值化管理来提高企业效益。

2. "收支两条线"资金管理模式的构建

构建企业"收支两条线"资金管理模式,可从规范资金的流向、流量和流程三个方面入手:

(1) 资金的流向方面:企业"收支两条线"要求各部门或分支机构在内部银行或当地银行设立两个账户(收入户和支出户),并规定所有收入的现金都必须进入收入户(外地分支机构的收入户资金还必须及时、足额地回笼到总部),收入户资金由企业资金管理部门(内部银行或财务结算中心)统一管理,而所有的货币性支出都必须从支出户里支付,支出户里的资金只能根据一定的程序由收入户划拨而来,严禁现金坐支。

(2) 资金的流量方面:在收入环节上要确保所有收入的资金都进入收入户,不允许有私设的"账外小金库"。另外,还要加快资金的结算速度,尽量压缩资金在结算环节的沉淀量;在调度环节上通过动态的现金流量预算和资金收支计划实现对资金的精确调度;在支出环节上,根据"以收定支"和"最低限额资金占用"的原则从收入户按照支出预算安排将资金定期划拨到支出户,支出户平均资金占用额应压缩到最低限度。有效的资金流量管理将有助于确保及时、足额地收入资金,合理控制各项费用支出和有效调剂内部资金。

(3) 资金的流程方面:资金流程是指与资金流动有关的程序和规定。它是"收支两条线"内部控制体系的重要组成部分,主要包括以下几个部分:①关于账户管理、货币资金安全性等规定;②收入资金管理与控制;③支出资金管理与控制;④资金内部结算与信贷管理与控制;⑤"收支两条线"的组织保障等。

需要说明的是,企业在构建"收支两条线"管理模式时,一定要注意与自己的实际相结合,以管理有效性为导向。

(二) 资金集中管理模式

现行的资金集中管理模式大致可以分为以下几种,如表 7-5 所示。

表 7-5　　　　　　　　　　　资金集中管理模式

模式	具体内容
统收统支模式	企业的一切现金收入都集中在集团总部的财务部门,各分支机构或子企业不单独设立账号,一切现金支出都通过集团总部财务部门付出,现金收支的批准权高度集中。 **优点**:有利于企业集团实现全面收支平衡,提高资金周转效率,减少资金沉淀,监控现金收支,降低资金成本。 **缺点**:不利于调动成员企业开源节流的积极性,影响成员企业经营的灵活性,以致降低整个集团经营活动和财务活动效率,而且在管理上欠缺一定合理性。 **适用范围**:通常适用于企业规模比较小的公司
拨付备用金模式	集团按照一定的期限统拨给所有分支机构或子企业以备其使用的一定数额的现金,相当于企业的报销中心,相比统收统支模式具有一定的灵活性。 **适用范围**:通常适用于那些经营规模比较小的企业
结算中心模式	应企业内部资金管理需求而生的一个内部资金管理机构,通常设于财务部门,为成员企业办理现金收付和往来结算业务。 **优点**:有助于企业监控货币资金的流向,降低企业成本,提高资金使用效率

续表

模式	具体内容
内部银行模式	内部银行是将社会银行的基本职能与管理方式引入企业内部管理机制而建立起来的一种内部资金管理机构，一般是将企业的自有资金和商业银行的信贷资金统筹运作，在内部银行统一调剂、融通运用。 优点：通过吸纳企业下属各单位闲散资金，调剂余缺，减少资金占用，活化与加速资金周转速度，提高资金使用效率、效益。 三大职能：结算职能、融资信贷职能、监督控制职能。 适用范围：一般适用于具有较多责任中心的企事业单位
财务公司模式	(1) 财务公司是一种经营部分银行业务的非银行金融机构，它一般是集团公司发展到一定水平后，需要经过中国人民银行审核批准才能设立。 (2) 集团设立财务公司是把一种市场化的企业关系或银企关系引入集团资金管理中，使得集团各子公司具有完全独立的财权，可以自行经营自身的现金，对现金的使用行使决策权。 (3) 集团对各子公司的现金控制是建立在各自具有独立的经济利益基础上的

四、现金收支日常管理

（一）现金周转期

企业的经营周期是指从取得存货开始到销售存货并收回现金为止的时期。现金周转期，是指介于企业支付现金与收到现金之间的时间段，它等于经营周期减去应付账款周转期，如图7-6和表7-6所示。

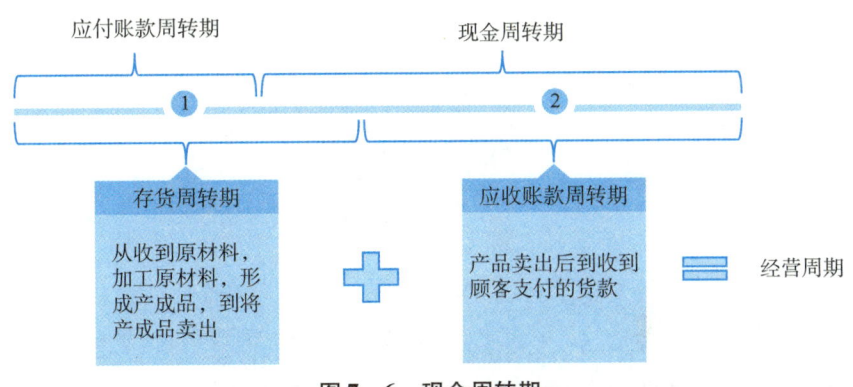

图7-6 现金周转期

表7-6　　　　　　　　　　　现金周转期

公式	具体指标
经营周期 = 存货周转期 + 应收账款周转期 现金周转期 = 经营周期 - 应付账款周转期	存货周转期 = 存货平均余额 ÷ 每天的销货成本 应收账款周转期 = 应收账款平均余额 ÷ 每天的销售收入 应付账款周转期 = 应付账款平均余额 ÷ 每天的购货成本

所以，如果要**缩短现金周转期**，可以从以下方面着手：

加快制造与销售产成品来**缩短存货周转期**；加速应收账款的回收来**缩短应收账款周转期**；延缓支付应付账款来**延长应付账款周转期**，从而最终达到缩短现金周转期的目的。

> 【考点提示】现金周转期属于高频考点，基本每年都有一道客观题考点，大家一定要掌握相关概念以及公式。

> 【例题 7-12·单选题】某公司存货周转期为 160 天，应收账款周转期为 90 天，应付账款周转期为 100 天，则该公司现金周转期为（　　）天。（2014 年）
> A. 30　　　　　　B. 60　　　　　　C. 150　　　　　　D. 260
> 【答案】C
> 【解析】现金周转期 = 存货周转期 + 应收账款周转期 − 应付账款周转期 = 160 + 90 − 100 = 150（天），选项 C 正确。

> 【例题 7-13·多选题】下列管理方法中，可以缩短现金周转期的有（　　）。（2016 年）
> A. 加快制造与销售产品
> B. 提前偿还短期融资债券
> C. 加大应收账款催收力度
> D. 利用商业信用延期付款
> 【答案】ACD
> 【解析】现金周转期 = 经营周期 − 应付账款周转期，如果要缩短现金周转期，可以从以下方面着手：加快制造与销售产成品来缩短存货周转期；加速应收账款的回收来缩短应收账款周转期；延缓支付应付账款来延长应付账款周转期。选项 ACD 正确。

（二）收款管理和付款管理（见表 7-7）

表 7-7　　　　　　　　　　　　收款管理和付款管理

收款管理	付款管理
（1）**收款成本**。 包括浮动期成本，管理收款系统的相关费用（如银行手续费）及第三方处理费用或清算相关费用。 （2）**收款浮动期**。 收款浮动期是指从支付开始到企业收到资金的时间间隔，主要由纸基支付工具导致的，分为三种类型： ①邮寄浮动期：从付款人寄出支票到收款人或收款人的处理系统收到支票的时间间隔。 ②处理浮动期：是指支票的接收方处理支票和将支票存入银行以回收现金所花的时间。 ③结算浮动期：是指通过银行系统进行支票结算所需要的时间。 （3）**高效率收款系统**。 能够使收款成本和收款浮动期达到最小，同时能够保证与客户汇款及其他现金流入来源相关的信息的质量	现金支出管理的主要任务是尽可能延缓现金的支出时间。 （1）使用现金浮游量。 （2）推迟应付款的支付。 （3）汇票代替支票。 （4）改进员工工资支付模式。 （5）透支。 企业开出支票的金额大于活期存款余额。 （6）争取现金流出与现金流入同步。 （7）使用零余额账户

收款方式的改善：

电子支付方式对比纸基（或称纸质）支付方式是一种改进。电子支付方式提供了如下好处：

（1）结算时间和资金可用性可以预计；

（2）向任何一个账户或任何金融机构的支付具有灵活性，不受人工干扰；

（3）客户的汇款信息可与支付同时传送，更容易更新应收账款；

（4）客户的汇款从纸基方式转向电子方式，减少或消除了收款浮动期，降低了收款成本，收款过程更容易控制，并且提高了预测精度。

第 13 天

- **复习旧内容：**

    第七章　营运资金管理　第一～第二节

- **学习新内容：**

    第七章　营运资金管理　第三节

- **今天想对你说：**

    今天的内容对你来说不难，但不能轻易忽视，对于改变信用条件的题型，要多做几遍，防止考试粗心漏掉某一事项。

- **简单解释今天学习内容：**

    应收账款管理的主要功能有两方面：

    （1）增加销售：增加的收益＝增加的销售量×单位边际贡献；

    （2）减少存货。

    至于应收账款的管理，主要是根据企业的信用政策来计算哪种信用政策能够保持最佳的应收账款，首先改变信用政策会增加收益，导致应收账款增加，进而引起应收账款占用资金的利息增加，也会影响坏账损失和收账费用，做题的时候按照这个思路一步一步去寻找相关的条件即可。

- **可能会遇到的难点：**

    本章节没有难点，只是内容较多，需要更多的耐心和细心。

- **习题注意事项：**

    对于应收账款改变信用条件的题型，要多做几遍，防止粗心漏掉某一事项，从教材到真题，再从真题回归到教材，如此循环往复。

- **建议学习时间：**

    2 小时

第三节 应收账款管理

一、应收账款的功能（见表7-8）

表7-8　　　　　　　　　　　　　应收账款的功能

项目	具体内容
应收账款的功能	（1）增加销售：增加的收益＝增加的销售量×单位边际贡献； （2）减少存货

二、应收账款的成本（见表7-9）

表7-9　　　　　　　　　　　　　应收账款的成本

成本类型	具体内容
机会成本	指因投放于应收账款而放弃其他投资所带来的收益，其计算公式为： （1）应收账款平均余额＝日销售额×平均收现期 日销售额＝年销售额÷360 （2）应收账款占用资金＝应收账款平均余额×变动成本率 （3）应收账款占用资金的应计利息（即机会成本）＝应收账款占用资金×资本成本
管理成本	指在进行应收账款管理时所增加的费用。 主要包括：调查顾客信用状况的费用、收集各种信息的费用、账簿的记录费用和收账费用、数据处理成本、相关管理人员的成本和从第三方购买信用信息的成本等
坏账成本	指企业无法收回应收账款的损失，其计算公式为： 应收账款的坏账成本＝赊销额×预计坏账损失率

【例题7-14·单选题】下列各项中，可用来表示应收账款机会成本的是（　　）。(2018年)

A．坏账损失
B．给予客户的现金折扣
C．应收账款占用资金的应计利息
D．应收账款日常管理费用

【答案】C
【解析】应收账款的机会成本可用应收账款占用资金的应计利息表示，所以选择C。

【例题7-15·单选题】企业将资金投放于应收账款而放弃其他投资项目,就会丧失这些投资项目可能带来的收益,则该收益是(　　)。(2017年)
A. 应收账款的管理成本　　　　　B. 应收账款的机会成本
C. 应收账款的坏账成本　　　　　D. 应收账款的短缺成本
【答案】B
【解析】应收账款会占用企业一定量的资金,而企业若不把这部分资金投放于应收账款,便可以用于其他投资并可能获得收益,例如投资债券获得利息收入。这种因投放于应收账款而放弃其他投资所带来的收益,即为应收账款的机会成本,选项B正确。

三、信用政策

信用政策包括信用标准、信用条件和收账政策三个方面,如表7-10所示。

表7-10　　　　　　　　　　　　　　信用政策

项目	具体内容
信用标准	(1) 信用标准的定义。 信用标准是指信用申请者获得企业提供信用所必须达到的**最低信用水平**,通常以预期的坏账损失率作为判别标准。 (2) 信用标准考虑因素。 ①如果公司执行的信用标准过于严格,可能会降低对符合可接受信用风险标准客户的赊销额,减少坏账损失,减少应收账款的机会成本,但不利于扩大企业销售量,甚至会因此限制企业的销售机会; ②如果公司执行的信用标准过于宽松,可能会对不符合可接受信用风险标准的客户提供赊销,因此会增加应收账款的管理成本与坏账成本。 (3) 信用的定性分析(5C信用评价系统)。 　　01　品质(character):顾客的信誉 　　02　能力(capacity):偿债能力 　　03　资本(capital):财务实力和财务状况 　　04　抵押(collateral):可以用作担保的资产 　　05　条件(condition):影响付款能力的各种外在因素 (4) 信用的定量分析:比率分析法。 进行商业信用的定量分析可以从考察信用申请人的财务报表开始,通常使用比率分析法评价顾客的财务状况。

续表

项目	具体内容
信用条件	指的是销货企业要求赊购客户支付货款的条件,由信用期限、折扣期限和现金折扣三个要素组成,折扣期限和现金折扣构成折扣条件。 (1) 信用期限。 信用期限是公司允许顾客从购货到付款之间的时间,或者说企业给予顾客的最长付款时间。信用期的确定,主要是分析改变现行信用期对收入和成本的影响。 决策原则:增加的收益＞机会成本＋收账费用＋坏账损失,可以延长信用期。 (2) 折扣条件。 折扣条件包括现金折扣和折扣期限两个方面。 现金折扣:在顾客提前付款时给予的优惠。 折扣期限:享受现金折扣的付款时间。现金折扣的表示常采用如 5/10、3/20、N/30 这样一些符号形式。这三种符号的含义为:5/10 表示 10 天内付款,可以享受 5% 的价格优惠,3/20 表示 20 天内(即第 11～第 20 天)付款,可以享受 3% 的价格优惠,N/30 表示付款的最后期限为 30 天,此时付款无优惠。 因现金折扣是与信用期结合使用的,所以确定最佳方案时,要将提供的延期付款时间和折扣综合起来,看能取得多大的收益增量。 决策原则:增加的收益＞机会成本＋收账费用＋坏账损失＋现金折扣成本,可以运用现金折扣
收账政策	收账政策是指信用条件被违反时,企业采取的收账策略。 企业如果采取较积极的收账政策,可能会减少应收账款投资,减少坏账损失,但要增加收账成本;如果采用较消极的收账政策,则可能会增加应收账款投资,增加坏账损失,但会减少收账费用

【考点提示】应收账款的成本与信用政策结合属于主观题高频考点,注意只有应收账款中的变动成本才是因为赊销而增加的成本(投入的资金)。

【例题 7-16·计算题】A 企业目前采用 30 天按发票金额(即无现金折扣)付款的信用政策,拟将信用期限放宽至 60 天,仍按发票金额付款。假设等风险投资的最低收益率为 15%,其他有关数据见下表。

信用期决策数据

项目	信用期限(30 天)	信用期限(60 天)
全年销售量(件)	100 000	120 000
全年销售额(单价 5 元)	500 000	600 000
变动成本(每件 4 元)	400 000	480 000
固定成本(元)	50 000	52 000
可能发生的收账费用(元)	3 000	4 000
可能发生的坏账损失(元)	5 000	9 000

营运资金管理

在分析时，先计算放宽信用期带来的盈利增加，然后计算增加应收账款投资产生的成本费用增加，最后计算放宽信用期增加的税前损益，并做出判断。

（1）计算盈利增加：

盈利增加＝增加的边际贡献－增加的固定成本＝(120 000－100 000)×(5－4)－(52 000－50 000)＝18 000（元）

（2）计算增加的成本费用：

①计算应收账款机会成本的增加。

变动成本率＝4÷5×100%＝80%

改变信用期限导致的机会成本增加＝60天信用期应计利息－30天信用期应计利息＝600 000÷360×60×80%×15%－500 000÷360×30×80%×15%＝7 000（元）

②计算收账费用和坏账损失增加。

收账费用增加＝4 000－3 000＝1 000（元）

坏账损失增加＝9 000－5 000＝4 000（元）

（3）计算增加的税前损益：

放宽信用期增加的税前损益＝盈利增加－成本费用增加＝18 000－7 000－1 000－4 000＝6 000（元）

由于放宽信用期增加的税前损益大于0，故应放宽信用期，即采用60天信用期。

上述信用期分析的方法比较简便，可以满足一般制定信用政策的需要。如有必要，也可以进行更细致的分析，如进一步考虑销售增加引起存货增加而占用的资金。

【例题7-17·计算题】延续【例题7-16】数据，假设上述30天信用期变为60天后，因销售量增加，年平均存货水平从9 000件上升到20 000件，每件存货按变动成本4元计算，其他情况不变。

由于增添了新的存货增加因素，需要在原来分析的基础上，再考虑存货增加而多占资金所带来的影响，重新计算放宽信用期增加的税前损益。

存货增加占用资金的应计利息＝(20 000－9 000)×4×15%＝6 600（元）

放宽信用期增加的税前损益＝6 000－6 600＝－600（元）

因为放宽信用期增加的税前损益小于0，所以考虑增加平均存货这个因素后，不应该采用60天的信用期。

更进一步的细致分析，还应考虑存货增加引起的应付账款的增加。这种负债的增加会节约企业的资金占用，减少资金占用的"应计利息"。因此，信用期变动的分析，一方面要考虑对损益表的影响（包括收入、成本和费用）；另一方面要考虑对资产负债表的影响（包括应收账款、存货、应付账款），并且要将对资金占用的影响由"资本成本"转化为"应计利息"，以便进行统一的得失比较。

【例题7-18·计算题】沿用上述信用期决策的数据,假设该企业在放宽信用期的同时,为了吸引顾客尽早付款,提出了0.8/30,N/60的现金折扣条件,估计会有一半的顾客(按60天信用期所能实现的销售量计算)将享受现金折扣优惠。

(1) 计算盈利增加。

盈利增加 = (120 000 - 100 000) × (5 - 4) - (52 000 - 50 000) = 18 000 (元)

(2) 计算应收账款占用资金的应计利息增加。

30天信用期应计利息 = 500 000 ÷ 360 × 30 × 80% × 15% = 5 000 (元)

提供现金折扣的平均收现期 = 30 × 50% + 60 × 50% = 45 (天)

提供现金折扣的应计利息 = 600 000 ÷ 360 × 45 × 80% × 15% = 9 000 (元)

应收账款占用资金的应计利息增加 = 9 000 - 5 000 = 4 000 (元)

(3) 计算收账费用和坏账损失增加。

收账费用增加 = 4 000 - 3 000 = 1 000 (元)

坏账费用增加 = 9 000 - 5 000 = 4 000 (元)

(4) 计算现金折扣成本的变化。

现金折扣成本增加 = 新的销售水平 × 享受现金折扣的顾客比例 × 新的现金折扣率 - 旧的销售水平 × 享受现金折扣的顾客比例 × 旧的现金折扣率 = 600 000 × 50% × 0.8% - 500 000 × 0 × 0 = 2 400 (元)

(5) 计算增加的税前损益。

增加的税前损益 = 盈利增加 - 成本费用增加 = 18 000 - (4 000 + 1 000 + 4 000 + 2 400) = 6 600 (元)

由于增加的税前损益大于0,故应当放宽信用期并提供现金折扣。

【例题7-19·计算题】乙公司2017年采用N/30的信用条件,全年销售额(全部为赊销)为10 000万元,平均收现期为40天。2018年初乙公司为了尽快收回货款提出了"2/10,N/30"的信用条件,新的折扣条件对销售额没有影响,但坏账损失及收账费用共减少200万元,预计占销售额一半的客户将享受现金折扣优惠,享受现金折扣优惠的客户均在第10天付款,不享受现金折扣的客户平均付款期是40天。该公司资本成本为15%,变动成本率为60%。

假设一年按360天计算,不考虑增值税及其他因素的影响。要求:

(1) 计算改变信用条件引起的现金折扣成本的增加额;
(2) 计算改变信用条件后应收账款的平均收现期;
(3) 计算改变信用条件引起的应收账款的机会成本增加额;
(4) 计算改变信用条件引起税前利润增加额;
(5) 判断提出的信用条件是否可行并说明理由。(2018年)

【答案】

(1) 改变信用条件引起的现金折扣成本的增加额 = 10 000 × 50% × 2% = 100 (万元)

（2）改变信用条件引起应收账款的平均收现期 = 10×50% + 40×50% = 25（天）

（3）应收账款的平均机会成本增加额 = (10 000÷360×25 - 10 000÷360×40)×60%×15% = -37.5（万元）

（4）改变信用条件引起税前利润增加额 = -100 - (-37.5) - (-200) = 137.5（万元）

（5）因为增加的税前损益137.5万元大于0，所以该信用政策改变是可行的。

【解析】

（1）改变信用条件后，销售额没有影响，仍为10 000万元，预计占销售额50%的客户将享受2%的现金折扣，信用条件改变之前现金折扣为0，因此信用条件改变之后现金折扣为10 000×50%×2%。

（2）"2/10，N/30"的信用条件，2/10表示10天内付款，可以享受2%的价格优惠，N/30表示付款的最后期限为30天，此时付款无优惠。题目中提到预计占销售额50%的客户将享受2%的现金折扣，享受现金折扣优惠的客户均在第10天付款，不享受现金折扣的客户平均付款期是40天。改变信用条件后应收账款的平均收现期 = 10×50% + 40×50%。

（3）应收账款的平均机会成本 = 应收账款占用资金×资本成本 = 应收账款平均余额×变动成本率×资本成本 = 日销售额×平均收现期×变动成本率×资本成本，变动成本率和资本成本率保持不变，因此只需要计算应收账款平均余额增加额，改变信用条件前应收账款平均余额 = 日销售额×平均收现期 = 10 000÷360×40，改变信用条件后应收账款平均余额 = 日销售额×平均收现期 = 10 000÷360×25。

（4）新的折扣条件对销售额没有影响，但坏账损失及收账费用共减少200万元，新增加现金折扣成本为100万元，应收账款的平均机会成本增加额为-37.5万元，因此改变信用条件引起税前利润增加额 = 增加的收益 - (增加的机会成本 + 收账费用 + 坏账损失 + 现金折扣成本) = -100 - (-37.5) - (-200)。

（5）决策原则：增加的利润 = 增加的收益 - (增加的机会成本 + 收账费用 + 坏账损失 + 现金折扣成本) > 0，可以运用现金折扣。

四、应收账款的监控

实施信用政策时，企业需监督和控制每一笔应收账款和应收账款总额，理由是：

（1）在开票或收款过程中可能会发生错误或延迟；

（2）有些客户可能故意拖欠到企业采取追款行动才付款；

（3）客户财务状况的变化可能会改变其按时付款的能力，并且需要缩减该客户未来的赊销额度。

企业也必须对应收账款的总体水平加以监督，因为应收账款的增加会影响企业的流动性，还可能导致额外融资的需要。此外，应收账款总体水平的显著变化可能表明业务方面发生了改变，这可能影响企业的融资需要和现金水平。企业管理部门需要分析这些变化以确定其起因并采取纠正措施（见表7-11）。

表 7-11　　　　　　　　　　　　　　　应收账款的监控

内容	具体解释
应收账款周转天数 （多少天可以收回应收账款）	应收账款周转天数或平均收账期是衡量应收账款管理状况的一个指标。 计算公式： 应收账款周转天数＝应收账款平均余额÷平均日销售额 平均逾期天数＝应收账款周转天数－平均信用期天数 优点：提供了一个简单的指标，具有可比性，可以反映公司整体的收款效率。 缺点：可能会被销售量的变动趋势和剧烈的销售季节性所破坏
账龄分析表 （追踪每一笔应收账款）	优点：账龄分析表比计算应收账款周转天数更能揭示应收账款变化趋势，因为账龄分析表给出了应收账款分布的模式，而不仅仅是一个平均数。 缺点：当各个月之间的销售额变化很大时，账龄分析表和应收账款周转天数都可能发出类似的错误信号。 【注意】账龄分析既可以按照应收账款总额进行，也可以分顾客进行
ABC 分析法 （确定重点监控对象）	ABC 分析法，又称重点管理法，它是将企业的所有欠款客户按其金额的多少进行分类排队，然后分别采用不同的收账策略的一种方法。它一方面能加快应收账款收回，另一方面能将收账费用与预期收益联系起来
应收账款账户余额的模式	应收账款账户余额的模式反映了一定期间（如 1 个月）的赊销额，在发生赊销的当月月末及随后的各月仍未偿还的百分比。企业管理部门通过将当前的模式和过去的模式进行对比来评价应收账款余额模式的任何变化。 作用：有助于预计应收账款金额水平，衡量应收账款的收账效率以及预测未来的现金流

五、应收账款日常管理（见表 7-12）

表 7-12　　　　　　　　　　　　　　　应收账款日常管理

内容	具体解释
调查客户信用	信用调查是企业应收账款日常管理的基础，是正确评价客户信用的前提条件。 企业对客户进行信用调查主要通过两种方法： （1）直接调查； （2）间接调查：财务报表、信用评估机构、银行、其他途径
评估客户信用	一般采用"5C"系统评价
收账的日常管理	应收账款发生后，企业应采取各种措施，尽量争取按期收回款项，否则会因拖欠时间过长而发生坏账，使企业蒙受损失。因此，企业必须在对收账的收益与成本进行比较分析的基础上，制定切实可行的收账政策
应收账款保理	应收账款保理是企业将赊销形成的未到期应收账款，在满足一定条件的情况下，转让给保理商，以获得流动资金支持，加快资金的周转。 （1）有追索权保理和无追索权保理。 有追索权保理（非买断型）：是指供应商将债权转让给保理商，供应商向保理商融通货币资金后，如果购货商拒绝付款或无力付款，保理商有权向供应商要求偿还预付的货币资金，如购货商破产或无力支付，只要有关款项到期未能收回，保理商都有权向供应商进行追索，因而保理商具有全部"追索权"，这种保理方式在我国采用较多。 无追索权保理（买断型）：是指保理商将销售合同完全买断，并承担全部的收款风险。

续表

内容	具体解释
应收账款保理	(2) 明保理和暗保理。 明保理：是指保理商和供应商需要将销售合同被转让的情况通知购货商，并签订保理商、供应商、购货商之间的三方合同。 暗保理：是指供应商为了避免让客户知道自己因流动资金不足而转让应收账款，并不将债权转让情况通知客户，货款到期时仍由销售商出面催款，再向银行偿还借款。 (3) 折扣保理和到期保理。 折扣保理：又称为融资保理，即在销售合同到期前，保理商将剩余未收款部分先预付给销售商，一般不超过全部合同额的70%～90%。 到期保理：是指保理商并不提供预付账款融资，而是在赊销到期时才支付，届时不管货款是否收到，保理商都必须向销售商支付货款。 作用： ①融资功能。应收账款保理，其实质也是一种利用未到期应收账款这种流动资产作为抵押从而获得短期借款的一种融资方式； ②减轻企业应收账款的管理负担； ③减少坏账损失、降低经营风险； ④改善企业的财务结构。应收账款保理业务是将企业的应收账款与货币资金进行置换，增强了企业资产的流动性，提高了企业的债务清偿能力

【例题 7-20·单选题】在应收账款保理业务中，保理商和供应商将应收账款被转让的情况通知购货商，并签订三方合同，同时，供应商向保理商融通资金后，如果购货商拒绝付款，保理商有权向供应商要求偿还融通的资金，则这种保理是（　　）。(2017年)

A. 暗保理，且是无追索权的保理　　　　B. 明保理，且是有追索权的保理
C. 暗保理，且是有追索权的保理　　　　D. 明保理，且是无追索权的保理

【答案】B

【解析】明保理是指保理商和供应商需要将销售合同被转让的情况通知购货商，并签订保理商、供应商、购货商之间的三方合同，本题属于明保理；有追索权保理指供应商将债权转让给保理商，供应商向保理商融通货币资金后，如果购货商拒绝付款或无力付款，只要有关款项到期未能收回，保理商都有权向供应商进行追索，因此本题也属于有追索权保理，选项B正确。

第 14 天

- **复习旧内容：**

    第七章　营运资金管理　第三节

- **学习新内容：**

    第七章　营运资金管理　第四～第五节

- **今天想对你说：**

    今天学习的存货管理的经济订货基本模型在结构和原理上和现金管理的存货模型非常类似，因此也相当于既是学习新知识，也是复习之前学习的内容。

- **简单解释今天学习内容：**

    学习存货的各种成本，以及存货管理的经济订货量基本模型和基本模型的扩展；流动负债主要学习短期借款、短期融资券、商业信用等。

- **可能会遇到的难点：**

    考生可能会对经济订货量基本模型公式和基本模型的扩展公式字母代表含义不熟悉。因此要多做真题，看到真题中的一句话能立刻条件反射出这句话告诉的是哪个字母对应的数值，判断对了，剩下的就是套公式，属于送分题。

- **习题注意事项：**

    经济订货量的求解，需要开根号，因此要熟悉如何使用计算器开根号，包括如何使用微软操作系统自带的计算器，或者是使用搜狗输入法"V"算法开根号，注意考题中大多数年份出现开根号算出来的数字都为整数，如果算出来的不是整数，则要小心谨慎，检查一下是否为公式中字母代入错误。

- **建议学习时间：**

    2.5 小时

第四节 存货管理

一、存货管理的目标

存货管理的目标,就是在保证生产或销售需要的前提下,最大限度地降低存货成本。具体包括以下几个方面:
(1) 保证生产正常进行;
(2) 提高销售机动性;
(3) 维持均衡生产,降低产品生产成本;
(4) 降低存货取得成本;
(5) 防止意外事件发生。

二、存货的成本

存货的持有成本包括取得成本、储存成本、缺货成本(见表7-13)。

表7-13　　　　　　　　　　　存货的成本

取得成本		取得成本 TC_a = 订货成本 + 购置成本 = 订货固定成本 + 订货变动成本 + 购置成本 $TC_a = F_1 + \dfrac{D}{Q} \times K + DU$
	订货成本	指取得订单的成本,包括订货固定成本和订货变动成本。 订货成本 = $F_1 + \dfrac{D}{Q} \times K$ F_1 是订货的固定成本(与订货次数无关);D是存货年需要量;Q是每次进货量;K是每次订货的变动成本。 【注意】变动订货成本随着订货量的增加而降低
	购置成本	指存货本身的价值,经常用数量与单价的乘积来确定,年需要量用D表示,单价用U表示,因此购置成本为DU
储存成本		指为保持存货而发生的成本,主要包括存货占用资金的应计利息、仓库费用、保险费用、存货破损和变质损失等费用。 $TC_c = F_2 + K_c \times \dfrac{Q}{2}$ 式中,F_2 是固定储存成本(与存货占用量无关),K_c 是存货单位变动储存成本。 【注意】变动储存成本,随着订货量的增加而增加。 变动储存成本与存货的数量有关,如存货占用资金的应计利息、存货的破损和变质损失、存货的保险费用等
缺货成本		指由于存货供应中断而造成的损失,用 TC_s 表示

如果以TC表示储备存货的总成本,它的计算公式为:

$$TC = TC_a + TC_c + TC_s = F_1 + \dfrac{D}{Q}K + DU + F_2 + K_c\dfrac{Q}{2} + TC_s$$

【例题 7-21·多选题】下列成本费用中，一般属于存货变动储存成本的有（　　）。(2017 年)
A. 库存商品保险费　　　　　　　B. 存货资金应计利息
C. 存货毁损和变质损失　　　　　D. 仓库折旧费
【答案】ABC
【解析】储存成本也分为固定储存成本和变动储存成本。固定成本与存货数量的多少无关，如仓库折旧、仓库职工的固定工资等。变动成本与存货的数量有关，变动储存成本随着订货量的增加而增加，如存货资金的应计利息、存货的破损和变质损失、存货的保险费用等。

三、最优存货量的确定

按照存货管理的目的，需要通过合理的进货批量和进货时间，使存货的总成本最低，这个批量叫作经济订货量或经济批量。

（一）经济订货基本模型

1. 经济订货基本模型的假设条件

（1）存货总需求量是已知常数；
（2）不存在订货提前期，即可以随时补充存货；
（3）货物是一次性入库；
（4）单位货物成本为常数，无批量折扣；
（5）库存储存成本与库存水平呈线性关系；
（6）货物是一种独立需求的物品，不受其他货物影响；
（7）不允许缺货，即无缺货成本，TC_s 为零。

因此，总成本公式可以简化为：$TC = TC_a + TC_c + TC_s = F_1 + \dfrac{D}{Q}K + DU + F_2 + K_c \dfrac{Q}{2}$。

经济订货批量 $EOQ = \sqrt{\dfrac{2KD}{K_c}}$

式中，EOQ——经济订货批量；
D——存货年需要量；
K——每次订货的变动成本；
K_c——单位变动储存成本。

另外，还可以得出下列结论：

每年最佳订货次数 = 存货年需求总量 ÷ 经济订货批量
最佳订货周期（年）= 1 ÷ 每年最佳订货次数

由于存货是陆续耗用的，所以：

经济订货量平均占用资金 = 经济订货量 ÷ 2 × 存货单价
与经济订货批量相关的存货总成本 $TC(EOQ) = \sqrt{2KDK_c}$

在经济订货批量下，变动订货成本 = 变动储存成本 = $\dfrac{\sqrt{2KDK_c}}{2}$。

2. 决策相关成本

由于不允许缺货，因此无缺货成本，由于固定的订货成本和固定的储存成本是固定的，不需要决策，那就是<u>变动订货成本与变动储存成本之和最低</u>的时候是最佳订货量，变动订货成本随着订货量的增加而降低，变动储存成本，随着订货量的增加而增加！

$$变动订货成本 = 年订货次数 \times 每次订货的变动成本 = \dfrac{D}{Q} \times K$$

$$变动储存成本 = \dfrac{Q}{2} \times K_c$$

经济订货批量是<u>变动储存成本线与变动订货成本线交叉点</u>所对应的库存量，如图7-7所示。

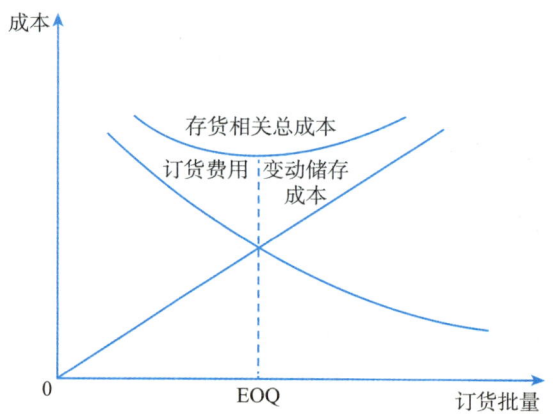

图7-7　存货总成本与订货批量的关系

3. 经济订货基本模型及其变形

$$经济订货量（EOQ）= \sqrt{\dfrac{2KD}{K_c}}$$

基本模型演变形式：

$$经济订货量相关总成本 = \sqrt{2KDK_c}$$

【例题7-22·计算题】假设某企业每年所需的原材料为80 000千克，单位成本为15元/千克。每次订货的变动成本为20元，单位变动储存成本为0.8元/千克。一年按360天计算。则：

经济订货批量 = $\sqrt{2 \times 80\,000 \times 20 \div 0.8}$ = 2 000（千克）

每年最佳订货次数 = 80 000 ÷ 2 000 = 40（次）

最佳订货周期 = 360 ÷ 40 = 9（天）

经济订货量平均占用资金 = 2 000 ÷ 2 × 15 = 15 000（元）

与经济订货批量相关的存货总成本 = $\sqrt{2 \times 80\,000 \times 20 \times 0.8}$ = 1 600（元）

在经济订货批量下，变动订货成本 = 40 × 20 = 800（元）

变动储存成本 = 2 000 ÷ 2 × 0.8 = 800（元）

(二) 经济订货基本模型的扩展

放宽经济订货基本模型的相关假设,就可以扩展经济订货模型,以扩大其适用范围。

1. 再订货点

一般情况下,企业的存货不能做到随用随时补充,因此需要在没有用完时提前订货。再订货点就是在提前订货的情况下,为确保存货用完时订货刚好到达,企业再次发出订货单时应保持的存货库存量,用 R 来表示。它的数量等于平均交货时间 L 和每日平均需用量 d 的乘积。

再订货点 R = 交货时间 L × 每日需用量 d

提前订货对经济订货量的计算并无影响。

例如,企业订货日至到货期日的时间为 5 天,每日存货需用量为 20 千克,那么:R = L × d = 5 × 20 = 100(千克)。

企业在尚存 100 千克存货时,就应当再次订货,等到下批订货到达时(再次发出订货单 5 天后),原有库存刚好用完。提前订货的情形如图 7 – 8 所示。这就是说,订单虽然提前发出,但订货间隔时间、订货批量、订货次数不变,故**订货提前期对经济订货量并无影响**,如图 7 – 8 所示。

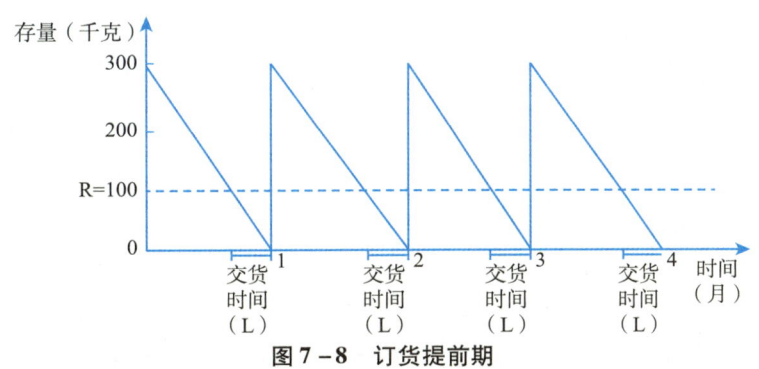

图 7 – 8 订货提前期

2. 存货陆续供应和使用模型

在建立基本模型时,是假设存货一次全部入库,故存货增加时存量变化为一条垂直的直线。事实上,各批存货可能陆续入库,使存量陆续增加。尤其是产成品入库和在产品转移,几乎总是陆续供应和陆续耗用的。在这种情况下,需要对基本模型做一些修改。

$$经济订货量(EOQ) = \sqrt{\frac{2KD}{K_c \times \left(1 - \frac{d}{p}\right)}}$$

$$经济订货量相关总成本 = \sqrt{2KDK_c \times \left(1 - \frac{d}{p}\right)}$$

$$最佳订货次数\ N = D/EOQ$$

$$最佳订货周期 = 360/N$$

式中,Q——每批订货数;p——每日送货量;d——每日耗用量。

【例题 7-23 · 计算题】 某零件年需用量（D）为 21 600 件，每日送货量（p）为 30 件，每日耗用量（d）为 10 件，单价（U）为 10 元，一次订货成本（生产准备成本）（K）为 25 元，单位储存变动成本（K_c）为 2 元。要求计算该零件的经济订货量和相关总成本。

将例题中数据代入相关公式，则：

$$EOQ = \sqrt{\frac{2 \times 25 \times 21\,600}{2} \times \frac{30}{30-10}} = 900 \text{（件）}$$

$$TC(EOQ) = \frac{21\,600}{900} \times 25 + \frac{900}{2} \times \left(1 - \frac{10}{30}\right) \times 2 = 1\,200 \text{（元）}$$

3. 保险储备

按照某一订货量和再订货点发出订单后，如果需求增大或交货延迟，就会发生缺货。为防止由此造成的损失，就需要多储备一些存货以备应急之需，称为保险储备。为防止存货中断，再订货点应等于交货期内的预计需求与保险储备 B 之和。即：

考虑了保险储备的再订货点 = 预计交货期内的需求 + 保险储备

= 平均交货时间 × 每日平均需用量 + 保险储备 = L × d + B

保险储备的确定原则：使保险储备的储存成本及缺货损失之和最小。

> 【考点提示】存货管理属于高频考点，客观题角度主要是理解各项成本的概念，主观题角度需要重点掌握经济订货量的计算，**经济订货基本模型是必考点**。

【例题 7-24 · 计算题】 丙公司是一家设备制造企业，每年需要外购某材料 108 000 千克，现有 S 和 T 两家符合要求的材料供应企业，他们所提供的材料质量和价格都相同。公司计划从两家企业中选择一家作为供应商。相关数据如下：

（1）从 S 企业购买该材料，一次性入库。每次订货费用为 5 000 元，年单位材料变动储存成本为 30 元/千克。假设不存在缺货。

（2）从 T 企业购买该材料，每次订货费用为 6 050 元，年单位材料变动储存成本为 30 元/千克。材料陆续到货并使用，每日送货量为 400 千克，每日耗用量为 300 千克。

要求：

（1）利用经济订货基本模型，计算从 S 企业购买材料的经济订货批量和相关存货总成本。

（2）利用经济订货扩展模型，计算从 T 企业购买材料的经济订货批量和相关存货总成本。

（3）基于成本最优原则，判断丙公司应该选择哪家企业作为供应商。（2017年）

【答案】

（1）从 S 企业购买材料的经济订货批量和相关存货总成本为：

经济订货批量 = $\sqrt{\dfrac{2 \times 108\,000 \times 5\,000}{30}}$ = 6 000（千克）

相关存货总成本 = $\sqrt{2 \times 108\,000 \times 5\,000 \times 30}$ = 180 000（元）

（2）从 T 企业购买材料的经济订货批量和相关存货总成本为：

$$经济订货批量 = \sqrt{\frac{2 \times 108\,000 \times 6\,050}{30 \times \left(1 - \frac{300}{400}\right)}} = 13\,200（千克）$$

$$相关存货总成本 = \sqrt{2 \times 108\,000 \times 6\,050 \times 30 \times \left(1 - \frac{300}{400}\right)} = 99\,000（元）$$

（3）丙公司应该选择 T 企业作为供应商。基于成本最优原则，从 T 企业购买材料的相关存货总成本小于从 S 企业购买材料的相关存货总成本，因此，应该选择 T 企业作为供应商。

【解析】

（1）经济订货量（Q^*）基本模型：$Q^* = \sqrt{\dfrac{2KD}{K_c}}$

式中，D 是存货年需要量；K 是每次订货的变动成本，K_c 是存货单位变动储存成本。

与批量相关的存货总成本 $TC(Q^*) = \sqrt{2KDK_c}$；

（2）从 T 企业购买材料，各批存货陆续入库，使存量陆续增加。这时：

$$经济订货量（EOQ） = \sqrt{\frac{2KD}{K_c \times \left(1 - \dfrac{d}{p}\right)}}$$

$$经济订货量相关总成本 = \sqrt{2KDK_c \times \left(1 - \dfrac{d}{p}\right)}$$

式中，Q——每批订货数；p——每日送货量；d——每日耗用量。

（3）基于成本最优原则，从 T 企业购买材料的相关存货总成本小于从 S 企业购买材料的相关存货总成本，因此，应该选择 T 企业作为供应商。

四、存货的控制系统

（一）ABC 控制系统

ABC 控制系统就是把企业种类繁多的存货，依据其**重要程度、价值大小或者资金占用等标准**分为三大类：A 类高价值存货、B 类中等价值存货以及 C 类低价值存货。针对不同类别的存货分别采用不同的管理方法，A 类存货应作为管理的重点，实行重点控制、严格管理；而对 B 类和 C 类存货的重视程度则可依次降低，采取一般管理。

（二）适时制库存控制系统

适时制库存控制系统又称**零库存管理、看板管理系统**。它最早是由丰田公司提出并将其应用于实践，是指制造企业事先与供应商和客户协调好：只有当制造企业在生产过程中需要原料或零件时，供应商才会将原料或零件送来；每当产品生产出来就被客户拉走。这样，制造企业的存货持有水平就可以大大下降，企业的物资供应、生产和销售形成连续的

同步运动过程,大大提高了企业运营管理效率。

优点:降低库存成本。

缺点:适时制库存控制系统需要的是稳定而标准的生产程序以及诚信的供应商,否则,任何一环出现差错都将导致整个生产线的停止。

第五节 流动负债管理

一、短期借款

短期借款是指企业从银行和其他非银行金融机构借入的期限在 1 年以内(含 1 年)的借款,其优点是比较灵活,缺点是短期内要归还,且可能会附带很多附加条件。

(一)短期借款的信用条件(见表 7—14)

表 7—14 短期借款的信用条件

项目	含义及有效年利率
信贷额度	银行对借款企业规定的无担保贷款的最高限额,有效期通常为一年。信贷额度内,可随时借款。 【注意】与周转信贷协定的区别是,银行并不承担必须支付全部信贷数额的义务。如果企业信誉恶化,即使在信贷限额内,企业也可能得不到借款
周转信贷协定	周转信贷协定是银行具有法律义务地承诺提供不超过某一最高限额的贷款协定。在协定的有效期内,只要公司的借款总额未超过最高限额,银行必须满足公司任何时候提出的借款请求 公司享受周转信贷协定,通常需要对贷款限额的未使用部分付给银行一笔承诺费。 承诺费 =(周转信贷限额 − 贷款额)× 承诺费率 有效年利率 = $\dfrac{贷款额 \times 报价利率 +(周转信贷限额 - 贷款额)\times 承诺费率}{贷款额}$ 【例题·计算题】某企业与银行商定的周转信贷额度为 5 000 万元,年度内实际使用了 2 800 万元,承诺费率为 0.5%,企业应向银行支付的承诺费为: 信贷承诺费 =(5 000 − 2 800)× 0.5% = 11(万元)
补偿性余额	银行要求借款公司保持按贷款限额或实际借款额一定比例(通常为 10% ~ 20%)计算的最低存款余额,会提高借款的有效年利率(保有一定比例的银行存款) 有效年利率 = $\dfrac{贷款额 \times 报价利率}{贷款额 \times (1 - 补偿性余额比率)}$ = $\dfrac{报价利率}{1 - 补偿性余额比率}$ 【例题·计算题】某企业向银行借款 800 万元,利率为 6%,银行要求保留 10% 的补偿性余额,则企业实际可动用的贷款为 720 万元,该借款的实际利率为: 借款实际利率 = $\dfrac{800 \times 6\%}{720}$ = $\dfrac{6\%}{1 - 10\%}$ = 6.67%
借款抵押	银行向财务风险较大的企业发放贷款时,有时需要有抵押品担保。 短期借款的抵押品主要有应收账款、存货、应收票据、债券等
偿还条件	贷款的偿还有到期一次偿还和贷款期内定期等额偿还两种方式。 贷款期内定期等额偿还会提高借款的有效年利率

（二）短期借款成本（见表 7-15）

表 7-15　　　　　　　　　　　　短期借款成本

项目	含义	有效年利率
收款法	是在借款到期时向银行支付利息的方法（到期一次还本付息）； 实际利率=名义利率	有效年利率=$\dfrac{贷款额 \times 报价利率}{贷款额}$=报价利率
贴现法	银行向公司发放贷款时，先从本金中扣除利息部分，而到期时借款公司则要偿还贷款全部本金的一种计息方法。（先扣利息，到期还本金） 实际利率>名义利率	有效年利率=$\dfrac{贷款额 \times 报价利率}{贷款额 \times (1-报价利率)}$=报价利率÷（1-报价利率） 【例题·计算题】某企业从银行取得借款 200 万元，期限 1 年，利率 6%，利息 12 万元。按贴现法付息，企业实际可动用的贷款为 188 万元，该借款的实际利率为： 借款实际利率=$\dfrac{200 \times 6\%}{188}$=$\dfrac{6\%}{1-6\%}$=6.38%
加息法	银行发放分期等额偿还贷款时采用的利息收取方法。 由于贷款本金分期均衡偿还，借款企业实际上只平均使用了贷款本金的半数，却支付全额利息。 有效年利率高于报价利率大约 1 倍	有效年利率=2×报价利率 【例题·计算题】某企业借入（名义）年利率为 12% 的贷款 20 000 元，分 12 个月等额偿还本息。该项借款的实际年利率为： 实际年利率=$\dfrac{20\,000 \times 12\%}{20\,000 \div 2}$=24%

【例题 7-25·单选题】某企业向银行借款 500 万元，利率为 5.4%，银行要求 10% 的补偿性余额，则该借款的实际利率是（　　）。（2018 年）

A. 6%　　　　B. 5.4%　　　　C. 4.86%　　　　D. 4.91%

【答案】A

【解析】有效年利率=$\dfrac{贷款额 \times 报价利率}{贷款额 \times (1-补偿性余额比率)}$=$\dfrac{报价利率}{1-补偿性余额比率}$，该借款的实际利率=5.4%÷（1-10%）=6%。

二、短期融资券

在我国，短期融资券是指企业在银行间债券市场发行和交易并约定在一定期限内还本付息的有价证券，是企业筹措短期（1 年以内）资金的直接融资方式。

（一）发行短期融资券的相关规定

（1）发行人为非金融企业，发行企业均应经过在中国境内工商注册且具备债券评级能力的评级机构的信用评级，并将评级结果向银行间债券市场公示。

（2）发行和交易的对象是银行间债券市场的机构投资者，不向社会公众发行和交易。

（3）融资券的发行由符合条件的金融机构承销，企业不得自行销售融资券，发行融资券募集的资金用于本企业的生产经营。

（4）融资券采用实名记账方式在中央国债登记结算有限责任公司（以下简称"中央结算公司"）登记托管，中央结算公司负责提供有关服务。

（5）债务融资工具发行利率、发行价格和所涉费率以市场化方式确定，任何商业机构不得以欺诈、操纵市场等行为获取不正当利益。

（二）短期融资券的特点

（1）短期融资券的筹资成本较低；**相对于发行公司债券而言，发行短期融资券的筹资成本较低**。

（2）短期融资券筹资数额比较大；相对于银行借款筹资而言，短期融资券的一次性筹资数额较大。

（3）发行短期融资券的条件比较严格，**必须具备一定的信用等级的企业才能发行**。

> 【例题 7-26·判断题】相对于企业长期债券筹资，短期融资券的筹资成本较高。（　）（2018 年）
> 【答案】错误
> 【解析】相对于企业长期债券筹资，短期融资券的筹资成本较低。

三、商业信用

商业信用是指企业在商品或劳务交易中，以延期付款或预收货款方式进行购销活动而形成的借贷关系，是企业之间的直接信用行为，也是企业短期资金的重要来源。

（一）商业信用的形式

商业信用，是指在商品交易中由于延期付款或预收货款所形成的公司间的借贷关系。
商业信用筹资的优点：容易取得。
商业信用筹资的缺点：放弃现金折扣时所付出的成本较高。
商业信用的具体形式有应付账款、应付票据（带息/不带息）、预收账款、应计未付款（如应付职工薪酬、应付股利）等。
下面，我们主要来看应付账款。

应付账款是企业购买货物暂未付款而欠对方的款项，即卖方允许买方在购货后一定时期内支付货款的一种形式。卖方利用这种方式促销，而对于买方来说，延期付款则等于向卖方借用资金购进商品，可以满足短期的资金需要。

应付账款筹资最主要的就是判断企业是否应该在信用期内付款。若在信用期付款，则享受现金折扣，同时失去这笔现金的短期投资收益。若不在信用期付款，则可得到这笔现金的短期投资收益，但却失去了现金折扣的优惠。

通常我们通过比较放弃现金折扣成本和短期投资收益率的大小来决定。

1. 放弃现金折扣成本的计算

$$放弃折扣的信用成本率 = \frac{折扣\%}{1-折扣\%} \times \frac{360 \text{天}}{付款期 - 折扣期}$$

【例题 7-27·计算题】 某企业按"2/10，N/30"的付款条件购入货物 60 万元。如果企业在 10 天以后付款，便放弃了现金折扣 1.2 万元（60×2%），信用额为 58.8 万元（60-1.2）。放弃现金折扣的信用成本率为：

$$\text{放弃折扣的信用成本率} = \frac{\text{折扣\%}}{1-\text{折扣\%}} \times \frac{360\text{天}}{\text{付款期}-\text{折扣期}} = \frac{2\%}{1-2\%} \times \frac{360}{30-10} = 36.73\%$$

2. 决策原则

（1）若放弃现金折扣成本率 > 短期贷款率或短期投资收益率，则**选择折扣期内**付款（享受现金折扣）；

（2）若放弃现金折扣成本率 < 短期贷款率或短期投资收益率，则**选择信用期内**付款（放弃现金折扣）；

（3）若面对两家以上提供不同信用条件的卖方，通过衡量放弃折扣成本的大小，选择信用成本最小的一家。

【例题 7-28·计算题】 企业采购一批材料，供应商报价为 10 000 元，付款条件为：3/10、2.5/30、1.8/50、N/90。目前企业用于支付账款的资金需要在 90 天时才能周转回来，在 90 天内付款，只能通过银行借款解决。如果银行利率为 12%，确定企业材料采购款的付款时间和价格。

根据放弃折扣的信用成本率计算公式，10 天付款方案，放弃折扣的信用成本率为 13.92%；30 天付款方案，放弃折扣的信用成本率为 15.38%；50 天付款方案，放弃折扣的信用成本率为 16.50%。由于各种方案放弃折扣的信用成本率均高于借款利息率，因此初步结论是要取得现金折扣，借入银行借款以偿还货款。

10 天付款方案，得折扣 300 元，用资 9 700 元，借款 80 天，利息 258.67 元，净收益 41.33 元；

30 天付款方案，得折扣 250 元，用资 9 750 元，借款 60 天，利息 195 元，净收益 55 元；

50 天付款方案，得折扣 180 元，用资 9 820 元，借款 40 天，利息 130.93 元，净收益 49.07 元。

总结论：第 30 天付款是最佳方案，其净收益最大。

（二）商业信用筹资的优缺点（见表 7-16）

表 7-16　　　　　　　　　商业信用筹资的优缺点

优点	缺点
（1）商业信用容易获得； （2）企业有较大的机动权； （3）企业一般不用提供担保	（1）商业信用筹资成本高；在附有现金折扣条件的应付账款融资方式下，其筹资成本与银行信用相比较高； （2）容易恶化企业的信用水平； （3）受外部环境影响较大

【考点提示】流动负债属于历年真题的常考点,常以客观题题型考查,主要是注意彼此之间的优缺点比较,同时主观题可以将商业信用与应收账款结合在一起考查。

【例题 7-29·计算题】丙商场季节性采购一批商品,供应商报价为 1 000 万元,付款条件为"3/10, 2.5/30, N/90"。日前丙商场资金紧张,预计到第 90 天才有资金用于支付,若要在 90 天内付款只能通过银行借款解决,银行借款年利率为 6%。假设一年按 360 天计算。有关情况如下表所示。

要求:
(1) 确定表中字母代表的数值(不需要列示计算过程)。
(2) 计算出丙商场应选择哪一天付款,并说明理由。(2016 年)

应付账款折扣分析表 单位:万元

付款日	折扣率	付款额	折扣额	放弃折扣的信用成本率	银行借款利息	享受折扣的净收益
第 10 天	3%	*	30	*	(A)	(B)
第 30 天	2.5%	*	(C)	(D)	*	15.25
第 90 天	0	1 000	0	0	0	0

注:表中"*"表示省略的数值。

【答案】
(1) A = 1 000 × (1 - 3%) × 6% × 80 ÷ 360 = 12.93(万元)
B = 30 - 12.93 = 17.07(万元)
C = 1 000 × 2.5% = 25(万元)
D = 2.5% ÷ (1 - 2.5%) × 360 ÷ (90 - 30) = 15.38%
(2) 应该选择在第 10 天付款,因为第 10 天的净收益为 17.07 万元,选择在第 10 天付款可获得最大的净收益。

【解析】
(1) A:银行实际借款为扣除折扣后的余额,即本金为 1 000 × (1 - 3%),借款利率为 6%,实际借款期为 80 天(90 - 10);
B:享受折扣的净收益为享受的折扣额扣除银行借款利息;
C:折扣额 = 销售价格 × 折扣率;
D:放弃折扣的信用成本率 = $\dfrac{折扣\%}{1-折扣\%} \times \dfrac{360 \text{天}}{\text{付款期} - \text{折扣期}}$。
(2) 第 10 天享受折扣的净收益为 17.07 万元,第 30 天享受折扣的净收益为 15.25 万元,第 90 天享受折扣的净收益为 0,选择在第 10 天付款可获得最大的净收益,因此应该选择在第 10 天付款。

四、流动负债的特点（见表 7-17）

表 7-17　　　　　　　　　　　　　　　流动负债的特点

优点	缺点
（1）容易获得，约束性条款比长期借款少； （2）灵活性强； （3）有效满足季节性融资需要	（1）需要持续地重新谈判或滚动安排负债； （2）使用短期贷款来为永久性流动资产融资，财务风险高

第 15 天

- **复习旧内容：**
   第七章　营运资金管理

- **学习新内容：**
   第八章　成本管理　第一～第二节

- **今天想对你说：**
   本章非常简单，但是你也会非常头疼，正因为简单，所以你心里有点放松，本章的特点是各种公式变形很多，稍不注意你就会发现忘记了，所以本章刚学习的时候乱一点没关系，学完了整理一下即可！

- **简单解释今天学习内容：**
   今天学习成本管理概述和本量利分析与应用，其中本量利，是指业务量、成本、利润。

- **可能会遇到的难点：**
   无难点！但是你们会觉得稍微有点乱！没关系，学完再整理一次！请考生自己将本章出现的所有公式在草稿纸上至少自己换算三遍，然后不停地通过做题理解记忆公式，形成条件反射。

- **习题注意事项：**
   掌握核心公式能通过简单换算拿到大题大多数分数，而熟练掌握核心公式的变换公式，能条件反射般地写出公式，则能加快解题速度，又快又准，避免考场花费过多时间进行换算，或者出现换算过程中卡壳的情况。

- **建议学习时间：**
   3 小时

第八章　成本管理

扫码领取
学习资料

【本章导读】

（1）学习内容：本章成本管理章节，主要学习本量利分析与应用、标准成本、作业成本和责任成本，其中本量利，是指成本、业务量、利润，其核心公式：息税前利润＝销售量×(单价－单位变动成本)－固定成本，根据核心公式可以依次推出其他本量利公式，虽然公式多，但是有其内在逻辑，从而掌握核心公式的主线，因此学习的时候不用记忆大量公式。

（2）学习方法：考试以多种题型考查，分值为12分左右，属于非常重要的章节。本量利章节知识容易在综合题和计算题中进行考查，这一块属于高频考点，需要大家重点掌握；标准成本控制与分析章节的成本差异、效率差异、耗费差异等各项差异，也是考查重点，容易出现在选择题和计算题中。

（3）学习思路（见图8－1）。

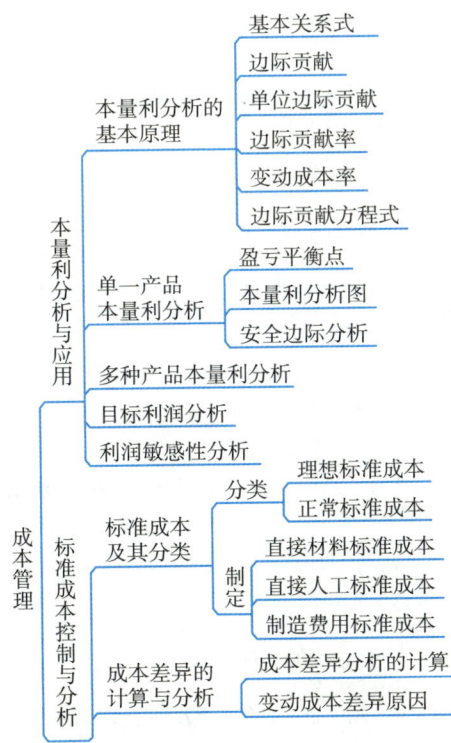

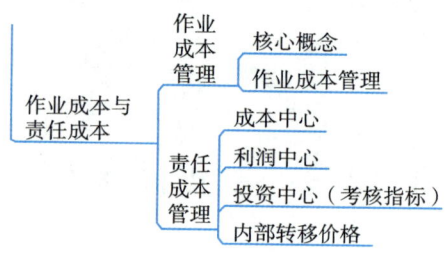

图 8-1 本章框架

第一节 成本管理概述

成本管理的具体内容如表 8-1 所示。

表 8-1　　　　　　　　　　　　　　成本管理

项目	具体解释
成本管理的主要内容	（1）成本预测。 成本预测是进行成本管理的第一步，也是组织成本决策和编制成本计划的前提。 （2）成本决策。 成本决策是在成本预测及其有关成本资料的基础上做出决策。具有较强的综合性，对其他营运决策起着指导和约束作用。 （3）成本计划。 成本计划属于事前管理，是企业营运管理的重要组成部分。 （4）成本控制。 传统成本控制基本上采用经济手段，通过实际成本与标准成本之间的差异分析来进行；现代成本控制还使用了如目标成本法、作业成本法及责任成本法等。 （5）成本核算。 成本核算分为财务成本核算和管理成本核算。财务成本核算采用历史成本计量，而管理成本核算既可以用历史成本又可以用现在成本或未来成本。 （6）成本分析。 成本分析是成本管理的重要组成部分。 （7）成本考核。 成本考核是对成本计划及有关指标实际完成情况进行定期总结和评价，根据考核结果和责任制的落实情况进行奖惩。 成本考核的关键是评价指标体系的选择和评价结果与约束激励机制的衔接。 成本考核指标可以是财务指标，也可以是非财务指标
成本管理的目标	（1）总体目标。 成本管理的总体目标服从于企业的整体经营目标。在竞争性经济环境中，成本管理的总体目标主要依据企业竞争战略而定： 成本领先战略的总体目标：追求成本水平的绝对降低； 差异化战略的总体目标：在保证实现产品、服务等方面差异化的前提下，对产品全生命周期成本进行管理，实现成本的持续降低。 （2）具体目标。 成本计算的具体目标：为所有内、外部信息使用者提供成本信息。 成本控制的具体目标：降低成本水平
成本管理的意义	（1）降低成本，为企业扩大再生产创造条件； （2）增加企业利润，提高企业经济效益； （3）帮助企业取得竞争优势，增强企业的竞争能力和抗风险能力

续表

项目	具体解释
成本管理的原则	（1）融合性原则。 成本管理应以企业业务模式为基础，将成本管理嵌入业务的各领域、各层次、各环节，实现成本管理责任到人、控制到位、考核严格、目标落实。 （2）适应性原则。 成本管理应与企业生产经营特点和目标相适应，尤其要与企业发展战略或竞争战略相适应。 （3）成本效益原则。 成本管理应用相关工具方法时，应权衡其为企业带来的收益和付出的成本，避免获得的收益小于其投入的成本。 （4）重要性原则。 成本管理应重点关注对成本具有重大影响的项目，对于不具有重要性的项目可以适当简化处理

第二节　本量利分析与应用

一、本量利分析概述（见表 8–2）

表 8–2　　　　　　　　　　　　本量利分析

内容	具体解释
本量利分析的含义	本量利分析就是关于成本、业务量（销售量）、营业利润内在关系的分析
本量利分析的基本假设	本量利分析主要基于以下四个假设前提： （1）总成本由固定成本和变动成本两部分组成； （2）销售收入与业务量呈完全线性关系； （3）产销平衡； （4）产品产销结构稳定
本量利分析的基本原理	（1）本量利分析的基本关系式。 息税前利润 = 销售量 ×（单价 – 单位变动成本）– 固定成本 （2）边际贡献。 边际贡献，又称为边际利润，是指销售收入减去变动成本后的余额。边际贡献的表现形式有三种： ①边际贡献 = 销售收入 – 变动成本 　　　　 =（单价 – 单位变动成本）× 销售量 　　　　 = 单位边际贡献 × 销售量 　　　　 = 边际贡献率 × 销售收入 ②单位边际贡献 = 销售单价 – 单位变动成本 　　　　　　 = 边际贡献率 × 单价 ③边际贡献率 = 边际贡献总额 ÷ 销售收入总额 = 单位边际贡献 ÷ 单价 ④变动成本率 = 变动成本总额 ÷ 销售收入 = 单位变动成本 ÷ 单价 边际贡献率 + 变动成本率 = 1 息税前利润 = 边际贡献 – 固定成本 从上述有关公式可以看出，企业的边际贡献与营业利润有着密切的关系； 边际贡献首先用于补偿企业的固定成本，只有当边际贡献大于固定成本才能为企业提供利润，否则企业将亏损

【例题8-1·单选题】某企业生产某一产品，年销售收入为100万元，变动成本总额为60万元，固定成本总额为16万元，则该产品的边际贡献率为（　　）。(2017年)
A. 40%　　　　B. 76%　　　　C. 24%　　　　D. 60%
【答案】A
【解析】边际贡献率=边际贡献÷销售收入×100%=(100-60)÷100×100%=40%，选项A正确。

【例题8-2·单选题】下列关于本量利分析基本假设的表述中，不正确的是（　　）。(2015年)
A. 产销平衡
B. 产品产销结构稳定
C. 销售收入与业务量呈完全线性关系
D. 总成本由营业成本和期间费用组成
【答案】D
【解析】本量利分析基本假设中，总成本由固定成本和变动成本两部分组成，选项D错误。

二、单一产品本量利分析

（一）盈亏平衡点

盈亏平衡分析的关键是盈亏平衡点的确定。盈亏平衡点（又称保本点），是指企业达到盈亏平衡状态的业务量或销售额，即企业利润为零时的业务量或销售额。

如果实际业务量=盈亏平衡点的业务量时，企业盈亏平衡；

如果实际业务量＞盈亏平衡点的业务量时，企业盈利；

如果实际业务量＜盈亏平衡点的业务量时，企业亏损。

根据本量利分析基本关系式：

利润=销售量×(单价－单位变动成本)－固定成本

当利润为0时，求出的销售量就是盈亏平衡点的业务量，即：

（1）**盈亏平衡点的业务量**=固定成本÷(单价－单位变动成本)=固定成本÷单位边际贡献

（2）**盈亏平衡点的销售额**=盈亏平衡点的业务量×单价=固定成本÷(1－变动成本率)
=固定成本÷边际贡献率

（3）**盈亏平衡点作业率**=盈亏平衡点的业务量÷正常经营业务量
=盈亏平衡点的销售额÷正常经营销售额

盈亏平衡点作业率表明企业盈亏平衡点的业务量（或销售额）占正常经营情况下的业务量（或销售额）的百分比。该指标可以提供企业在盈亏平衡状态下对生产能力利用程度的要求。

企业经营管理者总是希望企业的盈亏平衡点越低越好，盈亏平衡点越低，企业的经营风险就越小。从盈亏平衡点的计算公式可以看出，降低盈亏平衡点的途径主要有三个：

（1）**降低固定成本总额**。在其他因素不变时，盈亏平衡点的降低幅度与固定成本的降低幅度相同。

（2）**降低单位变动成本**。在其他因素不变时，可以通过降低单位变动成本降低盈亏平衡点，但两者降低的幅度并不一致。

（3）**提高销售单价**。在其他因素不变时，可以通过提高单价来降低盈亏平衡点，同降低单位变动成本一样，销售单价与盈亏平衡点的变动幅度也不一致。

（二）本量利分析图

1. 传统式本量利关系图

传统式本量利关系图是根据本量利的基本关系绘制的。

（1）在本量利关系图（图 8-2）中，横坐标代表销售量，纵坐标代表收入或成本；

（2）销售收入线：销售收入 = 单价 × 销量，起点为原点，斜率为单价；

（3）固定成本线：起点为纵轴上固定成本总额的数值，做平行于横轴的水平直线；

（4）总成本线：总成本 = 固定成本 + 单位变动成本 × 销量，起点为固定成本值，斜率为单位变动成本。

则销售收入线和总成本线的交叉点就是盈亏平衡点。

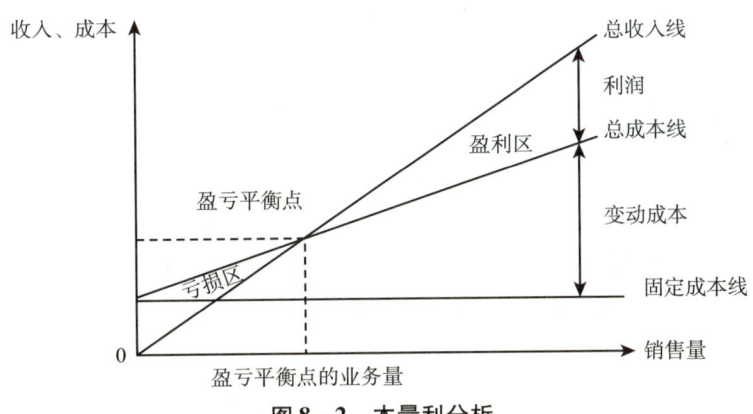

图 8-2 本量利分析

基本的本量利关系图表达的意义有：

（1）固定成本与横轴之间的区域为固定成本值，它不因产量增减而变动，总成本线与固定成本线之间的区域为变动成本，它随产量而呈正比例变化。

（2）总收入线与总成本线的交点是盈亏平衡点，通过图示可以直观地看出盈亏平衡点的业务量和盈亏平衡点的销售额。

（3）在盈亏平衡点以上的总收入线与总成本线相夹的区域为盈利区，盈亏平衡点以下的总收入线与总成本线相夹的区域为亏损区。由图 8-2 可知，**在销售量不变的情况下，盈亏平衡点越低，亏损区会越小，盈利区会越大**。

2. 边际贡献式本量利关系图（见图 8–3）

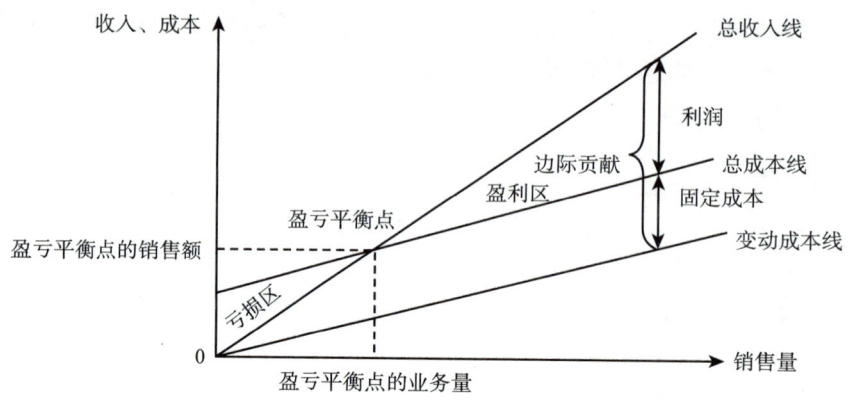

图 8–3 边际贡献式本量利分析

（1）横轴表示销售量，纵轴表示收入或成本的金额；

（2）销售收入线：销售收入 = 单价 × 销量，起点为原点，斜率为单价；

（3）变动成本线：变动成本总额 = 单位变动成本 × 销量，起点为原点，斜率为单位变动成本；

（4）总成本线：总成本 = 固定成本 + 单位变动成本 × 销量，起点为固定成本值，斜率为单位变动成本，与变动成本线平行。

边际贡献式本量利关系图主要反映销售收入减去变动成本后形成的边际贡献，而边际贡献在弥补固定成本后形成利润。此图的主要优点是可以表示边际贡献的数值。边际贡献随销售量增加而扩大，当其达到固定成本值时（即在盈亏平衡点），企业处于盈亏平衡状态；当边际贡献超过固定成本后企业进入盈利状态。

（三）安全边际分析

1. 安全边际

安全边际是指企业实际或预计的销售额（或销售量）超过盈亏平衡点的销售额（或销售量）的差额，表示销售额（或销售量）下降多少企业仍不至于亏损。表示安全边际的方法有三种：

（1）安全边际量 = 实际（或预计）销售量 – 盈亏平衡点的业务量

（2）安全边际额 = 实际（或预计）销售收入 – 盈亏平衡点的销售额

（3）安全边际率 = 安全边际量 ÷ 实际（或预计）销售量 = 安全边际额 ÷ 实际（或预计）销售收入

一般来讲，安全边际体现了企业在生产经营中的风险程度大小。

安全边际越大，反映出该企业经营风险越小；反之则经营风险越大。

通常采用安全边际率这一指标来评价企业经营是否安全，如表 8–3 所示。

表 8-3　　　　　　　　安全边际率与评价企业经营安全程度的一般性标准

安全边际率	40%以上	30%~40%	20%~30%	10%~20%	10%以下
经营安全程度	很安全	安全	较安全	值得注意	危险

2. 盈亏平衡点作业率与安全边际率的关系

盈亏平衡点的业务量 + 安全边际量 = 实际销售量
盈亏平衡点作业率 + 安全边际率 = 1

只有安全边际才能为企业提供利润,而盈亏平衡点的销售额扣除变动成本后只为企业收回固定成本。安全边际销售额减去其自身变动成本后成为企业利润,即安全边际中的边际贡献等于企业利润。

(1) 息税前利润 = 边际贡献 − 固定成本 = 单位边际贡献 × 实际销售量 − 单位边际贡献 × 盈亏临界点销售量 = 单位边际贡献 × (实际销售量 − 盈亏临界点销售量) = 单位边际贡献 × 安全边际量

(2) 息税前利润 = 边际贡献 − 固定成本 = 边际贡献率 × 销售收入 − 边际贡献率 × 盈亏临界点销售收入 = 边际贡献率 × (销售收入 − 盈亏临界点销售收入) = 边际贡献率 × 安全边际额

(3) 销售(息税前)利润率 = 息税前利润 ÷ 销售收入 = 边际贡献率 × 安全边际额 ÷ 销售收入 = 边际贡献率 × 安全边际率

从上述关系式可以看出,要提高企业的销售利润率水平主要有两种途径:
一是扩大现有销售水平,提高安全边际率;二是降低变动成本水平,提高边际贡献率。

(四) 边际分析法的优缺点

优点:可有效地分析业务量、变动成本和利润之间的关系,通过定量分析,直观地反映企业营运风险,促进提高营运效益。

缺点:决策变量与相关结果之间关系较为复杂,所选取的变量直接影响边际分析的实际应用效果。

> 【考点提示】单一产品的本量利分析属于近两年的高频考点,主要是计算型客观题、计算题、综合题,除了记住公式,主观题考查时,大家一定要看清题目,问的是总量还是单位量。

【例题 8-3·单选题】某产品实际销售量为 8 000 件,单价为 30 元,单位变动成本为 12 元,固定成本总额为 36 000 元。则该产品的安全边际率为 (　　)。(2016 年)
A. 25%　　　　B. 40%　　　　C. 60%　　　　D. 75%
【答案】D
【解析】盈亏平衡点的业务量 = 固定成本 ÷ (单价 − 单位变动成本) = 36 000 ÷ (30 − 12) = 2 000 (件);

安全边际量=实际销售量-盈亏平衡点销售量=8 000-2 000=6 000（件）；
安全边际率=安全边际量÷实际销售量×100%=6 000÷8 000×100%=75%

【例题8-4·判断题】 根据本量利分析基本原理，盈亏平衡点越高企业经营越安全。（　　）（2018年）

【答案】 错误

【解析】

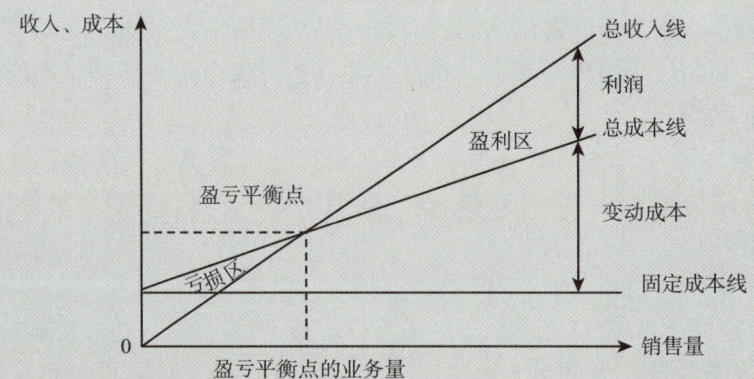

从图中可知，在销售量不变的情况下，盈亏平衡点越低，亏损区越小，盈利区越大，企业经营风险越小。

【例题8-5·计算题】 丙公司只生产L产品，计划投产一种新产品，现有M、N两个品种可供选择，相关资料如下：

资料一：L产品单位售价为600元，单位变动成本为450元，预计年产销量为2万件。

资料二：M产品的预计单价1 000元，边际贡献率为30%，年产销量为2.2万件，开发M产品需增加一台设备将导致固定成本增加100万元。

资料三：N产品的年边际贡献总额为630万元，生产N产品需要占用原有L产品的生产设备，将导致L产品的年产销量减少10%。

丙公司采用本量利分析法进行生产产品的决策，不考虑增值税及其他因素的影响。

要求：

(1) 根据资料二，计算M产品边际贡献总额；

(2) 根据(1)的计算结果和资料二，计算开发M产品对丙公司息税前利润的增加额；

(3) 根据资料一和资料三，计算开发N产品导致原有L产品的边际贡献减少额；

(4) 根据(3)的计算结果和资料三，计算开发N产品对丙公司息税前利润的增加额；

(5) 投产M产品或N产品之间做出选择并说明理由。（2018年）

【答案】

(1) M产品边际贡献总额=1 000×2.2×30%=660（万元）

(2) 息税前利润的增加额=660-100=560（万元）

(3) 边际贡献减少额 =(600 -450)×2×10% =30（万元）

(4) 息税前利润的增加额 =630 -30 =600（万元）

(5) 生产 M 产品对丙公司息税前利润的增加额 560 万元小于开发 N 产品对丙公司息税前利润的增加额 600 万元，因此，应该投产 N 产品。

【解析】

(1) 边际贡献总额 = 销售收入×边际贡献率 = 单价×销售量×边际贡献率 = 1 000×2.2×30% = 660（万元）

(2) 息税前利润的增加额 = 收入增加额 - 变动成本增加额 - 固定成本增加额 = 边际贡献总额 - 固定成本增加额 = 660 - 100 = 560（万元）

(3) 开发 N 产品前，L 产品边际贡献总额 = 销售收入 - 变动成本 =（单价 - 单位变动成本）×销售量 =（600 - 450）×2 = 300（万元）；生产 N 产品需要占用原有 L 产品的生产设备，将导致 L 产品的年产销量减少 10%，单价、单位变动成本不变，销售量减少 10%，因此边际贡献减少额 =（600 - 450）×2×10% = 30（万元）。

(4) N 产品的年边际贡献总额为 630 万元，丙公司息税前利润增加 630 万元，但是 N 产品将导致原有 L 产品的边际贡献减少 30 万元，因此开发 N 产品对丙公司息税前利润的增加额 = 630 - 30 = 600（万元）。

(5) 生产 M 产品对丙公司息税前利润的增加额 560 万元 < 开发 N 产品对丙公司息税前利润的增加额 600 万元，选择息税前利润增加更多的产品，因此，应该投产 N 产品。

三、多种产品本量利分析（熟练掌握）（见表 8 -4）

表 8 -4　　　　　　　　　　　多种产品本量利分析

方法	具体内容
加权平均法	加权平均法是指在掌握每种单一产品边际贡献的基础上，以各种产品的销售收入占总收入的比重为权数，确定企业加权平均的综合边际贡献率，进而分析多品种条件下盈亏平衡点销售额的一种方法。 计算公式： 某种产品的销售额权重 = 该产品的销售额/各种产品的销售额合计 综合边际贡献率 = $\sum$（某种产品的销售额权重×该种产品的边际贡献率） 盈亏平衡点的销售额 = 固定成本/综合边际贡献率 综合边际贡献率 = 1 - 综合变动成本率
联合单位法	联合单位法是指在事先确定各种产品间产销实物量比例的基础上，将各种产品产销实物量的最小比例作为一个联合单位，确定每一联合单位的单价、单位变动成本，进行本量利分析的一种分析方法。该方法将多种产品盈亏平衡点的计算问题转换为单一产品盈亏平衡点问题的计算。 计算公式： 联合盈亏平衡点的业务量 = 固定成本总额/（联合单价 - 联合单位变动成本） 某产品盈亏平衡点的业务量 = 联合盈亏平衡点的业务量×一个联合单位中包含的该产品的数量

续表

方法	具体内容
分算法	分算法是指在一定的条件下，将**全部固定成本按一定标准在各种产品之间进行合理分配**，确定每种产品应补偿的固定成本数额，然后再对每一种产品按单一品种条件下的情况分别进行本量利分析的方法。鉴于固定成本需要由边际贡献来补偿，故按照各种产品的边际贡献比重分配固定成本的方法最为常见。 固定成本分配率 = $\dfrac{\text{固定成本总额}}{\text{各产品的分配标准合计}}$ 特定产品分配的固定成本数额 = 分配率 × 特定产品对应的分配标准
主要产品法	在企业产品品种较多的情况下，如果存在一种产品是主要产品，它提供的边际贡献占企业边际贡献总额的比重较大，代表了企业产品的主导方向，则可以按该主要品种的有关资料进行本量利分析，视同于单一品种。确定主要品种应以边际贡献为标志，并**只能选择一种主要产品**。

【例题 8-6·计算题】某公司生产销售 A、B、C 三种产品，销售单价分别为 20 元、30 元、40 元；预计销售量分别为 30 000 件、20 000 件、10 000 件；预计各产品的单位变动成本分别为 12 元、24 元、28 元；预计固定成本总额为 180 000 元。

要求：按加权平均法、联合单位法、分算法等分析方法进行多种产品的本量利分析。

（1）加权平均法。

表 1　　　　　　　　　　　　　数据资料

项目	销售量（件）①	单价（元）②	单位变动成本（元）③	销售收入（元）④=①×②	各产品的销售比重（%）⑤=④/∑④	边际贡献（元）⑥=①×(②-③)	边际贡献率（%）⑦=⑥/④
A 产品	30 000	20	12	600 000	37.5	240 000	40
B 产品	20 000	30	24	600 000	37.5	120 000	20
C 产品	10 000	40	28	400 000	25	120 000	30
合计				1 600 000	100	480 000	30

从表 1 中第⑦栏可知，A、B、C 三种产品的边际贡献率分别为 40%、20% 和 30%。

A 产品的销售比重 = 600 000 ÷ 1 600 000 × 100% = 37.5%

B 产品的销售比重 = $\dfrac{600\ 000}{1\ 600\ 000}$ × 100% = 37.5%

C 产品的销售比重 = $\dfrac{400\ 000}{1\ 600\ 000}$ × 100% = 25%

综合边际贡献率 = 40% × 37.5% + 20% × 37.5% + 30% × 25% = 30%

综合盈亏平衡点的销售额 = $\dfrac{180\ 000}{30\%}$ = 600 000（元）

A 产品盈亏平衡点的销售额 = 600 000 × 37.5% = 225 000（元）

B 产品盈亏平衡点的销售额 = 600 000 × 37.5% = 225 000（元）

C 产品盈亏平衡点的销售额 = 600 000 × 25% = 150 000（元）

用每种产品的盈亏平衡点的销售额分别除以该产品的单价，就可以求出它们的盈亏平衡点的业务量：

A 产品盈亏平衡点的业务量 = 225 000 ÷ 20 = 11 250（件）
B 产品盈亏平衡点的业务量 = 225 000 ÷ 30 = 7 500（件）
C 产品盈亏平衡点的业务量 = 150 000 ÷ 40 = 3 750（件）

（2）联合单位法。

产品销量比 = A : B : C = 3 : 2 : 1
联合单价 = 20 × 3 + 30 × 2 + 40 × 1 = 160（元）
联合单位变动成本 = 12 × 3 + 24 × 2 + 28 × 1 = 112（元）
联合盈亏平衡点的业务量 = 180 000 ÷ (160 − 112) = 3 750（件）
各种产品盈亏平衡点的业务量计算：
A 产品盈亏平衡点的业务量 = 3 750 × 3 = 11 250（件）
B 产品盈亏平衡点的业务量 = 3 750 × 2 = 7 500（件）
C 产品盈亏平衡点的业务量 = 3 750 × 1 = 3 750（件）
各种产品盈亏平衡点的销售额计算：
A 产品盈亏平衡点的销售额 = 11 250 × 20 = 225 000（元）
B 产品盈亏平衡点的销售额 = 7 500 × 30 = 225 000（元）
C 产品盈亏平衡点的销售额 = 3 750 × 40 = 150 000（元）

（3）分算法。

假设固定成本按边际贡献的比重分配：
固定成本分配率 = 180 000 ÷ 480 000 = 0.375
分配给 A 产品的固定成本 = 240 000 × 0.375 = 90 000（元）
分配给 B 产品的固定成本 = 120 000 × 0.375 = 45 000（元）
分配给 C 产品的固定成本 = 120 000 × 0.375 = 45 000（元）
A 产品的盈亏平衡点的业务量 = 90 000 ÷ (20 − 12) = 11 250（件）
A 产品的盈亏平衡点的销售额 = 11 250 × 20 = 225 000（元）

同理，B 产品和 C 产品的盈亏平衡点的业务量分别为 7 500 件、3 750 件，它们的盈亏平衡点的销售额分别为 225 000 元、150 000 元。

【例题 8 − 7·计算题】 丙公司生产并销售 A、B、C 三种产品，固定成本总额为 270 000 元，其他有关信息如下表所示。

产品销售信息表

项目	销售量（件）	单价（元）	边际贡献率（%）
A 产品	15 000	30	40
B 产品	10 000	45	20
C 产品	5 000	60	30

要求：假设运用加权平均法进行本量利分析，计算：①加权平均边际贡献率；②综合盈亏平衡点的销售额。(2018 年)

【答案】
①A 产品销售比重 = 15 000×30÷(15 000×30+10 000×45+5 000×60)×100% = 37.5%

B 产品销售比重 = 10 000×45÷(15 000×30+10 000×45+5 000×60)×100% = 37.5%

C 产品销售比重 = 5 000×60÷(15 000×30+10 000×45+5 000×60)×100% = 25%

加权平均边际贡献率 = 37.5%×40%+37.5%×20%+25%×30% = 30%

②综合盈亏平衡点的销售额 = 270 000÷30% = 900 000（元）

【解析】加权平均边际贡献率 = $\dfrac{\sum(\text{某种产品销售额}-\text{某种产品变动成本})}{\sum \text{各种产品销售额}}\times 100\%$

= $\sum(\text{各产品边际贡献率}\times\text{各产品占总销售比重})$

综合盈亏平衡点的销售额 = $\dfrac{\text{固定成本总额}}{\text{加权平均边际贡献率}}$

四、目标利润分析

（一）目标利润分析

目标利润分析是在单价和成本水平既定、确保目标利润实现的前提下，而必须达到的销售量或销售额。计算公式如下：

目标利润 =（单价 − 单位变动成本）×销售量 − 固定成本

目标利润销售量 =（固定成本 + 目标利润）÷单位边际贡献

目标利润销售额 =（固定成本 + 目标利润）÷边际贡献率 = 目标利润销售量×单价

【注意】

（1）**目标利润销售量**公式只能用于**单种产品**的目标利润管理；而**目标利润销售额**既可以用于单种产品的目标利润管理，也**可以用于多种产品**的目标利润管理，多产品的目标管理用加权平均边际贡献率即可。

（2）上述公式中的目标利润一般是指息税前利润。在**存在企业所得税**的情况下，计算公式为：

实现目标利润的销售量 = $\dfrac{\text{固定成本}+\dfrac{\text{税后目标利润}}{1-\text{所得税税率}}+\text{利息}}{\text{单位边际贡献}}$

实现目标利润的销售额 = $\dfrac{\text{固定成本}+\dfrac{\text{税后目标利润}}{1-\text{所得税税率}}+\text{利息}}{\text{边际贡献率}}$

（二）实现目标利润的措施

通常情况下，企业要实现目标利润，在其他因素不变时，销售数量或销售价格应当提高，而固定成本或单位变动成本则应下降。

五、利润敏感性分析

所谓利润敏感性分析就是研究本量利分析的假设前提中的诸因素发生微小变化时，对利润的影响方向和影响程度。基于本量利分析的利润敏感性分析主要应解决两个问题：一是各因素的变化对最终利润变化的影响程度；二是当目标利润要求变化时允许各因素的升降幅度。

（一）各因素对利润的影响程度

各相关因素变化都会引起利润的变化，但其影响程度各不相同。反映各因素对利润敏感程度的指标为利润的敏感系数，其计算公式为：

$$敏感系数 = 利润变动百分比 \div 因素变动百分比$$

（二）目标利润要求变化时允许各因素的升降幅度

当目标利润有所变化时，只有通过调整各因素现有水平才能达到目标利润变动的要求。因此，对各因素允许升降幅度的分析，实质上是各因素对利润影响程度分析的反向推算，在计算上表现为敏感系数的倒数。

【例题8-8·计算题】某企业生产和销售单一产品，计划年度内有关数据预测如下：销售量100 000件，单价30元，单位变动成本为20元，固定成本为200 000元。假设销售量、单价、单位变动成本和固定成本均分别增长了10%，要求计算各因素的敏感系数。

预计的目标利润 = (30 − 20) × 100 000 − 200 000 = 800 000（元）

(1) 销售量的敏感程度。

销售量 = 100 000 × (1 + 10%) = 110 000（件）

利润 = (30 − 20) × 110 000 − 200 000 = 900 000（元）

利润变动百分比 = (900 000 − 800 000) ÷ 800 000 = 12.5%

销售量的敏感系数 = 12.5% ÷ 10% = 1.25

可见，销售量变动10%，利润就会变动12.5%，当销售量增长时，利润会以更大的幅度增长，这是由于企业固定成本的存在而导致的。对销售量进行敏感分析，实质上就是分析经营杠杆现象，利润对销售量的敏感系数其实就是经营杠杆系数。

(2) 销售单价的敏感程度。

单价 = 30 × (1 + 10%) = 33（元）

利润 = (33 − 20) × 100 000 − 200 000 = 1 100 000（元）

利润变动百分比 = (1 100 000 − 800 000) ÷ 800 000 = 37.5%

单价的敏感系数 = 37.5% ÷ 10% = 3.75

可见，单价对利润的影响很大，从百分率来看，利润以 3.75 倍的速率随单价变化。涨价是提高盈利的有效手段，反之，价格下跌也将对企业构成很大威胁。经营者根据敏感系数分析可知，每降价 1%，企业将失去 3.75% 的利润，必须格外予以关注。

(3) 单位变动成本的敏感程度。

单位变动成本 = 20 × (1 + 10%) = 22 (元)

利润 = (30 - 22) × 100 000 - 200 000 = 600 000 (元)

利润变动百分比 = (600 000 - 800 000) ÷ 800 000 = -25%

单位变动成本的敏感系数 = -25% ÷ 10% = -2.5

由此可见，单位变动成本对利润的影响比单价小，单位变动成本每上升 1%，利润将减少 2.5%。但是，敏感系数绝对值大于 1，说明单位变动成本的变化会造成利润更大的变化，仍属于敏感因素。

(4) 固定成本的敏感程度。

固定成本 = 200 000 × (1 + 10%) = 220 000 (元)

利润 = (30 - 20) × 100 000 - 220 000 = 780 000 (元)

利润变动百分比 = (780 000 - 800 000) ÷ 800 000 = -2.5%

固定成本的敏感系数 = -2.5% ÷ 10% = -0.25

这说明固定成本每上升 1%，利润将减少 0.25%。

【例题 8-9·单选题】某公司生产和销售单一产品，该产品单位边际贡献为 2 元，2014 年销售量为 40 万件，利润为 50 万元。假设成本性态保持不变，则销售量的利润敏感系数是（　　）。(2015年)

A. 0.60　　　　B. 0.80　　　　C. 1.25　　　　D. 1.60

【答案】D

【解析】敏感系数 = 利润变动百分比 ÷ 因素变动百分比；利润 = 单位边际贡献 × 销售量 - 固定成本，已知单位边际贡献为 2 元，销售量为 40 万件，利润为 50 万元，求得固定成本为 30 万元。假设销量上升 10%，变化后的利润 = 40 × (1 + 10%) × 2 - 30 = 58 (万元)，利润变动百分比 = (58 - 50) ÷ 50 = 16%，因此销售量的敏感系数 = 16% ÷ 10% = 1.6，选项 D 正确。

【例题 8-10·判断题】在企业盈利状态下进行利润敏感性分析时，固定成本的敏感系数大于销售量的敏感系数。（　　）(2018年)

【答案】错误

【解析】销售量的敏感系数 = 边际贡献 ÷ EBIT，固定成本的敏感系数 = -固定成本 ÷ EBIT。敏感系数的正负号表示的是变动方向，进行排序时不考虑正负号。因为分母相同，所以比较分子即可，而在不亏损的状态下，销售收入 - 变动成本 - 固定成本 > 0，边际贡献 - 固定成本 > 0，边际贡献 > 固定成本，所以销售量的敏感系数 > 固定成本的敏感系数。

六、本量利分析在经营决策中的应用

经营决策实质是利用本量利的基本模型，找到利润最大的方案为最优方案。本量利分析的应用主要包括产品生产和定价策略、生产工艺设备的选择和新产品投产的选择。

（一）产品生产和定价策略

盈亏平衡分析在产品生产和定价策略中经常用到，例如计算盈亏平衡点业务量或者可接受最低售价等。

（二）生产工艺设备的选择

企业进行生产经营活动的最终目的是获取利润，在分析时应考虑哪个方案能够为企业提供更多的边际贡献，能够在最大程度上弥补发生的固定成本，从而使企业获得最大的利润。

（三）新产品投产的选择

投产新产品可能会减少原有产品的产销量，因而减少的边际贡献为投产新产品的机会成本，在决策时应予以考虑；同时，投产新产品可能会增加专属设备投资，进而增加固定资产折旧费，即增加固定成本。通过比较各套方案的剩余边际贡献（方案本身的边际贡献减去机会成本和增加的固定成本的差额）的大小即可进行决策。

第 16 天

- **复习旧内容：**

  第八章　成本管理　第一~第二节

- **学习新内容：**

  第八章　成本管理　第三节

- **今天想对你说：**

  复习计划已过大半！大家加油！

- **简单解释今天学习内容：**

  标准成本法的意思是根据一定的方法制定出单位产品标准成本，然后根据实际成本与标准成本的差额，分析是价格导致的差异还是数量导致的差异。

- **可能会遇到的难点：**

  固定制造费用的两差异分析和三差异分析。看起来复杂，涉及五个公式，实际上只是：①实际数；②预算数；③实际产量下实际工时×标准分配率；④实际产量下标准工时×标准分配率，这四项之间两两做差进行拆分，①-②是耗费差异，②-④是能量差异，能量差异可以继续拆分为产量差异（②-③）和效率差异（③-④）。

- **习题注意事项：**

  看清题目中给的是用量标准还是价格标准，这样才能做对量差或者价差的题型。

- **建议学习时间：**

  2.5 小时

第三节 标准成本控制与分析

一、标准成本及其分类

标准成本是指在正常的生产技术水平和有效的经营管理条件下,企业经过努力应达到的产品成本水平(见表8-5)。

表8-5 标准成本及其分类

类型	含义
理想标准成本	这是一种理论标准,它是指在现有条件下所能达到的最优成本水平,即在生产过程无浪费、机器无故障、人员无闲置、产品无废品等假设条件下制定的成本标准
正常标准成本	它是指在正常情况下,企业经过努力可以达到的成本标准,这一标准考虑了生产过程中不可避免的损失、故障和偏差等
两者关系	通常来说,正常标准成本大于理想标准成本。理想标准成本要求异常严格,一般很难达到,而正常标准成本具有客观性、现实性、激励性等特点

标准成本法的优点:
(1) 能够及时反馈各成本项目不同性质的差异,有利于考核相关部门及人员的业绩;
(2) 标准成本的制定及其差异和动因的信息可以使企业预算编制更为科学和可行,有助于企业的经营决策。

标准成本法的缺点:
(1) 要求企业产品的成本标准比较准确、稳定,在使用条件上存在一定的局限性;
(2) 对标准管理要求较高,系统维护成本较高;
标准成本需要根据市场价格波动频繁更新,导致成本差异可能缺乏可靠性,降低成本控制效果。

二、标准成本的制定

标准成本包括用量标准和价格标准两部分。产品成本由直接材料、直接人工和制造费用三个项目组成。无论是确定哪一个项目的标准成本,都需要分别确定其用量标准和价格标准,将各项目的标准成本汇总,即得到单位产品的标准成本(见表8-6)。

$$产品的标准成本 = 直接材料标准成本 + 直接人工标准成本 + 制造费用标准成本$$
$$= \sum (用量标准 \times 价格标准)$$

表 8-6　　　　　　　　　　　　标准成本的制定

内容	计算公式
直接材料标准成本	(1) 单位产品的材料标准用量（用量标准），一般由生产部门负责。 (2) 材料的标准单价（价格标准），通常采用企业编制的计划价格： 直接材料标准成本 = ∑（单位产品的材料标准用量×材料的标准单价）
直接人工标准成本	(1) 单位产品的标准工时（用量标准）是指现有生产技术条件下，生产单位产品所需要的时间，一般由生产部门负责。 (2) 小时标准工资率（价格标准），一般由人事部门负责： 小时标准工资率 = 标准工资总额 ÷ 标准总工时 直接人工标准成本 = 单位产品的标准工时 × 小时标准工资率
制造费用标准成本	(1) 工时用量标准（用量标准），其含义与直接人工用量标准相同。 (2) 标准制造费用分配率（价格标准）是指制造费用的分配率标准： 标准制造费用分配率 = 标准制造费用总额 ÷ 标准总工时 制造费用标准成本 = 工时用量标准 × 标准制造费用分配率 (3) 制定制造费用用量标准和价格标准时，须按变动制造费用的成本标准和固定制造费用的成本标准分别制定

三、成本差异的计算与分析

成本差异是指一定时期生产一定数量的产品所发生的实际成本与相应的标准成本之间的差额。

实际成本 > 标准成本，为超支差异；实际成本 < 标准成本，为节约差异。

由于任何一项费用的标准成本都是由用量标准和价格标准两个因素决定的，因此，差异分析就应该从这两个方面进行。

【提示】变动成本差异分析的通用分析思路如下：

总差异 = 实际产量下实际成本 − 实际产量下标准成本

　　　= 实际用量×实际价格 − 实际产量下标准用量×标准价格

　　　= 实际用量×实际价格 − 实际用量×标准价格 + 实际用量
　　　　×标准价格 − 实际产量下标准用量×标准价格

　　　= 实际用量×（实际价格 − 标准价格）
　　　　+（实际用量 − 实际产量下标准用量）×标准价格

　　　= 价格差异 + 用量差异

其中，价格差异 = 实际用量×（实际价格 − 标准价格）

　　　用量差异 =（实际用量 − 实际产量下标准用量）×标准价格

解释：价差是价格导致的差异，应该用实际数量才能反映出真实的价格差异。量差是用量导致的差异，用标准价格也能反映出真实的差异。

【注意】标准用量为实际产量下的标准用量。

（一）成本差异分析的计算（见表8-7）

表8-7　　　　　　　　　　　成本差异分析的计算

内容	计算公式
直接材料成本差异	（1）价差：材料价格差异=实际用量×（实际单价－标准单价） （2）量差：材料数量差异=（实际用量－实际产量下标准用量）×标准单价
直接人工成本差异	（1）价差：工资率差异=实际工时×（实际工资率－标准工资率） （2）量差：人工效率差异=（实际工时－实际产量下标准工时）×标准工资率
制造费用成本差异	（1）变动制造费用的差异分析。 ①价差：变动制造费用耗费差异=实际工时×（变动制造费用实际分配率－变动制造费用标准分配率） ②量差：变动制造费用效率差异=（实际工时－实际产量下标准工时）×变动制造费用标准分配率 （2）固定制造费用成本差异分析。 ①二因素分析法。 耗费差异=固定制造费用实际数－固定制造费用预算数 　　　　=实际固定制造费用－预算产量下标准工时×标准分配率 能量差异=固定制造费用预算数－固定制造费用标准成本 　　　　=（预算产量下标准工时－实际产量下标准工时）×标准分配率 ②三因素分析法（将能量差异进一步分解为产量差异和效率差异）。 耗费差异=固定制造费用实际数－固定制造费用预算数 　　　　=实际固定制造费用－预算产量下标准工时×标准分配率 产量差异=（预算产量下标准工时－实际产量下实际工时）×标准分配率 效率差异=（实际产量下实际工时－实际产量下标准工时）×标准分配率

（二）变动成本差异原因（见表8-8）

表8-8　　　　　　　　　　　变动成本差异原因

项目	用量差异			价格差异		
	材料用量差异	人工效率差异	变动制造费用效率差异	材料价格差异	人工工资率差异	变动制造费用耗费差异
主要责任部门	主要是生产部门的责任，但也不是绝对的（如采购材料质量差导致材料数量差异或工作效率低是采购部门的责任）			采购部门	人事劳动部门管理	部门经理负责

【考点提示】成本差异的计算与分析属于历年真题的常考点，大家在计算时，一定要记住价差乘的是实际数量，量差乘的是标准价格。

【例题 8-11·计算题】 乙公司生产 M 产品，采用标准成本法进行成本管理。月标准总工时为 23 400 小时，月标准变动制造费用总额为 84 240 元。工时标准为 2.2 小时/件。假定乙公司本月实际生产 M 产品 7 500 件，实际耗用总工时 15 000 小时，实际发生变动制造费用 57 000 元。

要求：
(1) 计算 M 产品的变动制造费用标准分配率。
(2) 计算 M 产品的变动制造费用实际分配率。
(3) 计算 M 产品的变动制造费用成本差异。
(4) 计算 M 产品的变动制造费用效率差异。
(5) 计算 M 产品的变动制造费用耗费差异。（2014 年）

【答案】
(1) 变动制造费用标准分配率 = 84 240 ÷ 23 400 = 3.6（元/小时）
(2) 变动制造费用实际分配率 = 57 000 ÷ 15 000 = 3.8（元/小时）
(3) 变动制造费用成本差异 = 57 000 − 7 500 × 2.2 × 3.6 = −2 400（元）（节约差异）
(4) 变动制造费用效率差异 = (15 000 − 7 500 × 2.2) × 3.6 = −5 400（元）（节约差异）
(5) 变动制造费用耗费差异 = 15 000 × (3.8 − 3.6) = 3 000（元）（超支差异）

【解析】
(1) 变动制造费用标准分配率 = 标准变动制造费用总额 ÷ 标准总工时
(2) 变动制造费用实际分配率 = 实际发生变动制造费用 ÷ 实际耗用总工时
(3) 变动制造费用成本差异 = 实际产量下实际变动制造费用 − 实际产量下标准变动制造费用 = 实际产量下实际变动制造费用 − 实际产量下标准工时 × 变动制造费用标准分配率；实际产量下标准工时 = 实际产量 × 工时标准。
(4) 变动制造费用效率差异 = (实际产量下实际工时 − 实际产量下标准工时) × 变动制造费用标准分配率
(5) 变动制造费用耗费差异 = 实际产量下实际工时 × (变动制造费用实际分配率 − 变动制造费用标准分配率)

第 17 天

- **复习旧内容：**

    第八章　成本管理　第三节

- **学习新内容：**

    第八章　成本管理　第四节

- **今天想对你说：**

    疲倦的感觉，毕竟学了这么久了，但是请每天保持激情，早晨的时候背一下财管。背财管不是背文字，而是回忆一遍章节的大致内容，并将需要熟练掌握的公式默写一遍。

- **简单解释今天学习内容：**

    作业成本法的意思是为了核算更加准确，将成本的分配步骤增加一步，传统的分配是直接将各种资源费用分配到产品，但是作业成本法是先把资源费用分配到各项作业（如检验成本、材料成本、维修成本），然后按照更加精确的方式分配到产品。这样做的好处就是成本计算更加准确。

    责任成本掌握成本中心、利润中心、投资中心三类中心的评价指标。

- **可能会遇到的难点：**

    无难点

- **习题注意事项：**

    注意选择题，当然还有责任中心评价指标的计算题。

- **建议学习时间：**

    2 小时

第四节 作业成本与责任成本

一、作业成本管理

（一）作业成本计算法的相关概念

作业成本法是将资源费用分配至各项作业，计算出作业成本，然后再根据作业动因，将作业成本分配至各成本对象，最终完成成本计算的方法（见表8-9）。

在作业成本法下，成本分配时首先根据作业中心的资源耗费情况，将资源耗费的成本分配到作业中心去，然后再将分配到作业中心的成本，依据作业活动的数量分配到各成本对象上。

即作业成本法：资源费用（资源动因分配）→作业中心（作业动因分配）→成本对象；

传统成本法：资源费用→成本对象。

表8-9 作业成本计算法

内容	计算公式
资源费用	企业在一定期间内开展经济活动所发生的各项资源耗费。 既包括有形资源（房屋、设备、材料、商品等）的耗费，也包括无形资源（信息、知识产权、土地使用权等）的耗费，还包括人力资源耗费及各种税费支出等
作业	指企业基于特定目的重复执行的任务或活动。按消耗对象不同，可分为主要作业和次要作业。 主要作业：被产品、服务或顾客等最终成本对象消耗的作业。 次要作业：被原材料、主要作业等介于中间地位的成本对象消耗的作业
成本对象	指企业追溯或分配资源费用，计算成本的对象物。如企业的产品、服务、客户等
成本动因	成本动因，亦称成本驱动因素，是指诱导成本发生的原因，即成本的诱因。成本动因通常以作业活动耗费的资源来进行度量。在作业成本法下，**成本动因是成本分配的依据**，成本动因又可分为资源动因和作业动因。 (1) **资源动因**是引起作业成本变动的驱动因素。资源动因反映作业量与耗费之间的因果关系。 (2) **作业动因**是引起产品成本变动的驱动因素，反映产品产量与作业成本之间的因果关系
作业中心	作业中心又称成本库，按照统一的作业动因，将各种资源耗费项目归结在一起，便形成了作业中心。作业中心有助于企业更明晰地分析一组相关的作业，以便进行作业管理以及企业组织机构和责任中心的设计与考核

(二) 作业成本法计算

【例题 8-12·计算题】 假设该企业主要生产书柜、桌子和椅子,生产工艺流程如作业流程图所示,作业成本汇集如作业成本汇集表(表1)所示。

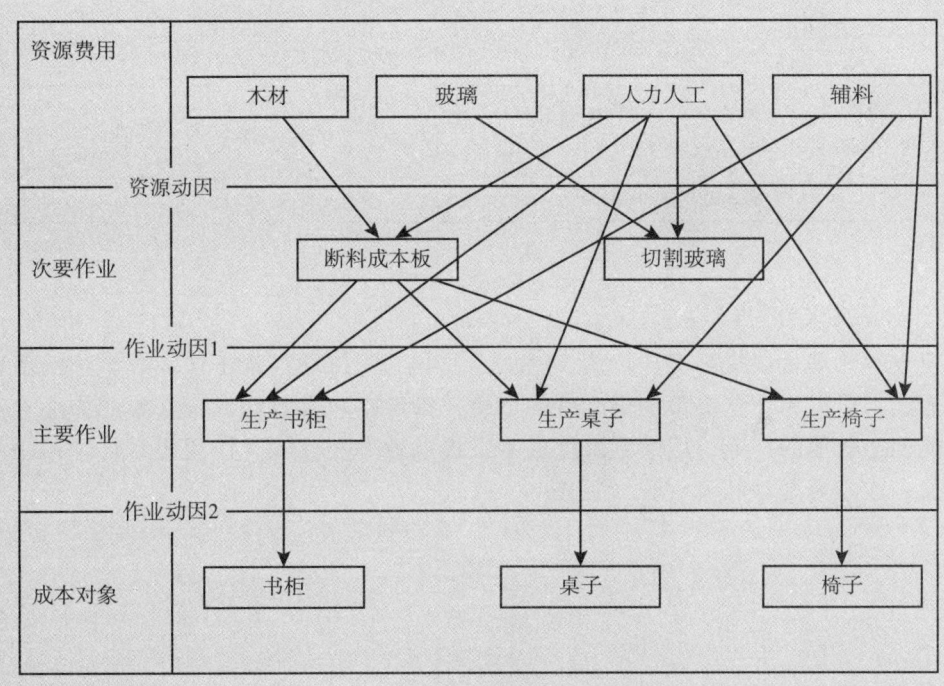

作业流程图

表1　　　　　　　　　　　　作业成本汇集表

作业中心	消耗的资源费用或次要作业	作业类别
断料成木板	木材、人力人工	次要作业
切割玻璃	玻璃、人力人工	次要作业
生产书柜	木板、切割的玻璃、人力人工、辅料	主要作业
生产桌子	木板、人力人工、辅料	主要作业
生产椅子	木板、人力人工、辅料	主要作业

假设该厂商消耗木材总额100 000元,发生人工总成本为250 000元,假设各个作业平均分摊人工费用,将原木材断料成为木板以用于生产书柜、桌子和椅子,共获得2 000立方米木板,其中1 000立方米木板用于生产书柜、600立方米木板用于生产桌子、400立方米木板用于生产椅子,共生产出500把椅子(假定本题中辅料成本忽略不计)。

以生产椅子为例,作业成本的分配具体如作业成本计算分配表(表2)所示。

表2	作业成本计算分配表	
第一步：次要作业成本分配至主要作业成本	第二步：主要作业成本分配至成本对象	
(1) 断料作业成本分配率＝次要作业总成本÷该作业动因量＝(100 000＋50 000)÷2 000＝75	(1) 根据第一步可知生产椅子作业单位成本为160元	
(2) 生产椅子消耗的断料成本＝生产椅子耗用的次要作业动因量×断料作业成本分配率＝400×75＝30 000（元）	(2) 椅子消耗的生产椅子作业的成本＝160×500＝80 000（元）	
(3) 生产椅子作业的总成本＝生产椅子直接耗用的人工成本＋生产椅子断料成本＝50 000＋30 000＝80 000（元）	(3) 椅子总成本为80 000元	
(4) 生产椅子作业单位成本＝80 000÷500＝160（元）	(4) 椅子单位成本＝80 000÷500＝160（元）	

（三）作业成本管理

作业成本管理是以提高客户价值、增加企业利润为目的，基于作业成本法的新型集中化管理方法，可以为企业决策提供准确的信息，指导企业有效地执行必要的作业，消除和精简不能创造价值的作业，以达到降低成本、提高效率的目的。作业成本管理包含两个维度的含义：成本分配观和流程观（见图8-4）。

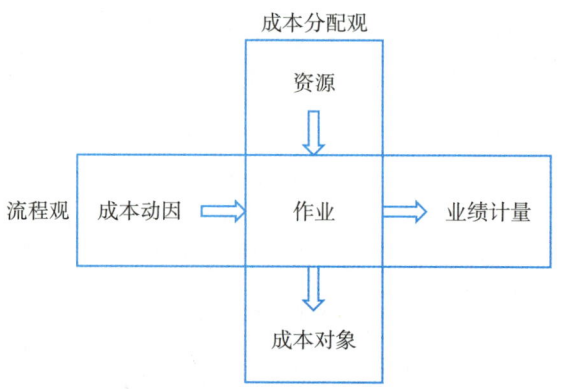

图8-4 作业成本管理结构

1. 成本动因分析

要进行作业成本管理，必须找出导致作业成本发生的动因。每项作业都有投入和产出。作业投入是资源的消耗，而作业产出则是一项作业的结果或产品。

比如，原料搬运，搬运到指定地点的材料数量，则是该"搬运"作业的产出量，也可以称为作业动因。然而，产出量指标不一定是作业成本发生的根本原因，必须进一步进行动因分析，找出形成作业成本的根本原因。例如，搬运材料的根本原因，可能是车间布局不合理。一旦得知了根本原因，就可以采取相应的措施改善作业，如改善车间布局，减少搬运成本。

2. 作业分析

分析和评价作业、改进作业和消除非增值作业构成了流程价值分析与管理的基本内容。改进流程首先需要将每一项作业分为增值作业或非增值作业，明确增值成本和非增值成本，然后再进一步确定如何将非增值成本减至最小，如表 8-10 所示。

表 8-10　　　　　　　　　　　　　　　　作业分析

增值作业	所谓增值作业，就是那些顾客认为可以增加其购买的产品或服务的有用性，有必要保留在企业中的作业。一项作业必须同时满足下列三个条件才可断定为增值作业： （1）该作业导致状态的改变； （2）该状态的变化不能由其他作业来完成； （3）该作业使其他作业得以进行。 增值作业又可分为高效作业和低效作业。 增值成本：高效增值作业产生的成本； 非增值成本：增值作业中因为低效率所发生的成本
非增值作业	非增值作业是指即便消除也不会影响产品对顾客服务的潜能，不必要的或可消除的作业。如果一项作业不能同时满足增值作业的三个条件，就可断定其为非增值作业。 执行非增值作业发生的成本全部是非增值成本。 在区分增值成本与非增值成本之后，企业要尽量消除或减少非增值成本，最大化利用增值作业，以减少不必要的耗费，提升经营效率

作业成本管理中进行成本节约的途径，主要有以下四种形式：
（1）作业消除：消除非增值作业或不必要的作业，降低非增值成本；
（2）作业选择：对所有能够达到同样目的的不同作业，选取其中最佳的方案；
（3）作业减少：以不断改进的方式降低作业消耗的资源或时间；
（4）作业共享：利用规模经济来提高增值作业的效率。

作业分析是流程价值分析的核心，通过对作业的分析研究，进而采取措施，消除非增值作业，改善低效作业，优化作业链，对于削减成本、提高效益具有非常重要的意义。

3. 作业业绩考核

实施作业成本管理，其目的在于找出并消除所有非增值作业，提高增值作业的效率，削减非增值成本。若要评价作业和流程的执行情况，必须建立业绩指标，可以是财务指标，也可以是非财务指标，以此来评价是否改善了流程。
（1）财务指标主要集中在增值成本和非增值成本上。
（2）非财务指标主要体现在效率、质量和时间三个方面，如投入产出比、次品率和生产周期等。

4. 作业中心设计

作业中心设计，是指企业将认定的所有作业按照一定的标准进行分类，形成不同的作业中心，作为资源费用的追溯或分配的对象的过程。企业可按照受益对象、层次和重要性，将作业分为以下五类，并分别设计相应的作业中心：
（1）产量级作业，是指明确地为个别产品（或服务）实施的、使单个产品（或服务）受益的作业。产量级作业与产品（服务）的数量成正比例变动，包括产品加工、检验等。
（2）批别级作业，是指明确地为一组（或一批）产品（或服务）实施的、使该组（该批）产品（或服务）受益的作业。批次级作业与产品（服务）的批量数成正比例变动，包括设备调试、生产准备等。

(3) 品种级作业，是指为生产和销售某种产品（或服务）实施的、使该种产品（或服务）的每个单位都受益的作业。品种级作业与品种的多少成正比例变动，包括新产品设计、现有产品质量与功能改进、生产流程监控、工艺变换需要的流程设计、产品广告等。

(4) 顾客级作业，是指为服务特定客户所实施的作业，顾客级作业与产品（服务）数量独立，包括向个别客户提供的技术支持活动、咨询活动、独特包装等。

(5) 设施级作业，是指为提供生产产品（或服务）的基本能力而实施的作业。设施级作业与产量或销量无关，包括管理作业、针对企业整体的广告活动等。

5. 作业成本信息报告

目的是通过设计、编制和报送具有特定内容和格式要求的作业成本报表，向企业内部各有关部门和人员提供其所需要的作业成本及其他相关信息。作业成本报表的内容和格式应根据企业内部管理需要确定。

> 【考点提示】作业成本属于历年真题的常考点，基本都是以客观题形式考查。

> 【例题8-13·单选题】根据作业成本管理原理，下列关于成本节约途径的表述中，不正确的是（　　）。(2018年)
> A. 将外购交货材料地点从厂外临时仓库变更为材料耗用车间属于作业选择
> B. 将内部货物运输业务由自营转为外包属于作业选择
> C. 新产品在设计时尽量考虑利用现有其他产品使用的原件属于作业共享
> D. 不断改进技术降低作业消耗时间属于作业减少
> 【答案】A
> 【解析】作业消除是指消除非增值作业或不必要的作业，降低非增值成本。如将原材料从集中保管的仓库搬运到生产部门，将某部门生产的零件搬运到下一个生产部门都是非增值作业。如果条件许可，将原料供应商的交货方式改变为直接送达原料使用部门，将功能性的工厂布局转变为单元制造式布局，就可以缩短运输距离，削减甚至消除非增值作业。

> 【例题8-14·单选题】根据作业成本管理原理，某制造企业的下列作业中，属于增值作业的是（　　）(2017年)
> A. 产品检验作业　　B. 产品运输作业　　C. 零件组装作业　　D. 次品返工作业
> 【答案】C
> 【解析】增值作业，指顾客认为可以增加其购买的产品或服务的有用性，有必要保留在企业中的作业。增值作业必须同时满足下列三个条件：(1) 该作业导致了状态的改变；(2) 该状态的变化不能由其他作业来完成；(3) 该作业使其他作业得以进行。非增值作业，是指即便消除也不会影响产品对顾客服务的潜能，不必要的或可消除的作业。如果一项作业不能同时满足增值作业的三个条件，就可断定其为非增值作业。检验作业，只能说明产品是否符合标准，而不能改变其形态，不符合第一个条件；次品返工作业是重复作业，在其之前的加工作业本就应提供符合标准的产品，因此也属于非增值作业；产品运输作业并没有导致产品状态的改变，也不属于增值作业。因此，选项C正确。

【例题8-15·多选题】 作业成本管理的一个重要内容是寻找非增值作业,将非增值成本降至最低,下列各项中,属于非增值作业的有（   ）。(2016年)

A. 零部件加工作业
B. 零部件组装作业
C. 产成品质量检验作业
D. 从仓库到车间的材料运输作业

【答案】CD

【解析】增值作业,指顾客认为可以增加其购买的产品或服务的有用性,有必要保留在企业中的作业。增值作业必须同时满足下列三个条件：(1)该作业导致了状态的改变；(2)该状态的变化不能由其他作业来完成；(3)该作业使其他作业得以进行。非增值作业,是指即便消除也不会影响产品对顾客服务的潜能,不必要的或可消除的作业。如果一项作业不能同时满足增值作业的三个条件,就可断定其为非增值作业。检验作业,只能说明产品是否符合标准,而不能改变其形态,不符合第一个条件；产品运输作业并没有导致产品状态的改变,也不属于增值作业。因此,选项CD属于非增值作业。

（四）作业成本法优缺点

优点：

（1）能够提供更加准确的各维度成本信息,有助于企业提高产品定价、作业与流程改进、客户服务等决策的准确性；

（2）改善和强化成本控制,促进绩效管理的改进和完善；

（3）推进作业基础预算,提高作业、流程、作业链（或价值链）管理的能力。

缺点：部分作业的识别、划分、合并和认定,成本动因的选择以及成本动因计量方法的选择等均存在较大的主观性,操作较为复杂,开发和维护费用较高。

二、责任成本管理

（一）责任成本管理的含义

责任成本管理是指将企业内部划分成不同的责任中心,明确责任成本,并根据各责任中心的权、责、利关系来考核其工作业绩的一种成本管理模式。

责任中心也叫责任单位,是指企业内部具有一定权力并承担相应工作责任的部门或管理层次。

（二）责任中心及其考核（见表8-11）

责任中心,是指企业内部独立提供产品（服务）、资金等的责任主体。

表 8–11　　　　　　　　　　　　　责任中心及其考核

责任中心	具体内容
成本中心	成本中心是指有权发生并控制成本的单位。 （1）特点： ①成本中心不考核收入，只考核成本； ②成本中心只对可控成本负责，不负责不可控成本； ③责任成本是成本中心考核和控制的主要内容，成本中心当期发生的所有可控成本之和就是其责任成本。 可控成本是指成本中心可以控制的各种耗费，它应具备三个条件： ①该成本的发生是成本中心可以预见的； ②该成本是成本中心可以计量的； ③该成本是成本中心可以调节和控制的。 可控成本和不可控成本的划分是相对的。它们与成本中心所处的管理层级别、管理权限与控制范围大小有关。对于一个独立企业而言，几乎所有的成本都是可控的。 （2）考核指标： ①预算成本节约额＝实际产量预算责任成本－实际责任成本 ②预算成本节约率＝预算成本节约额÷实际产量预算责任成本×100% （3）适用范围： 成本中心是责任中心中应用最为广泛的一种形式，只要是对成本的发生负有责任的单位或个人都可以成为成本中心
利润中心	利润中心是指既能控制成本，又能控制收入和利润的责任单位。它不但有成本发生，而且还有收入发生。因此，它要同时对成本、收入以及收入成本的差额即利润负责。 （1）类型： ①自然利润中心，它是自然形成的，直接对外提供劳务或销售产品以取得收入的责任中心； ②人为利润中心，它是人为设定的，通过企业内部各责任中心之间使用内部结算价格结算半成品内部销售收入的责任中心。 （2）考核指标： ①边际贡献＝销售收入总额－变动成本总额 ②可控边际贡献＝边际贡献－该中心负责人可控固定成本 ③部门边际贡献＝可控边际贡献－该中心负责人不可控固定成本 【提示】 （1）可控边际贡献也称部门经理边际贡献，它衡量了部门经理有效运用其控制下的资源的能力，是评价利润中心管理者业绩的理想指标； （2）部门边际贡献反映了部门为企业利润和弥补与生产能力有关的成本所做的贡献，它更多地用于评价部门业绩而不是利润中心管理者的业绩
投资中心	投资中心是指既能控制成本、收入和利润，又能对投入的资金进行控制的责任中心。 （1）特点： 投资中心是最高层次的责任中心，它拥有最大的决策权，也承担最大的责任。 投资中心必须是利润中心，但利润中心并不都是投资中心。利润中心没有投资决策权，而且在考核利润时也不考虑所占用的资产。 （2）考核指标： ①投资收益率＝息税前利润÷平均经营资产 投资收益率主要说明了投资中心运用公司的每单位资产对公司整体利润贡献的大小。 优点：比较客观，可用于部门之间，以及不同行业之间的比较，不仅可以促使经理人员关注经营资产运用效率，还有利于资产存量的调整，优化资源配置。 缺点：过于关注投资利润率也会引起短期行为的产生，追求局部利益最大化而损害整体利益最大化目标，导致经理人员为眼前利益而牺牲长远利益。 ②剩余收益＝息税前利润－（平均经营资产×最低投资收益率） 优点：弥补了投资收益率指标会使局部利益与整体利益相冲突的不足； 缺点：绝对指标，难以在不同规模的投资中心之间进行业绩比较；另外，剩余收益同样仅反映当期业绩，单纯使用这一指标也会导致投资中心管理者的短视行为

> 【考点提示】责任成本作为历年真题的常考点，基本都是以客观题形式考查，注意理解，不需要强行记忆。

【例题 8-16·计算题】某公司的投资收益率如表 1 所示。

表 1　　　　　　　　　　　　　投资收益率

投资中心	利润（万元）	投资额（万元）	投资收益率（%）
A	280	2 000	14
B	80	1 000	8
全公司	360	3 000	12

假定 A 投资中心面临一个投资额为 1 000 万元的投资机会，可获利润 131 万元，投资收益率为 13.1%，假定公司整体的预期最低投资收益率为 12%。

要求：评价 A 投资中心的这个投资机会。

【答案】若 A 投资中心接受该投资，则 A、B 投资中心的相关数据计算如表 2 所示。

表 2　　　　　　　　　　　A、B 投资中心的相关数据

投资中心	利润（万元）	投资额（万元）	投资收益率（%）
A	280 + 131 = 411	2 000 + 1 000 = 3 000	13.7
B	80	1 000	8
全公司	491	4 000	12.275

（1）用投资收益率指标衡量业绩。就全公司而言，接受投资后，投资收益率增加了 0.275%，应接受这项投资。然而，由于 A 投资中心的投资收益率下降了 0.3%，该投资中心可能不会接受这一投资。

（2）用剩余收益指标来衡量业绩。

A 投资中心接受新投资前的剩余收益 = 280 - 2 000 × 12% = 40（万元）

A 投资中心接受新投资后的剩余收益 = 411 - 3 000 × 12% = 51（万元）

以剩余收益作为评价指标，实际上是分析该项投资是否给投资中心带来了更多的超额收入，所以如果用剩余收益指标来衡量投资中心的业绩，投资后剩余收益增加了 11 万元（51 - 40），则 A 投资中心应该接受这项投资。

（三）内部转移价格的制定

内部转移价格是指企业内部分公司、分厂、车间、分部等责任中心之间相互提供产品（或服务）、资金等内部交易时所采用的计价标准。内部转移价格直接关系到不同责任中心的获利水平，其制定可以有效地防止成本转移引起的责任中心之间的责任转嫁，使每个责任中

心都能够作为单独的组织单位进行业绩评价，并且可以作为一种价格信号引导下级部门采取正确决策，保证局部利益和整体利益的一致，如表 8-12 所示。

表 8-12　　　　　　　　　　　　　内部转移价格的制定

类型	具体内容
价格型内部转移定价	是指以市场价格为基础制定的、由成本和毛利构成内部转移价格的方法，一般适用于内部利润中心。责任中心所提供的产品（或服务）经常外销且外销比例较大的，或所提供的产品（或服务）有外部活跃市场可靠报价的，可以外销价或活跃市场报价作为内部转移价格； 责任中心一般不对外销售且外部市场没有可靠报价的产品（或服务），或企业管理层和有关各方认为不需要频繁变动价格的，可以参照外部市场价或预测价制定模拟市场价作为内部转移价格。没有外部市场但企业出于管理需要设置为模拟利润中心的责任中心，可以在生产成本的基础上加上一定比例的毛利作为内部转移价格
成本型内部转移定价	以标准成本等相对稳定的成本数据为基础制定内部转移价格的方法，一般适用于内部成本中心
协商型内部转移定价	企业内部供求双方为使双方利益相对均衡，通过协商机制制定的内部转移价格，主要适用于分权程度较高的情形。协商价格的取值范围通常较宽，一般不高于市场价，不低于变动成本

【例题 8-17·多选题】下列指标中适用于对利润中心进行业绩考评的有（　　）。（2018 年）

A. 投资收益率　　　　　　　　B. 部门边际贡献

C. 剩余收益　　　　　　　　　D. 可控边际贡献

【答案】BD

【解析】利润中心的考核指标包括：部门边际贡献、可控边际贡献和边际贡献。而对投资中心的业绩进行评价时，不仅要使用利润指标，还需要计算、分析利润与投资的关系，主要有投资收益率和剩余收益等指标。所以选项 AC 错误。

【例题 8-18·判断题】企业对成本中心进行业绩考核时，应要求成本中心对其所发生或负担的全部成本负责。（　　）（2017 年）

【答案】错误

【解析】成本中心只对可控成本负责，不负责不可控成本。

第 18 天

- **复习旧内容：**

  第八章　成本管理

- **学习新内容：**

  第九章　收入与分配管理　第一~第二节

- **今天想对你说：**

  还有两章就要学完整本财管教材了，大家加油！

- **简单解释今天学习内容：**

  今天学习收入与分配管理的主要内容，注意分配管理要按照严格的顺序，先弥补以前年度亏损、再提取法定公积金、提取任意公积金，最后才向股东分配股利。

  收入管理将会涉及销售预测的定量分析法和产品定价方法的一系列公式，不过大家不用担心，基本都是简单的加减乘除，通过做真题熟练掌握公式运用即可。

- **可能会遇到的难点：**

  无难点

- **习题注意事项：**

  变动成本定价法的计算题中，除了要考虑额外订单的单价与变动成本的比较，还有一个陷阱，即要考虑企业本身的生产能力。

- **建议学习时间：**

  2.5 小时

第九章 收入与分配管理

扫码领取
学习资料

【本章导读】

（1）学习内容：本章收入与分配管理章节，主要学习收入管理、纳税管理、分配管理，因此本章学习的知识，主要都是与企业最终形成税后利润，以及利润如何分配相关。收入管理章节主要涉及产品的销售定价方法和策略；纳税管理的核心在于合法减少纳税，合法递延纳税；分配管理要解决的是将公司盈利的利润采取何种方式支付给股东的问题。

（2）学习方法：考试以多种题型考查，分值为12分左右，属于非常重要的章节。本章会涉及较多的定价方法策略和股利政策，这一块学习，大家不要死记各项定义，需要理解每种方法对应的具体情形，掌握历年真题中出现的各类举例情形。

（3）学习思路（见图9-1）。

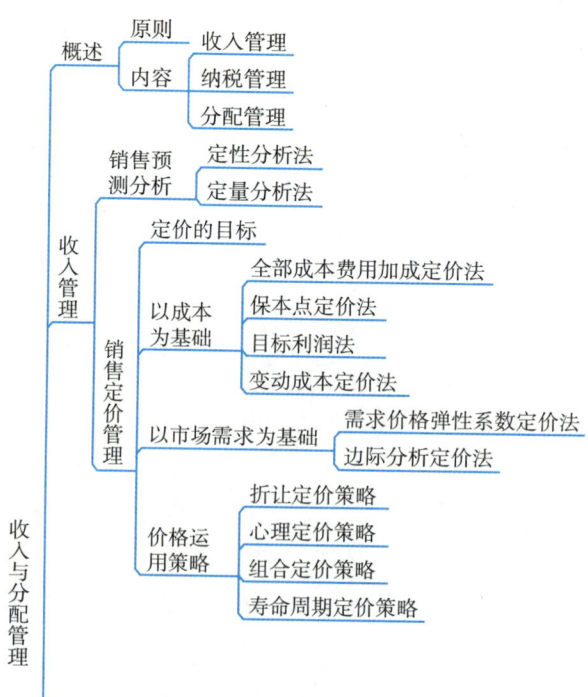

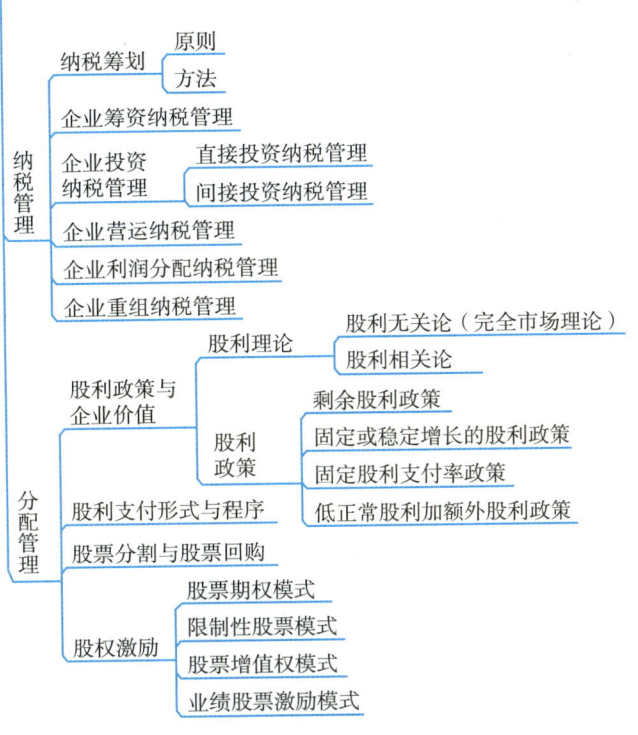

图 9-1 本章框架

第一节 收入与分配管理概述

一、收入与分配管理

企业通过经营活动取得收入后,要按照补偿成本、缴纳企业所得税、提取公积金、向投资者分配利润等顺序进行分配。

(一)收入与分配管理的意义

(1)收入与分配管理集中体现了企业所有者、经营者与劳动者之间的利益关系。
(2)收入与分配管理是企业维持简单再生产和实现扩大再生产的基本条件。
(3)收入与分配管理是企业优化资本结构、降低资本成本的重要措施。
(4)收入与分配管理是国家财政资金的重要来源之一。

(二)收入与分配管理的原则

(1)依法分配原则。
(2)分配与积累并重原则。
(3)兼顾各方利益原则。

（4）投资与收入对等原则。

二、收入与分配管理的内容

基本关系：收入－成本费用＝利润

对企业收入的分配，首先是对成本费用进行补偿，然后，对其余额（即利润）按照一定的程序进行再分配。因此，收入与分配管理包括收入管理、纳税管理和分配管理三方面，如表9-1所示。

表 9-1　　　　　　　　　　　　　　收入与分配管理

内容	具体解释
收入管理	收入管理的主要内容包括：销售预测分析、销售定价管理
纳税管理	纳税管理的主要内容是纳税筹划，包括企业的筹资、投资、营运和利润分配等日常活动以及企业重组五个环节的纳税管理
分配管理	分配管理指的是对净利润的分配管理。公司净利润的分配应按照下列顺序进行： （1）弥补以前年度亏损。 （2）提取法定公积金。 根据《公司法》的规定，法定公积金的提取比例为当年税后利润（弥补亏损后）的 **10%**。当年法定公积金的累积额已达<u>注册资本</u>的 **50%** 时，可以不再提取。法定公积金提取后，根据企业的需要，可用于弥补亏损或转增资本，但企业用法定公积金转增资本后，法定公积金的余额不得低于转增前公司注册资本的 **25%**。 （3）提取任意公积金。 （4）向股东（投资者）分配股利（利润）

【例题 9-1·单选题】下列各项中，正确反映公司净利润分配顺序的是（　　）。（2018年）

A. 提取法定公积金、提取任意公积金、弥补以前年度亏损、向投资者分配股利
B. 向投资者分配股利、弥补以前年度亏损、提取法定公积金、提取任意公积金
C. 弥补以前年度亏损、向投资者分配股利、提取法定公积金、提取任意公积金
D. 弥补以前年度亏损、提取法定公积金、提取任意公积金、向投资者分配股利

【答案】D
【解析】净利润分配的顺序是：弥补以前年度亏损、提取法定公积金、提取任意公积金、向投资者分配股利，所以选择 D。

第二节　收入管理

销售收入大小的制约因素主要是产品的销售数量和销售价格，因此，企业在经营管理过程中一定要做好销售预测分析以及销售定价管理。

一、销售预测分析

(一) 销售预测的定性分析法

定性分析法,即非数量分析法,是指由专业人员根据实际经验,对预测对象的未来情况及发展趋势作出预测的一种分析方法。它一般适用于预测对象的历史资料不完备或无法进行定量分析时,主要包括营销员判断法、专家判断法和产品寿命周期分析法,如表 9-2 所示。

表 9-2　　　　　　　　　　　　　　定性分析法

定性分析方法	具体内容
营销员判断法	营销员判断法,又称意见汇集法,是由企业熟悉市场情况及相关变化信息的营销人员对市场进行预测,再将各种判断意见加以综合分析、整理,并得出预测结论的方法。 优点:用时短、成本低,比较实用。 缺点:单纯靠营销人员的主观判断,具有较多的主观因素和较大的片面性
专家判断法	专家判断法,是由专家根据他们的经验和判断能力对特定产品的未来销售量进行判断和预测的方法,主要有以下三种不同形式: (1) 个别专家意见汇集法。 (2) 专家小组法。预测小组中专家意见可能受权威专家的影响,客观性较德尔菲法差。 (3) 德尔菲法,又称函询调查法,采用函询的方式,以匿名形式征求各方面专家的意见
产品寿命周期分析法	(1) 产品寿命周期分析法就是利用产品销售量在不同寿命周期阶段上的变化趋势,进行销售预测的一种定性分析方法。 (2) 产品寿命周期是指产品从投入市场到退出市场所经历的时间,一般要经过推广期、成长期、成熟期和衰退期四个阶段。 (3) 了解产品所处的寿命周期阶段,有助于正确选择预测方法,如:推广期历史资料缺乏,可以运用定性分析法进行预测;成长期可运用回归分析法进行预测;成熟期销售量比较稳定,适用趋势预测分析法

(二) 销售预测的定量分析法

定量分析法,也称数量分析法,是指在预测对象有关资料完备的基础上,运用一定的数学方法,建立预测模型,作出预测。它一般包括趋势预测分析法和因果预测分析法两大类,如表 9-3 所示。

表 9-3　　　　　　　　　　　　　　　　定量分析法

定量分析方法	具体内容
趋势预测分析法	趋势预测分析法主要包括算术平均法、加权平均法、移动平均法和指数平滑法等。 （1）算术平均法，是指将若干历史时期的实际销售量或销售额作为样本值，求出其算术平均数，并将该平均数作为下期销售量的预测值。 算术平均法适用于每期销售量波动不大的产品销售预测。 （2）加权平均法，是指将若干历史时期的实际销售量或销售额作为样本值，将各个样本值按照一定的权数计算得出加权平均数，并将该平均数作为下期销售量的预测值。 加权平均法较算术平均法更为合理，计算也较方便，因而在实践中应用较多。 （3）移动平均法，是指从 n 期的时间数列销售量中选取 m 期（m 数值固定，且 m＜n/2）数据作为样本值，求其 m 期的算术平均数，并不断向后移动计算观测其平均值，以最后一个 m 期的平均数作为未来第 n+1 期销售预测值的一种方法。 修正的移动平均法：在移动平均法的基础上，加上预测期预测数与前一期预测数的差值。 由于移动平均法只选用了 n 期数据中的最后 m 期作为计算依据，故而代表性较差。该方法假设预测值主要受最近 m 期销售量的影响，适用于销售量略有波动的产品预测。 （4）指数平滑法，其实质上是一种加权平均法，是以事先确定的平滑指数 a 及（1-a）作为权数进行加权计算，预测销售量的一种方法。公式表述为： $$Y_{n+1} = aX_n + (1-a)Y_n$$ 式中，Y_{n+1} 为未来第 n+1 期的预测值；Y_n 为第 n 期的预测值；X_n 为第 n 期的实际销量。 a 为平滑指数，一般在 0.3~0.7 之间（题目会给出，销售量波动较大或进行短期预测时，平滑指数较大；销售量波动较小或进行长期预测时，平滑指数较小）；n 为期数。 该方法运用比较灵活，适用范围较广，但在平滑指数的选择上具有一定的主观随意性
因果预测分析法	因果预测分析法，是指分析影响产品销售量（因变量）的相关因素（自变量）以及它们之间的函数关系，并利用这种函数关系进行产品销售预测的方法。因果预测分析法最常用的是回归分析法

【例题 9-2·计算题】某公司 2005~2012 年的产品销售量资料如下表所示。

项目	2005 年	2006 年	2007 年	2008 年	2009 年	2010 年	2011 年	2012 年
销售量（吨）	3 250	3 300	3 150	3 350	3 450	3 500	3 400	3 600

要求：根据以上资料，用算术平均法预测公司 2013 年的销售量。

根据算术平均法的计算公式，公司 2013 年的预测销售量为：

预测销售量（Y）＝（3 250＋3 300＋…＋3 400＋3 600）÷8＝3 375（吨）

【例题 9-3·计算题】沿用〖例题 9-2〗中的资料，假设 2005~2012 年各期数据的权数如下表所示。

项目	2005 年	2006 年	2007 年	2008 年	2009 年	2010 年	2011 年	2012 年
销售量（吨）	3 250	3 300	3 150	3 350	3 450	3 500	3 400	3 600
权数	0.04	0.06	0.08	0.12	0.14	0.16	0.18	0.22

要求：根据上述资料，用加权平均法预测公司 2013 年的销售量。

根据加权平均法的计算公式，公司 2013 年的预测销售量为：

预测销售量（Y）= 3 250×0.04 + 3 300×0.06 + … + 3 400×0.18 + 3 600×0.22 = 3 429（吨）

【例题 9–4·计算题】沿用〖例题 9–2〗中的资料，假定公司预测前期（即 2012 年）的预测销售量为 3 475 吨，要求分别用移动平均法和修正的移动平均法预测公司 2013 年的销售量（假设样本期为 3 期）。

（1）根据移动平均法的计算公式，公司 2013 年的预测销售量为：

预测销售量（Y_{n+1}）=（$X_{n-(m-1)}$ + $X_{n-(m-2)}$ + … + X_{n-1} + X_n）/m =（3 500 + 3 400 + 3 600）÷3 = 3 500（吨）

（2）根据修正的移动平均法计算公式，公司 2013 年的预测销售量为：

修正后的预测销售量 = Y_{n+1} +（Y_{n+1} – Y_n）= 3 500 +（3 500 – 3 475）= 3 525（吨）

【例题 9–5·计算题】沿用〖例题 9–2〗中的资料，2012 年实际销售量为 3 600 吨，假设原预测销售量为 3 475 吨，平滑指数 a = 0.5。要求：用指数平滑法预测公司 2013 年的销售量。

根据指数平滑法的计算公式，公司 2013 年的预测销售量为：

预测销售量（Y_{n+1}）= aX_n +（1 – a）Y_n = 0.5×3 600 +（1 – 0.5）×3 475 = 3 537.5（吨）

【例题 9–6·单选题】下列各项销售预测分析方法中，属于定性分析法的是（　　）。(2017 年)

A. 加权平均法　　　　　　　　B. 指数平滑法
C. 因果预测分析法　　　　　　D. 营销员判断法

【答案】D

【解析】定性分析法，即非数量分析法，是指由专业人员根据实际经验，对预测对象的未来情况及发展趋势做出预测的一种分析方法。它一般适用于预测对象的历史资料不完备或无法进行定量分析时，主要包括营销员判断法、专家判断法和产品寿命周期分析法，选项 D 正确。

【例题 9–7·单选题】下列销售预测分析方法中，属于定量分析法的是（　　）。(2016 年)

A. 专家判断法　　　　　　　　B. 营销员判断法
C. 因果预测分析法　　　　　　D. 产品寿命周期分析法

【答案】C

【解析】定量分析法，也称数量分析法，是指在预测对象有关资料完备的基础上，运用一定的数学方法，建立预测模型，作出预测。它一般包括趋势预测分析法和因果预测分析法两大类，选项 C 正确。

收入与分配管理

二、销售定价管理

销售定价管理是指根据具体情况制定恰当的销售价格，以实现经济效益最大化。

（一）销售定价管理概述（见表9-4）

表9-4　　　　　　　　　　　销售定价管理

项目	具体内容
影响产品价格的因素	（1）价值因素； （2）成本因素； （3）市场供求因素； （4）竞争因素； （5）政策法规因素
企业的定价目标	企业自身的实际情况及所面临的外部环境不同，企业的定价目标也多种多样，主要有以下几种： （1）实现利润最大化； （2）保持或提高市场占有率； （3）稳定市场价格； （4）应对和避免竞争； （5）树立企业形象及产品品牌

（二）产品定价方法

产品定价方法主要包括**以成本为基础**的定价方法和**以市场需求为基础**的定价方法两大类。

1. 以成本为基础的定价方法

在企业成本范畴中，基本上有三种成本可以作为定价基础，即**变动成本、制造成本和全部成本费用**。

变动成本是指在特定的业务量范围内，其总额会随着业务量的变动而正比例变动的成本。变动成本可以作为**增量产量的定价依据**，但不能作为一般产品的定价依据。

制造成本是指企业为生产产品或提供劳务等发生的直接费用支出，一般包括直接材料、直接人工和制造费用。由于**制造成本不包括各种期间费用**，因此不能正确反映企业产品的真实价值消耗和转移。利用制造成本定价不利于企业简单再生产的继续进行。

全部成本费用是指企业为生产、销售一定种类和数量的产品所发生的所有成本和费用总额，包括制造成本和管理费用、销售费用及财务费用等各种期间费用。在全部成本费用基础上制定价格，既可以保证企业简单再生产的正常进行，又可以使劳动者为社会劳动所创造的价值得以全部实现。

（1）**全部成本费用加成定价法**。

全部成本费用加成定价法就是在全部成本费用的基础上，加合理利润来定价。合理利润的确定，在工业企业一般是根据成本利润率，而在商业企业一般是根据销售利润率。在考虑税金的情况下，有关计算公式为：

① 成本利润率定价。

$$成本利润率 = 预测利润总额 \div 预测成本总额 \times 100\%$$
$$单位产品价格 = 单位成本 \times (1 + 成本利润率) \div (1 - 适用税率)$$
$$单位利润 = 单位完全成本 \times 成本利润率$$
$$利润总额 = 完全成本 \times 成本利润率$$

② 销售利润率定价。

$$销售利润率 = 预测利润总额 \div 预测销售总额 \times 100\%$$
$$单位产品价格 = 单位成本 \div (1 - 销售利润率 - 适用税率)$$
$$单位利润 = 单价 \times 销售利润率$$
$$利润总额 = 销售收入 \times 销售利润率$$

上述公式中，单位成本是指单位全部成本费用，可以用单位制造成本加上单位产品负担的期间费用来确定。

特点：全部成本费用加成定价法可以保证全部生产耗费得到补偿，但它很难适应市场需求的变化，往往导致定价过高或过低。并且，当企业生产多种产品时，间接费用难以准确分摊，从而会导致定价不准确。

（2）保本点定价法。

保本点定价法的基本原理，是按照刚好能够保本的原理来确定产品销售价格。即能够保持既不盈利也不亏损的销售价格水平，采用这一方法确定的价格是最低销售价格。其计算公式为：

$$单位产品价格 = (单位固定成本 + 单位变动成本) \div (1 - 适用税率)$$
$$= 单位完全成本 \div (1 - 适用税率)$$

（3）目标利润法。

目标利润定价法是根据预期目标利润和产品销售量、产品成本、适用税率等因素来确定产品销售价格的方法。其计算公式为：

$$单位产品价格 = (目标利润总额 + 完全成本总额) \div [产品销量 \times (1 - 适用税率)]$$
$$= (单位目标利润 + 单位完全成本) \div (1 - 适用税率)$$

（4）变动成本定价法。

变动成本定价法是指企业在生产能力有剩余的情况下增加生产一定数量的产品，这些增加的产品可以不负担企业的固定成本，只负担变动成本。在确定价格时产品成本仅以变动成本计算。此处所指变动成本是指完全变动成本，包括变动制造成本和变动期间费用。其计算公式为：

$$单位产品价格 = 单位变动成本 \times (1 + 成本利润率) \div (1 - 适用税率)$$
$$单位利润 = 单位变动成本 \times 成本利润率 = 单价 \times 销售利润率$$
$$利润总额 = 变动成本 \times 成本利润率 = 销售收入 \times 销售利润率$$

2. 以市场需求为基础的定价方法

以成本为基础的定价方法，主要关注企业的成本状况而不考虑市场需求状况，因而运用这种方法制定的产品价格不一定满足企业销售收入或利润最大化的要求。

最优价格应是企业取得最大销售收入或利润时的价格。以市场需求为基础的定价方法

可以契合这一要求,主要有需求价格弹性系数定价法和边际分析定价法等。

(1) 需求价格弹性系数定价法。

产品在市场上的供求变动关系,实质上体现在价格的刺激和制约作用上。在其他条件不变的情况下,某种产品的需求量随其价格的升降而变动的程度,就是需求价格弹性系数。由于需求与价格反方向变动,所以需求价格弹性系数小于等于 0。

(2) 边际分析定价法。

边际分析定价法,是指基于微分极值原理,通过分析不同价格与销售量组合下的产品边际收入、边际成本和边际利润之间的关系,进行定价决策的一种定量分析方法。即边际收入等于边际成本时,利润最大,价格最优。

(三) 价格运用策略

企业之间的竞争在很大程度上表现为企业产品在市场上的竞争。市场占有率的大小是衡量产品市场竞争能力的主要指标。除了提升产品质量之外,根据具体情况合理运用不同的价格策略,可以有效地提高产品的市场占有率和企业的竞争能力。其中,主要的价格运用策略有以下几种,如表 9 – 5 所示。

表 9 – 5　　　　　　　　　　　　　价格运用策略

项目	具体内容
折让定价策略	折让定价策略是指在一定条件下,以降低产品的销售价格来刺激购买者,从而达到扩大产品销售量的目的。价格的折让主要表现是价格折扣,一般表现为现金折扣、数量折扣、团购折扣、预购折扣、季节折扣等形式(详见表 9 – 6)
心理定价策略	心理定价策略是指针对购买者的心理特点而采取的一种定价策略,主要有声望定价、尾数定价、双位定价和高位定价等
组合定价策略	组合定价策略是针对相关产品组合所采取的一种方法。它根据相关产品在市场竞争中的不同情况,使互补产品价格有高有低,或使组合售价优惠
寿命周期定价策略	寿命周期定价策略是根据产品从进入市场到退出市场的生命周期,分阶段确定不同价格的定价策略。产品在市场中的寿命周期一般分为推广期、成长期、成熟期和衰退期。在推广期和衰退期采用低价促销策略,在成长期采用中等价格,在成熟期采用高价促销

表 9 – 6　　　　　　　　　　　　　折让定价策略

项目	具体内容
现金折扣	现金折扣是企业为了提高结算保障,对在一定期限内付款的购买者给予的折扣,即购买方如果在企业规定的期限内付款,企业就给予购买方一定的折扣。目的是鼓励购买方提前付款,以尽快回笼资金,加速资金周转
数量折扣	数量折扣是企业对大量购买或集中购买本企业产品的购买方给予的一种折扣优惠。一般购买量越多、金额越大,折扣也越大。数量折扣可分为一次性数量折扣和累计数量折扣
团购折扣	团购折扣是指通过团购集合足够人数,便可以优惠价格购买或使用第三方公司的物品、优惠券或服务,卖家薄利多销,买家得到优惠,节省金钱,而运行团购网站的公司则从卖方收取佣金

续表

项目	具体内容
预购折扣	预购折扣是指对预先向企业订购或购买产品进行折扣。例如提前预订机票,提前预订旅游产品等。企业可以根据预定情况做出生产、销售计划,增加资金周转,进而降低产品库存,避免产品积压。对服务业可以提前做好服务计划安排,降低服务成本
季节折扣	季节折扣是企业给予非季节性热销商品的购买者提供的一种价格优惠。这种折扣方式有利于减少存货成本和资金成本,加速资金回收,缓解供需在时间上的矛盾。季节折扣与购买数量、购买方无关,只是鼓励旺季之前订货

【考点提示】销售定价管理属于历年真题的常考点,主要是以客观题形式考查,要注意区分各种定价方法。

【例题9-8·单选题】下列各项中,以市场需求为基础的定价方法是(   )。(2018年)
A. 保本点定价法   B. 全部成本费用加成定价法
C. 目标利润法   D. 边际分析定价法
【答案】D
【解析】以市场需求为基础的定价方法有需求价格弹性系数法与边际分析定价法,选择D。选项ABC均属于以成本为基础的定价方法。

【例题9-9·多选题】下列各项中,可以作为企业产品定价目标的有(   )。(2017年)
A. 保持或提高市场占有率   B. 应对和避免市场竞争
C. 实现利润最大化   D. 树立企业形象
【答案】ABCD
【解析】企业的定价目标主要有以下几种:(1)实现利润最大化;(2)保持或提高市场占有率;(3)稳定价格;(4)应付和避免竞争;(5)树立企业形象及产品品牌。四个选项均正确。

【例题9-10·计算题】丙公司是一家汽车生产企业,只生产C型轿车,相关资料如下:
资料一:C型轿车年设计生产能力为60 000辆。2016年C型轿车销售量为50 000辆,销售单价为15万元。公司全年固定成本总额为67 500万元。单位变动成本为11万元,适用的消费税税率为5%,假设不考虑其他税费。2017年该公司将继续维持原有产能规模,且成本性态不变。
资料二:预计2017年C型轿车的销售量为50 000辆,公司目标是息税前利润比2016年增长9%。

资料三：2017年某跨国公司来国内拓展汽车租赁业务，向丙公司提出以每辆12.5万元价格购买500辆C型轿车。假设接受该订单不冲击原有市场。

要求：

（1）资料一和资料二，计算下列指标：①2017年目标税前利润；②2017年C型轿车的目标销售单价；③2017年目标销售单价与2016年单价相比的增长率。

（2）根据（1）的计算结果和资料二，计算C型轿车单价对利润的敏感系数。

（3）根据资料一和资料三，判断公司是否应该接受这个特殊订单，并说明理由。(2017年)

【答案】

（1）①2016年税前利润＝50 000×15×（1－5%）－50 000×11－67 500＝95 000（万元）

2017年目标税前利润＝95 000×（1＋9%）＝103 550（万元）

②2017年C型轿车的目标销售单价＝（103 550＋67 500＋50 000×11）÷[50 000×（1－5%）]＝15.18（万元）

③2017年目标销售单价与2016年单价相比的增长率＝（15.18－15）÷15×100%＝1.2%

（2）C型轿车单价对利润的敏感系数＝9%÷1.2%＝7.5。

（3）由于额外订单价格每辆12.5万元高于按变动成本计算的单价11.58万元，且订单总量未超过年设计生产能力，故应接受这一额外订单。

【解析】

（1）①息税前利润＝销售量×（单价－单位变动成本）－固定成本，由于消费税为价内税，销售单价为15万元，不含消费税的单价应该为15×（1－5%）万元，2016年税前利润＝50 000×15×（1－5%）－50 000×11－67 500＝95 000（万元）。

2017年C型轿车目标息税前利润比2016年增长9%，故2017年目标税前利润＝95 000×（1＋9%）＝103 550（万元）。

②设2017年C型轿车的目标销售单价为P，息税前利润＝销售量×（单价－单位变动成本）－固定成本，由于消费税为价内税，目标销售单价为P万元，不含消费税的单价应该为P×（1－5%）万元，2017年C型轿车的销售量为50 000辆，则：50 000×P×（1－5%）－50 000×11－67 500＝103 550（万元）。

故2017年C型轿车的目标销售单价＝（103 550＋67 500＋50 000×11）÷[50 000×（1－5%）]＝15.18（万元）

③2017年目标销售单价与2016年单价相比的增长率＝（2017年目标销售单价－2016年单价）÷2016年单价＝（15.18－15）÷15×100%＝1.2%

（2）利润变动百分比为9%，单价变动百分比为1.2%，C型轿车单价对利润的敏感系数＝利润变动百分比÷单价变动百分比＝9%÷1.2%＝7.5。

(3) 因为 C 型轿车年设计生产能力为 60 000 辆。C 型轿车的销售量为 50 000 辆，2017 年某跨国公司欲购买 500 辆 C 型轿车，50 000 + 500 < 60 000 辆，目前丙企业还有剩余生产能力，且接受特殊订单不影响固定成本，根据公式单位产品价格 = 单位变动成本 ×(1 + 成本利润率)÷(1 - 适用税率)，本题未告知成本利润率，按变动成本计算的单价 = 11÷(1 - 5%) = 11.58（万元），该特殊订单的单价 12.5 万元高于按变动成本计算的单价 11.58 万元，所以应该接受这个特殊订单。

第 19 天

- **复习旧内容：**

    第九章　收入与分配管理　第一～第二节

- **学习新内容：**

    第九章　收入与分配管理　第三～第四节

- **今天想对你说：**

    开不开心？高不高兴？终于快要学完了？

- **简单解释今天学习内容：**

    纳税管理的核心在于合法减少纳税，合法递延纳税，也就是在合法合规的情形下，能少纳税就少纳税，能晚纳税就晚纳税；分配管理要解决的是公司盈利了，利润采取何种方式支付给股东的问题。

- **可能会遇到的难点：**

    第三节是不常考内容，可以适当放弃。第四节中，各种股利分配政策是常考点且较易混淆，学习时注意对比记忆。

- **习题注意事项：**

    以掌握客观题为主，同时关注固定资产改变折旧方法纳税筹划的计算。

- **建议学习时间：**

    3 小时

第三节 纳税管理（不重要）

一、纳税管理概述

（一）纳税管理

纳税管理是指企业对其涉税业务和纳税实务所实施的研究和分析、计划和筹划、监控和处理、协调和沟通、预测和报告的全过程管理行为。

纳税管理的目标是规范企业纳税行为、合理降低税收支出、有效防范纳税风险。纳税管理贯穿财务管理的各个组成部分，成为现代财务管理的重要内容。

（二）纳税筹划

纳税筹划是指在纳税行为发生之前，在不违反税法及相关法律法规的前提下，对纳税主体的投资、筹资、营运及分配行为等涉税事项作出的事先安排，以实现企业财务管理目标的一系列谋划活动。纳税筹划的外在表现是降低税负和延期纳税。有效的纳税筹划可以提高企业的现金管理水平，有助于企业财务管理目标的实现。

（三）纳税筹划的原则

（1）合法性原则；
（2）系统性原则；
（3）经济性原则；
（4）先行性原则。

（四）纳税筹划的方法

1. 减少应纳税额

（1）利用税收优惠政策筹划法。包括利用免税政策、利用减税政策、利用退税政策、利用税收扣除政策、利用税率差异、利用分劈技术、利用税收抵免。

（2）转让定价筹划法。转让定价筹划法，主要是指通过关联企业采用非常规的定价方式和交易条件进行的纳税筹划。

2. 递延纳税

考虑到货币资金的时间价值和通货膨胀因素，纳税筹划的另一条思路是递延纳税。

利用会计处理方法进行递延纳税筹划主要包括存货计价方法的选择和固定资产折旧方法的选择等。

【例题9-11·单选题】在税法许可的范围内，下列纳税筹划方法中，能够导致递延纳税的是（　　）。（2017年）
A. 固定资产加速折旧法
B. 费用在母子公司之间合理分劈法
C. 转让定价筹划法
D. 研究开发费用加计扣除法

【答案】A

【解析】利用会计处理方法进行递延纳税筹划主要包括存货计价方法的选择和固定资产折旧方法的选择。所以选项A正确。选项BCD一般为减少纳税的方法。

二、企业筹资纳税管理

按筹资来源划分，企业筹资可划分为内部筹资和外部筹资，内部筹资来源于企业内部，以积累的留存收益为主，外部筹资来源于企业外部，又可分为债务筹资和股权筹资。

（一）内部筹资纳税管理

内部筹资是减少股东税收的一种有效手段，可以避免股东双重纳税，有利于股东财富最大化的实现。

（二）外部筹资纳税管理

内部筹资一般不能满足企业的全部资金需求，因此，企业还需要进行外部筹资。需要的外部融资额，可以通过增加债务或增加权益资金来满足，使用债务筹资的确可以带来节税收益，增加企业价值，但出于财务管理目标的考虑，在采用债务筹资方式筹集资金时，不仅要将资本结构控制在相对安全的范围内，还要确保总资产收益率（息税前）大于债务利息率。

三、企业投资纳税管理

（一）直接投资纳税管理

按投资方向，直接投资纳税管理可以划分为直接对内投资纳税管理和直接对外投资纳税管理。

1. 直接对外投资纳税管理

（1）投资组织形式的纳税筹划。

①公司制企业与合伙企业的选择。公司的营业利润在分配前课征企业所得税，当税后利润作为股息分配给个人股东时，股东还要缴纳个人所得税，因此，股东面临着双重税收问题，而合伙企业不缴纳企业所得税，只课征各个合伙人分得收益的个人所得税。

②子公司与分公司的选择。企业发展到一定规模后，可能需要建立分公司或子公司。从税法上看，子公司需要独立申报企业所得税，分公司的企业所得税由总公司汇总计算并缴纳。根据企业分支机构可能存在的盈亏不均、税率差别等因素来决定分支机构的设立形式，能合法、合理地降低税收成本。

（2）投资行业的纳税筹划。不同行业税收负担不同，在进行投资决策时，应尽可能选择税收负担较轻的行业。

（3）投资地区的纳税筹划。不同国家以及我国不同地区的税负各有差异，企业在选择注册地点时，应考虑不同地区的税收优惠政策。

(4) 投资收益取得方式的纳税筹划。企业的投资收益由**股息红利（优惠）**和**资本利得（征税）**两部分组成，但这两种收益的所得税税务负担不同。根据企业所得税法规定，居民企业直接投资于其他居民企业取得股息、红利等权益性投资收益为企业的免税收入，不包括连续持有居民企业公开发行并上市流通的股票不足 12 个月取得的投资收益。而企业卖出股份所取得的投资收益则需要缴纳企业所得税。因此，在选择回报方式时，投资企业可以利用其在被投资企业中的地位，使被投资企业进行现金股利分配，这样可以减少投资企业取得投资收益的所得税税务负担。

2. 直接对内投资纳税管理

直接对内投资是指在本企业范围内的资金投放，用于购买和配置生产经营所需的生产资料，这里主要对长期经营资产进行纳税筹划。

无形资产投资企业所得税加计扣除规定：（**100%，200%**）

制造业企业开展研发活动中实际发生的研发费用，未形成无形资产的计入当期损益，在按照规定据实扣除的基础上，再按照实际发生额的 **100%** 在税前加计扣除；形成无形资产的，按照无形资产成本的 **200%** 在税前摊销。因此，企业在具备相应的技术和资金实力时，应该进行自主研发，从而享受加计扣除优惠。

（二）间接投资纳税管理

我国税法规定，我国国债利息收入免交企业所得税，当可供选择债券的回报率较低时，应该将其税后投资收益与国债的收益相比，再作决策。

四、企业营运纳税管理

（一）采购的纳税管理

采购主要影响流转税中增值税进项税额，可以从以下四个方面进行纳税筹划：

1. 增值税纳税人的纳税筹划

增值税纳税人分为一般纳税人和小规模纳税人，我国税务机关对两类纳税人采用不同的征收方法，由此会产生相应的税负差别。某些处于生产经营初期的纳税人，由于其经营规模较小，可以选择成为一般纳税人或小规模纳税人，故存在纳税人身份的纳税筹划问题。

增值税一般纳税人以不含税的增值额为计税基础，小规模纳税人以不含税的销售额为计税基础，在销售价格相同的情况下，税负的高低主要取决于增值率的大小。

一般来说，增值率高的企业，适宜作为小规模纳税人；反之，适宜作为一般纳税人。当增值率达到某一数值时，两类纳税人的税负相同，这一数值被称为无差别平衡点增值率。

2. 购货对象的纳税筹划

企业从不同类型的纳税人处采购货物，所承担的税收负担也不一样。一般纳税人从一般纳税人处采购的货物，增值税进项税额可以抵扣。一般纳税人从小规模纳税人采购的货物，增值税不能抵扣（由税务机关代开的除外），为了弥补购货人的损失，小规模纳税人有时会在价格上给予优惠，在选择购货对象时，要综合考虑由于价格优惠所带来的成本的减少和不能抵扣的增值税带来的成本费用的增加。

3. 结算方式的纳税筹划

结算方式包括赊购、现金、预付等。在价格无明显差异的情况下，采用赊购方式不仅可以获得推迟付款的好处，还可以在赊购当期抵扣进项税额；采用预付方式时，不仅要提前支付货款，在付款的当期如果未取得增值税专用发票，相应的增值税进项税额也不能被抵扣。因此，在购货价格无明显差异时，要尽可能选择赊购方式。在三种购货方式的价格有差异的情况下，需要综合考虑货物价格、付款时间和进项税额抵扣时间。

4. 增值税专用发票管理

根据进项税额抵扣时间的规定，对于取得防伪税控系统开具的增值税专用发票，纳税人应及时使用增值税发票选择确认平台确认需要抵扣的增值税发票电子信息。购进的多用途物资应进行认证再抵扣，待转为非应纳税项目时再作进项税额转出处理，以防止非应税项目物资转为应税项目时由于超过认证时间而不能抵扣其进项税额。

（二）生产的纳税管理

企业生产过程实际上是各种原材料、人工工资和相关费用转移到产品的全过程，可以从以下三个方面进行纳税筹划：

1. 存货计价的纳税筹划

存货的计价方法有多种，按照现行的税法规定，纳税人存货的计算应以实际成本为准。纳税人各项存货的发生和领用的成本计价方法，可以在先进先出法、加权平均法、个别计价法中选一种。计价方法一经选用，不得随意变更。

不同的存货计价方法可以通过改变销售成本，继而改变所得税纳税义务在时间上的分布来影响企业价值。

如果预计企业将长期盈利，或处于非税收优惠期间时，应选择使本期存货成本最大化的存货计价方法。

如果预计企业将亏损或者企业已经亏损，或正处于所得税减税或免税期间，应选择当期存货成本最小化的计价方法，减少企业的当期摊入。

2. 固定资产的纳税筹划

对于盈利企业，新增固定资产入账时，其账面价值应尽可能低且能在当期扣除相关费用，尽量缩短折旧年限或采用加速折旧法。对于亏损企业和享受税收优惠的企业，应该合理预计企业的税收优惠期间或弥补亏损所需年限，采用适当的折旧安排，尽量在税收优惠期间和亏损期间少提折旧，以达到抵税收益最大化。

3. 期间费用的纳税筹划

企业在生产经营过程中所发生的费用和损失，只有部分能够计入所得税扣除项目，且有些扣除项目还有限额的规定，例如企业发生的业务招待费支出，按照发生额的60%扣除，但最高不得超过当年销售收入的5‰，因此企业应该严格规划招待费的支出时间，对于金额巨大的招待费，争取在两个或多个会计年度分别支出，从而使扣除金额更多。

（三）销售的纳税管理

1. 结算方式的纳税筹划

不同销售结算方式中纳税义务的发生时间不同，这为企业进行纳税筹划提供了可能。

企业在不能及时收到货款的情况下,可以采用委托代销、分期收款等销售方式,等收到代销清单或合同约定的收款日期到来时再开具发票,承担纳税义务,从而起到延缓纳税的作用。

2. 促销方式的纳税筹划

不同促销方式下,同样的产品取得的销售额有所不同,其应交增值税也有可能不一样。

在销售环节,常见的销售方式有销售折扣和折扣销售。销售折扣不得从销售额中减除,不能减少增值税纳税义务,但是可以尽早收到货款,提高企业资金周转效率。折扣销售中,如果销售额和折扣额在同一张发票上注明,可以以销售额扣除折扣额后的余额作为计税金额,减少企业的销项税额。

在零售环节,常见的促销方式有折扣销售、实物折扣和以旧换新等,从税负角度考虑,企业适合选择折扣销售方式。

五、企业利润分配纳税管理

企业通过投资活动和营运活动取得的收入在弥补了相应的成本费用之后,便形成了企业的利润总额,由此进入了企业利润分配环节,利润分配纳税管理主要包括两个部分:所得税纳税管理和股利分配纳税管理。

(一)所得税的纳税管理

在合法、合理的情况下,纳税人应通过纳税筹划尽可能减少企业的所得税纳税义务或者递延缴纳所得税。

亏损弥补的纳税筹划,最重要的就是正确把握亏损弥补期限。税法规定,纳税人发生年度亏损,可以用下一纳税年度的所得弥补;下一年度的所得不足以弥补的,可以逐年延续弥补,但延续弥补期最长不得超过5年。但对于高新技术企业和科技型中小企业,亏损结转年限由5年延长至10年。值得注意的是,这里的亏损是指税法上的亏损,即应纳税所得额为负值。

(二)股利分配的纳税管理

1. 基于自然人股东的纳税筹划

对于自然人股东而言,从上市公司取得的股息红利收益和资本利得收益的纳税负担不同。

个人从公开发行和转让市场取得的上市公司股票,持股期限超过1年的,股息红利所得暂免征收个人所得税。持股期限在1个月以内(含1个月)的,其股息红利所得金额计入应纳税所得额;持股期限在1个月以上至1年(含1年)的,暂减按50%计入应纳税所得额;上述所得统一适用20%的税率计征个人所得税。如果投资个人不是获取现金或股票股利,而是通过股票交易获得投资收益,对股票转让所得不征个人所得税,即暂不征收资本利得税,但投资个人在股票交易时需承担成交金额的1‰的印花税。

2. 基于法人股东的纳税筹划

这里的法人股东主要指具有独立法人人格的公司制企业。

投资企业从居民企业取得的股息等权益性收益所得只要符合相关规定都可享受免税收

入待遇，而不论该投资企业是否为居民企业。而投资企业通过股权转让等方式取得的投资收益需要计入应纳税所得额，按企业适用的所得税税率缴纳企业所得税。因此，基于法人股东考虑，公司进行股利分配可以帮助股东减少纳税负担，增加股东收益，为了维持与股东的良好关系，保障股东利益，在企业财务状况允许的情况下，公司应该进行股利分配。

六、企业重组纳税管理

企业重组，包括：企业法律形式改变、债务重组、股权收购、资产收购、合并和分立等。企业重组的纳税管理可以从两方面入手：

一方面，通过重组事项，长期降低企业的各项纳税义务。

另一方面，减少企业重组环节的纳税义务。资产重组有两类税务处理方法：一般性税务处理方法和特殊性税务处理方法。一般性税务处理方法强调重组交易中的增加值一定要缴纳企业所得税，特殊性税务处理方法规定股权支付部分可以免于确认所得，从而大大降低了企业重组环节的所得税支出。此外，特殊性税务处理可以部分抵扣相关企业的亏损，从中获得抵税收益。因此，在进行重组时，应该尽量满足特殊性税务处理条件，采用特殊性税务处理方法。

（一）企业合并的纳税筹划

1. 并购目标企业的选择

（1）并购有税收优惠政策的企业。

（2）并购亏损的企业。如果企业并购重组符合特殊性税务处理的规定，合并企业可以对被合并企业的亏损进行弥补，获得抵税收益，可由合并企业弥补的被合并企业亏损的限额等于被合并企业净资产公允价值乘以截至合并业务发生当年年末国家发行的最长期限的国债利率。因此，在综合考虑了其他条件之后，企业应该选择亏损企业作为并购目标，在亏损企业中，应该优先考虑亏损额接近于法定最高亏损弥补额的企业。

（3）并购上下游企业或关联企业。

2. 并购支付方式的纳税筹划

我国税法对不同的并购支付方式对应的税务处理的规定存在差异，这为企业并购纳税筹划提供了可能的空间，常见的并购支付方式有股权支付和非股权支付，在支付时，可以单独使用其中的一种方式或同时使用两种方式。

（1）股权支付。 股权支付是指在企业重组中购买、换取资产的一方支付的对价中，以本企业或其控股企业的股权、股份作为支付的形式，对并购公司而言，与现金支付相比，股权支付不会给企业带来融资压力，降低了企业的财务风险。当企业符合特殊性税务处理的其他条件，且股权支付金额不低于其交易支付总额的 **85%** 时，可以使用资产重组的特殊性税务处理方法，这样，可以相对减少合并环节的纳税义务，获得抵税收益。

（2）非股权支付。 非股权支付是指在企业并购过程中，以本企业的现金、银行存款、应收账款，本企业或其控股企业股权和股份以外的有价证券、存货、固定资产、其他资产以及承担债务等作为支付的形式。非股权支付采用一般性税务处理方法，对合并企业而言，需对被合并企业公允价值大于原计税基础的所得进行确认，缴纳所得税，并且不能弥补被合并企业的亏损。对于被合并企业的股东而言，需要对资产转让所得缴纳所得税，因此，如果采用非股权支付方式，就要考虑目标公司股东的税收负担，这样势必会增加收购成本。

因此，当采用股权支付不会对并购公司控制权产生重大影响时，应该优先考虑股权支付，或者尽量使股权支付金额不低于其交易支付总额的85%，以争取达到特殊性税务处理的条件。

（二）企业分立的纳税筹划

1. 分立方式的选择

企业分立可以分为新设分立和存续分立，企业应该根据实际情况进行选择。

（1）新设分立。新设分立是指原企业解散，分立出的各方分别设立为新的企业。可以通过新设分立，使之适用小型微利企业，或使某些新设企业符合高新技术企业的优惠，从而使企业的总体税收负担低于分立前的企业。

（2）存续分立。存续分立是指原企业存续，而其一部分分出设立为一个或数个新的企业。通过存续分立，可以将企业某个特定部分分立出去，获得流转税的税收利益。

2. 支付方式的纳税筹划

企业分立的支付方式有股权支付与非股权支付。当企业符合特殊性税务处理的其他条件，且被分立企业股东在该企业分立发生时取得的股权支付金额不低于其交易支付总额的**85%**时，可以使用企业分立的特殊性税务处理方法，这样不但可以相对减少分立环节的所得税纳税义务，而且被分立企业未超过法定弥补期限的亏损额可按分立资产占全部资产的比例进行分配，由分立企业继续弥补，分立企业可以获得抵税收益。因此，分立企业应该优先考虑股权支付，或者尽量使股权支付金额不低于其交易支付总额的85%，争取达到企业分立的特殊性税务处理条件。

第四节　分配管理

一、股利政策与企业价值

（一）股利分配理论：股利政策与公司价值的关系（见表9-7）

表9-7　　　　　　　　　　　　　股利理论

股利理论	要点阐释
股利无关论	股利无关论认为，在一定的假设条件限定下，股利政策不会对公司的价值或股票的价格产生任何影响，公司市场价值的高低，完全由公司所选择的投资决策的获利能力和风险组合决定，而与公司的利润分配政策无关（剩余股利政策）。 该理论是建立在完全资本市场理论之上的，假定条件包括： （1）市场具有强式效率，没有交易成本，没有任何一个股东足以影响股票价格； （2）不存在任何公司或个人所得税； （3）不存在任何筹资费用，包括发行费用和各种交易费用； （4）公司的投资决策与股利决策彼此独立，即投资决策不受股利分配的影响； （5）股东对股利收入和资本增值之间并无偏好

续表

股利理论	要点阐释
股利相关论	（1）"手中鸟"理论。 该理论认为用留存收益再投资，给投资者带来的收益具有较大的不确定性，股东偏好现金股利优于资本利得。该理论认为公司的股利政策与公司的股票价格是密切相关的，即当公司支付较高的股利时，公司的股票价格会随之上升，公司的价值将得到提高。 （2）信号传递理论。 该理论认为，在信息不对称的情况下，公司可以通过股利政策向市场传递有关公司未来获利能力的信息，从而会影响公司的股价。公司派发的现金股利越多，预示着公司未来的获利能力越强。因此，公司可以通过高派现向市场传递较好前景的利好消息，引起股票价格上涨，企业价值增加。 （3）所得税差异理论。 该理论认为，由于普遍存在的税率的差异以及纳税时间的差异，资本利得收益比股利收益更有助于实现收益最大化目标，企业应当采用低股利政策。一般来说，对资本利得收益征收的税率低于对股利收益征收的税率；再者，即使两者没有税率上的差异，由于投资者对资本利得收益的纳税时间选择更具有弹性，投资者仍可以享受延迟纳税带来的收益差异。 （4）代理理论。 该理论认为，股利政策有助于减缓管理者与股东之间的代理冲突，股利政策是协调股东与管理者之间代理关系的一种约束机制。高水平股利政策有助于降低代理成本（减少了管理者对自由现金流量的支配权），但同时增加了外部融资成本（支付较多的现金股利，导致公司进入资本市场寻求外部融资）。因此，最优的股利政策应该是代理成本和外部融资成本之和最小

（二）股利政策（见表9-8）

表9-8　　　　　　　　　　　　　　　　股利政策

股利政策	特点
剩余股利政策	公司在有良好的投资机会时，根据目标资本结构，测算出投资所需的权益资本额，先从盈余中留用，然后用剩余的盈余作为股利来分配，如果没有盈余，则不派发股利。 优点： 留存收益优先保证再投资的需要，从而有助于降低再投资的资本成本，保持最佳的资本结构，实现企业价值的长期最大化。 缺点： 股利发放额每年随着投资机会和盈利水平的波动而波动，不利于投资者安排收入与支出，也不利于公司树立良好的形象。 适用：公司的初创阶段。 理论依据：股利无关论
固定或稳定增长的股利政策	公司将每年派发的股利额固定在某一特定水平或是在此基础上维持某一固定比率逐年稳定增长。公司只有在确信未来盈余不会发生逆转时才会宣布实施固定或稳定增长的股利政策。 优点： （1）由于股利政策本身的信息含量，稳定的股利向市场传递着公司正常发展的信息，有利于树立公司的良好形象，增强投资者对公司的信心，稳定股票的价格。 （2）稳定的股利额有助于投资者安排股利收入和支出，有利于吸引那些打算进行长期投资并对股利有很高依赖性的股东。 （3）固定或稳定增长的股利政策可能会不符合剩余股利理论，但考虑到股票市场会受多种因素影响，为了将股利或股利增长率维持在稳定的水平上，即使推迟某些投资方案或暂时偏离目标资本结构，也可能比降低股利或股利增长率更为有利。 缺点： 股利的支付与企业的盈利相脱节，即不论公司盈利多少，均要支付固定的或按固定比率增长的股利，这可能会导致企业资金紧缺，财务状态恶化。此外，在企业无利可分的情况下，若依然实施固定或稳定增长的股利政策，也是违反《公司法》的行为。 适用：经营比较稳定或正处于成长期的企业，但很难被长期采用

续表

股利政策	特点
固定股利支付率政策	公司确定固定的股利支付率，并长期按此比率支付股利的政策。 优点： （1）股利与公司盈余紧密地配合，体现了"多盈多分、少盈少分、不盈不分"的股利分配原则； （2）股利政策较为稳定。 缺点： （1）大多数公司每年的收益很难保持稳定不变，导致年度间的股利额波动较大，由于股利的信号传递作用，波动的股利很容易给投资者带来经营状况不稳定、投资风险较大的不良印象，成为影响股价的不利因素。 （2）容易使公司面临较大的财务压力。 （3）合适的固定股利支付率的确定难度比较大。 适用：处于稳定发展并且财务状况也比较稳定的公司
低正常股利加额外股利政策	公司事先设定一个较低的正常股利额，每年除了按正常股利额向股东发放股利外，还在公司盈余较多、资金较为充裕的年份向股东发放额外股利。但是，额外股利并不固定化，不意味着公司永久地提高了股利支付额。 优点： （1）赋予公司较大的灵活性，使公司在股利发放上留有余地，并具有较大的财务弹性。公司可根据每年的具体情况，选择不同的股利发放水平，以稳定和提高股价，进而实现公司价值的最大化。 （2）使那些依靠股利度日的股东每年至少可以得到虽然较低但比较稳定的股利收入，从而吸引住这部分股东。 缺点： （1）由于各年度之间公司盈利的波动使得额外股利不断变化，造成分派的股利不同，容易给投资者造成收益不稳定的感觉。 （2）当公司在较长时间持续发放额外股利后，可能会被股东误认为"正常股利"，一旦取消，传递出的信号可能会使股东认为这是公司财务状况恶化的表现，进而导致股价下跌。 适用：对那些盈利随着经济周期而波动较大的公司或者盈利与现金流量很不稳定的公司，低正常股利加额外股利政策也许是一种不错的选择

【考点提示】股利分配理论和股利政策属于历年真题的常考点，考查频率非常高，主要是从客观题角度掌握。注意各种不同股利政策的主要特点。

【例题9-12·单选题】下列股利政策中，有利于保持企业最佳资本结构的是（　　）。(2018年)
A. 固定股利政策　　　　　　　　B. 剩余股利政策
C. 固定股利支付率政策　　　　　D. 低正常股利加额外股利政策
【答案】B
【解析】剩余股利政策的优点之一是有利于保持企业最佳资本结构，所以选择B。

【例题9-13·多选题】下列各项中，属于固定或稳定增长的股利政策优点的有（　　）。(2018年)
A. 稳定的股利有利于稳定股价
B. 稳定的股利有利于树立公司的良好形象

C. 稳定的股利使股利与公司盈余密切挂钩
D. 稳定的股利有利于优化公司资本结构

【答案】AB
【解析】固定或稳定增长股利政策的优点有：(1) 由于股利政策本身的信息含量，稳定的股利向市场传递着公司正常发展的信息，有利于树立公司的良好形象，增强投资者对公司的信心，稳定股票的价格。(2) 稳定的股利额有助于投资者安排股利收入和支出，有利于吸引那些打算进行长期投资并对股利有很高依赖性的股东。(3) 固定或稳定增长的股利政策可能会不符合剩余股利理论，但考虑到股票市场会受多种因素影响（包括股东的心理状态和其他要求），为了将股利维持在稳定的水平上，即使推迟某些投资方案或暂时偏离目标资本结构，也可能比降低股利或股利增长率更为有利。

二、股利支付形式与程序（见表 9 – 9）

表 9 – 9 股利支付形式

项目	具体内容
股利支付形式	(1) 现金股利：给股东支付现金，是最常见的股利形式。 (2) 财产股利：给股东支付公司拥有的其他公司的债券、股票等现金之外的财产。 (3) 负债股利：给股东支付公司的应付票据或发行的公司债券。 (4) 股票股利：以增发股票的方式所支付的股利。 发放股票股利对公司来说，并没有现金流出企业，也不会导致公司的财产减少，而只是将公司的未分配利润转化为股本和资本公积。但股票股利会增加流通在外的股票数量，同时降低股票的每股价值。它不改变公司股东权益总额，但会改变股东权益的构成。而股票股利派发前后每一位股东的持股比例也不会发生变化。 对股东来讲，股票股利的优点主要有： (1) 市场和投资者普遍认为，发放股票股利往往预示着公司会有较大的发展和成长，这样的信息传递会稳定股价或使股价下降比例减小甚至不降反升，股东便可以获得股票价值相对上升的好处。 (2) 由于股利收入和资本利得税率的差异，如果股东把股票股利出售，还会给他带来资本利得纳税上的好处。 对公司来讲，股票股利的优点主要有： (1) 发放股票股利不需要向股东支付现金，在再投资机会较多的情况下，公司就可以为再投资提供成本较低的资金，从而有利于公司的发展。 (2) 发放股票股利可以降低公司股票的市场价格，既有利于促进股票的交易和流通，又有利于吸引更多的投资者成为公司股东，进而使股权更为分散，有效地防止公司被恶意控制。 (3) 股票股利的发放可以传递公司未来发展前景良好的信息，从而增强投资者的信心，在一定程度上稳定股票价格
股利支付程序	股利发放涉及的几个日期： (1) 股利宣告日：股东大会决议通过并由董事会将股利支付情况予以公告的日期。 (2) 股权登记日：有权领取本期股利的股东资格截止日期。 (3) 除息日：领取股利的权利与股票分离的日期。在除息日之前购买股票的股东才能领取本次股利，而在除息日当天或是以后购买股票的股东，则不能领取本次股利。 (4) 股利发放日：公司按照公布的分红方案向股权登记日在册的股东实际支付股利的日期

【例题9-14·单选题】要获得收取股利的权利，投资者购买股票的最迟日期是（ ）。（2016年）
A. 除息日　　　B. 股权登记日　　　C. 股利宣告日　　　D. 股利发放日
【答案】B
【解析】股权登记日，即有权领取本期股利的股东资格登记截止日期。

【例题9-15·多选题】对公司而言，发放股票股利的优点有（ ）。（2017年）
A. 减轻公司现金支付压力
B. 使股权更为集中
C. 可以向市场传递公司未来发展前景良好的信息
D. 有利于股票交易和流通
【答案】ACD
【解析】对公司来讲，股票股利的优点主要有：（1）发放股票股利不需要向股东支付现金，在再投资机会较多的情况下，公司就可以为再投资提供成本较低的资金，从而有利于公司的发展（选项A正确）；（2）发放股票股利可以降低公司股票的市场价格，既有利于促进股票的交易和流通，又有利于吸引更多的投资者成为公司股东，进而使股权更为分散，有效地防止公司被恶意控制（选项B错误，选项D正确）；（3）股票股利的发放可以传递公司未来发展前景良好的信息，从而增强投资者的信心，在一定程度上稳定股票价格（选项C正确）。

三、股票分割与股票回购

（一）股票分割与股票回购概述（见表9-10）

表9-10　　　　　　　　　　　　股票分割与股票回购

内容	具体解释
股票分割	（1）概念。 股票分割又称拆股，即将一股股票拆分成多股股票的行为。股票分割对公司的资本结构不会产生任何影响，一般只会使发行在外的股票总数增加、每股面值降低，每股收益和每股市价下跌。资产负债表中股东权益各项目（股本、资本公积、盈余公积、未分配利润）的余额都保持不变，股东权益总额也保持不变。（提示：股票股利会改变股东权益的结构） （2）作用。 ①降低股票价格。 ②向市场和投资者传递"公司发展前景良好"的信号，有助于提高投资者对公司股票的信心。 （3）反分割。 反分割又称为股票合并或逆向分割，是指将多股股票合并为一股股票的行为。如果公司认为其股票价格过低，不利于其在市场上的声誉和未来的再筹资时，为提高股票的价格，会采取反分割措施。 反分割显然会降低股票的流通性，提高公司股票投资的门槛，它向市场传递的信息通常是不利的。

续表

内容	具体解释
股票回购	（1）概念。 股票回购，是指上市公司出资将其发行在外的普通股以一定价格购买回来予以注销或作为库存股的一种资本运作方式。公司不得随意收购本公司的股份，只有满足相关法律规定的情形才允许股票回购。 （2）动机。 ①现金股利的替代。 ②改变公司的资本结构，提高财务杠杆水平。 ③传递公司信息，通常，投资者会认为股票回购意味着公司认为其股票价值被低估而采取的应对措施。 ④基于控制权的考虑。 （3）影响。 股票回购对上市公司的影响主要表现在以下几个方面： ①提升公司调整股权结构和管理风险的能力，提高公司整体质量和投资价值。 ②形成资本所有者和劳动者的利益共同体，有助于提高投资者回报能力。 ③将股份用于转换上市公司发行的可转换为股票的公司债券实施的股票回购，也有助于拓展公司融资渠道，改善公司资本结构。 ④当市场不理性，公司股价严重低于股份内在价值时，为了避免投资者损失，适时进行股票回购，减少股份供应量，有助于稳定股价，增强投资者信心。 ⑤股票回购若用大量资金支付回购成本，一方面，容易造成资金紧张，降低资产流动性，影响公司的后续发展；另一方面，在公司没有合适的投资项目又持有大量现金的情况下，回购股份，也能更好地发挥货币资金的作用。 ⑥上市公司通过履行信息披露义务和公开的集中交易方式进行股份回购有利于防止操纵市场、内幕交易等利益输送行为

（二）股票回购的 6 种情形及对应注销期限（见表 9－11）

表 9－11　　　　　　　　　股票回购的 6 种情形及对应注销期限

可以回购本公司股份的情形	注销期限
减少公司注册资本	应当自收购之日起 10 日内注销
与持有本公司股份的其他公司合并	应当在 6 个月内转让或者注销
股东因对股东大会作出的公司合并、分立决议持异议，要求公司收购其股份	
将股份用于员工持股计划或者股权激励	公司合计持有的本公司股份数不得超过本公司已发行股份总额的 10%，并应当在 3 年内转让或者注销
将股份用于转换上市公司发行的可转换为股票的公司债券	
上市公司为维护公司价值及股东权益所必需	

【注意】公司不能接受本公司股票作为质押权的标的（可能是变相回购）。

【考点提示】股票分割和股票回购属于客观题的高频考点，大家要掌握两者对上市公司的影响。

【例题9-16·计算题】丁公司2017年末的资产总额为60 000万元，权益资本占资产总额的60%，当年净利润为7 200万元，丁公司认为其股票价格过高，不利于股票流通，于2017年末按照1:2的比例进行股票分割，股票分割前丁公司发行在外的普通股股数为2 000万股。根据2018年的投资计划，丁公司需要追加9 000万元，基于公司目标资本结构，要求追加的投资中权益资本占60%。

要求：

(1) 计算丁公司股票分割后的下列指标：①每股净资产；②净资产收益率。

(2) 如果丁公司针对2017年度净利润采取固定股利支付率政策分配股利，股利支付率为40%，计算应支付的股利总和。

(3) 如果丁公司针对2017年度净利润采取剩余股利政策分配股利。计算下列指标：①2018年追加投资所需要的权益资本额；②可发放的股利总额。(2018年)

【答案】

(1) ①每股净资产=60 000×60%÷(2×2 000)=9（元/股）

②净资产收益率=7 200÷(60 000×60%)=20%

(2) 应支付的股利总和=7 200×40%=2 880（万元）

(3) ①2018年追加投资所需要的权益资本额=9 000×60%=5 400（万元）

②可发放的股利总额=7 200-5 400=1 800（万元）

【解析】

(1) ①2017年末按照1:2的比例进行股票分割，普通股股数=2×2 000=4 000（万股），净资产=资产总额×权益资本占资产总额的比重=60 000×60%=3 600（万元），每股净资产=净资产÷普通股股数=60 000×60%÷(2×2 000)=9（元/股）；

②净资产收益率=净利润÷平均所有者权益=净利润÷平均净资产=7 200÷(60 000×60%)=20%

(2) 采用固定股利支付率政策分配股利，应支付的股利总和=净利润×股利支付率=7 200×40%=2 880（万元）。

(3) ①2018年追加投资所需要的权益资本额=追加投资额×权益资本占比=9 000×60%=5 400（万元）

②剩余股利政策的特点是：留存收益优先保证再投资的需要，净利润7 200万元先满足投资所需的权益资本，可发放的股利总额=7 200-5 400=1 800（万元）。

四、股权激励

（一）股票期权模式

股票期权是指上市公司授予激励对象（如经理人员）在未来一定期限内以预先确定的条件购买公司一定数量股份的选择权。股票期权不得转让，不得用于担保或偿还债务。

对上市公司而言，股票期权授权日与获授股票期权首次可以行权日之间的间隔不得少于12个月。股票期权有效期内，上市公司应规定激励对象分期行权，每期时限不得少于

12 个月，后一行权期的起算日不得早于前一行权期的届满日。每期可行权的股票期权比例不得超过激励对象获授股票期权总额的 50%。

股票期权激励模式的优点：

（1）股票期权模式的优点在于 能够降低委托—代理成本，将经营者的报酬与公司的长期利益绑在一起，实现了经营者与企业所有者利益的高度一致，使二者的利益紧密联系起来，并且有利于降低激励成本。

（2）可以 锁定期权人的风险，由于期权人事先没有支付成本或支付成本较低，如果行权时公司股票价格下跌，期权人可以放弃行权，几乎没有损失。

股票期权激励模式存在以下缺点：

（1）影响现有股东的权益。激励对象行权将会分散股权，改变公司的总资本和股本结构，会影响到现有股东的权益，可能导致产权和经济纠纷。

（2）可能遭遇来自 股票市场的风险。由于股票市场受较多不可控因素的影响，导致股票市场的价格具有不确定性，持续的牛市会产生"收入差距过大"的问题；当期权人行权但尚未售出购入的股票时，如果股价下跌至行权价以下，期权人将同时承担行权后纳税和股票跌破行权价的双重损失的风险。

（3）可能带来 经营者的短期行为。由于股票期权的收益取决于行权之日市场上的股票价格高于行权价格的差额，因而可能促使公司的经营者片面追求股价提升的短期行为，而放弃有利于公司发展的重要投资机会。

适用：股票期权模式比较适合那些 初始资本投入较少，资本增值较快，处于 成长初期或扩张期 的企业，如互联网、高科技等风险较高的企业等。

（二）限制性股票模式

限制性股票指公司为了实现某一特定目标，公司 先 将一定数量的股票 赠与 或以较低价格售予激励对象。只有当 实现 预定目标后，激励对象才可将限制性股票抛售并从中 获利；若预定目标没有实现，公司有权将免费赠与的限制性股票 收回 或者将售出股票以激励对象购买时的价格回购。限制性股票在解除限售前不得转让、用于担保或偿还债务。

对上市公司而言，限制性股票授予日与首次解除限售日之间的间隔不得少于 12 个月。限制性股票有效期内，上市公司应规定分期解除限售，每期时限不得少于 12 个月，每期解除限售的比例不得超过激励对象获授限制性股票总额的 50%。

适用：对于处于 成熟期 的企业，由于其股价的上涨空间有限，因此采用限制性股票模式较为合适。

（三）股票增值权模式

股票增值权模式是指公司授予经营者一种权利，如果经营者努力经营企业，在规定的期限内，公司股票价格上升或业绩上升，经营者就可以按一定比例获得这种由股价上扬或业绩提升所带来的收益，收益为行权价与行权日二级市场股价之间的差价或净资产的增值额。激励对象 不用为行权支付现金，行权后由公司支付现金、股票或者股票和现金的组合。

适用：股票增值权模式比较适合现金流量比较充裕且比较稳定的上市公司和现金流量比较充裕的非上市公司。

（四）业绩股票激励模式

业绩股票激励模式指公司在年初确定一个合理的年度业绩目标，如果激励对象经过大量努力后，在年末实现了公司预定的年度业绩目标，则公司给予激励对象一定数量的股票，或奖励其一定数量的奖金来购买本公司的股票。

适用：业绩股票激励模式只对公司的业绩目标进行考核，不要求股价的上涨，因此比较适合业绩稳定型的上市公司及其集团公司、子公司。

【例题9-17·单选题】若激励对象没有实现约定目标，公司有权将免费赠与的股票收回，这种股权激励是（　　）。（2017年）

A. 股票期权模式　　　　　　　　B. 业绩股票激励模式
C. 股票增值权模式　　　　　　　D. 限制性股票模式

【答案】D

【解析】限制性股票指公司为了实现某一特定目标，公司先将一定数量的股票赠与或以较低价格售予激励对象。只有当实现预定目标后，激励对象才可将限制性股票抛售并从中获利；若预定目标没有实现，公司有权将免费赠与的限制性股票收回或者将售出股票以激励对象购买时的价格回购。本题描述的是限制性股票模式，选项D正确。

【例题9-18·判断题】业绩股票激励模式只对业绩目标进行考核，而不要求股价的上涨，因而比较适合业绩稳定的上市公司。（　　）（2015年）

【答案】正确

【解析】业绩股票激励模式只对公司的业绩目标进行考核，不要求股价的上涨，因此比较适合业绩稳定型的上市公司及其集团公司、子公司。

第 20 天

- **复习旧内容：**

    第九章　收入与分配管理

- **学习新内容：**

    第十章　财务分析与评价

- **今天想对你说：**

    收尾章节，学习起来异常轻松。

- **简单解释今天学习内容：**

    作为企业的 CFO，在做完企业预算，测算了资金需要量后，进行了一系列的股权和债务筹资，组成了一个最优资本结构后，选择了一些优质项目进行了广泛的内外部投资，买了最先进的机器设备，开始组织生产，对营运资金进行管理，严控产品成本，追求利润最大化、股东财富最大化等目标，利润分配给股东。到了年末，最终形成了企业的财务报表，到了最终要向企业 CEO 汇报一年工作的时候，怎样通过财务报表枯燥的数据，解读一家企业一年的经营状况，这个时候就需要对财务报表进行二次加工解读，即财务分析。

- **可能会遇到的难点：**

    无

- **习题注意事项：**

    题目如果给出 1 年财务报表的数据，通常用年末的数据代表平均数，如果给出 2 年财务报表的数据，则该用期末数的指标用期末数，该用平均数的指标用平均数。

- **建议学习时间：**

    3 小时

第十章 财务分析与评价

【本章导读】

（1）学习内容：作为企业的 CFO，在做完企业预算，测算了资金需要量后，进行一系列的股权和债务筹资，组成了一个最优资本结构后，选择一些优质项目进行广泛的内外部投资，买入最先进的机器设备开始组织生产，对营运资金进行管理，严控产品成本，追求利润最大化，分配给股东。到了年末，最终形成了企业的财务报表，到了最终要向企业 CEO 汇报一年工作的时候，怎样通过报表枯燥的数据，了解一家企业的经营状况，这个时候就需要对财务报表进行二次加工，即财务分析。

（2）学习方法：考试以多种题型考查，分值为 10 分左右，属于非常重要的章节。本章基本财务报表分析，主要是从偿债能力分析、营运能力、盈利能力、发展能力和现金流量分析，会涉及较多的各种比率，这些比率纷繁复杂，大家一定不要死记硬背，各种比率有其命名逻辑，请大家掌握三类命名逻辑：①母子率，命名规则为分母分子率，例如资产负债率；②子母率，命名规则为分子分母比率，其中分母在名称中一般可以省略，例如流动比率、速动比率等，其真实全称应该为流动资产流动负债比率、速动资产流动负债比率；③乘数、倍数类，例如利息保障倍数、权益乘数，此类比例计算结果往往大于 1，掌握了这三类规则后，考试的时候根据其名称，即可推算出具体比率公式。

（3）学习思路（见图 10-1）。

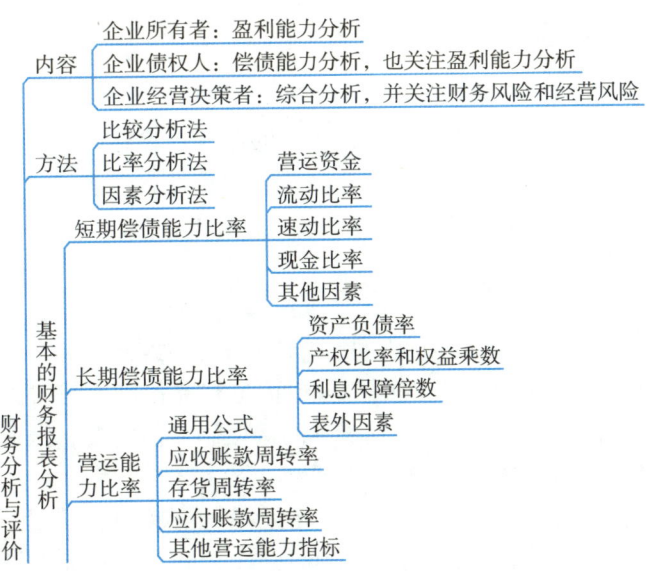

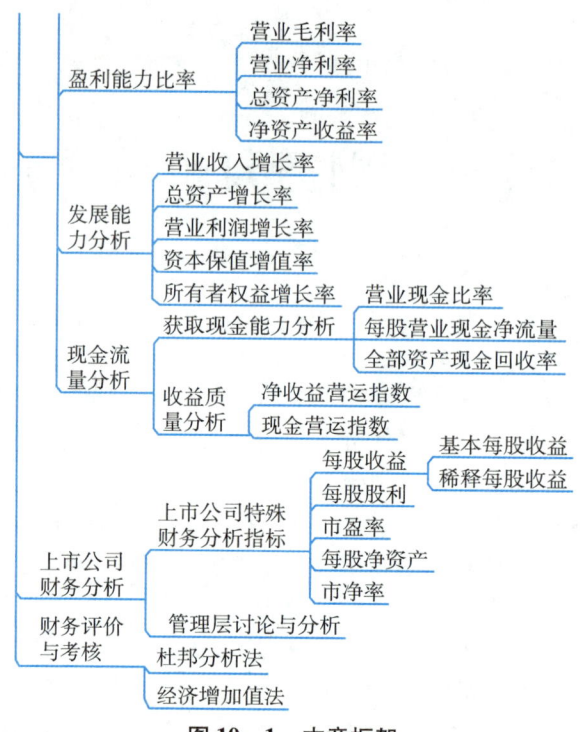

图 10-1 本章框架

第一节 财务分析与评价概述

一、财务分析的意义和内容

财务分析是指根据企业财务报表等信息资料，采用专门的方法，系统分析和评价企业财务状况、经营成果以及未来发展趋势的过程。

（一）财务分析的意义

（1）可以判断企业的财务实力；
（2）可以评价和考核企业的经营业绩，揭示财务活动存在的问题；
（3）可以挖掘企业潜力，寻求提高企业经营管理水平和经济效益的途径；
（4）可以评价企业的发展趋势。

（二）财务分析的内容

财务分析信息的需求者主要包括企业所有者、企业债权人、企业经营决策者和政府等。不同主体出于不同的利益考虑，对财务分析信息有着各自不同的要求。

（1）企业所有者作为投资人，关心其资本的保值和增值状况，因此较为重视企业盈利能力指标，主要进行企业盈利能力分析。

（2）企业债权人因不能参与企业剩余收益分享，首先关注的是其投资的安全性，因此更重视企业偿债能力指标，主要进行企业偿债能力分析，同时也关注企业盈利能力分析。

(3) 企业经营决策者必须对企业经营理财的各个方面，包括营运能力、偿债能力、盈利能力及发展能力的全部信息予以详尽地了解和掌握，主要进行各方面综合分析，并关注企业财务风险和经营风险。

(4) 政府兼具多重身份，既是宏观经济管理者，又是国有企业的所有者和重要的市场参与者。

【例题10-1·多选题】下列各项中，属于财务绩效定量评价的有（　　）。(2018年)
A. 经营增长　　　　B. 资产质量　　　　C. 盈利能力　　　　D. 债务风险
【答案】ABCD
【解析】财务绩效定量评价指标由反映企业盈利能力状况、资产质量状况、债务风险状况和经营增长状况四方面的基本指标和修正指标构成。

二、财务分析的方法（见表10-1）

表10-1　　　　　　　　　　　　财务分析的方法

方法	具体内容	应注意的问题
比较分析法	财务报表的比较分析法，是指对两个或两个以上的可比数据进行对比，找出企业财务状况、经营成果中差异与问题的一种方法。根据比较对象的不同，比较分析法分为趋势分析法、横向比较法和预算差异分析法，其中最常用的是趋势分析法。 比较分析法的具体运用主要有：(1) 重要财务指标的比较；(2) 会计报表的比较；(3) 会计报表项目构成的比较	(1) 所对比指标的计算口径必须一致； (2) 应剔除偶发性项目的影响，使分析所利用的数据能反映正常的生产经营状况； (3) 应运用例外原则对某项有显著变动的指标做重点分析，研究其产生的原因，以便采取对策
比率分析法	比率分析法是通过计算各种比率指标来确定财务活动变动程度的方法。 比率指标的类型主要有： (1) 构成比率，又称结构比率，是指某项财务指标的各组成部分数值占总体数值的百分比，反映部分与总体的关系。 (2) 效率比率，是某项财务活动中所费与所得的比率，反映投入与产出的关系。 (3) 相关比率，是以某个项目和与其有关但又不同的项目加以对比所得的比率，反映有关经济活动的相互关系（如负债与资产）	(1) 对比项目的相关性； (2) 对比口径的一致性； (3) 衡量标准的科学性
因素分析法	因素分析法是依据分析指标与其影响因素的关系，从数量上确定各因素对分析指标影响方向和影响程度的一种方法。 因素分析法有两种： (1) 连环替代法。 连环替代法是将分析指标分解为各个可以计量的因素，并根据各个因素之间的依存关系，顺次用各因素的比较值（通常为实际值）替代基准值（通常为标准值或计划值），据以测定各因素对分析指标的影响。 基准值（通常为标准值或计划值）：$F_0 = A_0 \times B_0 \times C_0$　① 比较值（通常为实际值）：$F_1 = A_1 \times B_1 \times C_1$　② 第一次替代：$A_1 \times B_0 \times C_0$　③ 第二次替代：$A_1 \times B_1 \times C_0$　④ 第三次替代：$A_1 \times B_1 \times C_1$ ②-①，即A因素变动对F指标的影响为：$(A_1 - A_0) \times B_0 \times C_0$ ③-②，即B因素变动对F指标的影响为：$A_1 \times (B_1 - B_0) \times C_0$ ④-③，即C因素变动对F指标的影响为：$A_1 \times B_1 \times (C_1 - C_0)$	采用因素分析法时，必须注意以下问题： (1) 因素分解的关联性； (2) 因素替代的顺序性； (3) 顺序替代的连环性； (4) 计算结果的假定性：由于因素分析法计算的各因素变动的影响数会因替代顺序不同而有差别，因而计算结果不免带有假定性

续表

方法	具体内容	应注意的问题
因素分析法	(2) 差额分析法。 差额分析法是连环替代法的一种简化形式，是利用各个因素的比较值与基准值之间的差额，来计算各因素对分析指标的影响。只适用于各因素之间是乘除的关系式。 ②-①，即 A 因素变动对 F 指标的影响为：$(A_1 - A_0) \times B_0 \times C_0$ ③-②，即 B 因素变动对 F 指标的影响为：$A_1 \times (B_1 - B_0) \times C_0$ ④-③，即 C 因素变动对 F 指标的影响为：$A_1 \times B_1 \times (C_1 - C_0)$	

【例题 10-2·单选题】下列财务比率中，属于效率比率的是（ ）。(2017 年)
A. 速动比率　　　　　　　　　　B. 成本利润率
C. 资产负债率　　　　　　　　　D. 所有者权益增长率
【答案】B
【解析】效率比率是某项财务活动中所费与所得的比率，反映投入与产出的关系。利用效率比率指标，可以进行得失比较，考察经营成果，评价经济效益。比如，将利润项目与销售成本、销售收入、资本金等项目加以对比，可以计算出成本利润率、销售利润率和资本金利润率等指标，从不同角度观察比较企业获利能力的高低及其增减变化情况，故选项 B 正确。速动比率和资产负债率属于相关比率，所有者权益增长率 = 本年所有者权益增长额 ÷ 年初所有者权益。

【例题 10-3·单选题】下列比率指标的不同类型中，流动比率属于（ ）。(2014 年)
A. 构成比率　　　　　　　　　　B. 动态比率
C. 相关比率　　　　　　　　　　D. 效率比率
【答案】C
【解析】相关比率是以某个项目和与其有关但又不同的项目加以对比所得的比率，反映有关经济活动的相互关系，流动比率为流动资产与流动负债之比，两者具有相关性，选项 C 正确。构成比率反映的是部分与总体的关系，效率比率反映的是投入与产出的关系，动态比率主要是将相同指标或比率进行纵向比较。

第二节　基本的财务报表分析

一、偿债能力分析

（一）短期偿债能力分析

偿债能力的衡量方法有两种：一种是比较可供偿债资产与债务的存量，资产存量超过债务存量较多,则认为偿债能力较强;另一种是比较经营活动现金流量和偿债所需现金,如果产生的现金超过需要的现金较多,则认为偿债能力较强。

短期偿债能力中的"债"是指"流动负债",公司偿还流动负债,一般是使用流动资产来偿还,因此,该类指标通常涉及的是"流动负债"和"流动资产"或者"流动资产的组成项目"。

1. 营运资金

营运资金 = 流动资产 − 流动负债
　　　　= (总资产 − 非流动资产) − (总资产 − 股东权益 − 非流动负债)
　　　　= (股东权益 + 非流动负债) − 非流动资产 = 长期资本 − 长期资产

长期资本是指长期可以使用的资本,包括股东权益和非流动负债。

(1) 实务中一般不用这种方式来评判短期偿债能力。

(2) 当流动资产大于流动负债时,营运资金为正数,表明长期资本的数额大于长期资产,超出部分被用于流动资产。营运资金的数额越大,财务状况越稳定,不能偿债的风险越小。

(3) 营运资金是绝对数,不便于不同公司之间比较。

(4) 营运资金配置比率 = 营运资金 ÷ 流动资产,显然,该比率越高,公司的财务状况越稳定。

2. 流动比率

流动比率 = 流动资产 ÷ 流动负债

(1) 一般而言,该指标越大,短期偿债能力越强。

(2) 流动比率和营运资金配置比率反映的偿债能力相同,它们可以相互换算:

流动比率 = 流动资产 ÷ 流动负债 = 流动资产 ÷ (流动资产 − 营运资金)
　　　　= 1 ÷ (1 − 营运资金配置比率)

(3) 不同行业的流动比率,通常有明显差异,营业周期越短、应收账款和存货的周转速度快的行业,合理的流动比率越低。

营业周期 = 存货周转天数 + 应收账款周转天数

(4) 流动比率有其局限性,流动比率指标假设全部流动资产都可以变为现金并用于偿债,全部流动负债都需要偿还。该假设存在三个问题:

①有些流动资产的账面金额与变现金额有较大的差异,如产成品等;
②经营性流动资产是公司持续经营所必需的,不能全部用于偿债;
③经营性应付项目可以滚动存续,无须动用现金全部结清。

因此,流动比率是对短期偿债能力的粗略估计。

3. 速动比率

速动比率 = 速动资产 ÷ 流动负债

(1) 一般情况下,速动比率越高,表明公司短期偿债能力越强。但速动比率并不是越高越好,速动比率过高,会因占用现金及应收账款过多增加机会成本。

(2) 速动资产和非速动资产的划分。

速动资产指可以在较短时期内变现的资产,包括货币资金、交易性金融资产和应收款项等。

非速动资产包括存货、预付账款、一年内到期的非流动资产和其他流动资产等。
速动资产有两种计算方法：
①速动资产＝货币资金＋交易性金融资产＋各种应收款项
②速动资产＝流动资产－存货－预付账款－1年内到期的非流动资产－其他流动资产
（3）不同行业的速动比率有很大差别。
（4）影响速动比率可信性的重要因素是应收账款的变现能力，也就是说速动比率未剔除应收账款对偿债能力的影响。

4. 现金比率

$$现金比率＝（货币资金＋交易性金融资产）÷流动负债$$

速动资产中，流动性最强，可直接用于偿债的资产是现金。现金比率剔除了应收账款对偿债能力的影响，最能反映企业直接偿付流动负债的能力。

$$流动比率＞速动比率＞现金比率$$

5. 其他因素

增强短期偿债能力的因素：（1）可动用的银行授信指标；（2）可快速变现的非流动资产；（3）偿债能力的声誉。

降低短期偿债能力的因素：（1）与担保有关的或有负债事项；（2）经营租赁合同中的承诺付款事项。

【例题10-4·单选题】下列财务指标中，最能反映企业即时偿付短期债务能力的是（　　）。（2018年）
A. 资产负债率　　　　　　B. 流动比率
C. 权益乘数　　　　　　　D. 现金比率
【答案】D
【解析】现金比率剔除了应收账款对偿债能力的影响，最能反映企业直接偿付流动负债的能力。

【例题10-5·多选题】下列各项中，属于速动资产的有（　　）。（2017年）
A. 货币资金　　　　　　　B. 预收账款
C. 应收账款　　　　　　　D. 存货
【答案】AC
【解析】构成流动资产的各项目，流动性差别很大，其中货币资金、交易性金融资产和各种应收款项，可以在较短时间内变现，通常称为速动资产；另外的流动资产，包括存货、预付款项、一年内到期的非流动资产和其他流动资产等，属于非速动资产；预收账款属于企业的负债，因此选项AC正确。

(二) 长期偿债能力比率 (见表 10-2)

表 10-2　　　　　　　　　　　　长期偿债能力比率

资产负债率	公式	资产负债率 = 总负债 ÷ 总资产，总资产 = 流动资产 + 非流动资产 = 总负债 + 股东权益
	说明	(1) 资产负债率越低，长期偿债能力越强。 (2) 利益主体不同，看待该指标的立场也不同。从债权人的立场，债务比例越低越好；从股东的立场，关心的是举债的效益；从经营者的角度，更关注风险和收益的平衡。 (3) 不同行业资产负债率有较大差异
产权比率和权益乘数	公式	产权比率 = 总负债 ÷ 股东权益 权益乘数 = 总资产 ÷ 股东权益 = 1 + 产权比率 = 1 ÷ (1 - 资产负债率)
	说明	(1) 产权比率反映了债权人资本受股东权益保障的程度，比率越低，表明企业长期偿债能力越强，债权人权益保障程度越高；产权比率高，是高风险、高报酬的财务结构。 (2) 权益乘数表明 1 元股东权益拥有的总资产；企业负债比率越高，权益乘数越大。 (3) 产权比率和权益乘数是资产负债率的另外两种表现形式，是常用的反映财务杠杆水平的指标
利息保障倍数	公式	利息保障倍数 = 息税前利润 ÷ 应付利息 = (净利润 + 利润表利息费用 + 所得税) ÷ 应付利息
	说明	(1) 公式分母中的应付利息包括计入财务费用中的利息费用和资本化利息。 (2) 利息保障倍数越大，利息支付越有保障。 (3) 如果利息保障倍数小于 1，表明公司产生的经营收益不能支持现有的债务规模
表外因素		影响长期偿债能力的其他因素有： (1) 可动用的银行贷款指标或授信额度：可以提高企业的偿债能力。 (2) 资产质量：可快速变现的长期资产，会增加企业的短期偿债能力。 (3) 或有事项和承诺事项：会增加企业的潜在偿债压力。 (4) 经营租赁：会降低企业的偿债能力

【例题 10-6·单选题】产权比率越高，通常反映的信息是（　　）。(2015 年)
A. 财务结构越稳健　　　　　　　　B. 长期偿债能力越强
C. 财务杠杆效应越强　　　　　　　D. 债权人权益保障程度越高
【答案】C
【解析】产权比率 = 负债总额 ÷ 所有者权益总额，这一比率越高，表明企业总资产负债比例越高，长期偿债能力越弱，财务风险越高，债权人权益保障程度越低，选项 ABD 不正确；产权比率高，是高风险、高报酬的财务结构，财务杠杆效应强，选项 C 正确。

【例题 10-7·多选题】下列财务指标中，可以反映长期偿债能力的有（　　）。(2017 年)
A. 总资产周转率　　B. 权益乘数　　C. 产权比率　　D. 资产负债率
【答案】BCD
【解析】反映长期偿债能力的指标有资产负债率、产权比率、权益乘数、利息保障倍数，总资产周转率是反映营运能力的指标，所以选项 A 不正确。

二、营运能力比率（见表 10-3）

表 10-3　　营运能力比率

通用公式	ABC 周转率（次数）= 营业收入（成本）÷ ABC 平均余额（时点数转化为时期数） ABC 周转天数 = 计算天数 ÷ ABC 周转率 =（计算天数 × ABC 平均余额）÷ 营业收入（成本） 资金周转速度越快，说明企业的资金管理水平越高，资金利用效率越高
应收账款周转率	应收账款周转次数 = 营业收入 ÷ 应收账款平均余额 应收账款周转天数 = 计算期天数 ÷ 应收账款周转次数 = 计算期天数 × 应收账款平均余额 ÷ 营业收入 （1）营业收入指扣除销售折扣和折让后的销售净额。 （2）大部分应收票据是销售形成的，应将其纳入应收账款周转天数的计算。 （3）应收账款应为未扣除坏账准备的金额。应收账款在财务报表上按净额列示，计提坏账准备会使财务报表上列示的应收账款金额减少，而营业收入不变。其结果是，计提坏账准备越多，应收账款周转率越高、周转天数越少，对应收账款实际管理欠佳的企业反而会得出应收账款周转情况更好的错误结论。 （4）应收账款期末余额的可靠性问题。应收账款是特定时点的存量，容易受季节性、偶然性和人为因素的影响。在用应收账款周转率进行业绩评价时，最好使用多个时点的平均数，以减少这些因素的影响。 在一定时期内应收账款周转次数多、周转天数少表明： （1）企业收账迅速，信用销售管理严格； （2）应收账款流动性强，从而增强企业短期偿债能力； （3）可以减少收账费用和坏账损失，相对增加企业流动资产的投资收益； （4）通过比较应收账款周转天数及企业信用期限，可评价客户的信用程度，调整企业信用政策
存货周转率	存货周转次数 = 营业成本 ÷ 存货平均余额 存货周转天数 = 计算期天数 ÷ 存货周转次数 = 计算期天数 × 存货平均余额 ÷ 营业成本 （1）存货周转次数是衡量和评价企业购入存货、投入生产、销售收回等各环节管理效率的综合性指标。 （2）一般来说，存货周转速度越快，存货占用水平越低，流动性越强，存货转化为现金或应收账款的速度就越快，这样会增强企业的短期偿债能力及盈利能力。 （3）存货周转率的高低与企业的经营特点有密切联系，应注意行业的可比性。 （4）该比率反映的是存货整体的周转情况，不能说明企业经营各环节的存货周转情况和管理水平。 （5）应结合应收账款周转情况和信用政策进行分析。 （6）一般来说，存货周转速度越快，存货占用水平越低，流动性越强
其他营运能力指标	（1）流动资产周转率。 流动资产周转率是反映企业流动资产周转速度的指标。流动资产周转率（次数）是一定时期营业收入净额与企业流动资产平均占用额之间的比率。其计算公式为： 流动资产周转次数 = 营业收入 / 流动资产平均余额 流动资产周转天数 = 计算期天数 / 流动资产周转次数 = 计算期天数 × 流动资产平均余额 / 营业收入净额 在一定时期内，流动资产周转次数越多、周转天数越少，表明流动资产利用效果越好，可相对节约流动资产，增强盈利能力（更少的资产赚更多的钱）。 （2）固定资产周转率。 固定资产周转率（次数）是指企业年营业收入与固定资产平均额的比率。它是反映企业固定资产周转情况，从而衡量固定资产利用效率的一项指标。其计算公式为： 固定资产周转率 = 营业收入 ÷ 平均固定资产 式中：平均固定资产 =（期初固定资产 + 期末固定资产）÷ 2 固定资产周转率高，说明企业固定资产投资得当，结构合理，利用效率高。 （3）总资产周转率。 反映总资产营运能力的指标是总资产周转率。总资产周转率（次数）是企业营业收入与企业资产平均总额的比率。计算公式为： 总资产周转次数 = 营业收入 ÷ 平均资产总额

	续表
其他营运能力指标	如果企业各期资产总额比较稳定，波动不大，则： 平均总资产 =（期初总资产 + 期末总资产）÷2 如果资金占用的波动性较大，企业应采用更详细的资料进行计算，如按照各月份的资金占用额计算，则： 月平均总资产 =（月初总资产 + 月末总资产）÷2 季平均占用额 =（1/2 季初 + 第一月末 + 第二月末 + 1/2 季末）÷3 年平均占用额 =（1/2 年初 + 第一季末 + 第二季末 + 第三季末 + 1/2 年末）÷4 计算总资产周转率时分子分母在时间上应保持一致。 【提示】这一比率用来衡量企业资产整体的使用效率。总资产由各项资产组成，在销售收入既定的情况下，总资产周转率的驱动因素是各项资产。因此，对总资产周转情况的分析应结合各项资产的周转情况，以发现影响企业资产周转的主要因素

【例题10-8·计算题】丁公司2017年末的资产负债表（简表）如下。

资产负债表（简表）   单位：万元

资产	年末数	负债和所有者权益	年末数
货币资金	450	短期借款	A
应收账款	250	应付账款	280
存货	400	长期借款	700
非流动资产	1 300	所有者权益合计	B
资产总计	2 400	负债和所有者权益合计	2 400

2017年营业收入为1 650万元，营业成本为990万元，净利润为220万元，应收账款年初余额为150万元，存货年初余额为260万元，所有者权益年初余额为1 000万元。该公司年末流动比率为2.2。

要求：

（1）计算上表中字母A和字母B所代表的项目金额。

（2）每年按360天计算，计算应收账款周转次数、存货周转天数和营业毛利率。（2018年）

【答案】

（1）A =（2 400 - 1 300）÷2.2 - 280 = 220（万元）

B = 2 400 - 700 - 280 - 220 = 1 200（元）

（2）应收账款周转次数 = 1 650 ÷ [（150 + 250）÷2] = 8.25（次）

存货周转天数 = 360 ÷ {990 ÷ [（260 + 400）÷2]} = 120（天）

营业毛利率 =（1 650 - 990）÷ 1 650 = 40%

【解析】

（1）流动比率 = 流动资产 ÷ 流动负债，流动负债 = 流动资产 ÷ 流动比率 =（2 400 - 1 300）÷2.2 = 500（万元）；本题中，流动负债 = 短期借款 + 应付账款，故A = 短期借款 = 流动负债 - 应付账款 =（2 400 - 1 300）÷2.2 - 280 = 220（万元）。

> 资产=负债+所有者权益,故 B=所有者权益合计=资产总计-负债合计=2 400-700-280-220=1 200(元)。
> (2)应收账款周转次数=营业收入÷应收账款平均余额=1 650÷[(150+250)÷2]=8.25(次)
> 存货周转天数=计算期天数÷存货周转次数=计算期天数÷(营业成本÷存货平均余额)=360÷{990÷[(260+400)÷2]}=120(天)
> 营业毛利率=(营业收入-营业成本)÷营业收入=(1 650-990)÷1 650=40%

三、盈利能力比率(见表10-4)

表10-4　　　　　　　　　　　盈利能力比率

营业毛利率	公式	营业毛利率=营业毛利÷营业收入;营业毛利=营业收入-营业成本
	说明	(1)营业毛利率反映产品每1元营业收入所对应的毛利润是多少,即每1元的营业收入扣除营业成本后还有多少剩余可用于弥补各期费用和形成利润。 (2)营业毛利率越高,表明产品的盈利能力越强。 (3)将营业毛利率与行业水平进行比较,可以反映企业产品的市场竞争地位。 (4)将不同行业的营业毛利率进行横向比较,也可以说明行业间盈利能力的差异
营业净利率	公式	营业净利率=净利润÷营业收入
	说明	营业净利率反映每1元营业收入最终赚取了多少利润,用于反映产品最终的盈利能力。在利润表上,从营业收入到净利润需要扣除营业成本、期间费用、税金等项目
总资产净利率	公式	总资产净利率=净利润÷平均总资产=净利润÷营业收入×营业收入÷平均总资产 　　　　　　=营业净利率×总资产周转率
	说明	(1)<u>总资产净利率衡量的是企业资产的盈利能力</u>。总资产净利率越高,表明企业资产的盈利能力越好。 (2)总资产净利率的驱动因素是营业净利率和总资产周转率,企业可以通过提高营业净利率、加速资产周转来提高总资产净利率。总资产净利率越高,表明企业资产的利用效果越好
净资产收益率(净资产净利率、权益净利率)	公式	净资产收益率=净利润÷平均所有者权益=净利润÷平均净资产 　　　　　　=净利润÷平均总资产×平均总资产÷平均净资产=资产净利率×权益乘数 　　　　　　=营业净利率×总资产周转率×权益乘数(杜邦分析法)
	说明	(1)净资产收益率是企业盈利能力指标的核心,也是杜邦财务指标体系的核心,更是投资者关注的重点。 (2)一般来说,净资产收益率越高,股东和债权人的利益保障程度越高。如果企业的净资产收益率在一段时期内持续增长,说明资本盈利能力稳定上升。但净资产收益率不是一个越高越好的概念,分析时要注意企业的财务风险。 (3)改善资产盈利能力和增加企业负债都可以提高净资产收益率。而如果不改善资产盈利能力,单纯通过加大举债提高权益乘数进而提高净资产收益率的做法则十分危险。因为,企业负债经营的前提是有足够的盈利能力保障偿还债务本息,单纯增加负债对净资产收益率的改善只具有短期效应,最终将因盈利能力无法涵盖增加的财务风险而使企业面临财务困境。因此,只有当企业净资产收益率上升的同时财务风险没有明显加大,才能说明企业财务状况良好

【例题10-9·计算题】丁公司2015年12月31日的资产负债表显示：资产总额年初数和年末数分别为4 800万元和5 000万元，负债总额年初数和年末数分别为2 400万元和2 500万元，丁公司2015年度营业收入为7 350万元，净利润为294万元。

要求：
(1) 根据年初、年末平均值，计算权益乘数。
(2) 计算总资产周转率。
(3) 计算营业净利率。
(4) 根据(1)、(2)、(3)的计算结果，计算总资产净利率和净资产收益率。
(2016年)

【答案】
(1) 平均总资产 = (4 800 + 5 000) ÷ 2 = 4 900（万元）
平均所有者权益 = (4 800 - 2 400 + 5 000 - 2 500) ÷ 2 = 2 450（万元）
权益乘数 = 4 900 ÷ 2 450 = 2
(2) 总资产周转率 = 7 350 ÷ 4 900 = 1.5
(3) 营业净利率 = 294 ÷ 7 350 × 100% = 4%
(4) 总资产净利率 = 294 ÷ 4 900 × 100% = 6%
净资产收益率 = 6% × 2 = 12%

【解析】
(1) 平均总资产 = (资产总额年初数 + 资产总额年末数) ÷ 2
平均所有者权益 = (所有者权益年初数 + 所有者权益年末数) ÷ 2，所有者权益 = 总资产 - 负债。
权益乘数 = 总资产 ÷ 所有者权益
(2) 总资产周转率 = 营业收入 ÷ 平均总资产
(3) 营业净利率 = 净利润 ÷ 营业收入
(4) 总资产净利率 = 净利润 ÷ 平均总资产；净资产收益率 = 总资产净利率 × 权益乘数。

四、发展能力分析（见表10-5）

表10-5　　　　　　　　　　　发展能力分析

营业收入增长率	公式	营业收入增长率 = 本年营业收入增长额 ÷ 上年营业收入 本年营业收入增长额 = 本年营业收入 - 上年营业收入
	说明	该指标越高，表明企业营业收入的增长速度越快，企业市场前景越好
总资产增长率	公式	总资产增长率 = 本年总资产增长额 ÷ 年初资产总额 本年总资产增长额 = 年末资产总额 - 年初资产总额
	说明	总资产增长率越高，表明企业一定时期内资产经营规模扩张的速度越快。但在分析时，需要关注资产规模扩张的质和量的关系，以及企业的后续发展能力，避免盲目扩张

财务分析与评价

续表

营业利润增长率	公式	营业利润增长率=本年营业利润增长额÷上年营业利润总额 本年营业利润增长额=本年营业利润-上年营业利润
	说明	反映企业营业利润的增减变动情况
资本保值增值率	公式	资本保值增值率=扣除客观增减因素影响后的期末所有者权益/期初所有者权益
	说明	反映企业资本的运营效益与安全状况。该指标越高,表明企业的资本保全状况越好,所有者权益增长越快,债权人的债务越有保障,企业发展后劲越强。 客观因素对所有者权益的影响包括但不限于: (1) 本期投资者追加投资,使企业的实收资本增加,以及因资本溢价、资本折算差额引起的资本公积变动; (2) 本期接受外来捐赠、资产评估增值导致资本公积增加。 这一指标的高低,除了受企业经营成果的影响外,还受企业利润分配政策影响。严格意义上的资本保值增值应该既与本期筹资、接受捐赠、资产评估增值等事项无关,也与本期利润分配无关,而是真正取决于当期实现的经济效益(净利润),即: 资本保值增值率=(期初所有者权益+本期净利润)/期初所有者权益 在其他因素不变的情况下,如果企业盈利能力提高,利润增加,本期净利润大于零,并且利润留存率大于零,则必然会使期末所有者权益大于期初所有者权益,所以该指标也是衡量企业盈利能力的重要指标
所有者权益增长率	公式	所有者权益增长率=本年所有者权益增长额÷年初所有者权益
	说明	所有者权益增长率越高,表明企业的资本积累越多,应对风险、持续发展的能力越强

【例题10-10·单选题】下列各项财务分析指标中,能反映企业发展能力的是( )。(2018年)

A. 权益乘数　　　　B. 资本保值增值率　　C. 现金运营指数　　D. 净资产收益率

【答案】B

【解析】反映企业发展能力的指标是资本保值增值率与所有者权益增长率,选择B。

五、现金流量分析(见表10-6)

表10-6　　　　　　　　　　　　现金流量分析

(1) 获取现金能力的分析(获取现金的能力可以通过经营活动现金流量净额与投入资源之比来反映,投入资源可以是营业收入、资产总额、营运资金、净资产或普通股股数等)		
营业现金比率	公式	营业现金比率=经营活动现金流量净额÷营业收入
	说明	该比率反映每1元营业收入得到的经营现金流量净额,其数值越大越好
每股营业现金净流量	公式	每股营业现金净流量=经营活动现金流量净额÷普通股股数
	说明	该指标反映企业最大的分派股利能力,超过此限度,可能就要借款分红
全部资产现金回收率	公式	全部资产现金回收率=经营活动现金流量净额÷平均总资产
	说明	该指标说明企业全部资产产生现金的能力
(2) 收益质量分析(分析会计收益与公司业绩之间的相关性,会计收益能如实反映公司业绩,则收益质量高)		
净收益营运指数	公式	净收益营运指数=经营净收益÷净利润;经营净收益=净利润-非经营净收益
	说明	该指标越小,非经营净收益所占比重越大,收益质量越差,因为非经营净收益不反映公司的核心能力及正常的收益能力,可持续性较低

续表

现金营运指数	公式	现金营运指数＝经营活动现金流量净额÷经营所得现金 其中：经营所得现金＝经营净收益＋非付现费用
	说明	①现金营运指数小于1，说明收益质量不够好，一部分收益尚未取得现金，停留在实物或债权形态； ②现金营运指数小于1，说明营运资金增加了，反映企业为取得同样的收益占用了更多的营运资金，取得收益的代价增加了，同样的收益代表着较差的业绩

【考点提示】基本财务报表分析属于历年真题的必考点，不管是客观题还是计算题、综合题都会考查，反映偿债能力比率、营运能力比率、盈利能力比率公式之间的转换必须要掌握。

【例题10－11·单选题】下列财务分析指标中能够反映收益质量的是（ ）。(2018年)

A. 营业毛利率　　B. 每股收益　　C. 现金营运指数　　D. 净资产收益率

【答案】C

【解析】收益质量是指会计收益与公司业绩之间的相关性。如果会计收益能如实反映公司业绩，则其收益质量高；反之，则收益质量不高。收益质量分析，主要包括净收益营运指数分析与现金营运指数分析。

【例题10－12·判断题】净收益营运指数越大，收益质量越差。（ ）(2017年)

【答案】错误

【解析】净收益营运指数是指经营净收益与净利润之比，净收益营运指数越小，非经营收益所占比重越大，收益质量越差，因为非经营收益不反映公司的核心能力及正常的收益能力，可持续性较低；反之，净收益经营指数越大，收益质量越好。

第三节　上市公司财务分析

一、上市公司特殊财务分析指标（见表10－7）

表10－7　　　　　　　　　　上市公司特殊财务分析指标

每股收益（EPS）	公式	（1）基本每股收益。 基本每股收益＝归属于公司普通股股东的净利润÷发行在外普通股的加权平均数 发行在外普通股的加权平均数＝期初发行在外普通股股数＋当期新发行普通股股数×已发行时间÷报告期时间－当期回购普通股股数×已回购时间÷报告期间 （2）稀释每股收益。 稀释每股收益是在考虑潜在普通股稀释性影响的基础上，对基本每股收益的分子、分母进行调整后再计算的每股收益。计算稀释每股收益时，作为分子的净利润金额一般不变；分母的调整项目为增加的普通股股数，同时还应考虑时间权数。 稀释性潜在普通股指假设当期转换为普通股会减少每股收益的潜在普通股，主要包括可转换公司债券、认股权证和股份期权。

续表

每股收益（EPS）	公式	认股权证或股份期权行权增加的普通股股数 = 行权认购的股数 ×（1 - 行权价格÷普通股平均市价） 【例题·计算题】某上市公司2012年7月1日按面值发行年利率3%的可转换公司债券，面值10 000万元，期限为5年，利息每年末支付一次，发行结束一年后可以转换股票，转换价格为每股5元，即每100元债券可转换为1元面值的普通股20股。2012年该公司归属于普通股股东的净利润为30 000万元，2012年发行在外的普通股加权平均数为40 000万股，债券利息不符合资本化条件，直接计入当期损益，所得税税率为25%。假设不考虑可转换公司债券在负债成分和权益成分之间的分拆，且债券票面利率等于实际利率。则稀释每股收益计算如下： 基本每股收益 = 30 000 ÷ 40 000 = 0.75（元） 假设全部转股，所增加的净利润 = 10 000 × 3% × 6 ÷ 12 ×（1 - 25%）= 112.5（万元） 假设全部转股，所增加的年加权平均普通股股数 = 10 000 ÷ 100 × 20 × 6 ÷ 12 = 1 000（万股） 增量股的每股收益 = 112.5 ÷ 1 000 = 0.112 5（元） 增量股的每股收益小于原每股收益，可转换债券具有稀释作用。 稀释每股收益 =（30 000 + 112.5）÷（40 000 + 1 000）≈ 0.73（元）
	说明	（1）每股收益是综合反映企业获利能力的重要指标，可以用来判断和评价管理层的经营业绩。 （2）每股收益这一财务指标在不同行业、不同规模的上市公司之间具有相当大的可比性，因而在各上市公司之间的业绩比较中被广泛地加以应用。 （3）每股收益反映了投资者可望获得的最高股利收益。 （4）每股收益越高，表明投资价值越大；否则反之。但是每股收益多并不意味着每股股利多，此外，每股收益不能反映股票的风险水平
每股股利	公式	每股股利 = 现金股利总额 ÷ 期末发行在外的普通股股数
	说明	（1）每股股利反映的是普通股股东每持有上市公司1股普通股获取的股利大小，是投资者股票投资收益的重要来源之一。上市公司每股股利发放多少，除了受上市公司盈利能力大小影响以外，还决于企业的股利发放政策和投资机会。 （2）反映每股股利和每股收益之间关系的一个重要指标是股利发放率： 股利发放率 = 每股股利 ÷ 每股收益 借助于该指标，投资者可以了解一家上市公司的股利发放政策
市盈率 $\left(\dfrac{P}{E\text{ratio}}\right)$	公式	市盈率 = 每股市价 ÷ 每股收益
	说明	（1）市盈率是股票市场上反映股票投资价值的重要指标，该比率的高低反映了市场上的投资者对股票投资收益和投资风险的预期。一方面，市盈率越高意味着投资者对该股票的收益预期越看好，投资价值越大；反之，投资者对该股票评价越低。另一方面，市盈率越高，也说明获得一定的预期利润投资者需要支付更高的价格，因此，投资于该股票的风险也越大；市盈率越低，说明投资于该股票的风险越小。 （2）影响企业股票市盈率的因素有： ①上市公司盈利能力的成长性（价值投资取决于企业未来的现金流量及其增长速度）； ②投资者所获收益率的稳定性（必要收益率，即折现率）； ③市盈率也受到利率水平变动的影响。当市场利率水平变化时，市盈率也应作相应的调整。 （3）使用市盈率进行分析的前提：每股收益维持在一定水平之上，如果每股收益很小或接近亏损，但股票市价不会降至为零，会导致市盈率极高，但此时很高的市盈率不能说明任何问题。 （4）以市盈率衡量股票投资价值尽管具有市场公允性，但还存在一些缺陷： ①股票价格的高低受很多因素影响，非理性因素的存在会使股票价格偏离其内在价值； ②市盈率反映了投资者的投资预期，但由于市场不完全和信息不对称，投资者可能会对股票做出错误估计。因此，通常难以根据某一股票在某一时期的市盈率对其投资价值做出判断，应该进行不同期间以及同行业不同公司之间的比较或与行业平均市盈率进行比较，以判断股票的投资价值

		续表
每股净资产	公式	每股净资产 = 期末普通股净资产 ÷ 期末发行在外的普通股股数 期末普通股净资产 = 期末股东权益 – 期末优先股股东权益
	说明	（1）每股净资产指标反映了在会计期末每一股份在企业账面上到底值多少钱，它与股票面值、发行价值、市场价值乃至清算价值等往往有较大差距，是理论上股票的最低价值。 （2）利用该指标进行横向和纵向对比，可以衡量上市公司股票的投资价值。如在企业性质相同、股票市价相近的条件下，某一企业股票的每股净资产越高，则企业发展潜力与其股票的投资价值越大，投资者所承担的投资风险越小。 （3）但是，在市场投机气氛较浓的情况下，每股净资产指标往往不太受重视。 【例题·计算题】某上市公司2012年末股东权益为15 600万元，全部为普通股，年末发行在外的普通股股数为12 000万股。则每股净资产计算如下： 每股净资产 = 15 600 ÷ 12 000 = 1.3（元）
市净率	公式	市净率 = 每股市价 ÷ 每股净资产
	说明	（1）一般来说，市净率较低的股票，投资价值较高；反之，则投资价值较低。 （2）但有时较低市净率反映的可能是投资者对公司前景的不良预期，而较高市净率则相反。因此，在判断某只股票的投资价值时，还要综合考虑当时的市场环境以及公司经营情况、资产质量和盈利能力等因素

【考点提示】上市公司财务分析指标近几年考查频率特别高，除了客观题涉及，主观题中也多次考到市盈率、市净率，计算过程很简单，大家只需要根据名称，"盈"指的是利润，"净"指的是净资产（股东权益），分子都是每股市价。

【例题10-13·计算题】丁公司是一家创业板上市公司，2016年度营业收入为20 000万元，营业成本为15 000万元，财务费用为600万元（全部为利息支出），利润总额为2 000万元，净利润为1 500万元，非经营净收益为300万元。此外，资本化的利息支出为400万元。丁公司存货年初余额为1 000万元，年末余额为2 000万元，公司全年发行在外的普通股加权平均数为10 000万股，年末每股市价为4.5元。

要求：
（1）计算营业净利率。
（2）计算利息保障倍数。
（3）计算净收益营运指数。
（4）计算存货周转率。
（5）计算市盈率。（2017年）

【答案】
（1）营业净利率 = 1 500 ÷ 20 000 × 100% = 7.5%
（2）利息保障倍数 = （2 000 + 600）÷（600 + 400）= 2.6

(3) 净收益营运指数 =（1 500 – 300）÷1 500 = 0.8
(4) 存货周转率 = 15 000 ÷ [（1 000 + 2 000）÷ 2] = 10（次）
(5) 市盈率 = 4.5 ÷（1 500 ÷ 10 000）= 30（倍）

【解析】
(1) 营业净利率 = 净利润 ÷ 营业收入
(2) 利息保障倍数 = 息税前利润 ÷ 应付利息 =（净利润 + 利润表利息费用 + 所得税）÷ 应付利息，公式分母中的应付利息包括计入财务费用中的利息费用和资本化利息。
(3) 净收益营运指数 = 经营净收益 ÷ 净利润 =（净利润 – 非经营净收益）÷ 净利润
(4) 存货周转率 = 营业成本 ÷ 存货平均余额
(5) 市盈率 = 每股市价 ÷ 每股收益；每股收益 = 净利润 ÷ 全年发行在外的普通股加权平均数。

二、管理层讨论与分析（见表10-8）

表10-8 管理层讨论与分析

项目	阐释
管理层讨论与分析的概念	管理层讨论与分析是上市公司定期报告（如中期报告、年度报告）中管理层对于本企业过去经营状况的评价分析以及对企业未来发展趋势的前瞻性判断，是对企业财务报表中所描述的财务状况和经营成果的解释，是对经营中固有风险和不确定性的揭示，同时也是对企业未来发展前景的预期
披露原则	管理层讨论与分析是上市公司定期报告的重要组成部分。 管理层讨论与分析信息大多涉及"内部性"较强的定性型软信息，无法对其进行详细的强制规定和有效监控，因此，西方国家的披露原则是强制与自愿相结合，企业可以自主决定如何披露这类信息。我国也基本实行这种原则。如中期报告中的"管理层讨论与分析"部分以及年度报告中的"董事会报告"部分，都是规定某些管理层讨论与分析信息必须披露，而另一些管理层讨论与分析信息鼓励企业自愿披露
管理层讨论与分析的内容	上市公司"管理层讨论与分析"主要包括两部分： 报告期间经营业绩变动的解释（若企业实际经营业绩较曾公开披露过的预测数据低10%以上或高20%以上需详细说明造成差异的原因）与企业未来发展的前瞻性信息

第四节 财务评价与考核

一、杜邦分析法

（一）关键公式

核心公式： 净资产收益率 = 营业净利率 × 总资产周转率 × 权益乘数
　　　　　　　　　　= 总资产净利率 × 权益乘数
其中：总资产净利率 = 营业净利率 × 总资产周转率

（二）分析要点

（1）净资产收益率是综合性最强的财务分析指标，是杜邦分析体系的起点。企业的主要目的是为股东盈利。

（2）营业净利率反映了企业的盈利能力，不仅与企业自身的经营管理水平相关，还与市场环境等外部因素相关。

（3）总资产周转率反映了企业的营运能力，与管理者的经营管理水平相关。

（4）权益乘数反映了企业的资本结构，与企业的财务杠杆水平相关。

（5）将最为核心的净资产收益率分解为企业的三方面能力，是为了找出影响净资产收益率变动的原因，从而更好地为股东盈利。

（6）考试时常结合因素分析法考查。

二、经济增加值法

经济增加值（EVA）是指税后净营业利润扣除全部投入资本的成本后的剩余收益。经济增加值是从股东角度去评价企业经营者有效使用资本和为企业创造价值的业绩评价指标，是全面评价经营者有效使用资本和为企业创造价值的重要指标。经济增加值为正，表明经营者在为企业创造价值；经济增加值为负，表明经营者在损毁企业价值。

该指标克服了传统绩效评价指标的缺陷，能够真实地反映公司的经营业绩，是体现企业最终经营目标的绩效评价方法。

经济增加值＝税后净营业利润－平均资本占用×加权平均资本成本

其中，税后净营业利润衡量的是企业的经营盈利情况；平均资本占用反映的是企业持续投入的各种债务资本和股权资本；加权平均资本成本反映的是企业各种资本的平均资本成本率。注意在计算经济增加值时，需进行相应的会计科目调整，如营业外收支、递延税金等都要从税后净营业利润中扣除。

【例题10-14·计算题】 某企业现有A、B两个部门，其2019年度相关财务报表数据如下表所示。假设没有需要调整的项目，计算A、B两部门的经济增加值。

部门	税后经营利润（万元）	资产总额（万元）	加权平均资本成本（%）
A	700	4 000	12
B	740	4 200	13

A部门经济增加值＝700－4 000×12%＝220（万元）
B部门经济增加值＝740－4 200×13%＝194（万元）

结果表明，虽然A部门税后经营利润不如B部门高，但其经济增加值更大。因此从经济增加值的角度来看，A部门的绩效更好。

第 21 天

- 复习旧内容：

  第九章　收入与分配管理、第十章　财务分析与评价

- 学习新内容：

  无

- 今天想对你说：

  （1）要学会递延满足；

  （2）要排除一切学习干扰；

  （3）要有强大的心态对待遗忘和做错题。

- 习题注意事项：

  做真题的三层境界：

  第一层：做真题，知道题目每一问考什么，做对题是最低的要求；

  第二层：看到真题，举一反三，能够联想题目想考的是哪个知识点，这些知识点还有哪些相关考点，这个考点哪个地方容易出陷阱，要有跟出题老师在灵魂深处对话交流的感觉，这是进一步层次的要求，会做题是第二层次要求；

  第三层：然后从真题再回到教材，在复习教材的时候，看到知识点，你能站在出题老师角度，来研究这个考点，容易和哪个考点混淆，如果我是出题老师，我改动一下关键词，这里肯定可以难倒很多人，一道客观题就命制出来了；然后接着想这个考点怎么跟后面章节的考题组合在一起考查，一道计算题和综合题就出来了，你会发现所谓的命题手法，无非是概念混淆，张冠李戴，强加因果，偷换概念，更换关键词，大小、强弱、高低、长短、好坏、优劣等，这也是深层次的要求。

- 建议学习时间：

  复习是常态，不断地、循环往复地去复习！

附 录

附表一 复利终值系数表

期数	1%	2%	3%	4%	5%	6%	7%	8%	9%	10%
1	1.0100	1.0200	1.0300	1.0400	1.0500	1.0600	1.0700	1.0800	1.0900	1.1000
2	1.0201	1.0404	1.0609	1.0816	1.1025	1.1236	1.1449	1.1664	1.1881	1.2100
3	1.0303	1.0612	1.0927	1.1249	1.1576	1.1910	1.2250	1.2597	1.2950	1.3310
4	1.0406	1.0824	1.1255	1.1699	1.2155	1.2625	1.3108	1.3605	1.4116	1.4641
5	1.0510	1.1041	1.1593	1.2167	1.2763	1.3382	1.4026	1.4693	1.5386	1.6105
6	1.0615	1.1262	1.1941	1.2653	1.3401	1.4185	1.5007	1.5869	1.6771	1.7716
7	1.0721	1.1487	1.2299	1.3159	1.4071	1.5036	1.6058	1.7138	1.8280	1.9487
8	1.0829	1.1717	1.2668	1.3686	1.4775	1.5938	1.7182	1.8509	1.9926	2.1436
9	1.0937	1.1951	1.3048	1.4233	1.5513	1.6895	1.8385	1.9990	2.1719	2.3579
10	1.1046	1.2190	1.3439	1.4802	1.6289	1.7908	1.9672	2.1589	2.3674	2.5937
11	1.1157	1.2434	1.3842	1.5395	1.7103	1.8983	2.1049	2.3316	2.5804	2.8531
12	1.1268	1.2682	1.4258	1.6010	1.7959	2.0122	2.2522	2.5182	2.8127	3.1384
13	1.1381	1.2936	1.4685	1.6651	1.8856	2.1329	2.4098	2.7196	3.0658	3.4523
14	1.1495	1.3195	1.5126	1.7317	1.9799	2.2609	2.5785	2.9372	3.3417	3.7975
15	1.1610	1.3459	1.5580	1.8009	2.0789	2.3966	2.7590	3.1722	3.6425	4.1772
16	1.1726	1.3728	1.6047	1.8730	2.1829	2.5404	2.9522	3.4259	3.9703	4.5950
17	1.1843	1.4002	1.6528	1.9479	2.2920	2.6928	3.1588	3.7000	4.3276	5.0545
18	1.1961	1.4282	1.7024	2.0258	2.4066	2.8543	3.3799	3.9960	4.7171	5.5599
19	1.2081	1.4568	1.7535	2.1068	2.5270	3.0256	3.6165	4.3157	5.1417	6.1159
20	1.2202	1.4859	1.8061	2.1911	2.6533	3.2071	3.8697	4.6610	5.6044	6.7275
21	1.2324	1.5157	1.8603	2.2788	2.7860	3.3996	4.1406	5.0338	6.1088	7.4002
22	1.2447	1.5460	1.9161	2.3699	2.9253	3.6035	4.4304	5.4365	6.6586	8.1403
23	1.2572	1.5769	1.9736	2.4647	3.0715	3.8197	4.7405	5.8715	7.2579	8.9543
24	1.2697	1.6084	2.0328	2.5633	3.2251	4.0489	5.0724	6.3412	7.9111	9.8497
25	1.2824	1.6406	2.0938	2.6658	3.3864	4.2919	5.4274	6.8485	8.6231	10.835
26	1.2953	1.6734	2.1566	2.7725	3.5557	4.5494	5.8074	7.3964	9.3992	11.918
27	1.3082	1.7069	2.2213	2.8834	3.7335	4.8223	6.2139	7.9881	10.245	13.110
28	1.3213	1.7410	2.2879	2.9987	3.9201	5.1117	6.6488	8.6271	11.167	14.421
29	1.3345	1.7758	2.3566	3.1187	4.1161	5.4184	7.1143	9.3173	12.172	15.863
30	1.3478	1.8114	2.4273	3.2434	4.3219	5.7435	7.6123	10.063	13.268	17.449
40	1.4889	2.2080	3.2620	4.8010	7.0400	10.286	14.975	21.725	31.409	45.259
50	1.6446	2.6916	4.3839	7.1067	11.467	18.420	29.457	46.902	74.358	117.39
60	1.8167	3.2810	5.8916	10.520	18.679	32.988	57.946	101.26	176.03	304.48

续表

期数	12%	14%	15%	16%	18%	20%	24%	28%	32%	36%
1	1.1200	1.1400	1.1500	1.1600	1.1800	1.2000	1.2400	1.2800	1.3200	1.3600
2	1.2544	1.2996	1.3225	1.3456	1.3924	1.4400	1.5376	1.6384	1.7424	1.8496
3	1.4049	1.4815	1.5209	1.5609	1.6430	1.7280	1.9066	2.0972	2.3000	2.5155
4	1.5735	1.6890	1.7490	1.8106	1.9388	2.0736	2.3642	2.6844	3.0360	3.4210
5	1.7623	1.9254	2.0114	2.1003	2.2878	2.4883	2.9316	3.4360	4.0075	4.6526
6	1.9738	2.1950	2.3131	2.4364	2.6996	2.9860	3.6352	4.3980	5.2899	6.3275
7	2.2107	2.5023	2.6600	2.8262	3.1855	3.5832	4.5077	5.6295	6.9826	8.6054
8	2.4760	2.8526	3.0590	3.2784	3.7589	4.2998	5.5895	7.2058	9.2170	11.703
9	2.7731	3.2519	3.5179	3.8030	4.4355	5.1598	6.9310	9.2234	12.167	15.917
10	3.1058	3.7072	4.0456	4.4114	5.2338	6.1917	8.5944	11.806	16.060	21.647
11	3.4785	4.2262	4.6524	5.1173	6.1759	7.4301	10.657	15.112	21.199	29.439
12	3.8960	4.8179	5.3503	5.9360	7.2876	8.9161	13.215	19.343	27.983	40.038
13	4.3635	5.4924	6.1528	6.8858	8.5994	10.699	16.386	24.759	36.937	54.451
14	4.8871	6.2613	7.0757	7.9875	10.147	12.839	20.319	31.691	48.757	74.053
15	5.4736	7.1379	8.1371	9.2655	11.974	15.407	25.196	40.565	64.359	100.71
16	6.1304	8.1372	9.3576	10.748	14.129	18.488	31.243	51.923	84.954	136.97
17	6.8660	9.2765	10.761	12.468	16.672	22.186	38.741	66.461	112.14	186.28
18	7.6900	10.575	12.376	14.463	19.673	26.623	48.039	85.071	148.02	253.34
19	8.6128	12.056	14.232	16.777	23.214	31.948	59.568	108.89	195.39	344.54
20	9.6463	13.744	16.367	19.461	27.393	38.338	73.864	139.38	257.92	468.57
21	10.804	15.668	18.822	22.575	32.324	46.005	91.592	178.41	340.45	637.26
22	12.100	17.861	21.645	26.186	38.142	55.206	113.57	228.36	449.39	866.67
23	13.552	20.362	24.892	30.376	45.008	66.247	140.83	292.30	593.20	1 178.7
24	15.179	23.212	28.625	35.236	53.109	79.497	174.63	374.14	783.02	1 603.0
25	17.000	26.462	32.919	40.874	62.669	95.396	216.54	478.90	1 033.6	2 180.1
26	19.040	30.167	37.857	47.414	73.949	114.48	268.51	613.00	1 364.3	2 964.9
27	21.325	34.390	43.535	55.000	87.260	137.37	332.96	784.64	1 800.9	4 032.3
28	23.884	39.205	50.066	63.800	102.97	164.84	412.86	1 004.3	2 377.2	5 483.9
29	26.750	44.693	57.576	74.009	121.50	197.81	511.95	1 285.6	3 137.9	7 458.1
30	29.960	50.950	66.212	85.850	143.37	237.38	634.82	1 645.5	4 142.1	10 143
40	93.051	188.88	267.86	378.72	750.38	1 469.8	5 455.9	19 427	66 521	*
50	289.00	700.23	1 083.7	1 670.7	3 927.4	9 100.4	46 890	*	*	*
60	897.60	2 595.9	4 384.0	7 370.2	20 555	56 348	*	*	*	*

注：*＞99 999。

附表二　　　　　　　　　　　　　复利现值系数表

期数	1%	2%	3%	4%	5%	6%	7%	8%	9%	10%
1	0.9901	0.9804	0.9709	0.9615	0.9524	0.9434	0.9346	0.9259	0.9174	0.9091
2	0.9803	0.9612	0.9426	0.9246	0.9070	0.8900	0.8734	0.8573	0.8417	0.8264
3	0.9706	0.9423	0.9151	0.8890	0.8638	0.8396	0.8163	0.7938	0.7722	0.7513
4	0.9610	0.9238	0.8885	0.8548	0.8227	0.7921	0.7629	0.7350	0.7084	0.6830
5	0.9515	0.9057	0.8626	0.8219	0.7835	0.7473	0.7130	0.6806	0.6499	0.6209
6	0.9420	0.8880	0.8375	0.7903	0.7462	0.7050	0.6663	0.6302	0.5963	0.5645
7	0.9327	0.8706	0.8131	0.7599	0.7107	0.6651	0.6227	0.5835	0.5470	0.5132
8	0.9235	0.8535	0.7894	0.7307	0.6768	0.6274	0.5820	0.5403	0.5019	0.4665
9	0.9143	0.8368	0.7664	0.7026	0.6446	0.5919	0.5439	0.5002	0.4604	0.4241
10	0.9053	0.8203	0.7441	0.6756	0.6139	0.5584	0.5083	0.4632	0.4224	0.3855
11	0.8963	0.8043	0.7224	0.6496	0.5847	0.5268	0.4751	0.4289	0.3875	0.3505
12	0.8874	0.7885	0.7014	0.6246	0.5568	0.4970	0.4440	0.3971	0.3555	0.3186
13	0.8787	0.7730	0.6810	0.6006	0.5303	0.4688	0.4150	0.3677	0.3262	0.2897
14	0.8700	0.7579	0.6611	0.5775	0.5051	0.4423	0.3878	0.3405	0.2992	0.2633
15	0.8613	0.7430	0.6419	0.5553	0.4810	0.4173	0.3624	0.3152	0.2745	0.2394
16	0.8528	0.7284	0.6232	0.5339	0.4581	0.3936	0.3387	0.2919	0.2519	0.2176
17	0.8444	0.7142	0.6050	0.5134	0.4363	0.3714	0.3166	0.2703	0.2311	0.1978
18	0.8360	0.7002	0.5874	0.4936	0.4155	0.3503	0.2959	0.2502	0.2120	0.1799
19	0.8277	0.6864	0.5703	0.4746	0.3957	0.3305	0.2765	0.2317	0.1945	0.1635
20	0.8195	0.6730	0.5537	0.4564	0.3769	0.3118	0.2584	0.2145	0.1784	0.1486
21	0.8114	0.6598	0.5375	0.4388	0.3589	0.2942	0.2415	0.1987	0.1637	0.1351
22	0.8034	0.6468	0.5219	0.4220	0.3418	0.2775	0.2257	0.1839	0.1502	0.1228
23	0.7954	0.6342	0.5067	0.4057	0.3256	0.2618	0.2109	0.1703	0.1378	0.1117
24	0.7876	0.6217	0.4919	0.3901	0.3101	0.2470	0.1971	0.1577	0.1264	0.1015
25	0.7798	0.6095	0.4776	0.3751	0.2953	0.2330	0.1842	0.1460	0.1160	0.0923
26	0.7720	0.5976	0.4637	0.3607	0.2812	0.2198	0.1722	0.1352	0.1064	0.0839
27	0.7644	0.5859	0.4502	0.3468	0.2678	0.2074	0.1609	0.1252	0.0976	0.0763
28	0.7568	0.5744	0.4371	0.3335	0.2551	0.1956	0.1504	0.1159	0.0895	0.0693
29	0.7493	0.5631	0.4243	0.3207	0.2429	0.1846	0.1406	0.1073	0.0822	0.0630
30	0.7419	0.5521	0.4120	0.3083	0.2314	0.1741	0.1314	0.0994	0.0754	0.0573
35	0.7059	0.5000	0.3554	0.2534	0.1813	0.1301	0.0937	0.0676	0.0490	0.0356
40	0.6717	0.4529	0.3066	0.2083	0.1420	0.0972	0.0668	0.0460	0.0318	0.0221
45	0.6391	0.4102	0.2644	0.1712	0.1113	0.0727	0.0476	0.0313	0.0207	0.0137
50	0.6080	0.3715	0.2281	0.1407	0.0872	0.0543	0.0339	0.0213	0.0134	0.0085
55	0.5785	0.3365	0.1968	0.1157	0.0683	0.0406	0.0242	0.0145	0.0087	0.0053

续表

期数	12%	14%	15%	16%	18%	20%	24%	28%	32%	36%
1	0.8929	0.8772	0.8696	0.8621	0.8475	0.8333	0.8065	0.7813	0.7576	0.7353
2	0.7972	0.7695	0.7561	0.7432	0.7182	0.6944	0.6504	0.6104	0.5739	0.5407
3	0.7118	0.6750	0.6575	0.6407	0.6086	0.5787	0.5245	0.4768	0.4348	0.3975
4	0.6355	0.5921	0.5718	0.5523	0.5158	0.4823	0.4230	0.3725	0.3294	0.2923
5	0.5674	0.5194	0.4972	0.4761	0.4371	0.4019	0.3411	0.2910	0.2495	0.2149
6	0.5066	0.4556	0.4323	0.4104	0.3704	0.3349	0.2751	0.2274	0.1890	0.1580
7	0.4523	0.3996	0.3759	0.3538	0.3139	0.2791	0.2218	0.1776	0.1432	0.1162
8	0.4039	0.3506	0.3269	0.3050	0.2660	0.2326	0.1789	0.1388	0.1085	0.0854
9	0.3606	0.3075	0.2843	0.2630	0.2255	0.1938	0.1443	0.1084	0.0822	0.0628
10	0.3220	0.2697	0.2472	0.2267	0.1911	0.1615	0.1164	0.0847	0.0623	0.0462
11	0.2875	0.2366	0.2149	0.1954	0.1619	0.1346	0.0938	0.0662	0.0472	0.0340
12	0.2567	0.2076	0.1869	0.1685	0.1372	0.1122	0.0757	0.0517	0.0357	0.0250
13	0.2292	0.1821	0.1625	0.1452	0.1163	0.0935	0.0610	0.0404	0.0271	0.0184
14	0.2046	0.1597	0.1413	0.1252	0.0985	0.0779	0.0492	0.0316	0.0205	0.0135
15	0.1827	0.1401	0.1229	0.1079	0.0835	0.0649	0.0397	0.0247	0.0155	0.0099
16	0.1631	0.1229	0.1069	0.0930	0.0708	0.0541	0.0320	0.0193	0.0118	0.0073
17	0.1456	0.1078	0.0929	0.0802	0.0600	0.0451	0.0258	0.0150	0.0089	0.0054
18	0.1300	0.0946	0.0808	0.0691	0.0508	0.0376	0.0208	0.0118	0.0068	0.0039
19	0.1161	0.0829	0.0703	0.0596	0.0431	0.0313	0.0168	0.0092	0.0051	0.0029
20	0.1037	0.0728	0.0611	0.0514	0.0365	0.0261	0.0135	0.0072	0.0039	0.0021
21	0.0926	0.0638	0.0531	0.0443	0.0309	0.0217	0.0109	0.0056	0.0029	0.0016
22	0.0826	0.0560	0.0462	0.0382	0.0262	0.0181	0.0088	0.0044	0.0022	0.0012
23	0.0738	0.0491	0.0402	0.0329	0.0222	0.0151	0.0071	0.0034	0.0017	0.0008
24	0.0659	0.0431	0.0349	0.0284	0.0188	0.0126	0.0057	0.0027	0.0013	0.0006
25	0.0588	0.0378	0.0304	0.0245	0.0160	0.0105	0.0046	0.0021	0.0010	0.0005
26	0.0525	0.0331	0.0264	0.0211	0.0135	0.0087	0.0037	0.0016	0.0007	0.0003
27	0.0469	0.0291	0.0230	0.0182	0.0115	0.0073	0.0030	0.0013	0.0006	0.0002
28	0.0419	0.0255	0.0200	0.0157	0.0097	0.0061	0.0024	0.0010	0.0004	0.0002
29	0.0374	0.0224	0.0174	0.0135	0.0082	0.0051	0.0020	0.0008	0.0003	0.0001
30	0.0334	0.0196	0.0151	0.0116	0.0070	0.0042	0.0016	0.0006	0.0002	0.0001
35	0.0189	0.0102	0.0075	0.0055	0.0030	0.0017	0.0005	0.0002	0.0001	*
40	0.0107	0.0053	0.0037	0.0026	0.0013	0.0007	0.0002	0.0001	*	*
45	0.0061	0.0027	0.0019	0.0013	0.0006	0.0003	0.0001	*	*	*
50	0.0035	0.0014	0.0009	0.0006	0.0003	0.0001	*	*	*	*
55	0.0020	0.0007	0.0005	0.0003	0.0001	*	*	*	*	*

注：* <0.0001。

附表三　　　　　　　　　　　　　年金终值系数表

期数	1%	2%	3%	4%	5%	6%	7%	8%	9%	10%
1	1.0000	1.0000	1.0000	1.0000	1.0000	1.0000	1.0000	1.0000	1.0000	1.0000
2	2.0100	2.0200	2.0300	2.0400	2.0500	2.0600	2.0700	2.0800	2.0900	2.1000
3	3.0301	3.0604	3.0909	3.1216	3.1525	3.1836	3.2149	3.2464	3.2781	3.3100
4	4.0604	4.1216	4.1836	4.2465	4.3101	4.3746	4.4399	4.5061	4.5731	4.6410
5	5.1010	5.2040	5.3091	5.4163	5.5256	5.6371	5.7507	5.8666	5.9847	6.1051
6	6.1520	6.3081	6.4684	6.6330	6.8019	6.9753	7.1533	7.3359	7.5233	7.7156
7	7.2135	7.4343	7.6625	7.8983	8.1420	8.3938	8.6540	8.9228	9.2004	9.4872
8	8.2857	8.5830	8.8923	9.2142	9.5491	9.8975	10.260	10.637	11.029	11.436
9	9.3685	9.7546	10.159	10.583	11.027	11.491	11.978	12.488	13.021	13.580
10	10.462	10.950	11.464	12.006	12.578	13.181	13.816	14.487	15.193	15.937
11	11.567	12.169	12.808	13.486	14.207	14.972	15.784	16.646	17.560	18.531
12	12.683	13.412	14.192	15.026	15.917	16.870	17.889	18.977	20.141	21.384
13	13.809	14.680	15.618	16.627	17.713	18.882	20.141	21.495	22.953	24.523
14	14.947	15.974	17.086	18.292	19.599	21.015	22.551	24.215	26.019	27.975
15	16.097	17.293	18.599	20.024	21.579	23.276	25.129	27.152	29.361	31.773
16	17.258	18.639	20.157	21.825	23.658	25.673	27.888	30.324	33.003	35.950
17	18.430	20.012	21.762	23.698	25.840	28.213	30.840	33.750	36.974	40.545
18	19.615	21.412	23.414	25.645	28.132	30.906	33.999	37.450	41.301	45.599
19	20.811	22.841	25.117	27.671	30.539	33.760	37.379	41.446	46.019	51.159
20	22.019	24.297	26.870	29.778	33.066	36.786	40.996	45.762	51.160	57.275
21	23.239	25.783	28.677	31.969	35.719	39.993	44.865	50.423	56.765	64.003
22	24.472	27.299	30.537	34.248	38.505	43.392	49.006	55.457	62.873	71.403
23	25.716	28.845	32.453	36.618	41.431	46.996	53.436	60.893	69.532	79.543
24	26.974	30.422	34.427	39.083	44.502	50.816	58.177	66.765	76.790	88.497
25	28.243	32.030	36.459	41.646	47.727	54.865	63.249	73.106	84.701	98.347
26	29.526	33.671	38.553	44.312	51.114	59.156	68.677	79.954	93.324	109.18
27	30.821	35.344	40.710	47.084	54.669	63.706	74.484	87.351	102.72	121.10
28	32.129	37.051	42.931	49.968	58.403	68.528	80.698	95.339	112.97	134.21
29	33.450	38.792	45.219	52.966	62.323	73.640	87.347	103.97	124.14	148.63
30	34.785	40.568	47.575	56.085	66.439	79.058	94.461	113.28	136.31	164.49
40	48.886	60.402	75.401	95.026	120.80	154.76	199.64	259.06	337.88	442.59
50	64.463	84.579	112.80	152.67	209.35	290.34	406.53	573.77	815.08	1 163.9
60	81.670	114.05	163.05	237.99	353.58	533.13	813.52	1 253.2	1 944.8	3 034.8

续表

期数	12%	14%	15%	16%	18%	20%	24%	28%	32%	36%
1	1.0000	1.0000	1.0000	1.0000	1.0000	1.0000	1.0000	1.0000	1.0000	1.0000
2	2.1200	2.1400	2.1500	2.1600	2.1800	2.2000	2.2400	2.2800	2.3200	2.3600
3	3.3744	3.4396	3.4725	3.5056	3.5724	3.6400	3.7776	3.9184	4.0624	4.2096
4	4.7793	4.9211	4.9934	5.0665	5.2154	5.3680	5.6842	6.0156	6.3624	6.7251
5	6.3528	6.6101	6.7424	6.8771	7.1542	7.4416	8.0484	8.6999	9.3983	10.146
6	8.1152	8.5355	8.7537	8.9775	9.4420	9.9299	10.980	12.136	13.406	14.799
7	10.089	10.731	11.067	11.414	12.142	12.916	14.615	16.534	18.696	21.126
8	12.300	13.233	13.727	14.240	15.327	16.499	19.123	22.163	25.678	29.732
9	14.776	16.085	16.786	17.519	19.086	20.799	24.713	29.369	34.895	41.435
10	17.549	19.337	20.304	21.322	23.521	25.959	31.643	38.593	47.062	57.352
11	20.655	23.045	24.349	25.733	28.755	32.150	40.238	50.399	63.122	78.998
12	24.133	27.271	29.002	30.850	34.931	39.581	50.895	65.510	84.320	108.44
13	28.029	32.089	34.352	36.786	42.219	48.497	64.110	84.853	112.30	148.48
14	32.393	37.581	40.505	43.672	50.818	59.196	80.496	109.61	149.24	202.93
15	37.280	43.842	47.580	51.660	60.965	72.035	100.82	141.30	198.00	276.98
16	42.753	50.980	55.718	60.925	72.939	87.442	126.01	181.87	262.36	377.69
17	48.884	59.118	65.075	71.673	87.068	105.93	157.25	233.79	347.31	514.66
18	55.750	68.394	75.836	84.141	103.74	128.12	195.99	300.25	459.45	700.94
19	63.440	78.969	88.212	98.603	123.41	154.74	244.03	385.32	607.47	954.28
20	72.052	91.025	102.44	115.38	146.63	186.69	303.60	494.21	802.86	1 298.8
21	81.699	104.77	118.81	134.84	174.02	225.03	377.46	633.59	1 060.8	1 767.4
22	92.503	120.44	137.63	157.42	206.34	271.03	469.06	812.00	1 401.2	2 404.7
23	104.60	138.30	159.28	183.60	244.49	326.24	582.63	1 040.4	1 850.6	3 271.3
24	118.16	158.66	184.17	213.98	289.49	392.48	723.46	1 332.7	2 443.8	4 450.0
25	133.33	181.87	212.79	249.21	342.60	471.98	898.09	1 706.8	3 226.8	6 053.0
26	150.33	208.33	245.71	290.09	405.27	567.38	1 114.6	2 185.7	4 260.4	8 233.1
27	169.37	238.50	283.57	337.50	479.22	681.85	1 383.1	2 798.7	5 624.8	11 198
28	190.70	272.89	327.10	392.50	566.48	819.22	1 716.1	3 583.3	7 425.7	15 230
29	214.58	312.09	377.17	456.30	669.45	984.07	2 129.0	4 587.7	9 802.9	20 714
30	241.33	356.79	434.75	530.31	790.95	1 181.9	2 640.9	5 873.2	12 941	28 172
40	767.09	1 342.0	1 779.1	2 360.8	4 163.2	7 343.9	22 729	69 377	207 874	609 890
50	2 400.0	4 994.5	7 217.7	10 436	21 813	45 497	195 373	819 103	*	*
60	7 471.6	18 535	29 220	46 058	114 190	281 733	*	*	*	*

注：* >999 999.99。

附表四　　　　　　　　　　　　　　年金现值系数表

期数	1%	2%	3%	4%	5%	6%	7%	8%	9%	10%
1	0.9901	0.9804	0.9709	0.9615	0.9524	0.9434	0.9346	0.9259	0.9174	0.9091
2	1.9704	1.9416	1.9135	1.8861	1.8594	1.8334	1.8080	1.7833	1.7591	1.7355
3	2.9410	2.8839	2.8286	2.7751	2.7232	2.6730	2.6243	2.5771	2.5313	2.4869
4	3.9020	3.8077	3.7171	3.6299	3.5460	3.4651	3.3872	3.3121	3.2397	3.1699
5	4.8534	4.7135	4.5797	4.4518	4.3295	4.2124	4.1002	3.9927	3.8897	3.7908
6	5.7955	5.6014	5.4172	5.2421	5.0757	4.9173	4.7665	4.6229	4.4859	4.3553
7	6.7282	6.4720	6.2303	6.0021	5.7864	5.5824	5.3893	5.2064	5.0330	4.8684
8	7.6517	7.3255	7.0197	6.7327	6.4632	6.2098	5.9713	5.7466	5.5348	5.3349
9	8.5660	8.1622	7.7861	7.4353	7.1078	6.8017	6.5152	6.2469	5.9952	5.7590
10	9.4713	8.9826	8.5302	8.1109	7.7217	7.3601	7.0236	6.7101	6.4177	6.1446
11	10.3676	9.7868	9.2526	8.7605	8.3064	7.8869	7.4987	7.1390	6.8052	6.4951
12	11.2551	10.5753	9.9540	9.3851	8.8633	8.3838	7.9427	7.5361	7.1607	6.8137
13	12.1337	11.3484	10.6350	9.9856	9.3936	8.8527	8.3577	7.9038	7.4869	7.1034
14	13.0037	12.1062	11.2961	10.5631	9.8986	9.2950	8.7455	8.2442	7.7862	7.3667
15	13.8651	12.8493	11.9379	11.1184	10.3797	9.7122	9.1079	8.5595	8.0607	7.6061
16	14.7179	13.5777	12.5611	11.6523	10.8378	10.1059	9.4466	8.8514	8.3126	7.8237
17	15.5623	14.2919	13.1661	12.1657	11.2741	10.4773	9.7632	9.1216	8.5436	8.0216
18	16.3983	14.9920	13.7535	12.6593	11.6896	10.8276	10.0591	9.3719	8.7556	8.2014
19	17.2260	15.6785	14.3238	13.1339	12.0853	11.1581	10.3356	9.6036	8.9501	8.3649
20	18.0456	16.3514	14.8775	13.5903	12.4622	11.4699	10.5940	9.8181	9.1285	8.5136
21	18.8570	17.0112	15.4150	14.0292	12.8212	11.7641	10.8355	10.0168	9.2922	8.6487
22	19.6604	17.6580	15.9369	14.4511	13.1630	12.0416	11.0612	10.2007	9.4424	8.7715
23	20.4558	18.2922	16.4436	14.8568	13.4886	12.3034	11.2722	10.3711	9.5802	8.8832
24	21.2434	18.9139	16.9355	15.2470	13.7986	12.5504	11.4693	10.5288	9.7066	8.9847
25	22.0232	19.5235	17.4131	15.6221	14.0939	12.7834	11.6536	10.6748	9.8226	9.0770
26	22.7952	20.1210	17.8768	15.9828	14.3752	13.0032	11.8258	10.8100	9.9290	9.1609
27	23.5596	20.7069	18.3270	16.3296	14.6430	13.2105	11.9867	10.9352	10.0266	9.2372
28	24.3164	21.2813	18.7641	16.6631	14.8981	13.4062	12.1371	11.0511	10.1161	9.3066
29	25.0658	21.8444	19.1885	16.9837	15.1411	13.5907	12.2777	11.1584	10.1983	9.3696
30	25.8077	22.3965	19.6004	17.2920	15.3725	13.7648	12.4090	11.2578	10.2737	9.4269
35	29.4086	24.9986	21.4872	18.6646	16.3742	14.4982	12.9477	11.6546	10.5668	9.6442
40	32.8347	27.3555	23.1148	19.7928	17.1591	15.0463	13.3317	11.9246	10.7574	9.7791
45	36.0945	29.4902	24.5187	20.7200	17.7741	15.4558	13.6055	12.1084	10.8812	9.8628
50	39.1961	31.4236	25.7298	21.4822	18.2559	15.7619	13.8007	12.2335	10.9617	9.9148
55	42.1472	33.1748	26.7744	22.1086	18.6335	15.9905	13.9399	12.3186	11.0140	9.9471

续表

期数	12%	14%	15%	16%	18%	20%	24%	28%	32%	36%
1	0.8929	0.8772	0.8696	0.8621	0.8475	0.8333	0.8065	0.7813	0.7576	0.7353
2	1.6901	1.6467	1.6257	1.6052	1.5656	1.5278	1.4568	1.3916	1.3315	1.2760
3	2.4018	2.3216	2.2832	2.2459	2.1743	2.1065	1.9813	1.8684	1.7663	1.6735
4	3.0373	2.9137	2.8550	2.7982	2.6901	2.5887	2.4043	2.2410	2.0957	1.9658
5	3.6048	3.4331	3.3522	3.2743	3.1272	2.9906	2.7454	2.5320	2.3452	2.1807
6	4.1114	3.8887	3.7845	3.6847	3.4976	3.3255	3.0205	2.7594	2.5342	2.3388
7	4.5638	4.2883	4.1604	4.0386	3.8115	3.6046	3.2423	2.9370	2.6775	2.4550
8	4.9676	4.6389	4.4873	4.3436	4.0776	3.8372	3.4212	3.0758	2.7860	2.5404
9	5.3282	4.9464	4.7716	4.6065	4.3030	4.0310	3.5655	3.1842	2.8681	2.6033
10	5.6502	5.2161	5.0188	4.8332	4.4941	4.1925	3.6819	3.2689	2.9304	2.6495
11	5.9377	5.4527	5.2337	5.0286	4.6560	4.3271	3.7757	3.3351	2.9776	2.6834
12	6.1944	5.6603	5.4206	5.1971	4.7932	4.4392	3.8514	3.3868	3.0133	2.7084
13	6.4235	5.8424	5.5831	5.3423	4.9095	4.5327	3.9124	3.4272	3.0404	2.7268
14	6.6282	6.0021	5.7245	5.4675	5.0081	4.6106	3.9616	3.4587	3.0609	2.7403
15	6.8109	6.1422	5.8474	5.5755	5.0916	4.6755	4.0013	3.4834	3.0764	2.7502
16	6.9740	6.2651	5.9542	5.6685	5.1624	4.7296	4.0333	3.5026	3.0882	2.7575
17	7.1196	6.3729	6.0472	5.7487	5.2223	4.7746	4.0591	3.5177	3.0971	2.7629
18	7.2497	6.4674	6.1280	5.8178	5.2732	4.8122	4.0799	3.5294	3.1039	2.7668
19	7.3658	6.5504	6.1982	5.8775	5.3162	4.8435	4.0967	3.5386	3.1090	2.7697
20	7.4694	6.6231	6.2593	5.9288	5.3527	4.8696	4.1103	3.5458	3.1129	2.7718
21	7.5620	6.6870	6.3125	5.9731	5.3837	4.8913	4.1212	3.5514	3.1158	2.7734
22	7.6446	6.7429	6.3587	6.0113	5.4099	4.9094	4.1300	3.5558	3.1180	2.7746
23	7.7184	6.7921	6.3988	6.0442	5.4321	4.9245	4.1371	3.5592	3.1197	2.7754
24	7.7843	6.8351	6.4338	6.0726	5.4509	4.9371	4.1428	3.5619	3.1210	2.7760
25	7.8431	6.8729	6.4641	6.0971	5.4669	4.9476	4.1474	3.5640	3.1220	2.7765
26	7.8957	6.9061	6.4906	6.1182	5.4804	4.9563	4.1511	3.5656	3.1227	2.7768
27	7.9426	6.9352	6.5135	6.1364	5.4919	4.9636	4.1542	3.5669	3.1233	2.7771
28	7.9844	6.9607	6.5335	6.1520	5.5016	4.9697	4.1566	3.5679	3.1237	2.7773
29	8.0218	6.9830	6.5509	6.1656	5.5098	4.9747	4.1585	3.5687	3.1240	2.7774
30	8.0552	7.0027	6.5660	6.1772	5.5168	4.9789	4.1601	3.5693	3.1242	2.7775
35	8.1755	7.0700	6.6166	6.2153	5.5386	4.9915	4.1644	3.5708	3.1248	2.7777
40	8.2438	7.1050	6.6418	6.2335	5.5482	4.9966	4.1659	3.5712	3.1250	2.7778
45	8.2825	7.1232	6.6543	6.2421	5.5523	4.9986	4.1664	3.5714	3.1250	2.7778
50	8.3045	7.1327	6.6605	6.2463	5.5541	4.9995	4.1666	3.5714	3.1250	2.7778
55	8.3170	7.1376	6.6636	6.2482	5.5549	4.9998	4.1666	3.5714	3.1250	2.7778

BT 教育——陪伴奋斗年华

致敬这个时代最有梦想的人

有时候会觉得自己很孤单,哪怕并不缺少亲人朋友关切的眼神。因为没有处在相同的境地,没有面临等同的压力,没有殊途同归的共同目标,所以有口难言,情绪都烂在心里。想要与志同道合的朋友喝酒聊天,想要在他们眼里找回激情和梦想,想要与保持着同一份初心的人一路前行。

陪伴,是最温暖的情怀,是最长情的告白,而 BT 教育就想要送你这一份温暖,陪伴奋斗年华。

学习知识固然重要,可是陪伴或许才是教育的本质。有"效率"的陪伴,应该是"双向沟通",就像高效的学习不应当只是"单向传输"一样。老师懂你的困惑,你也能跟上老师的节奏,及时的互通和反馈才是陪伴的真谛!信息时代里,我们缺少的绝对不是那堆冷冰冰的知识,而是能有良师在授业解惑之余不断引导你培养终身受益的学习方法,也是益友持续鼓励你不渝前行,这或许就是教育的本质。这样的经历在我们学生时代也许并不陌生,只是多年之后再回首,那些坚定又充实的学习时光竟然是那般遥远。在 BT 教育里,我们想要给你陪伴,带你再回那段时光。

纵然无线 Wi-Fi 不能传递热能,可是陪伴却可以带来无限温情。直播间里,老师说"懂得了就扣 1",一连串的 1111 让我们透过屏幕感受到你们的欣喜和雀跃;班级群里,助教说"复习完了要打卡",同学们较着劲儿地报进度,互相鼓励着去坚持,真切地觉得在奋斗的不只是自己。

纵使我们来自全国各地,可是有着相同的奋斗心情。我们在一群素未谋面的陌生人中嗅到了至真至纯的人情味儿,让早读成为了习惯,拼搏至凌晨成为了常态。助教的督促,老师的答疑,同学的鼓励,让汗水终将换来理想成绩的感动。正是对这份温暖的向往,对目标的矢志不渝,让你在最美的年华,选择了奋斗在 BT 教育。一个人走得很快,一群人相伴可以走得更远。

熹微晨光中,鸟鸣和 BT 教育陪你,静谧的夜里,咖啡和 BT 教育陪你;没有休息的周六日,没有旅行的假期,BT 教育一直陪你,陪你!陪你遥望真理无穷,陪你感受每进一寸的欢喜,陪你平缓坎坷心情,陪你度过奋斗年华!

BT 教育—陪伴奋斗年华。BestTime,最美的年华,奋斗在 BT 教育!

目 录
CONTENTS

第一章　总　论..1
第二章　财务管理基础..3
第三章　预算管理...6
第四章　筹资管理（上）..8
第五章　筹资管理（下）..12
第六章　投资管理...16
第七章　营运资金管理..20
第八章　成本管理...24
第九章　收入与分配管理..29
第十章　财务分析与评价..33

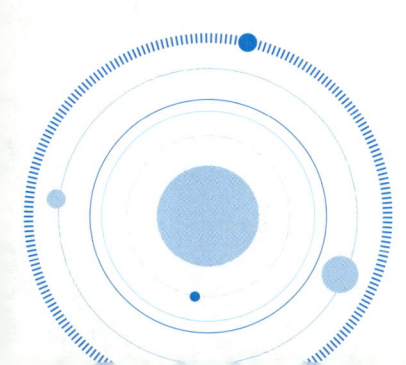
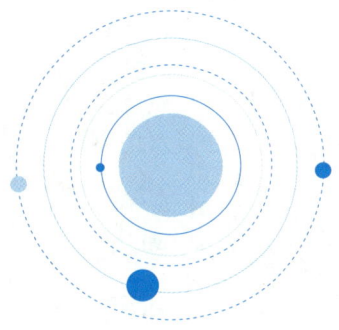

第一章 总论

- 分值比重：5分左右
- 命题形式：选择题、判断题
- 核心考点：企业财务管理目标理论、财务管理环境

总论

- **企业及其组织形式**
  - **个人独资企业和合伙企业**
    - ①创立容易，经营管理灵活，维持成本低，无须缴纳企税
    - ②承担无限责任，存续时间受限制
    - ③难以从外部获得大量资本用于经营，股权转让较困难
    - ④企业生命有限
  - **公司制企业**
    - ①无限存续、股权容易转让、承担有限责任、融资渠道多
    - ②双重课税（企税和个税）
    - ③组建成本高、存在代理问题

- **财务管理的主要内容**
  - 筹资、投资、营运资金管理、成本管理、收入与分配管理

- **财务管理的目标理论**
  - **利润最大化（每股收益最大化）**
    - ①没有考虑利润的取得时间
    - ②没有考虑投入资本与获得利润之间的配比关系
    - ③没有考虑获得利润和所承担风险的关系
    - ④可能导致短期行为倾向，影响长远发展
  - **企业价值最大化**
    - ①考虑了取得收益的时间
    - ②考虑了风险与收益的关系
    - ③克服短期行为
    - ④过于理论化，不易操作
  - **股东财富最大化**
    - ①考虑了风险因素，避免短期行为，容易量化
    - ②适用于上市公司，对其他相关者的利益重视不够
  - **相关者利益最大化**
    - ①股东拥有最高权力，承担最大义务和风险
    - ②不能忽视相关利益群体的利益
    - ③有利于长期发展，合作共赢

- **财务管理目标与利益冲突**
  - **委托代理问题与利益冲突**
    - **股东与管理层**
      - 经营者希望：增加报酬、增加闲暇时间、避免风险
      - 所有者希望：以较小的代价实现更多的财富
      - 解决措施：解聘、接收、激励
    - **大股东与中小股东**
      - 由于大股东与中小股东之间存在严重的信息不对称，导致大股东侵害中小股东利益
      - 解决措施：完善上市公司的治理结构、规范上市公司的信息披露制度
    - **股东与债权人**
      - 所有者不经债权人同意，投资高风险项目或借入新债务
      - 解决措施：借款合同中增加限制性条款、提前收回贷款或停止借款
  - **企业社会责任与利益冲突**
    - 员工、债权人、消费者、社会公益、环境和资源

...接下页

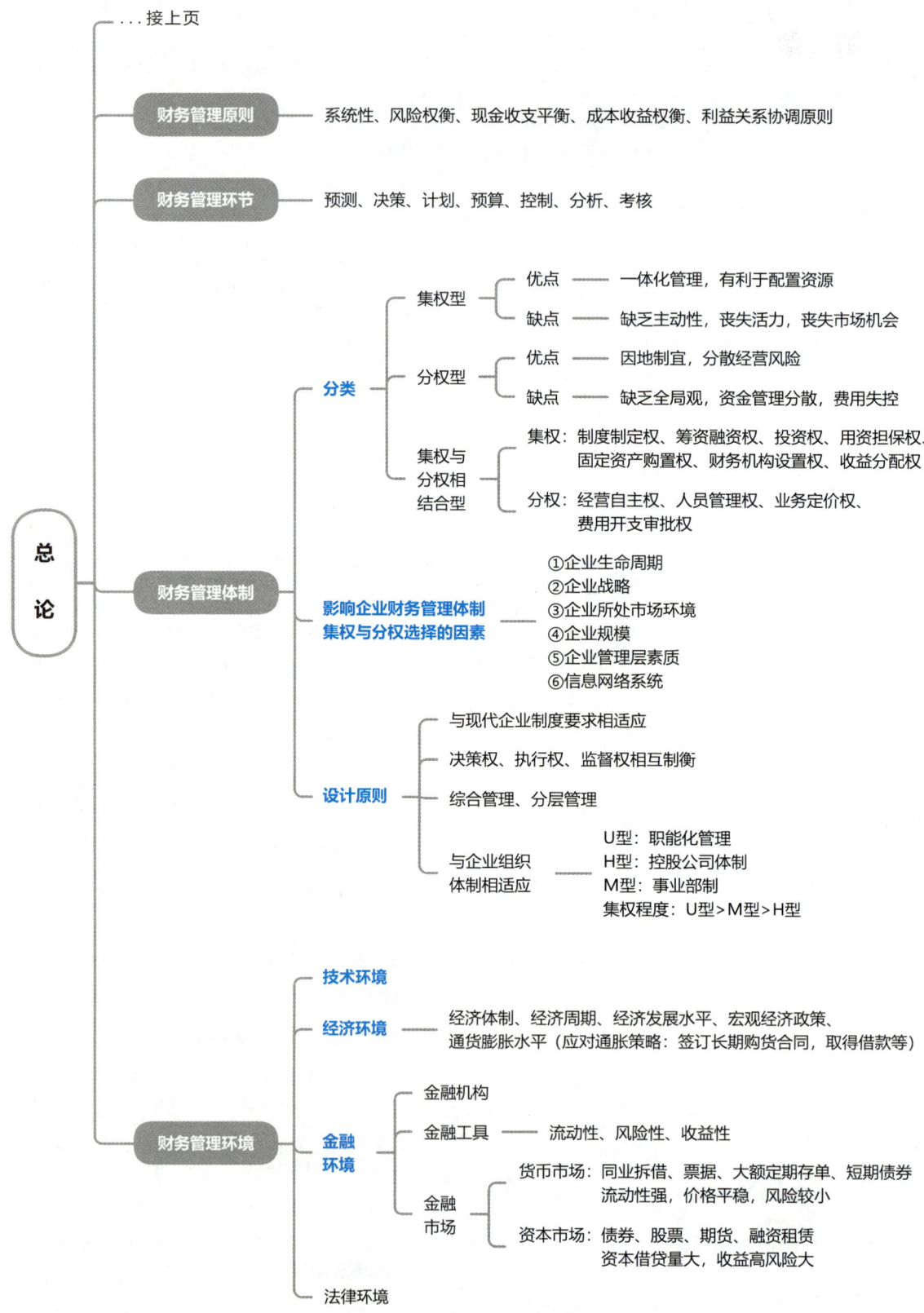

第二章

财务管理基础

- 分值比重：6分左右
- 命题形式：选择题、判断题、计算题
- ★ 核心考点：终值与现值、利率的计算、证券资产组合的收益与风险、资本资产定价模型

财务管理基础
└─ 货币时间价值
   ├─ 含义 ── 没有风险和通货膨胀的情况下，货币经历一定时间的投资和再投资增加的价值
   ├─ 纯粹利率 ── 没有风险和通货膨胀的情况下，资金市场的平均利率（短期国库券利率）
   ├─ 复利终值系数（F/P, i, n）和复利现值系数（P/F, i, n）
   ├─ 年金终值与现值
   │ ├─ 普通年金
   │ │ ├─ 普通年金终值=A×(F/A, i, n)
   │ │ ├─ 偿债基金系数(A/F, i, n)=1/(F/A, i, n)
   │ │ ├─ 普通年金现值=A×(P/A, i, n)
   │ │ └─ 投资回收系数(A/P, i, n)=1/(P/A, i, n)
   │ ├─ 预付年金终值和现值
   │ │ ├─ 预付年金终值
   │ │ │ ├─ A×[(F/A, i, n+1)-1]
   │ │ │ └─ A×(F/A, i, n)×(1+i)
   │ │ └─ 预付年金现值
   │ │   ├─ A×[(P/A, i, n-1)+1]
   │ │   └─ A×(P/A, i, n)×(1+i)
   │ ├─ 递延年金现值
   │ │ ├─ 方法一：P=A×(P/A, i, n)×(P/F, i, m)（先求出递延期期末的普通年金现值，再折算到现在）
   │ │ ├─ 方法二：P=A×[(P/A, i, m+n) - (P/A, i, m)]（先计算m+n期年金现值，再减去m期年金现值）
   │ │ └─ 方法三：P=A×(F/A, i, n)×(P/F, i, m+n)（先求递延年金终值，再折算为现值）
   │ └─ 永续年金现值 ── P=A/i
   └─ 利率的计算
      ├─ 一年多次计息：$i = (1+r/m)^m - 1$
      └─ 通货膨胀情况下：i=(1+名义利率)÷(1+通货膨胀率)-1

...接下页

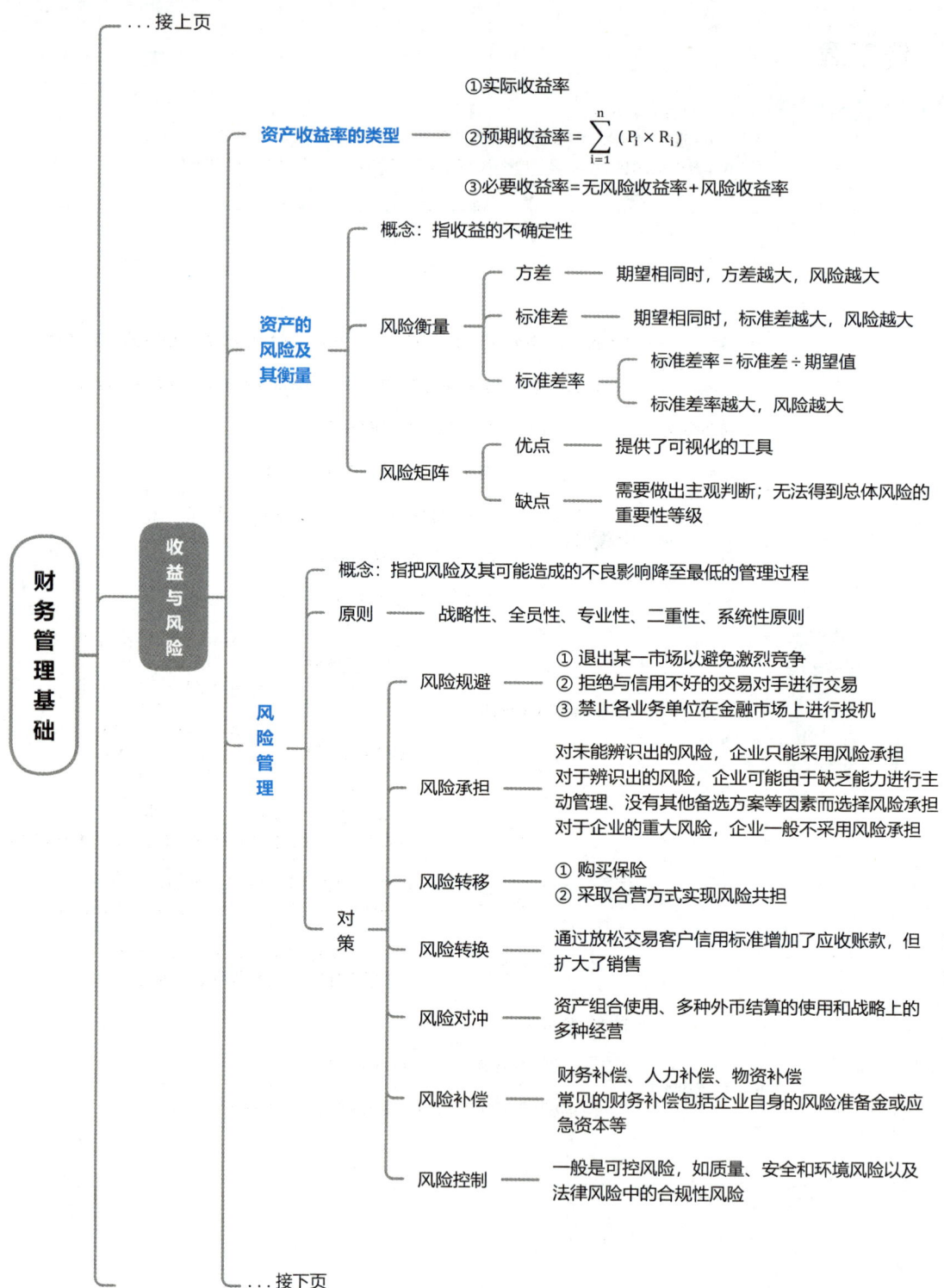

财务管理基础

证券组合

- …接上页
- **证券组合的预期收益率**：组合中各资产收益率的加权平均数　$E(R_P) = \sum W_i \times E(R_i)$
- **投资组合的风险计量**
  - 相关系数
    - ①相关系数（ρ）的值总是在 -1 至 +1 之间
    - ②ρ值越靠近1，二者正相关程度越高
    - ③ρ值越靠近-1，二者负相关程度越高
    - ④ρ值为0时，二者不相关
  - 风险衡量：当资产之间不完全正相关时，证券资产组合的风险就小于组合中各资产风险的加权平均数；证券资产组合能够分散风险，但不能完全消除风险
- **系统性风险和非系统性风险**：无法分散掉的是系统性风险，可以分散掉的风险是非系统性风险

资本资产定价模型（CAPM模型）

- **系统性风险的度量**：β系数表示单项资产收益率的变动受市场平均收益率变动的影响程度
- **投资组合的贝塔系数**：投资组合的贝塔系数就是各证券β值的加权平均值
- **核心关系式** $R = R_f + \beta \times (R_m - R_f)$
- **评价**
  - ①将高收益伴随高风险用简单关系式表达出来
  - ②β值难以估计；与实际情况有偏差

成本性态分析

固定成本

- **约束性**
  - 管理层的短期决策行动不能改变具体数额，只能通过提高生产效率加以解决
  - 举例：固定资产折旧、财产保险、管理人员工资、取暖费、照明费等
- **酌量性**
  - 管理层的短期决策行动能改变具体数额，关系到企业的竞争能力
  - 举例：科研开发费、广告费、职工培训费等

变动成本

- **技术性**：只要生产就必然会发生
- **酌量性**：通过管理层的决策行动可以改变
  - 举例：按照销售额的一定百分比开支的销售佣金

混合成本

- 半变动成本、半固定成本、延期变动成本、曲线变动成本
- **分解**
  - 高低点法：单位变动成本=（最高点业务量成本-最低点业务量成本）÷（最高点业务量-最低点业务量）
  - 回归直线法：y=a+bx
  - 工业工程法：适用于投入成本与产出数量之间有规律性联系，没有历史成本数据也可以使用
  - 账户分析法：比较粗糙且带有主观判断
  - 合同确认法：配合账户分析法使用

第三章

预算管理

- 分值比重：11分左右
- 命题形式：选择题、判断题、计算题、综合题
- ★ 核心考点：预算编制方法、经营预算和财务预算的编制

预算管理
├─ 预算管理概述
│   ├─ 预算的特征 —— 数量化、可执行性
│   ├─ 预算的作用
│   ├─ 预算的分类
│   │   ├─ 根据内容不同
│   │   │   ├─ 经营预算
│   │   │   ├─ 专门决策预算
│   │   │   └─ 财务预算（总预算）
│   │   └─ 根据时间长短不同
│   │   ├─ 短期预算
│   │   └─ 长期预算
│   └─ 预算管理工作的组织
│   ├─ 决策层
│   ├─ 管理层
│   ├─ 执行层
│   └─ 考核层
└─ 预算编制方法与程序
    ├─ 按其出发点的特征不同分类
    │   ├─ 增量预算法
    │   │   ├─ 优点 —— 编制简单
    │   │   └─ 缺点 —— 无效开支无法得到有效控制，造成预算上的浪费
    │   └─ 零基预算法
    │   ├─ 优点 —— ①不受历史期不合理因素影响，贴近真实需要
    │   │   ②增加预算编制透明度，有利于预算控制
    │   └─ 缺点 —— ①工作量大
    │   ②受企业管理水平和相关数据标准准确性影响大
    ├─ 按业务量基础的数量特征不同分类
    │   ├─ 固定预算法
    │   │   └─ 特点 —— 适应性差、可比性差
    │   └─ 弹性预算法
    │   ├─ 特点 —— 优点：考虑了不同业务量水平，更贴近实际情况
    │   │   缺点：编制工作量大；受主观判断影响
    │   ├─ 分类 —— 公式法、列表法
    │   └─ 运用 —— 要选用一个最能代表生产经营活动水平的业务量计量单位
    └─ 按其预算期的时间特征不同分类
        ├─ 定期预算法
        │   ├─ 优点 —— 预算期间与会计期间配比，有利于预算的考核
        │   └─ 缺点 —— 缺乏长远打算，导致短期行为出现
        └─ 滚动预算法
            ├─ 分类 —— 逐月滚动、逐季滚动、混合滚动
            └─ 优点 —— 能够保持预算的持续性，有利于克服短期行为
                      有利于使预算随时间的推进不断加以调整和修订，
                      能使预算与实际情况更相适应

...接下页

...接上页

预算管理

经营预算的编制

- **销售预算** —— 编制全面预算的起点
- **生产预算**
  - 在销售预算的基础上编制
  - 只涉及实物量指标,不涉及价值量指标
  - 预计生产量=预计销售量+预计产成品存货变动量
  - (变动量为期末减去期初)
- **直接材料预算**
  - 以生产预算为基础,同时要考虑原材料存货水平
  - 预计采购量 = 生产需求量 + 期末库存量 - 期初库存量
- **直接人工预算** —— 以生产预算为基础编制
- **制造费用预算** —— 以生产预算为基础编制
- **产品成本预算** —— 主要内容是产品的单位成本和总成本,不直接涉及现金收支
- 销售及管理费用预算

专门决策预算的编制

- 与项目投资决策相关
- 编制资金预算和预计资产负债表的依据

财务预算的编制

- 资金预算、利润表预算、资产负债表预算(全面预算的终点)

预算的执行与考核

- **预算的执行** —— 财务管理部门应当利用财务报表监控预算的执行情况
- **预算的调整** —— 市场环境、经营条件、政策法规发生重大变化
- **预算的分析与考核** —— 预算委员会

第四章

筹资管理（上）

- 分值比重：8分左右
- 命题形式：选择题、判断题
- 核心考点：筹资的方式和分类、各种筹资方式的概念和优缺点对比

筹资管理（上）

筹资的动机
- 创立性筹资动机
- 支付性筹资动机
- 扩张性筹资动机
- 调整性筹资动机
- 混合性筹资动机

筹资管理的内容
- 科学预计资金需要量
- 合理安排筹资渠道、选择筹资方式
- 降低资本成本、控制财务风险

筹资方式
- **股权筹资** —— 吸收直接投资、发行股票、留存收益
- **债务筹资** —— 发行债券、向金融机构借款、租赁、利用商业信用
- **混合筹资** —— 发行可转换债券、发行优先股股票

筹资的分类
- **按企业取得资金的权益特性不同** —— 股权筹资、债务筹资、衍生工具筹资
- **按是否借助于金融机构为媒介来获取社会资金** —— 直接筹资、间接筹资
- **按资金的来源范围不同** —— 内部筹资、外部筹资
- **按所筹资金的使用期限不同** —— 长期筹资、短期筹资

筹资管理的原则
- 筹措合法、规模适当、取得及时、来源经济、结构合理

债务筹资

银行借款
- 种类
  - 按机构：政策性银行贷款、商业银行贷款和其他金融机构贷款
  - 按有无担保：信用贷款（利息较高）和担保贷款（不动产不能质押）
- 长期借款的保护性条款：例行性保护条款、一般性保护条款、特殊性保护条款可结合使用，全面保护银行等债权人的权益
- 特点：筹资速度快、资本成本较低、筹资弹性较大、限制条款多、筹资数额有限

…接下页

筹资管理（上）

发行公司债券（…接上页）
- **发行条件**
- **发行种类**：记名和无记名；可转换债券和不可转换债券；担保债券和信用债券；公开发行和非公开发行
- **特点**：一次筹资数额大、使用限制少、资本成本高、提高社会声誉

租赁
- **租金构成**：设备原价及预计残值、利息、租赁手续费和利润
- **特点**：
  - 无须大量资金就能迅速获得资产
  - 财务风险小、限制条件较少
  - 延长资金融通的期限
  - 资本成本负担较高（银行借款＜发行债券＜租赁）

债务筹资优缺点
- **优点**：
  - ①筹资速度较快
  - ②筹资弹性大
  - ③资本成本负担较轻
  - ④可以利用财务杠杆
  - ⑤稳定公司的控制权
- **缺点**：
  - ①不能形成企业稳定的资本基础
  - ②财务风险较大
  - ③筹资数额有限

股权筹资

吸收直接投资
- **出资方式**
- **筹资特点**：
  - ①能够尽快形成生产能力
  - ②容易进行信息沟通
  - ③资本成本较高。相对于股票筹资来说，吸收直接投资的资本成本较高，但筹资费用较低
  - ④公司控制权集中，不利于公司治理
  - ⑤不利于进行产权交易

发行普通股股票
- **股票的特点**：永久性、流通性、风险性、参与性
- **股东的权利**：公司管理权、收益分享权、股份转让权、优先认股权、剩余财产要求权
- **我国证券交易所概况与股份有限公司的设立**
  - 我国证券交易所概况：上海证券交易所、深圳证券交易所、北京证券交易所
  - 股票发行
    - 公开间接发行
      - 优点：发行范围广，发行对象多；易于足额筹集资本；有利于提高公司知名度
      - 缺点：审批手续复杂，发行成本高
    - 非公开直接发行
      - 优点：发行弹性大，节省发行费用
      - 缺点：发行范围小，不易及时足额筹集资本；发行后股票变现性差
  - 股票上市的交易与退市
    - 上市目的
      - 优点：
        - ①便于筹措新资金，可以通过增发、配股、发行可转债进行再融资
        - ②促进股权流通和转让
        - ③便于确定公司价值
      - 缺点：
        - ①上市成本高，手续复杂严格
        - ②信息披露成本高
        - ③不利于保护商业秘密
        - ④可能分散控制权
        - ⑤股价歪曲会影响公司声誉
    - 股票退市风险警示、股票终止上市

…接下页

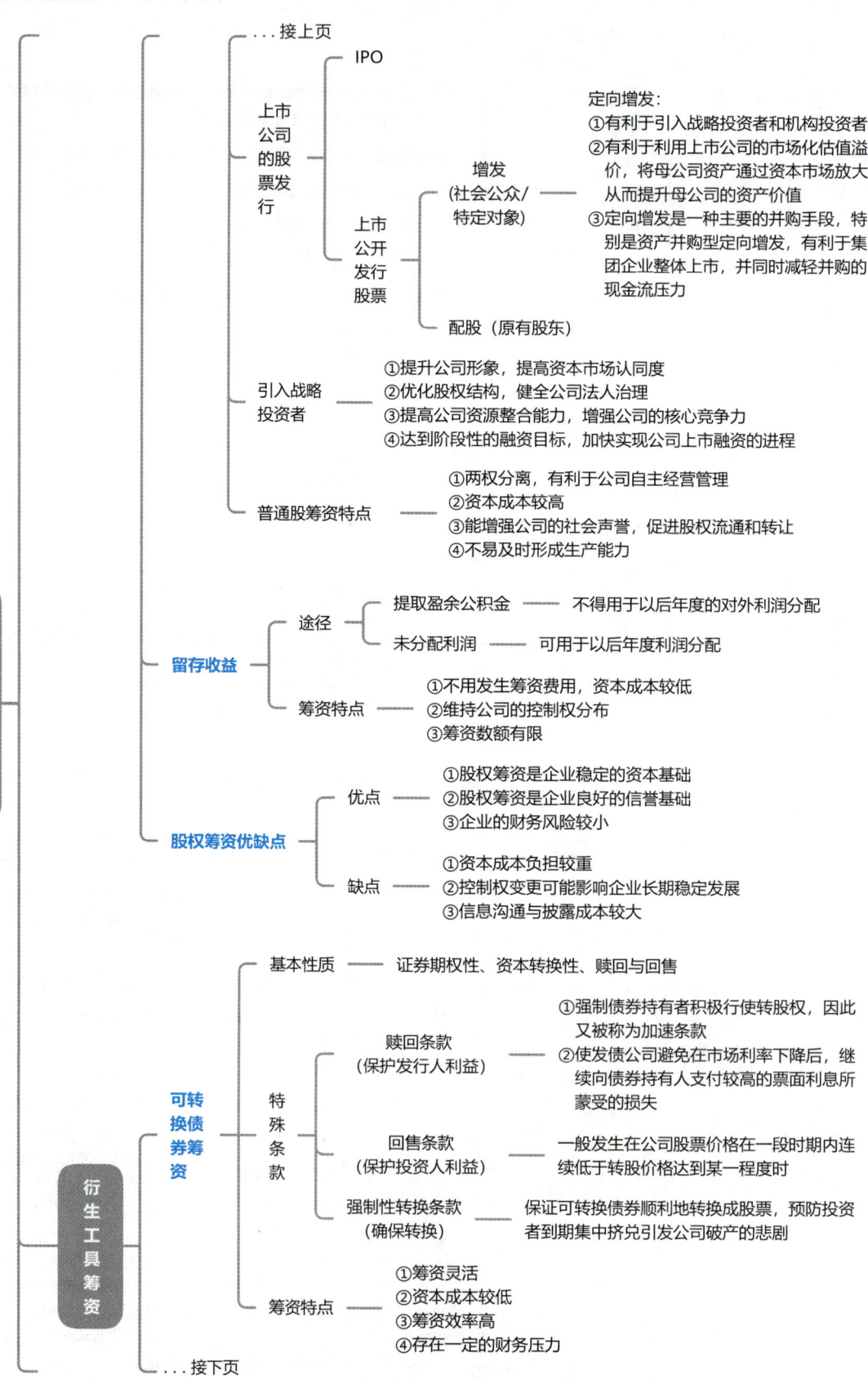

筹资管理（上）

- ...接上页
  - **认股权证筹资**
    - 基本性质 —— 期权性、投资工具
    - 筹资特点
      - ①是一种融资促进工具
      - ②有助于改善上市公司的治理结构
      - ③有利于推进上市公司的股权激励机制
  - **优先股筹资**
    - 基本性质
      - ①固定股息率
      - ②权利优先：利润分配和剩余财产清偿分配方面优先于普通股
      - ③权利限制：重大经营事项，无表决权
    - 特点
      - ①有利于丰富资本市场的投资结构
      - ②有利于股份公司股权资本结构的调整
      - ③有利于保障普通股收益和控制权
      - ④有利于降低公司财务风险
      - ⑤可能给股份公司带来一定的财务压力
  - **筹资实务创新**
    - 非公开定向债务融资工具（PPN）
    - 私募股权投资
    - 产业基金
    - 商业票据融资
    - 中期票据融资
    - 股权众筹融资
    - 企业应收账款证券化
    - 融资租赁债权资产证券化
    - 商圈融资
    - 供应链融资
    - 绿色信贷
    - 能效信贷

第五章

筹资管理（下）

- 分值比重：10分左右
- 命题形式：选择题、判断题、计算题、综合题
- 核心考点：资本成本的计算、杠杆系数、资本结构

筹资管理（下）
- 资金需求量预测
  - 因素分析法 —— 资金需要量 =（基期资金平均占用额 - 不合理资金占用额）×（1+预测期销售增长率）÷（1+预测期资金周转速度增长率）
  - 销售百分比法
    - 经营性/敏感性资产与负债
      - 经营性资产 —— 确定随销售额变动而变动的资产
      - 经营性负债 —— 确定随销售额变动而变动的负债
    - 外部筹资额 = 资金需求增长额 - 留存收益
      = 经营性资产增加量 - 经营性负债增加量 - 当年的利润留存
    - 经营性资产增加量 = 基期经营性资产金额×销售增速
    - 经营性负债增加量 = 基期经营性负债金额×销售增速
    - 当年的利润留存 = 资产负债表中留存收益的增加额
      = 净利润 - 股利支付
      = 净利润×（1-股利支付率）
      = 净利润×利润留存率
  - 资金习性法
    - Y=a+bx，a为不变资金，b为单位销量所需要的变动资金
    - 回归分析法 —— 用历史数据中的所有点来计算，最小二乘的回归方法
    - 高低点法 —— 利用销售额的最大点和最小点来计算
- 资本成本
  - 资本成本概述
    - 含义
      - 筹资费用（手续费、发行费）
      - 占用费用（利息、股利）
    - 作用
      - ①选择筹资方案的依据
      - ②衡量资本结构是否合理的依据
      - ③评价投资项目可行性的标准
      - ④评价整体业绩的依据
    - 影响因素
      - ①总体经济环境
      - ②资本市场条件
      - ③企业经营状况和融资状况
      - ④对筹资规模和时限的需求
  - ...接下页

筹资管理（下）

资本成本

计算

...接上页

- **通用公式** —— 资本成本 = 年资金占用费÷[筹资总额×（1-筹资费用率）]

- **银行借款与发行债券**
  - 公式1
    - 资本成本 = [年利息×(1-所得税税率)] ÷ [借款总额×(1-筹资费用率)]
    - $K = [I \times (1-T)] \div [L \times (1-f)]$
  - 公式2
    - 资本成本 = [年利率×(1-所得税税率)] ÷ (1-筹资费用率)
    - $K = i \times (1-T) \div (1-f)$
  - 辅助理解
    - 年利率 = 年利息÷借款总额
    - $i = I \div L$

- **优先股**
  - 公式1
    - 资本成本 = 年度每股股利支付÷[股价×(1-筹资费用率)]
    - $K = D \div [P \times (1-f)]$
  - 公式2
    - 资本成本 = 年度每股股利支付率 ÷ (1-筹资费用率)
    - $K = D\% \div (1-f)$
  - 辅助理解
    - 年度每股股利支付率 = 年度每股股利支付÷股价
    - $D\% = D \div P$

- **普通股**
  - 公式1
    - 资本成本 = 下一年股利÷[股价×(1-筹资费用率)] + 股利增速
    - $K = D_1 \div [P_0 \times (1-f)] + g$
  - 公式2
    - 资本成本 = 无风险利率 + 贝塔系数 ×（市场平均收益率 - 无风险利率）
    - $K = R_f + \beta \times (R_m - R_f)$

加权平均资本成本

- **账面价值权数**（反映过去的资本结构）
  - 优点：资料容易取得，计算方便
  - 缺点：资本账面价值与市场价值差别较大时，计算结果与实际差别大，不适合评价现时的资本结构

- **实际市场价值权数**（反映现在的资本结构）
  - 优点：反映现时的资本成本
  - 缺点：计算出的数额经常变化，不适用未来筹资决策

- **目标资本结构权数**（反映未来的目标资本结构）
  - 优点：能体现期望的资本结构，决策相关性
  - 缺点：具有主观性

边际资本成本 —— 追加筹资的决策依据

项目资本成本
- 综合资本成本
- 可比公司法

金融工具价值评估

...接下页

筹资管理（下）

...接上页

杠杆效应

经营杠杆

- **定义**：由于固定性经营成本的存在，导致息税前利润变动率大于业务量变动率
- **公式**
  - 公式1
    - DOL=(ΔEBIT/EBIT)/(Δsales/sales)
    - 其中：Δsales/sales = ΔQ/Q
    - 经营杠杆 = 息税前利润变动率÷销售收入变动率
    - 销售收入变动率 = 销售数量变动率
  - 公式2
    - DOL=(S-TVC)/(S-TVC-F)
    - 经营杠杆 = (销售收入 - 总变动成本)÷(销售收入 - 总变动成本 - 经营固定成本)
    - DOL=M/(M-F)
    - 经营杠杆 = 边际贡献 ÷ (边际贡献 - 经营固定成本)
- **影响因素**
  - 反向变动：销售量、销售价格
  - 同向变动：单位变动成本和固定成本
- **控制途径**：增加销售量、提高单价、降低单位变动成本、降低固定成本

财务杠杆

- **定义**：由于固定性资本成本的存在，导致每股收益变动率大于息税前利润变动率
- **公式**
  - 公式1
    - DFL=(ΔEPS/EPS)/(ΔEBIT/EBIT)
    - 财务杠杆 = 每股收益变动率÷息税前利润变动率
  - 公式2
    - DFL=EBIT/(EBIT-I)
    - 财务杠杆 =息税前利润 ÷ (息税前利润 - 利息费用)
- **影响因素**
  - 反向变动：息税前利润
  - 同向变动：债务资金比重、固定性资本成本
- **控制途径**：合理安排资本结构，适度负债

总杠杆

- **定义**：经营杠杆和财务杠杆共同作用的结果
- **公式**
  - 公式1
    - DTL=(ΔEPS/EPS)/(Δsales/sales)
    - 其中：Δsales/sales = ΔQ/Q
    - 总杠杆 = 每股收益变动率÷销售收入变动率
    - 销售收入变动率 = 销售数量变动率
  - 公式2
    - DTL=(S-TVC)/(EBIT-I)
    - 总杠杆 = (销售收入 - 总变动成本) ÷ (息税前利润 - 利息费用)
  - 公式3
    - DTL=DOL×DFL
    - 总杠杆 = 经营杠杆×财务杠杆
- **影响因素**：影响经营杠杆和财务杠杆的因素
- **控制途径**：降低固定性经营成本或固定性资本成本控制总风险

联系
总杠杆 = 经营杠杆×财务杠杆

应用

...接下页

筹资管理（下）

资本结构

资本结构理论

含义
- 最佳资本结构 —— 平均资本成本率最低，企业价值最大的资本结构
- 目标资本结构 —— 企业结合自身实际确立，根据满意化原则确定

MM理论
- 无税MM理论：有无负债不改变企业的价值，企业价值不受资本结构的影响；有负债企业的股权成本随着负债程度的增大而增大
- 有税MM理论：企业可利用财务杠杆增加企业价值，负债利息可带来避税利益，企业价值会随着资产负债率的增加而增加

权衡理论
考虑了税收、财务困境成本
有负债企业的价值=无负债企业价值+税负节约现值-财务困境成本的现值

代理理论
- 激励作用 —— 债务筹资有很强的激励作用，降低由于两权分离而产生的代理成本
- 代理成本 —— 企业接受债权人监督而产生的成本

优序融资理论 —— 内部筹资→债务筹资（普通债务→可转换债务）→股权筹资

影响因素
① 企业经营状况的稳定性和成长率
② 企业的财务状况和信用等级
③ 企业的资产结构
④ 企业投资人和管理当局的态度
⑤ 行业特征和企业发展周期
⑥ 经济环境的税务政策和货币政策

资本结构优化

每股收益分析法
$[(EBIT-I_1) \times (1-T) - DP_1]/N_1 = [(EBIT-I_2) \times (1-T) - DP_2]/N_2$
当息前税前利润大于每股收益无差别点的息前税前利润时，运用负债筹资可获得较高的每股收益
反之运用权益筹资可获得较高的每股收益

平均资本成本比较法 —— 以资本成本最低作为选择标准

公司价值分析法
在考虑市场风险基础上，以公司市场价值为标准
公司价值V=权益资本价值S+债务资金价值B
权益资本的市场价值$S=(EBIT-I) \times (1-T)/K_s$，且$K_s=R_f+\beta(R_m-R_f)$
加权平均资本成本K_w=税前债务资本成本×（1-T）×B/V+股权资本成本×S/V

双重股权结构

优点
① 避免企业内部股权纷争，保障企业创始人或管理层对企业的控制权，防止公司被恶意收购
② 提高企业运行效率，有利于企业的长期发展

缺点
① 容易导致管理中独裁行为的发生
② 控股股东为自己谋利而损害非控股股东的利益，不利于非控股股东利益的保障
③ 可能加剧企业治理中实际经营者的道德风险和逆向选择

第六章

投资管理

- 分值比重：16分左右
- 命题形式：选择题、判断题、计算题、综合题
- 核心考点：投资项目财务评价指标、项目投资管理、证券投资管理、期权到期日价值和净损益的计算

投资管理

- **投资管理概述**
  - **投资的分类**
    - 直接投资与间接投资
    - 项目投资/证券投资
    - 发展性投资/维持性投资
    - 对内投资/对外投资
    - 独立投资/互斥投资
  - **投资管理的原则**——可行性分析原则、结构平衡原则、动态监控原则

- **投资项目财务评价指标**
  - **项目现金流量**
    - 投资期——长期资产投资、垫支营运资金
    - 营业期——
      - 营业现金净流量＝（收入 - 付现成本 - 非付现成本）×（1 - 所得税税率）+ 非付现成本
      - ＝ 税后营业利润+ 非付现成本
      - ＝（收入 - 付现成本）×（1 - 所得税税率）+非付现成本× 所得税税率
      - ＝ 收入 - 付现成本 -（收入 - 付现成本 - 非付现成本）×所得税税率
      - ＝ 收入 - 付现成本 - 所得税
    - 终结期——固定资产变价净收入、固定资产变现净损益影响、垫支营运资金的收回

  - **投资项目评价方法**
    - 净现值
      - 净现值＝未来现金净流量现值-原始投资额现值
      - 当净现值大于0,投资项目可行
      - 优点：适用于年限相同的互斥投资方案决策；灵活地考虑投资风险
      - 缺点：贴现率不易确定；不适用于独立投资方案的比较决策；不能对寿命期不同的互斥方案进行决策
    - 年金净流量
      - 年金净流量＝现金净流量总现（终）值÷年金现（终）值系数
      - 当年金净流量大于0,投资项目可行
      - 优点：适用于期限不同的投资方案决策
      - 缺点：不便于对原始投资额不相等的独立投资方案决策
    - 现值指数
      - 现值指数＝未来现金净流量现值÷原始投资额现值
      - 现值指数≥1，方案可行
      - 相对指标，能够比较初始投资额不同的独立投资方案
    - ...接下页

投资管理

项目投资管理

接上页

内含收益率(IRR)
- 净现值为零的贴现率
- 内含收益率高于资本成本时，投资项目可行
- 优点：易于理解；可反映各独立投资方案的获利水平
- 缺点：计算复杂，不易直接考虑投资风险大小

回收期法

静态回收期
- 静态回收期=原始投资额÷每年现金净流量
- 静态回收期=M+第M年的尚未回收额÷第（M+1）年的现金净流量
- 缺点：忽视时间价值

动态回收期
- 原始投资额现值÷每年现金净流量=（P/A，i，n）
- 动态回收期=M+第M年的尚未回收额的现值÷第（M+1）年的现金净流量现值
- 考虑资金的时间价值

- 优点：计算简便、容易理解、较为保守稳妥
- 缺点：没有考虑超过原始投资额（现值）的部分

独立投资方案决策

互斥投资方案决策
— 选择最优；净现值法/共同年限法/年金净流量法

固定资产更新决策
- 性质 — 互斥投资方案决策
- 方法选择
  - 寿命期相同：净现值法
  - 寿命期不同：年金净流量法

证券投资管理

概述

证券资产特点 — 价值虚拟性；可分割性；持有目的多元性；强流动性；高风险性

证券投资目的 — 降低投资风险；增加企业收益；保障生产经营；增强偿债能力

证券投资风险
- 系统性风险（不可分散） — 价格风险（利率上升）、再投资风险（利率下降）、购买力风险（通货膨胀）
- 非系统性风险（可分散）
  - 内部 — 经营风险和财务风险
  - 外部 — 违约风险、变现风险、破产风险

债券投资

债券要素 — 面值、票面利率、到期日

影响因素 — 面值、期限、票面利率、贴现率

债券估价基本模型 — $PV=\dfrac{I_1}{(1+i)}+\dfrac{I_2}{(1+i)^2}+\cdots+\dfrac{I_n}{(1+i)^n}+\dfrac{M}{(1+i)^n}$

债券价值对债券期限的敏感性
① 债券价值随债券期限变化的原因，是债券票面利率与市场利率的不一致
② 债券期限越短，债券票面利率对债券价值的影响越小
③ 在票面利率偏离市场利率的情况下，随着债券期限延长，债券的价值会越偏离债券的面值

…接下页

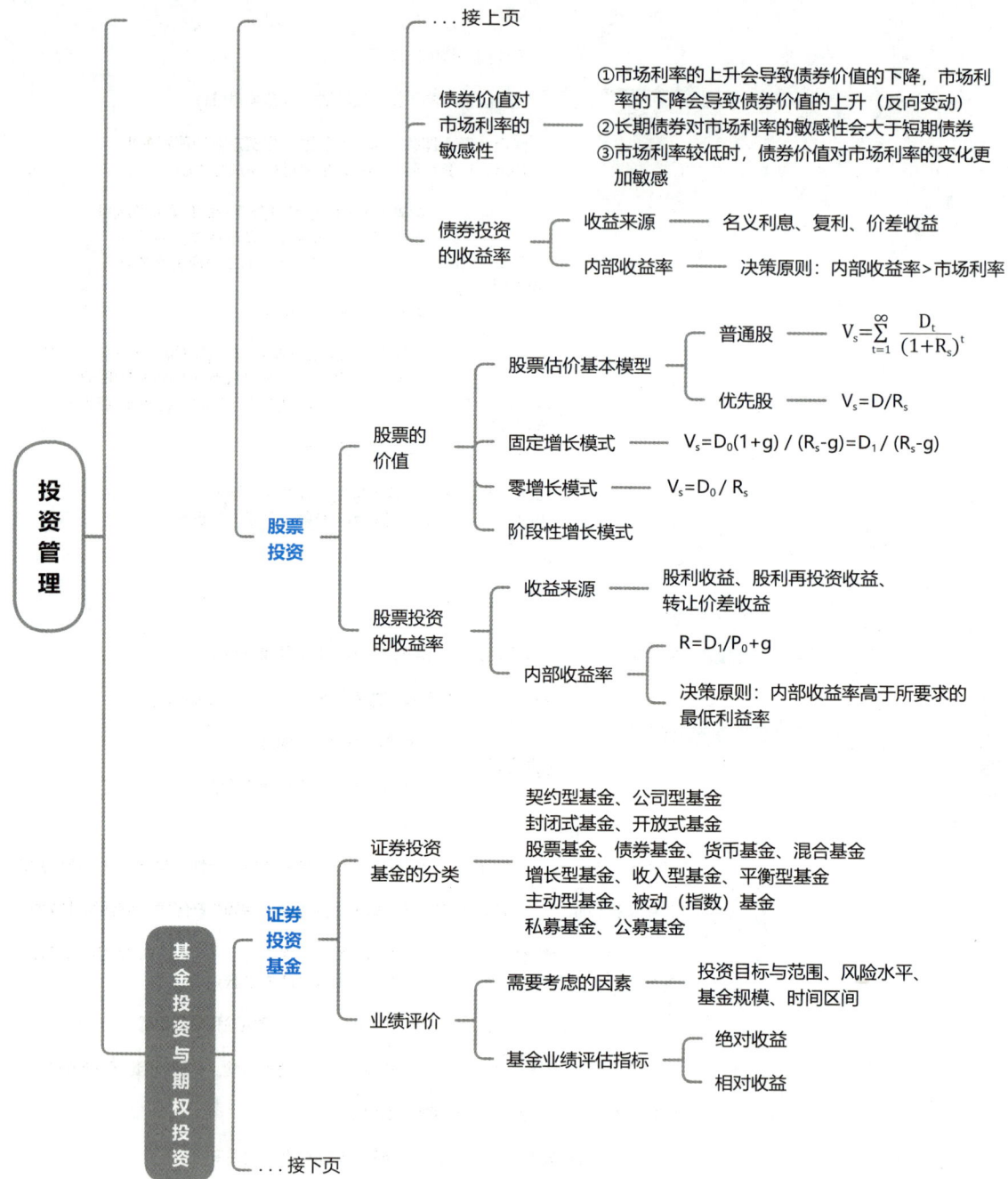

投资管理 — 基金投资与期权投资

私募股权投资基金

特点
- ①具有较长的投资周期
- ②较大的投资收益波动性
- ③对投资决策与管理的专业度要求较高，投后需要进行非财务资源注入

退出
- ①股份上市转让或挂牌转让
- ②股权转让
- ③清算退出

期权合约

分类
- 按照期权执行时间：欧式期权（到期日）、美式期权（到期日及之前的任何时间）
- 按照合约授予期权持有人权利的类别：看涨期权（买权）、看跌期权（卖权）

看涨期权

到期日价值
- 买入看涨期权（多头）= Max（0，股票市价 - 执行价格）
- 卖出看涨期权（空头）= - Max（0，股票市价 - 执行价格）

净损益
- 买入看涨期权（多头）= 买入看涨期权到期日价值 - 期权价格
- 卖出看涨期权（空头）= 卖出看涨期权到期日价值 + 期权价格

看跌期权

到期日价值（执行净收入）
- 买入看跌期权（多头）= Max（执行价格 - 股票市价，0）
- 卖出看跌期权（空头）= - Max（执行价格 - 股票市价，0）

净损益
- 买入看跌期权（多头）= 买入看跌期权到期日价值 - 期权价格
- 卖出看跌期权（空头）= 卖出看跌期权到期日价值 + 期权价格

...接上页

第七章

营运资金管理

- 分值比重：10分左右
- 命题形式：选择题、判断题、计算题、综合题
- ★ 核心考点：营运资金管理策略、现金管理、存货管理

营运资金管理
├── 营运资金管理概述
│   ├── **概念** —— 营运资金=流动资产-流动负债
│   ├── **特点** —— 多样性、波动性、短期性、变动性和易变现性
│   └── 管理原则
│
├── 营运资金管理策略
│   ├── **流动资产投资策略**
│   │   ├── 紧缩型投资策略
│   │   │   ├── 表现为安排较低的流动资产、收入比率
│   │   │   └── 低（持有）成本、高风险、高收益
│   │   ├── 宽松型投资策略
│   │   │   ├── 表现为安排较高的流动资产、收入比率
│   │   │   └── 持有成本较高，低风险，低收益
│   │   └── 影响因素 —— 稳定性和可预见性；管理风格；内外部环境；产业因素；资产的收益性与风险性
│   └── **流动资产融资策略**
│   ├── 期限匹配融资策略
│   │   ├── ①非流动资产＋永久性流动资产：长期融资方式
│   │   └── ②波动性流动资产：临时性流动负债
│   ├── 激进融资策略
│   │   ├── ①非流动资产＋部分永久性流动资产：长期融资方式
│   │   └── ②剩下的永久性流动资产＋所有的波动性流动资产：临时性流动负债
│   └── 保守融资策略
│   ├── ①非流动资产＋永久性流动资产＋部分波动性流动资产：长期融资方式
│   └── ②剩余的波动性流动资产：临时性流动负债
│
└── 现金管理
    ├── **持有现金的动机** —— 交易性需求、预防性需求、投机性需求
    └── **目标现金余额确定**
        └── 成本模型
            ├── 持有现金的成本
            │   ├── 机会成本 —— 与现金持有量成正比例变化
            │   ├── 管理成本 —— 是一种固定成本，与现金持有量之间无明显的比例关系
            │   └── 短缺成本 —— 随现金持有量的增加而下降，随现金持有量的减少而上升
            └── 决策原则 —— 上述三项成本之和最小的现金持有量，就是最佳现金持有量

…接下页

营运资金管理

现金管理模式（接上页）

存货模型

相关成本
- 机会成本 —— 机会成本＝（C/2）×K，与现金持有量呈正比例变化
- 交易成本 —— 交易成本＝（T/C）×F，与现金持有量呈反比例变化

公式
- 最佳现金持有量 —— $C^* = \sqrt{\dfrac{2T \times F}{K}}$
- 最小相关总成本＝$\sqrt{2 \times T \times F \times K}$
- T为全年现金总需求量、F为每次交易成本、K为机会成本率

随机模型

调整方式
- 现金持有量在上限和下限之间波动 —— 无须调整
- 现金余额超过上限 —— 将部分现金转换为有价证券
- 现金余额低于下限 —— 卖出部分证券换取现金

公式
- 上限 —— H=3R-2L
- 下限
- 现金返回线

现金管理模式
- 收支两条线管理模式
- 资金集中管理模式

现金收支日常管理

现金周转期
- 经营周期＝存货周转期+应收账款周转期
- 现金周转期＝经营周期-应付账款周转期
- 减少现金周转期：缩短存货周转期、应收账款周转期、延长应付账款周转期

收款管理 —— 电子支付方式
① 结算时间和资金可用性可以预计
② 向任何一个账户或任何金融机构的支付具有灵活性，不受人工干扰
③ 客户的汇款信息可与支付同时传送，更容易更新应收账款
④ 客户的汇款从纸基方式转向电子方式，减少或消除了收款浮动期，降低了收款成本，收款过程更容易控制，并且提高了预测精度

付款管理 —— 尽可能延缓现金的支出时间

应收账款管理

应收账款成本

机会成本
- 应收账款平均余额＝日销售额×平均收现期
- 应收账款占用资金＝应收账款平均余额×变动成本率
- 机会成本＝应收账款占用资金×资本成本

管理成本

坏账成本 —— 坏账成本＝赊销额×预计坏账损失率

信用政策

- **信用标准** —— 最低信用水平；定性分析（5C）；定量分析（比率分析）
- **信用条件**
  - 信用期间 —— 决策原则：增加的收益＞机会成本+收账费用+坏账损失
  - 折扣条件 —— 现金决策原则：增加的收益＞机会成本+收账费用+坏账损失+现金折扣成本
- **收账政策**

...接下页

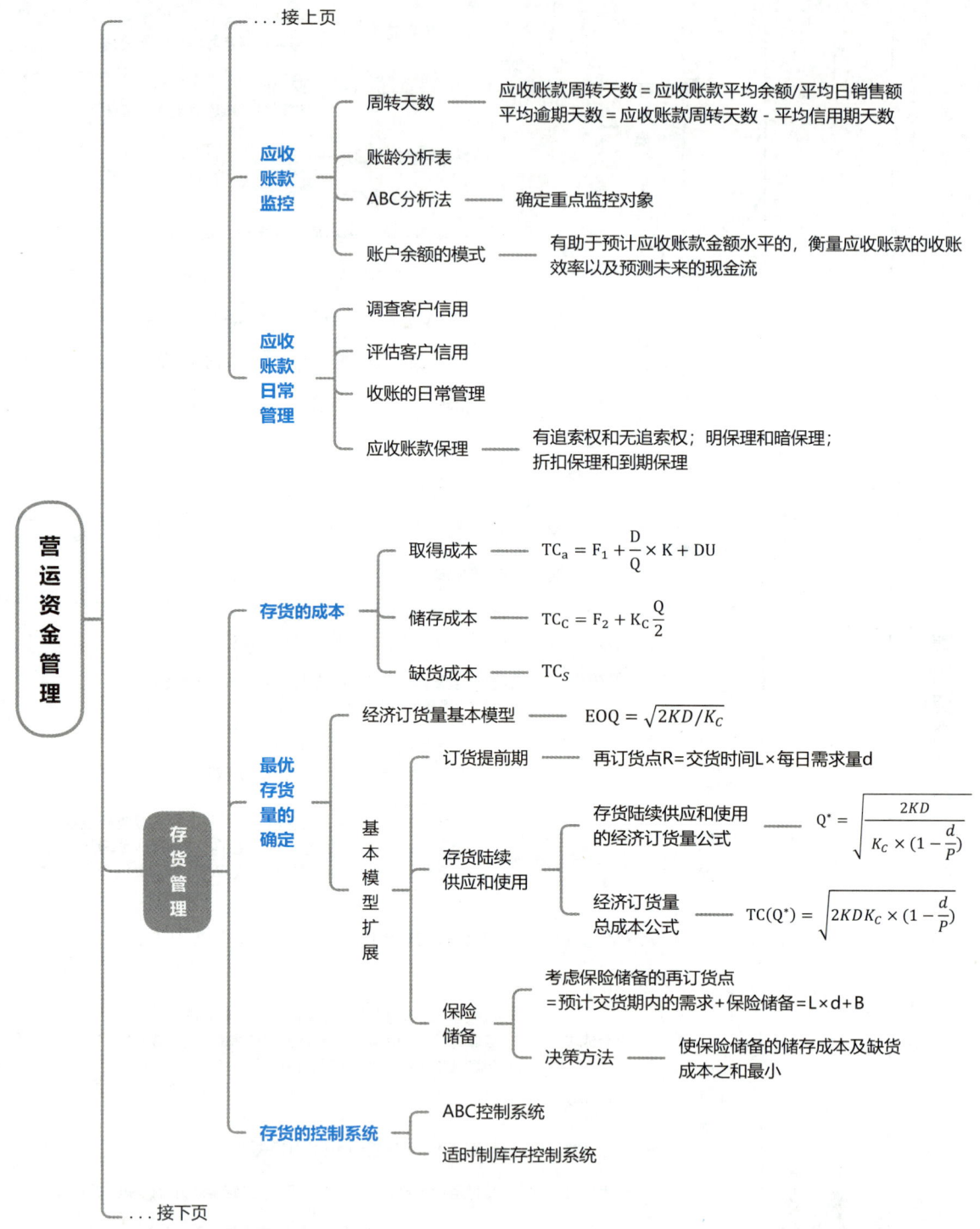

营运资金管理

...接上页

流动负债管理

短期借款

信用条件
- 信贷限额
- 周转信贷协定 —— 承诺费＝（周转信贷限额-贷款额）×承诺费率
- 补偿性余额
  - 补偿性余额是银行要求借款企业保持按贷款限额或实际借款额一定百分比的最低存款额，会提高借款的有效年利率
  - 有效年利率=实际支付的年利息/实际可用的借款金额
- 抵押借款
- 偿还条件

短期借款成本
- 收款法 —— 实际利率=名义利率
- 贴现法 —— 有效年利率高于报价利率
- 加息法 —— 有效年利率高于报价利率大约1倍

短期融资券

发行规定 —— 信用评级；机构投资者；承销

特点
1. 相对于债券而言，筹资成本较低
2. 相对于银行借款筹资，一次性筹资数额较大
3. 条件比较严格，必须具备一定的信用等级

商业信用筹资（应付账款）

放弃折扣的信用成本率 = $\dfrac{折扣\%}{1-折扣\%} \times \dfrac{360天}{付款期-折扣期}$

决策原则
1. 若放弃现金折扣成本率 > 短期贷款率或短期投资收益率，则选择折扣期内付款
2. 若放弃现金折扣成本率 < 短期贷款率或短期投资收益率，则选择信用期内付款
3. 若面对两家以上提供不同信用条件的卖方，通过衡量放弃折扣成本大小，选择信用成本最小的一家

特点
- 优点：容易获得；有较大机动权；不用提供担保
- 缺点：筹资成本高；容易恶化企业的信用水平；受外部环境影响较大

流动负债特点

- 优点：容易获得，约束性条款比长期借款少；灵活性强；满足季节性融资需求
- 缺点：需持续重新谈判或滚动安排负债；使用短期贷款为永久性流动资产融资财务风险高

第八章

成本管理

- 分值比重：12分左右
- 命题形式：选择题、判断题、计算题、综合题
- 核心考点：本量利分析、成本差异的计算与分析、作业成本与责任成本

成本管理
└─ 本量利分析与应用
    ├─ 本量利分析基本原理
    │   ├─ 基本关系式 ── 息税前利润＝销售量×（单价－单位变动成本）－固定成本
    │   ├─ 边际贡献 ── 边际贡献＝销售收入-变动成本＝（单价-单位变动成本）×销售量
    │   │   ＝单位边际贡献×销售量＝边际贡献率×销售收入
    │   ├─ 单位边际贡献 ── 单位边际贡献＝单价-单位变动成本＝边际贡献率×单价
    │   ├─ 边际贡献率 ── 边际贡献率＝边际贡献÷销售收入×100%
    │   │   ＝单位边际贡献÷单价×100%
    │   ├─ 变动成本率 ── 变动成本率＝变动成本÷销售收入×100%
    │   │   ＝单位变动成本÷单价×100%
    │   │   变动成本率＋边际贡献率＝1
    │   └─ 边际贡献方程式 ── 息税前利润＝边际贡献 - 固定成本
    └─ 单一产品本量利分析
        ├─ 保本分析
        │   ├─ 盈亏平衡点业务量＝固定成本÷（单价－单位变动成本）
        │   │   ＝固定成本÷单位边际贡献
        │   ├─ 盈亏平衡点销售额＝盈亏平衡点业务量×单价
        │   │   ＝固定成本÷（1－变动成本率）
        │   │   ＝固定成本÷边际贡献率
        │   ├─ 盈亏平衡点作业率＝盈亏平衡点业务量÷正常经营业务量
        │   │   ＝盈亏平衡点销售额÷正常经营销售额
        │   └─ 降低盈亏平衡点途径：降低固定成本，降低单位变动成本，提高销售单价
        ├─ 本量利分析图 ── 在销售量不变的情况下，保本点越低，亏损区会越小，盈利区会越大
        ├─ 安全边际分析
        │   ├─ 安全边际
        │   │   ├─ 安全边际量＝实际（或预计）销售量－盈亏平衡点业务量
        │   │   ├─ 安全边际额＝实际（或预计）销售收入－盈亏平衡点销售额
        │   │   └─ 安全边际率＝安全边际量÷实际（或预计）销售量
        │   │   ＝安全边际额÷实际（或预计）销售额
        │   └─ 安全边际率与盈亏平衡点作业率的关系
        │   ├─ 盈亏平衡点业务量＋安全边际量＝正常销售量
        │   └─ 盈亏平衡点作业率＋安全作业率＝1
        └─ 边际分析法的优缺点
            ├─ 优点：可有效地分析业务量、变动成本和利润之间的关系，通过定量分析，直观地反映企业营运风险，促进提高营运效益
            └─ 缺点：决策变量与相关结果之间关系较为复杂，所选取的变量直接影响边际分析的实际应用效果

... 接下页

成本管理

（接上页）

多产品本量利分析
加权平均法、联合单位法、分算法、主要产品法

目标利润分析
- 目标利润 =（单价 - 单位变动成本）×销售量 - 固定成本
- 目标利润销售量 =（固定成本＋目标利润）÷单位边际贡献
- 目标利润销售额 =（固定成本＋目标利润）÷边际贡献率 = 目标利润销售量×单价
- 目标利润一般指息税前利润，在存在企业所得税的情况下，要换算为税前利润

利润敏感性分析
敏感系数 = 利润变动百分比÷因素变动百分比

标准成本控制与分析

标准成本及其制定

分类
- 理想标准成本：理论标准，现有条件下能达到的最优成本水平
- 正常标准成本：正常情况下，经过努力可以达到 考虑了生产过程中不可避免的损失、故障和偏差

优点
① 能够及时反馈各成本项目不同性质的差异，有利于考核相关部门及人员的业绩
② 标准成本的制定及其差异和动因的信息可以使企业预算编制更为科学和可行，有助于企业的经营决策

缺点
① 要求企业产品的成本标准比较准确、稳定，在使用条件上存在一定的局限性
② 对标准管理要求较高，系统维护成本较高
③ 标准成本需要根据市场价格波动频繁更新，导致成本差异可能缺乏可靠性，降低成本控制效果

制定
- 直接材料标准成本 = ∑（单位产品的材料标准用量×材料的标准单价）
- 直接人工标准成本 = 单位产品的标准工时×小时标准工资率
- 制造费用标准成本
  - 变动制造费用标准成本
    - 变动制造费用标准分配率 = 变动制造费用预算总数÷标准总工时
    - 变动制造费用标准成本 = 工时用量标准×变动制造费用的标准分配率
  - 固定制造费用标准成本
    - 固定制造费用标准分配率 = 固定制造费用预算总额÷标准总工时
    - 固定制造费用标准成本 = 工时用量标准×固定制造费用的标准分配率

成本差异的计算与分析

成本差异分析计算

计算

直接材料成本差异分析
- 价差：直接材料价格差异 = 实际用量×（实际单价 - 标准单价）
- 量差：直接材料用量差异 =（实际用量 - 标准用量）× 标准单价

直接人工成本差异分析
- 价差：工资率差异 = 实际工时×（实际工资率 - 标准工资率）
- 量差：人工效率差异 =（实际工时 - 标准工时）× 标准工资率

变动制造费用差异分析
- 价差：变动制造费用耗费差异 = 实际工时×（变动制造费用实际分配率 - 变动制造费用标准分配率）
- 量差：变动制造费用效率差异 =（实际工时 - 标准工时）× 变动制造费用标准分配率

...接下页

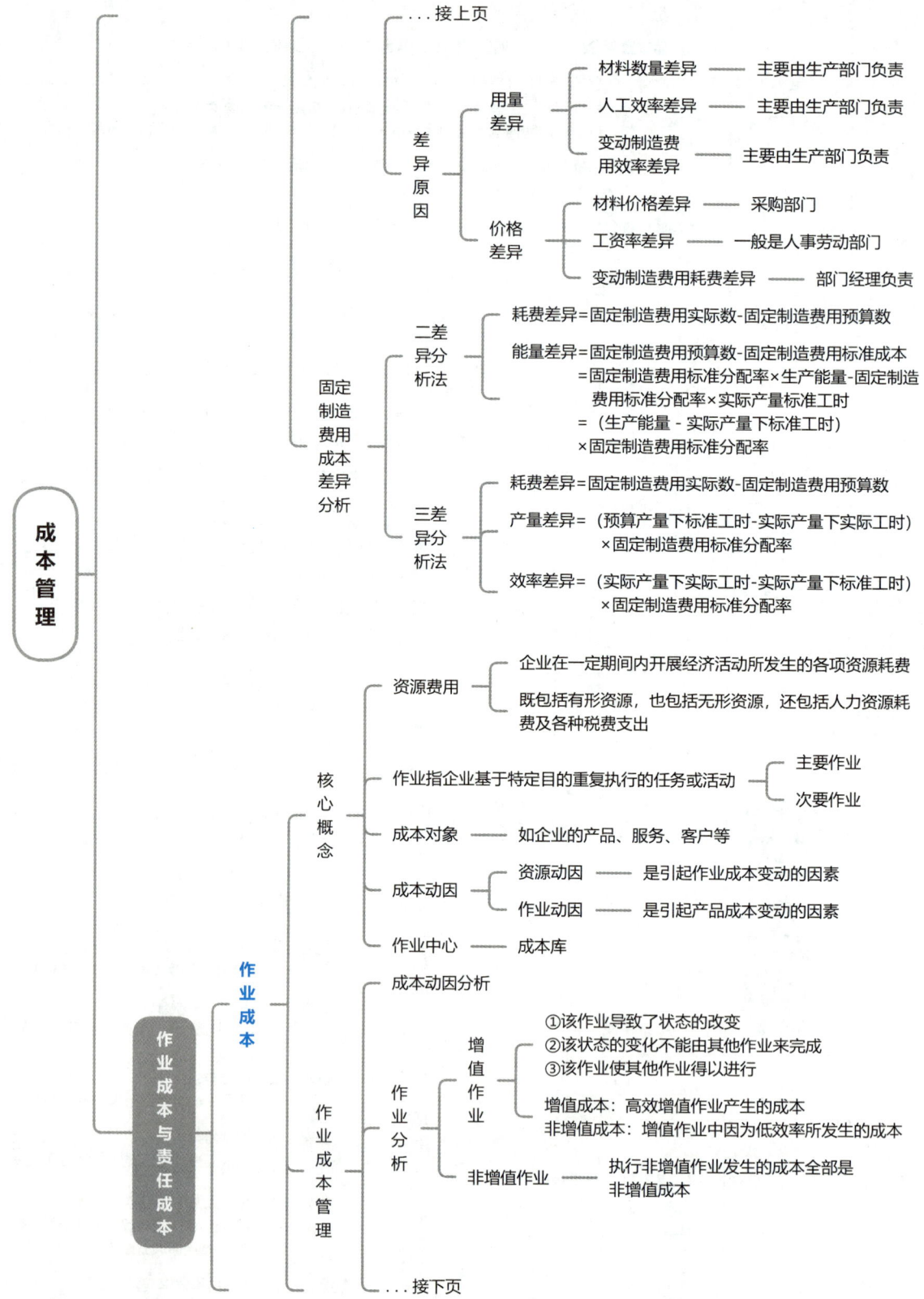

成本管理

作业成本与责任成本

（接上页）

- **作业业绩考核**
  - 财务指标 —— 增值成本和非增值成本
  - 非财务指标 —— 效率、质量和时间
- **作业中心设计**：产量级作业、批别级作业、品种级作业、顾客级作业、设施级作业
- **作业成本信息报告**
- **作业成本法优缺点**
  - 优点
    - ①能够提供更加准确的各维度成本信息，有助于企业提高产品定价、作业与流程改进、客户服务等决策的准确性
    - ②改善和强化成本控制，促进绩效管理的改进和完善
    - ③推进作业基础预算，提高作业、流程、作业链（或价值链）管理的能力
  - 缺点
    - 部分作业的识别、划分、合并和认定，成本动因的选择以及成本动因计量方法的选择等均存在较大的主观性，操作较为复杂，开发和维护费用较高

责任成本

- **成本中心**
  - 考核指标
    - 标准成本中心
      - ①标准成本中心不需要作出价格决策、产量决策、产品结构决策以及设备技术决策
      - ②由于不作出价格决策，因此不对收入负责
      - ③不对产量、质量作出决策，必须按规定的质量、产量生产
      - ④由于不对设备技术作出决策，因此如果采用全额成本法，不需要对闲置能量差异负责
    - 费用中心 —— 通常使用费用预算来评价其成本控制业绩
  - 责任成本
    - 特点
      - 不考核收益，只考核成本
      - 只对可控成本负责
      - 责任成本是成本中心考核和控制的主要内容，所有可控成本之和就是其责任成本
    - 适用范围 —— 应用最广泛
- **利润中心**
  - 类型
    - 自然利润中心 —— 直接向公司外部出售产品
    - 人为利润中心 —— 在公司内部按内部结算价格出售产品
  - 考核指标
    - 边际贡献 —— 边际贡献＝销售收入总额－变动成本总额
    - 可控边际贡献
      - 可控边际贡献＝边际贡献－该中心负责人可控固定成本
      - 也称部门经理边际贡献，评价利润中心管理者业绩的理想指标
    - 部门边际贡献
      - 部门边际贡献＝可控边际贡献－该中心负责人不可控固定成本
      - 更多用于评价部门业绩而不是利润中心管理者的业绩

……接下页

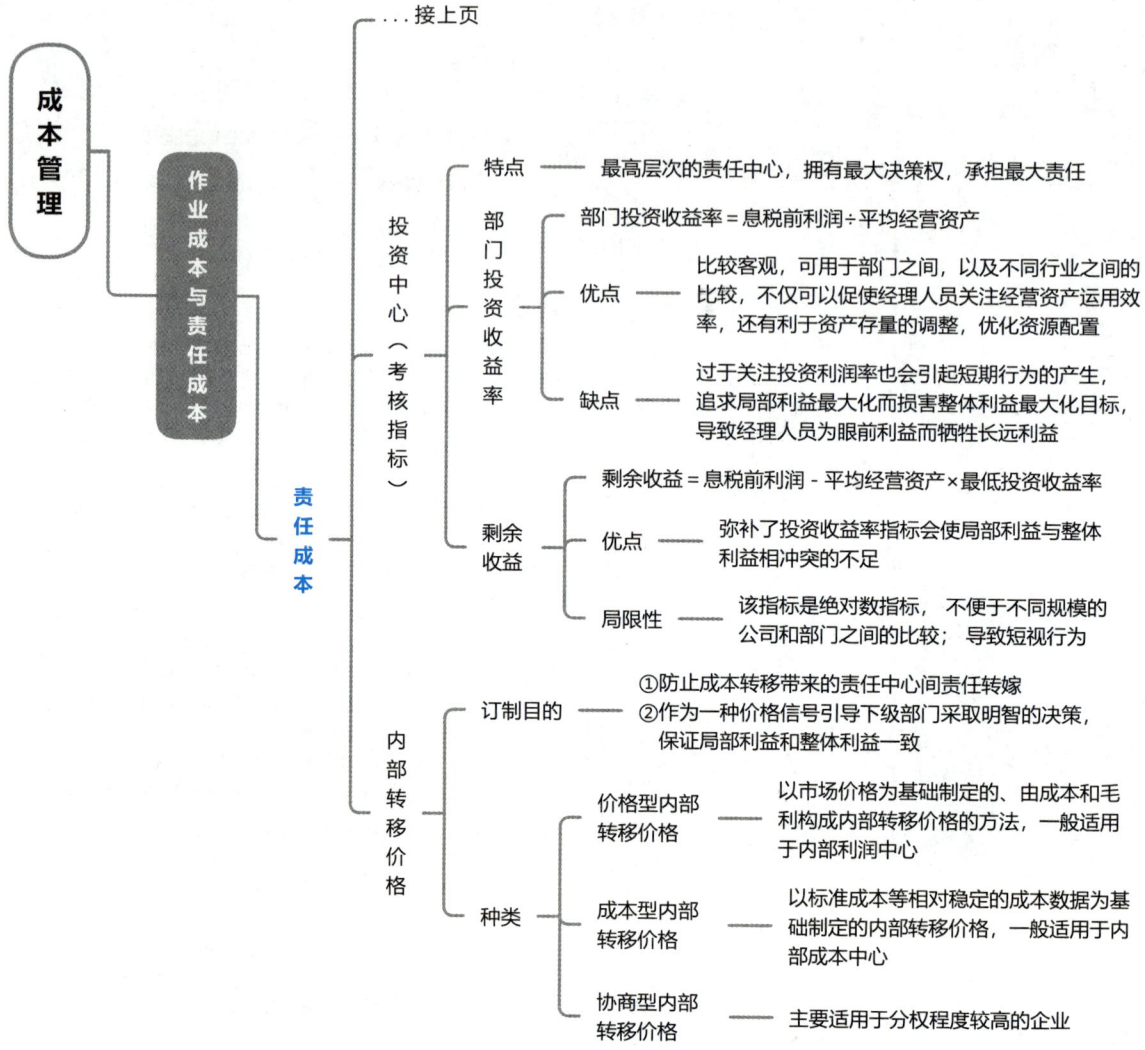

第九章 收入与分配管理

- 分值比重：12分左右
- 命题形式：选择题、判断题、计算题、综合题
- 核心考点：销售定价管理、股利政策与企业价值、股票分割与股票回购

收入与分配管理

概述
- **原则**——依法分配；分配与积累并重；兼顾各方利益；投资与收入对等
- **内容**
  - 收入管理
  - 纳税管理
  - 分配管理——利润分配顺序：弥补亏损→提取法定公积金→提取任意公积金→向股东分配股利

收入管理

销售预测分析
- 定性分析法——营销员判断法、专家判断法、产品寿命周期分析法
- 定量分析法
  - 趋势预测分析法（算术平均法、加权平均法、移动平均法、指数平滑法）
  - 因果预测分析法（回归分析法）

销售定价管理

定价的目标
①实现利润最大化
②保持或提高市场占有率
③稳定价格
④应付和避免竞争
⑤树立企业形象及产品品牌

以成本为基础
- 全部成本费用加成定价法
  - 成本利润率定价——单位产品价格＝单位成本×（1+成本利润率）÷（1－适用税率）
  - 销售利润率定价——单位产品价格＝单位成本÷（1－销售利润率－适用税率）
  - 缺点——保证全部生产耗费得到补偿，很难适应市场需求变化；若有多种产品，定价不准确
- 保本点定价法
  - 单位产品价格＝单位完全成本÷（1－适用税率）
  - 确定的是最低销售价格
- 目标利润法——单位产品价格＝（单位目标利润+单位完全成本）÷（1－适用税率）
- 变动成本定价法——单位产品价格＝单位变动成本×（1+成本利润率）÷（1－适用税率）

以市场需求为基础
- 需求价格弹性系数定价法
- 边际分析定价法

价格运用策略
- 折让定价策略——现金、数量、团购、预购、季节折扣
- 心理定价策略——声望定价、尾数定价、双位定价、高位定价
- 组合定价策略
- 寿命周期定价策略

…接下页

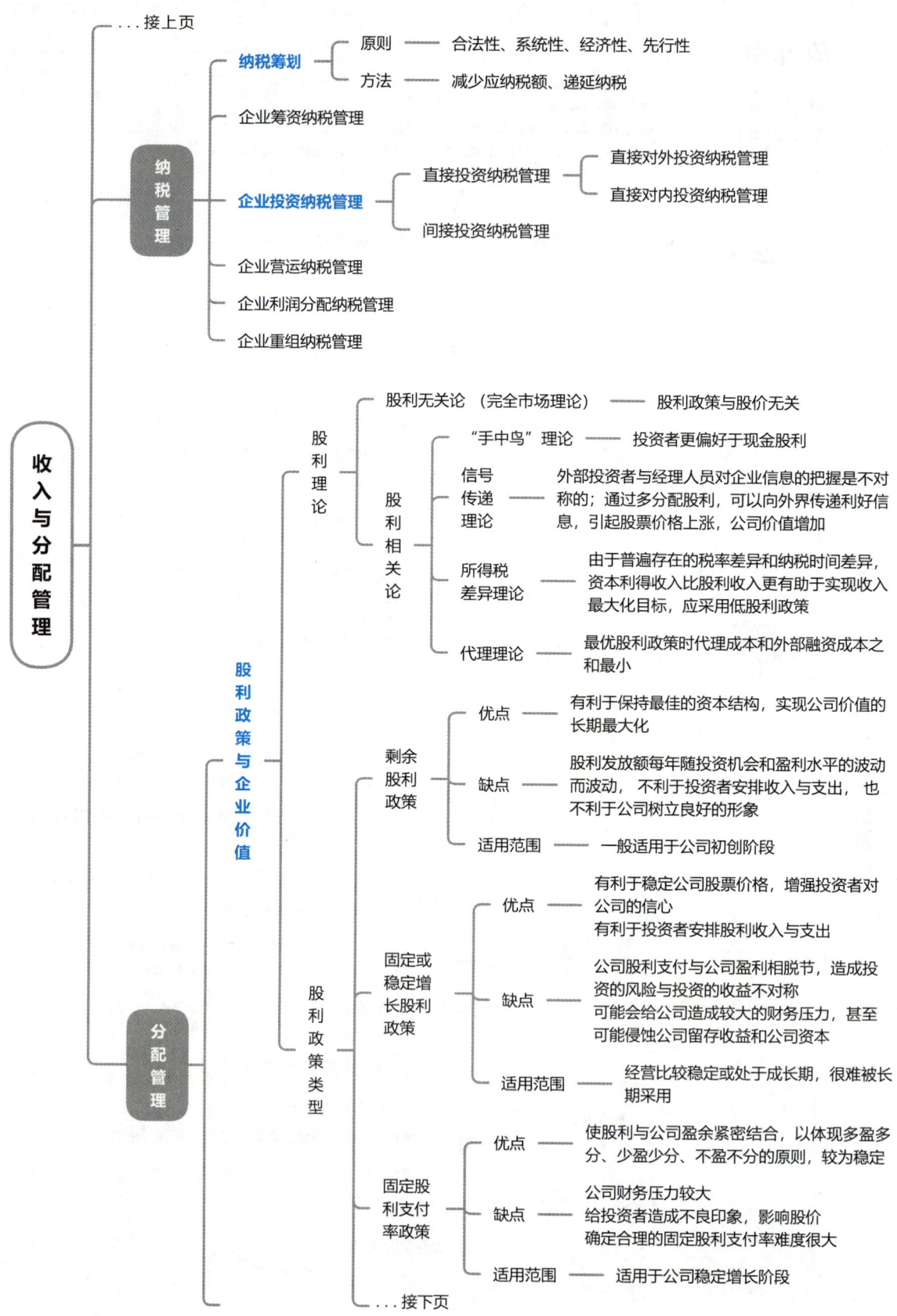

收入与分配管理

分配管理

股利支付形式与程序

低正常股利加额外股利政策（接上页）

- **优点**：股利政策具有较大的灵活性，有较大的财务弹性；吸引住一部分股东
- **缺点**：
  - 股利派发仍然缺乏稳定性
  - 如果公司较长时期一直发放额外股利，股东就会误认为这是"正常股利"，一旦取消，容易给投资者造成公司"财务状况"逆转的负面印象，从而导致股价下跌
- **适用范围**：适用于盈利随着经济周期而波动较大或盈利与现金流量很不稳定的公司

形式：现金股利、股票股利、财产股利、负债股利

程序：
① 股利宣告日：股东大会决议通过并由董事会将股利支付情况予以公告的日期
② 股权登记日：有权领取本期股利的股东资格登记截止日期
③ 除息日：领取股利的权利与股票分离的日期
④ 股利发放日

股票分割

- **影响**
  - 有影响的项目：股数增加，每股收益、每股净资产和每股价格降低，每股面值变化
  - 无影响的项目：资本结构不变；股东权益内部结构不变；股东权益总额也不变
- **意义**：降低股票价格，传递出公司正在成长的信息

股票分割与股票回购

股票回购

- **动机**：
  - 现金股利的替代
  - 改变资本结构，提高财务杠杆水平
  - 传递信息，回购意味着股价被低估
  - 基于控制权的考虑

- **影响**：
  ① 提升公司调整股权结构和管理风险的能力，提高公司整体质量和投资价值
  ② 有助于提高投资者回报能力
  ③ 有助于拓展公司融资渠道，改善公司资本结构
  ④ 有助于稳定股价，增强投资者信心
  ⑤ 若用大量资金支付回购成本，一方面，容易造成资金紧张，降低资产流动性，影响公司的后续发展；另一方面，能更好地发挥货币资金的作用
  ⑥ 有利于防止操纵市场、内幕交易等利益输送行为

- **6种情形**：
  - 减少公司注册资本
  - 与持有本公司股份的其他公司合并
  - 股东持异议，要求公司收购其股份
  - 用于员工持股计划或者股权激励
  - 用于转换上市公司发行的可转换为股票的公司债券
  - 为维护公司价值及股东权益所必需

...接下页

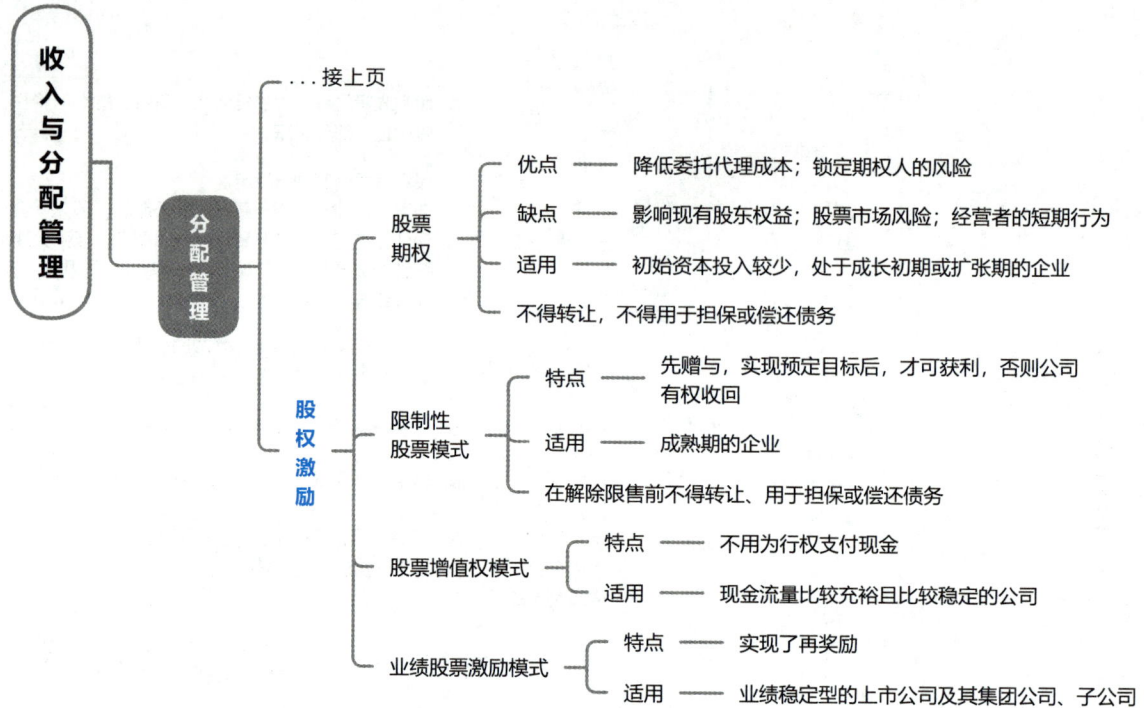

第十章 财务分析与评价

- 分值比重：10分左右
- 命题形式：选择题、判断题、计算题、综合题
- ★ 核心考点：基本的财务报表分析、上市公司财务分析

财务分析与评价
- 概述
  - 企业所有者 —— 盈利能力分析
  - 企业债权人 —— 偿债能力分析，也关注盈利能力分析
  - 企业经营决策者 —— 综合分析，并关注财务风险和经营风险
- 方法
  - 比较分析法
    - 常用 —— 趋势分析
    - 运用 —— 重要财务指标比较；会计报表比较；会计报表项目构成比较
  - 比率分析法 —— 类型 —— 构成比率、效率比率、相关比率
  - 因素分析法
    - 连环替代法
    - 差额分析法
    - 注意问题：关联性；顺序性；连环性；假定性
- 基本财务报表分析
  - 短期偿债能力比率
    - 营运资本
      - 营运资本＝流动资产-流动负债＝长期资本-长期资产
      - ①绝对数，不便于企业之间比较
      - ②营运资本配置比率＝营运资本÷流动资产
    - 流动比率
      - 流动比率＝流动资产÷流动负债
      - ①流动比率＝1÷（1-营运资本÷流动资产）
      - ②营业周期越短的行业，合理的流动比率越低
      - 局限性 —— 假设全部流动资产都可以变为现金并用于清偿，全部流动负债都需要还清
    - 速动比率
      - 速动比率＝速动资产÷流动负债
      - ①速动资产＝货币资金+交易性金融资产+各种应收账款
      - ②主要影响因素：应收款项的变现能力
      - ③速动比率越高，公司短期偿债能力越强
    - 现金比率
      - 现金流量比率＝（货币资金+交易性金融资产）÷流动负债
      - 流动比率＞速动比率＞现金比率
    - 其他因素
      - 增强因素 —— 可动用的银行授信额度、可快速变现的非流动资产、偿债能力的声誉
      - 降低因素 —— 与担保有关的或有负债事项、经营租赁合同中的承诺付款事项

...接下页

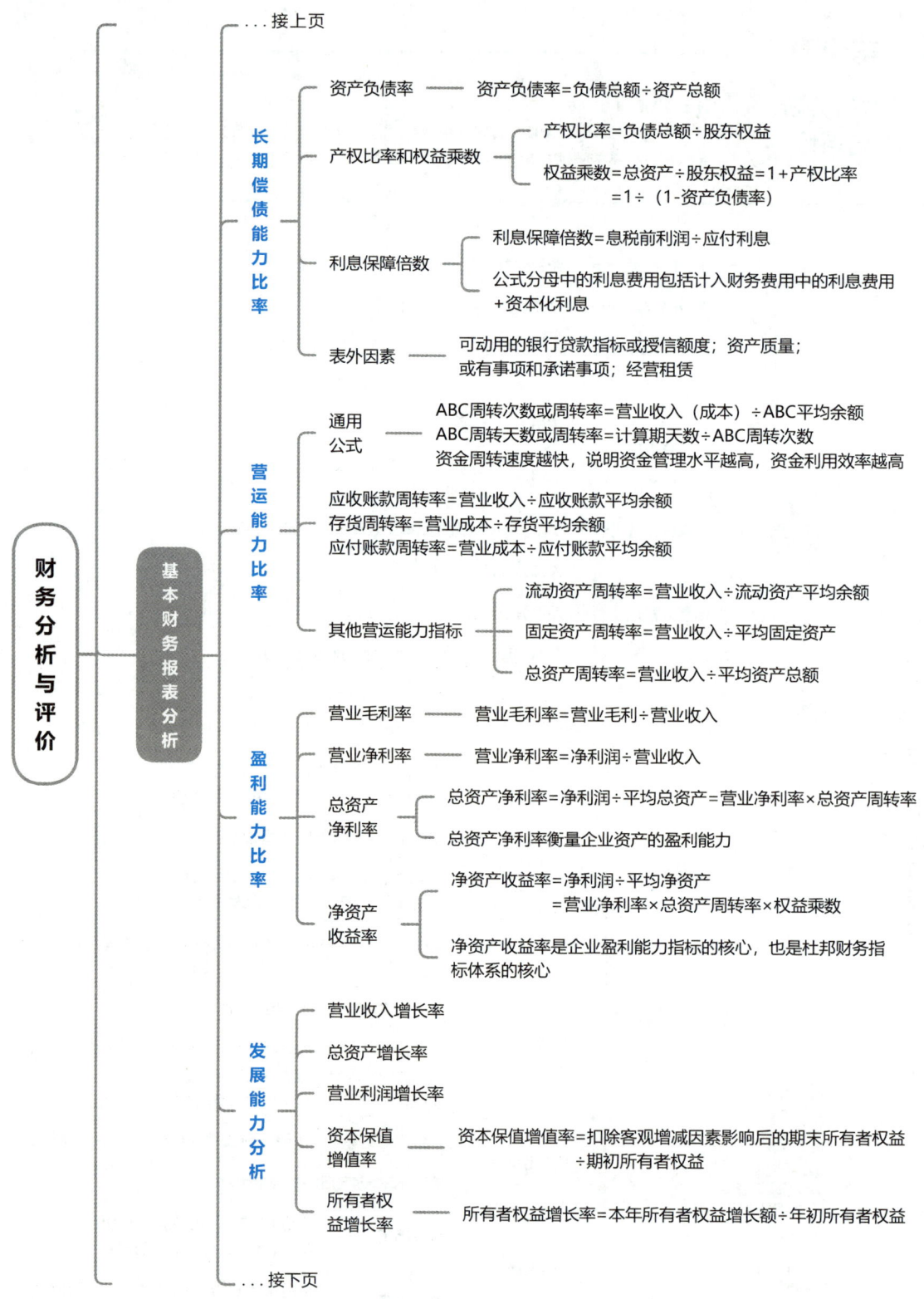

财务分析与评价

…接上页

现金流量分析

获取现金能力分析
- 营业现金比率 —— 营业现金比率=经营活动现金流量净额÷营业收入
- 每股营业现金净流量
  - 每股营业现金净流量=经营活动现金流量净额÷普通股股数
  - 最大的分派现金股利能力
- 全部资产现金回收率 —— 全部资产现金回收率=经营活动现金流量净额÷平均总资产

收益质量分析
- 净收益营运指数
  - 净收益营运指数=经营净收益÷净利润
  - 经营净收益=净利润-非经营净收益
  - 指标越小,收益质量越差,可持续性较低
- 现金营运指数
  - 现金营运指数=经营活动现金流量净额÷经营所得现金
  - 经营所得现金=经营净收益+非付现费用

上市公司财务分析

上市公司特殊财务分析指标

每股收益
- 基本每股收益 —— 基本每股收益=归属于公司普通股股东的净利润÷发行在外普通股的加权平均数
- 稀释每股收益
  - 稀释性潜在普通股:可转换公司债券、认股权证和股份期权
  - 认股权证或股份期权行权增加的普通股股数=行权认购的股数×(1-行权价格÷普通股平均市价)

每股股利
- 每股股利=现金股利总额÷期末发行在外普通股股数
- 股利发放率=每股股利÷每股收益

市盈率
- 市盈率=每股市价÷每股收益
- 反映投资者对股票投资收益和投资风险的预期

每股净资产
- 每股净资产=期末普通股净资产÷期末发行在外的普通股股数
- 理论上股票的最低价值

市净率
- 市净率=每股市价÷每股净资产
- 一般来说,市净率较低的股票,投资价值较高
- 判断时还要综合考虑市场环境、公司经营情况、资产质量和盈利能力

管理层讨论与分析
- 内容
  - ①报告期间经营业绩变动的解释
  - ②企业未来发展的前瞻性信息
- 披露原则 —— 强制与自愿相结合

财务评价与考核

- **杜邦分析法**
  - 净资产收益率=营业净利率×总资产周转率×权益乘数
- **经济增加值**
  - 经济增加值=税后净营业利润-平均资本占用×加权平均资本成本

35

21天突破 2022

中级会计资格 财务管理 习题册

向艳等 编著 BT教育 组编

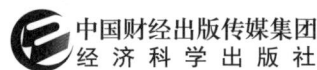

中国财经出版传媒集团
经济科学出版社

目录 Contents

第一章　总论／1

第二章　财务管理基础／7

第三章　预算管理／16

第四章　筹资管理（上）／29

第五章　筹资管理（下）／41

第六章　投资管理／56

第七章　营运资金管理／73

第八章　成本管理／87

第九章　收入与分配管理／103

第十章　财务分析与评价／118

第一章 总 论

考情分析

考点	近6年考查频次	2016年	2017年	2018年	2019年	2020年	2021年
企业及其组织形式	4	1	1			1	1
企业财务管理目标理论	8		2	2	2	1	1
财务管理目标与利益冲突	2	1	1				
集权与分权的选择	2	1	1				
财务管理环境	5		1	2	2		
财务管理环节	1					1	

考点一：企业及其组织形式

【例题1-1·单选题】与普通合伙企业相比，下列各项中，属于股份有限公司缺点的是（   ）。(2013年)
 A. 筹资渠道少　　　　　　　　B. 承担无限责任
 C. 企业组建成本高　　　　　　D. 所有权转移较困难

【例题1-2·单选题】与个人独资企业相比，下列各项中属于公司制企业特点的是（   ）。(2020年)
 A. 企业所有者承担无限债务责任　　B. 企业可以无限存续
 C. 企业融资渠道较少　　　　　　　D. 企业所有权转移困难

考点二：企业财务管理目标理论

【例题1-3·单选题】根据相关者利益最大化的财务管理目标理论，承担最大风险并可能获得最大报酬的是（   ）。(2012年)
 A. 股东　　　B. 债权人　　　C. 经营者　　　D. 供应商

【例题1-4·单选题】下列有关企业财务管理目标的表述中，错误的是（   ）。(2017年)
 A. 企业价值最大化目标弥补了股东财富最大化目标过于强调股东利益的不足
 B. 相关者利益最大化目标认为应当将除股东之外的其他利益相关者置于首要地位
 C. 利润最大化目标要求企业提高资源配置效率
 D. 股东财富最大化目标比较适用于上市公司

【例题1-5·单选题】下列财务管理目标中，容易导致企业短期行为的是（　　）。(2018年)

A. 股东财富最大化　　　　　　　　B. 企业价值最大化

C. 相关者利益最大化　　　　　　　D. 利润最大化

【例题1-6·单选题】若上市公司以股东财富最大化作为财务管理目标，则衡量股东财富大小的最直观的指标是（　　）。(2019年)

A. 每股收益　　　　　　　　　　　B. 股价

C. 净利润　　　　　　　　　　　　D. 净资产收益率

【例题1-7·多选题】在某公司财务目标研讨会上，张经理主张"贯彻合作共赢的价值理念，做大企业的财富'蛋糕'"；李经理认为"既然企业的绩效按年度考核，财务目标就应当集中体现当年利润指标"；王经理提出"应将企业长期稳定的发展放在首位，以便创造更多的价值"。上述观点涉及的财务管理目标有（　　）。(2011年)

A. 利润最大化　　　　　　　　　　B. 企业规模最大化

C. 企业价值最大化　　　　　　　　D. 相关者利益最大化

【例题1-8·判断题】就上市公司而言，将股东财富最大化作为财务管理目标的缺点之一是不容易被量化。（　　）(2011年)

【例题1-9·判断题】企业财务管理的目标理论包括利润最大化、股东财富最大化、公司价值最大化和相关者利益最大化等理论，其中，公司价值最大化、股东财富最大化和相关者利益最大化都是以利润最大化为基础的。（　　）(2015年)

【例题1-10·判断题】对于以相关者利益最大化为财务管理目标的公司来说，最为主要的利益相关者应是公司员工。（　　）(2019年)

【例题1-11·判断题】公司以股东财富最大化作为财务管理目标，意味着公司创造的财富应首先满足股东期望的回报要求，然后再考虑其他利益相关者。（　　）(2020年)

考点三：财务管理目标与利益冲突

【例题1-12·多选题】公司制企业可能存在经营者和股东之间的利益冲突，解决这一冲突的方式有（　　）。(2015年)

A. 解聘　　　　B. 接收　　　　C. 收回借款　　　　D. 授予股票期权

【例题1-13·判断题】企业的社会责任是企业在谋求所有者权益最大化之外所承担的维护和增进社会利益的义务，一般划分为企业对社会公益的责任和对债权人的责任两大类。（　　）(2014年)

考点四：集权与分权的选择

【例题1-14·单选题】某企业集团经过多年的发展，已初步形成从原料供应、生产制造到物流服务上下游密切关联的产业集群，当前集团总部管理层的素质较高，集团内部信息化管理的基础较好。据此判断，该集团最适宜的财务管理类型是（　　）。(2011年)

A. 集权型　　　　B. 分权型　　　　C. 自主型　　　　D. 集权与分权相结合型

【例题1-15·多选题】某企业集团选择集权与分权相结合的财务管理体制，下列各项中，通常应当集权的有（　　）。(2011年)

A. 收益分配权 　　　　　　　　　B. 财务机构设置权

C. 对外担保权 　　　　　　　　　D. 子公司业务定价权

考点五：企业组织体制

【例题1-16·单选题】 某集团公司有A、B两个控股子公司，采用集权与分权相结合的财务管理体制，下列各项中，集团总部应当分权给子公司的是（　　）。（2012年）

A. 担保权 　　　　　　　　　　　B. 收益分配权

C. 投资权 　　　　　　　　　　　D. 日常费用开支审批权

【例题1-17·单选题】 U型组织是以职能化管理为核心的一种最基本的企业组织结构，其典型特征是（　　）。（2014年）

A. 集权控制 　　　　　　　　　　B. 分权控制

C. 多元控制 　　　　　　　　　　D. 分层控制

【例题1-18·多选题】 在进行财务管理体制设计时，应当遵循的原则有（　　）。（2012年）

A. 明确分层管理思想 　　　　　　B. 与现代企业制度相适应

C. 决策权、执行权与监督权相互制衡　D. 与控制股东所有制形式相对应

【例题1-19·判断题】 由于控股公司组织（H型组织）的母、子公司均为独立的法人，是典型的分权组织，因而不能进行集权管理。（　　）（2013年）

考点六：财务管理环境

【例题1-20·单选题】 2010年10月19日，我国发布了《XBRL（可扩展商业报告语言）技术规范系列国家标准和通用分类标准》。下列财务管理环境中，随之得到改善的是（　　）。（2011年）

A. 经济环境　　B. 金融环境　　C. 市场环境　　D. 技术环境

【例题1-21·多选题】 与资本性金融工具相比，下列各项中，属于货币性金融工具特点的有（　　）。（2013年）

A. 期限较长　　B. 流动性强　　C. 风险较小　　D. 价格平稳

【例题1-22·多选题】 下列金融市场类型中，能够为企业提供中长期资金来源的有（　　）。（2014年）

A. 拆借市场　　B. 股票市场　　C. 融资租赁市场　　D. 票据贴现市场

【例题1-23·多选题】 应对通货膨胀给企业造成的不利影响，企业可采取的措施包括（　　）。（2019年）

A. 放宽信用期限 　　　　　　　　B. 减少企业债权

C. 签订长期购货合同 　　　　　　D. 取得长期负债

【例题1-24·判断题】 以融资对象为划分标准，可将金融市场分为资本市场、外汇市场和黄金市场。（　　）（2011年）

【例题1-25·判断题】 为了防范通货膨胀风险，公司应当签订固定价格的长期销货合同。（　　）（2012年）

考点七：财务管理环节

【例题 1-26·单选题】按照财务战略目标的总体要求，利用专门方法对各种备选方案进行比较和分析，从中选出最佳方案的是（　　）。（2020 年）
A. 财务决策　　　B. 财务控制　　　C. 财务分析　　　D. 财务计划

答　案

【例题 1-1·单选题】C
【解析】股份有限公司等公司制企业的优点是容易转让所有权、有限债务责任、可以无限存续、融资渠道较多，更容易筹集所需资金；缺点是组建公司的成本高、存在代理问题、双重课税。选项 C 正确。

【例题 1-2·单选题】B
【解析】公司制企业的优点有：（1）容易转让所有权；（2）有限债务责任：以出资额为限；（3）无限存续；（4）融资渠道较多，更容易筹集所需资金。公司制企业的缺点有：（1）组建公司的成本高；（2）存在代理问题；（3）双重课税：企业所得税＋个人所得税。

【例题 1-3·单选题】A
【解析】在相关利益者最大化的观点中，股东作为企业的所有者，在企业中拥有最高的权力，并承担着最大的义务和风险，选项 A 正确。

【例题 1-4·单选题】B
【解析】相关者利益最大化目标，强调股东的首要地位，并强调其企业与股东之间的协调关系。股东作为企业的所有者，在企业中拥有最高的权力，并承担着最大的义务和风险。企业的利益相关者不仅包括股东，还包括债权人、企业经营者、客户、供应商、员工、政府等。因此，在确定企业财务管理目标时，不能忽视这些相关利益群体的利益。它的优点有：（1）有利于企业长期稳定发展；（2）体现了合作共赢的价值理念，有利于实现企业经济效益和社会效益的统一；（3）较好地兼顾了各利益主体的利益；（4）体现了前瞻性和现实性的统一。所以选项 B 的说法不正确。

【例题 1-5·单选题】D
【解析】利润最大化的缺点之一是可能会导致企业短期行为倾向，影响企业长远发展，所以选项 D 正确。

【例题 1-6·单选题】B
【解析】股东财富最大化是指企业财务管理以实现股东财富最大化为目标。在上市公司，股东财富是由其所拥有的股票数量和股票市场价格两方面决定的。在股票数量一定时，股票价格达到最高，股东财富也就达到最大。因此衡量股东财富大小最直观的指标是股价。

【例题 1-7·多选题】ACD
【解析】张经理的观点体现的是相关者利益最大化，李经理的观点体现了利润最大化，王经理的观点体现了企业价值最大化，选项 ACD 正确。

【例题 1-8·判断题】错误
【解析】对于上市公司而言，在股票数量一定的时候，股票的价格达到最高，股东财富也就达到最大，因此，股东财富最大化作为财务管理目标容易量化，便于考核和奖惩。

【例题1－9·判断题】错误

【解析】利润最大化、股东财富最大化、企业价值最大化以及相关者利益最大化等各种财务管理目标，都以股东财富最大化为基础。

【例题1－10·判断题】错误

【解析】相关者利益最大化目标强调股东的首要地位，并强调企业与股东之间的协调关系，可见最为主要的利益相关者应是股东。

【例题1－11·判断题】错误

【解析】以股东财富最大化为核心和基础，还应该考虑利益相关者的利益。各国公司法都规定，股东权益是剩余权益，只有满足了其他方面的利益之后才会有股东的利益。企业必须缴税、给职工发工资、给顾客提供他们满意的产品和服务，然后才能获得税后收益。可见，其他利益相关者的要求先于股东被满足。

【例题1－12·多选题】ABD

【解析】协调所有者与经营者之间利益冲突的方式有：（1）解聘；（2）接收；（3）激励（包括股票期权和绩效股）。选项ABD正确。

【例题1－13·判断题】错误

【解析】企业的社会责任是指企业在谋求股东财富最大化之外所负有的维护和增进社会利益的义务。具体来说，企业社会责任主要包括：对员工的责任、对债权人的责任、对消费者的责任、对社会公益的责任、对环境和资源的责任。

【例题1－14·单选题】A

【解析】各所属单位之间业务联系越密切，就越有必要采用相对集中的财务管理体制，反之则相反。本题中，该企业当前集团总部管理层的素质较高，集团内部信息化管理的基础较好，且上下游所属单位联系密切，最适宜集权型的财务管理类型，选项A正确。

【例题1－15·多选题】ABC

【解析】集权与分权体制中，具体应集中制度制定权，筹资、融资权，投资权，用资、担保权，固定资产购置权，财务机构设置权，收益分配权，分散经营自主权，人员管理权，业务定价权，费用开支审批权。

【例题1－16·单选题】D

【解析】集权与分权相结合型财务管理体制，其实质就是集权下的分权，企业对各所属单位在所有重大问题的决策与处理上实行高度集权，各所属单位则对日常经营活动具有较大的自主权。具体上，应集中制度制定权，筹资、融资权，投资权，用资、担保权，固定资产购置权，财务机构设置权，收益分配权，分散经营自主权、人员管理权、业务定价权、费用开支审批权等。

【例题1－17·单选题】A

【解析】U型组织以职能化管理为核心，最典型的特征是在管理分工下实行集权控制，选项A正确。

【例题1－18·多选题】ABC

【解析】财务管理体制的设定或变更应当遵循如下四项原则：（1）与现代企业制度的要求相适应的原则；（2）明确企业对各所属单位管理中的决策权、执行权与监督权相互制衡；（3）明确财务综合管理和分层管理思想的原则；（4）与企业组织体制相适应的原则。选项ABC正确。

【例题1-19·判断题】错误

【解析】H型组织即控股公司体制，它的典型特征是过度分权，但是随着管理实践的深入，现代意义上的H型组织既可以分权管理，也可以集权管理。

【例题1-20·单选题】D

【解析】可扩展商业报告语言（XBRL）分类标准属于会计信息化标准体系，我国企业会计信息化的全面推进，必将促使企业财务管理的技术环境进一步完善和优化，选项D正确。

【例题1-21·多选题】BCD

【解析】货币市场的主要特点是期限短、交易目的是解决短期资金周转、金融工具具有较强的"货币性"，具有流动性强、价格平稳、风险较小等特性，选项BCD正确。

【例题1-22·多选题】BC

【解析】资本市场又称长期金融市场，是指以期限在一年以上的金融工具为媒介，进行长期资金交易活动的市场，包括债券市场、股票市场和融资租赁市场等，选项BC正确；拆借市场、票据贴现市场属于货币市场，又称短期金融市场。

【例题1-23·多选题】BCD

【解析】在通货膨胀初期，货币面临着贬值的风险，这时企业进行投资可以避免风险，实现资本保值；与客户应签订长期购货合同，以减少物价上涨造成的损失；取得长期负债，保持资本成本的稳定。在通货膨胀持续期，企业可以采用比较严格的信用条件，减少企业债权；调整财务政策，防止和减少企业资本流失等。

【例题1-24·判断题】正确

【例题1-25·判断题】错误

【解析】在通货膨胀初期，货币面临着贬值的风险，这时企业与客户应签订长期购货合同，以减少物价上涨造成的损失；但从销货方的角度，签订固定价格的长期销货合同，会损失物价上涨带来的收益。

【例题1-26·单选题】A

【解析】财务决策是指按照财务战略目标的总体要求，利用专门的方法对各种备选方案进行比较和分析，从中选出最佳方案的过程。

第二章 财务管理基础

考情分析

考点	近6年考查频次	2016年	2017年	2018年	2019年	2020年	2021年
终值与现值	9		1		1	6	1
利率的计算	9	2	1	2	1	3	
资产的收益与收益率	3			2		1	
资产的风险及其衡量	5	2		2		1	
证券资产组合的风险与收益	20		1	4	4	10	1
资本资产定价模型	9		1	2	2	3	1
固定成本	1			1			
变动成本	4		2	1			1
混合成本	3				3		
计算题/综合题	4		1	2	1		

考点一：终值与现值

【例题2-1·单选题】已知（P/A，8%，5）=3.9927，（P/A，8%，6）=4.6229，（P/A，8%，7）=5.2064，则6年期、折现率为8%的预付年金现值系数是（　　）。(2013年)

A. 2.9927　　　　B. 4.2064　　　　C. 4.9927　　　　D. 6.2064

【例题2-2·单选题】下列各项中，其计算结果等于项目投资方案年等额净回收额的是（　　）。(2013年)

A. 该方案净现值×年金现值系数

B. 该方案净现值×年金现值系数的倒数

C. 该方案每年相关的净现金流量×年金现值系数

D. 该方案每年相关的净现金流量×年金现值系数的倒数

【例题2-3·单选题】已知（F/P，9%，4）=1.4116，（F/P，9%，5）=1.5386，（F/A，9%，4）=4.5731，则（F/A，9%，5）为（　　）。(2020年)

A. 4.9847　　　　B. 5.9847　　　　C. 5.5733　　　　D. 4.5733

【例题2-4·单选题】（P/F，i，9）与（P/F，i，10）分别表示9年期和10年期的复利现值系数，关于两者的数量关系，下列表达式正确的是（　　）。(2020年)

A. （P/F，i，10）=（P/F，i，9）-i

B. （P/F，i，10）=（P/F，i，9）×（1+i）
C. （P/F，i，9）=（P/F，i，10）×（1+i）
D. （P/F，i，10）=（P/F，i，9）+i

【例题2-5·单选题】 某项永久性扶贫基金拟在每年初发放80万元扶贫款，年利率为4%，则该基金需要在第一年初投入的资金数额（取整数）为（　　）万元。（2020年）
A. 1 923　　　　B. 2 080　　　　C. 2 003　　　　D. 2 000

【例题2-6·单选题】 某公司预存一笔资金，年利率为i，从第六年开始连续10年可在每年年初支取现金200万元，则预存金额的计算正确的是（　　）。（2021年）
A. 200×（P/A，i，10）×（P/F，i，5）
B. 200×（P/A，i，10）×［（P/F，i，4）+1］
C. 200×（P/A，i，10）×（P/F，i，4）
D. 200×（P/A，i，10）×［（P/F，i，5）-1］

【例题2-7·多选题】 某公司取得3 000万元的贷款，期限为6年，年利率10%，每年初偿还等额本息，则每年初应支付金额的计算正确的有（　　）。（2020年）
A. 3 000÷［（P/A，10%，5）+1］
B. 3 000÷［（P/A，10%，7）-1］
C. 3 000÷［（P/A，10%，6）÷（1+10%）］
D. 3 000÷［（P/A，10%，6）×（1+10%）］

【例题2-8·判断题】 永续年金由于收付款的次数无穷多，所以其现值无穷大。（　　）（2020年）

考点二：利率的计算

【例题2-9·单选题】 某公司向银行借款1 000万元，年利率为4%，按季度付息，期限为1年，则该借款的实际年利率为（　　）。（2015年）
A. -2.01%　　　B. 4.00%　　　C. 4.04%　　　D. 4.06%

【例题2-10·单选题】 甲公司投资一项证券资产，每年末都能按照6%的名义利率获取相应的现金收益。假设通货膨胀率为2%，则该证券资产的实际利率为（　　）。（2016年）
A. 3.88%　　　B. 3.92%　　　C. 4.00%　　　D. 5.88%

【例题2-11·判断题】 公司年初借入资金100万元。第3年末一次性偿还本息130万元，则该笔借款的实际利率小于10%。（　　）（2016年）

【例题2-12·判断题】 如果通货膨胀率大于名义利率，则实际利率为正数。（　　）（2020年）

考点三：资产的收益与收益率

【例题2-13·判断题】 必要收益率与投资者认识到的风险有关。如果某项资产的风险较低，那么投资者对该项资产要求的必要收益率就较高。（　　）（2015年）

考点四：资产的风险及其衡量

【例题2-14·单选题】 某项目的期望投资收益率为14%，风险收益率为9%，收益率的

标准差为2%，则该项目收益率的标准差率为（　　）。(2018年)

A. 0.29%　　　　　B. 22.22%　　　　　C. 14.29%　　　　　D. 0.44%

【例题2-15·单选题】 项目A投资收益率为10%，项目B投资收益率为15%，则比较项目A和项目B风险的大小，可以用（　　）。(2020年)

A. 两个项目的收益率方差　　　　　B. 两个项目的收益率的标准差

C. 两个项目的投资收益率　　　　　D. 两个项目的标准差率

考点五：证券资产组合的风险与收益

【例题2-16·单选题】 关于系统性风险和非系统性风险，下列表述错误的是（　　）。(2019年)

A. 在资本资产定价模型中，系数衡量的是投资组合的非系统性风险

B. 若证券组合中各证券收益率呈负相关，则该组合能分散非系统性风险

C. 证券市场的系统性风险不能通过证券组合予以消除

D. 某公司新产品开发失败的风险属于非系统性风险

【例题2-17·单选题】 关于证券投资风险的表述，说法错误的是（　　）。(2020年)

A. 基金投资风险由基金托管人和基金管理人承担

B. 系统性风险不能随着资产种类的增加而降低

C. 非系统性风险能随着资产种类的增加而降低

D. 国家经济政策的变化属于系统性风险

【例题2-18·单选题】 某公司预期未来市场利率上升而将闲置资金全部用于短期证券投资，而到期时市场利率却大幅下降，这意味着公司的证券投资出现（　　）。(2020年)

A. 再投资风险　　　　　B. 购买力风险

C. 汇率风险　　　　　　D. 变现风险

【例题2-19·单选题】 某公司拟购买甲股票和乙股票构成的投资组合，两种股票各购买50万元，β系数分别为2和0.6，则该投资组合的β系数为（　　）。(2020年)

A. 1.2　　　　　B. 2.6　　　　　C. 1.3　　　　　D. 0.7

【例题2-20·多选题】 下列风险中，属于非系统性风险的有（　　）。(2018年)

A. 经营风险　　B. 利率风险　　C. 政治风险　　D. 财务风险

【例题2-21·多选题】 下列各项中，属于公司股票面临的系统性风险的有（　　）。(2020年)

A. 公司业绩下滑　　　　　B. 市场利率波动

C. 宏观经济政策调整　　　D. 公司管理层变更

【例题2-22·多选题】 下列各项中，将导致系统性风险的有（　　）。(2020年)

A. 发生通货膨胀　　　　　B. 市场利率上升

C. 国民经济衰退　　　　　D. 企业新产品研发失败

【例题2-23·判断题】 企业投资于某公司证券可能因该公司破产而引发无法收回其本金的风险，这种风险属于非系统性风险。（　　）(2018年)

【例题2-24·判断题】 两项资产的收益率具有负相关时，才能分散组合的投资风险。（　　）(2020年)

【例题2-25·判断题】如果各单项资产的β系数不同，则可以通过调整资产组合中不同资产的构成比例改变组合的系统性风险。（　　）（2020年）

考点六：资本资产定价模型

【例题2-26·单选题】某上市公司2013年的β系数为1.24，短期国债利率为3.5%。市场组合的收益率为8%，则投资者投资该公司股票的必要收益率是（　　）。（2014年）

A. 5.58%　　　　　　　　　　B. 9.08%
C. 13.52%　　　　　　　　　 D. 17.76%

【例题2-27·单选题】某资产的必要收益率为R，β系数为1.5，市场收益率为10%，假设无风险收益率和β系数不变，如果市场收益率为15%，则资产收益率为（　　）。（2020年）

A. R+7.5%　　　　　　　　　B. R+12.5%
C. R+10%　　　　　　　　　 D. R+5%

【例题2-28·多选题】根据资本资产定价模型，下列关于β系数的说法中，正确的有（　　）。（2014年）

A. β值恒大于0
B. 市场组合的β值恒等于1
C. β系数为0表示无系统性风险
D. β系数既能衡量系统性风险也能衡量非系统性风险

【例题2-29·判断题】依据资本资产定价模型，资产的必要收益率不包括对公司特有风险的补偿。（　　）（2017年）

【例题2-30·判断题】无风险收益率由纯利率和通货膨胀补偿率组成。（　　）（2020年）

【例题2-31·判断题】基于资本资产定价模型，如果甲资产β系数是乙资产β系数的2倍，则甲资产必要收益率是乙资产必要收益率的2倍。（　　）（2020年）

考点七：固定成本

【例题2-32·单选题】根据成本性态，在一定时期一定业务量范围之内，职工培训费一般属于（　　）。（2016年）

A. 半固定成本　　　　　　　　B. 半变动成本
C. 约束性固定成本　　　　　　D. 酌量性固定成本

【例题2-33·多选题】下列各项中，属于固定成本项目的有（　　）。（2011年）

A. 采用工作量法计提的折旧　　B. 不动产财产保险费
C. 直接材料费　　　　　　　　D. 写字楼租金

考点八：变动成本

【例题2-34·单选题】下列各项中，属于变动成本的是（　　）。（2012年）

A. 职工培训费用　　　　　　　B. 管理人员基本薪酬
C. 新产品研究开发费用　　　　D. 按销售额提成的销售人员佣金

【例题2-35·单选题】基于成本性态，下列各项中属于技术性变动成本的是（　　）。（2021年）

A. 按销量支付的专利使用费   B. 加班加点工资
C. 产品销售佣金   D. 产品耗用的主要零部件

【例题2-36·判断题】变动成本是指在特定的业务量范围内,其总额会随业务量的变动而成正比例变动的成本。( )（2018年）

考点九：混合成本

【例题2-37·单选题】下列混合成本的分解方法中,比较粗糙且带有主观判断特征的是( )。（2013年）

A. 高低点法   B. 回归直线法   C. 工业工程法   D. 账户分析法

【例题2-38·单选题】某公司电梯维修合同规定,当每年上门维修不超过3次时,维修费用为5万元,当超过3次时,则在此基础上按每次2万元付费,根据成本性态分析,该项维修费用属于( )。（2014年）

A. 半变动成本   B. 半固定成本   C. 延期变动成本   D. 曲线变动成本

【例题2-39·多选题】在一定期间及特定的业务量范围内,关于成本与业务量的关系,下列说法正确的有( )。（2019年）

A. 变动成本总额随业务量的增加而增加
B. 单位固定成本随业务量的增加而降低
C. 固定成本总额随业务量的增加而增加
D. 单位变动成本随业务量的增加而降低

答　案

【例题2-1·单选题】C

【解析】预付年金现值系数,记作[(P/A, i, n-1)+1],它和普通年金现值系数相比,期数要减1,而系数要加1,因此6年期折现率为8%的预付年金现值系数=[(P/A, 8%, 6-1)+1]=3.9927+1=4.9927,选项C正确。

【例题2-2·单选题】B

【解析】年资本回收额=该方案净现值×资本回收系数=该方案净现值×(1÷年金现值系数),选项B正确。

【例题2-3·单选题】B

【解析】(F/A, 9%, 5)=(F/A, 9%, 4)×(1+9%)+1=5.9847

【例题2-4·单选题】C

【解析】$(P/F, i, 10) = \dfrac{1}{(1+i)^{10}}$,$(P/F, i, 9) = \dfrac{1}{(1+i)^{9}}$,$\dfrac{1}{(1+i)^{9}} = \dfrac{1}{(1+i)^{10}} \times (1+i)$,即$(P/F, i, 9) = (P/F, i, 10) \times (1+i)$

【例题2-5·单选题】B

【解析】该基金需要在第一年初投入的资金数额=80÷4%+80=2 080（万元）,注意本题目中为先付永续年金。

【例题2-6·单选题】C

【解析】本题目需要格外注意的是从第六年年初开始支付年金,①第六年初相当于第五年末,现金流就是第五年年末起每年年末支取200万元,所以递延期m为4期。连续10年,n=10;②根据P=A×(P/A, i, n)×(P/F, i, m),解得预存金额=200×(P/A, i, 10)×(P/F, i, 4)。

【例题2-7·多选题】AD

【解析】方法一:预付年金现值=A×(P/A, i, n)×(1+i),即3 000=A×(P/A, 10%, 6)×(1+10%),A=3 000÷[(P/A, 10%, 6)×(1+10%)],选项D正确。

方法二:预付年金现值=A×[(P/A, i, n-1)+1],即3 000=A×[(P/A, 10%, 6-1)+1],A=3 000÷[(P/A, 10%, 5)+1],选项A正确。

【例题2-8·判断题】错误

【解析】永续年金现值=$\dfrac{A}{i}$,存在具体数值,不是无穷大的。

【例题2-9·单选题】D

【解析】实际年利率=$\left(1+\dfrac{r}{m}\right)^m - 1$=$(1+4\%÷4)^4 - 1$=4.06%,选项D正确。

【例题2-10·单选题】B

【解析】实际利率=$\dfrac{1+名义利率}{1+通货膨胀率} - 1$=$\dfrac{1+6\%}{1+2\%} - 1$=3.92%,选项B正确。

【例题2-11·判断题】正确

【解析】如果采用单利计息,则第3年末偿还本息130万元对应的利率是10%,而考虑了货币时间价值之后,会导致实际利率小于10%。

【例题2-12·判断题】错误

【解析】实际利率=(1+名义利率)÷(1+通货膨胀率)-1,如果通货膨胀率大于名义利率,则(1+名义利率)÷(1+通货膨胀率)小于1,实际利率小于0。

【例题2-13·判断题】错误

【解析】必要收益率与认识到的风险有关,如果某项资产的风险较高,对这项资产要求的必要收益率就会较高;相反,如果某项资产的风险较小,对这项资产要求的必要收益率就较小。

【例题2-14·单选题】C

【解析】项目收益率的标准差率=2%÷14%×100%=14.29%,选择C。

【例题2-15·单选题】D

【解析】标准差率是一个相对指标,对于期望值不同的决策方案,评价和比较其各自的风险程度只能借助于标准差率这一相对数值。一般情况下,标准差率越大,风险越大;反之,标准差率越小,风险越小。

【例题2-16·单选题】A

【解析】某资产的β系数表达的含义是该资产收益率的变动受市场平均收益率变动的影响程度,也代表该资产的系统性风险相当于市场组合系统性风险的倍数,因此β系数衡量的是系统性风险。

【例题2-17·单选题】A

【解析】基金投资是指基金投资者通过投资组合的方式进行投资,实现利益共享、风险共担。参与基金运作的基金管理人和基金托管人仅按照约定的比例收取管理费用和托管费用,无权参与基金收益的分配,也不承担基金投资的风险,选项A说法错误。系统性风险影响到资本市场上的所有证券，无法通过投资多元化的组合而加以避免，也称为不可分散风险，选项B说法正确。非系统性风险可以通过持有证券资产的多元化来抵销，也称为可分散风险，选项C说法正确。国家经济政策的变化会影响到资本市场上的所有证券，因此为系统性风险，选项D说法正确。

【例题2-18·单选题】A

【解析】再投资风险是由于市场利率下降，而造成的无法通过再投资而实现预期收益的可能性。

【例题2-19·单选题】C

【解析】组合的β系数是组合内各证券的β系数的加权平均，权重为各种资产在组合中的价值比例，所以该投资组合的β系数 = 2×50% + 0.6×50% = 1.3。

【例题2-20·多选题】AD

【解析】非系统性风险，是指发生于个别公司的特有事件造成的风险。系统性风险又被称为市场风险或不可分散风险，是影响所有资产的、不能通过资产组合而消除的风险。这部分风险是由那些影响整个市场的风险因素引起的。非系统性风险主要包括信用风险、财务风险、经营风险、流动性风险和操作性风险。

【例题2-21·多选题】BC

【解析】系统性风险又被称为市场风险或不可分散风险，是影响所有资产的、不能通过资产组合而消除的风险。这部分风险是由那些影响整个市场的风险因素引起的。市场利率波动和宏观经济政策调整会影响整个市场，所以属于影响系统性风险的因素，因此选择B和C选项。而公司业绩下滑和公司管理层变更只是发生在本公司的事件，不影响整个市场，所以属于影响非系统性风险的因素。

【例题2-22·多选题】ABC

【解析】系统性风险又被称为市场风险或不可分散风险，是影响所有资产的、不能通过资产组合而消除的风险。选项ABC均会影响所有资产，所以均会导致系统性风险。

【例题2-23·判断题】正确

【解析】非系统性风险又称非市场风险或可分散风险。是指只对某个行业或个别公司的证券产生影响的风险，它通常是由某一特殊的因素引起，与整个证券市场的价格不存在系统、全面的联系，而只对个别或少数证券的收益产生影响。

【例题2-24·判断题】错误

【解析】当两项资产的相关系数不为1时，可以分散组合的投资风险。

【例题2-25·判断题】正确

【解析】证券资产组合的β系数是所有单项资产β系数的加权平均数，所以可以通过调整资产组合中不同资产的构成比例改变组合的系统性风险。

【例题2-26·单选题】B

【解析】该公司股票的必要收益率 = 3.5% + 1.24×(8% - 3.5%) = 9.08%，选项B正确。

【例题2-27·单选题】A

【解析】必要收益率 = 无风险收益率 + 风险收益率，风险收益率 = β×(市场收益率 - 无风险收益率)。当市场收益率为10%时，资产的必要收益率R = 无风险收益率 + 1.5×(10% - 无风险收益率)；当市场收益率为15%时，市场收益率增加 = 15% - 10% = 5%，则资产的必要

收益率增加 =5%×β=5%×1.5=7.5%，所以资产的必要收益率 =R+7.5%。

【例题2-28·多选题】 BC

【解析】 极个别资产的β系数是负数，表明这类资产与市场平均收益的变化方向相反，当市场平均收益增加时，这类资产的收益却在减少，选项A不正确；β系数表示单项资产收益率的变动受市场平均收益率变动的影响程度，也称为系统性风险指数，选项D不正确。

【例题2-29·判断题】 正确

【解析】 资本资产定价模型中，某资产的必要收益率是由无风险收益率和资产的风险收益率决定的，风险收益率是该资产系统性风险系数与市场风险溢价的乘积，不包括公司特有风险，公司特有风险作为非系统性风险是可以分散掉的。

【例题2-30·判断题】 正确

【解析】 无风险收益率也称无风险利率，是指无风险资产的收益率，它的大小由纯粹利率（资金的时间价值）和通货膨胀补贴两部分组成。

【例题2-31·判断题】 错误

【解析】 假设无风险利率为5%，市场组合风险收益率为6%，乙资产β系数为2，则乙资产必要收益率 =5%+2×6%=17%。甲资产必要收益率 =5%+2×2×6%=29%，甲资产必要收益率不是乙资产必要收益率的两倍。

【例题2-32·单选题】 D

【解析】 约束性固定成本是指管理当局的短期（经营）决策行动不能改变其具体数额的固定成本。例如，保险费、房租租金、设备折旧费、管理人员工资等。酌量性固定成本是指管理当局的短期经营决策行动能改变其数额的固定成本，例如，广告费、研究与开发费、职工培训费等。这些费用的发生额取决于管理当局的决策行动，关系到企业的竞争能力，选项D正确。

【例题2-33·多选题】 BD

【解析】 固定成本是指其总额在一定时期以及一定业务量范围内，不直接受业务量变动的影响而保持固定不变的成本。需要注意的是，一般的设备折旧费为固定成本，但是采用工作量法计提的折旧受业务量变动的影响，属于变动成本。

【例题2-34·单选题】 D

【解析】 变动成本是指在特定的业务量范围内，其总额会随着业务量变动而成正比例变动的成本，选项D正确。管理人员基本薪酬属于约束性固定成本，职工培训费用、新产品研究开发费用属于酌量性固定成本。

【例题2-35·单选题】 D

【解析】 技术性变动成本也称约束性变动成本。技术性变动成本是指与产量有明确的技术或实物关系的变动成本。这种成本只要生产就必然会发生，若不生产，其技术变动成本便为零。酌量性变动成本是指通过管理当局的决策行动可以改变的变动成本。如按销售收入的一定百分比支付的销售佣金、技术转让费等。这类成本的特点是其单位变动成本的发生额可由企业最高管理层决定。因此，选项D正确，选项A、B、C属于酌量性变动成本。

【例题2-36·判断题】 正确

【解析】 变动成本是指那些成本的总发生额在相关范围内随着业务量的变动而呈线性变动的成本。

【例题2-37·单选题】 D

【解析】账户分析法，又称会计分析法，是根据有关成本账户及其明细账的内容，结合其与产量的依存关系，判断其比较接近哪一类成本，就视其为哪一类成本。这种方法的优点是简便易行，缺点是比较粗糙且带有主观判断，选项D正确。

【例题2-38·单选题】 C

【解析】延期变动成本是指在一定业务量范围内，成本总额保持不变，超过特定业务量范围则随业务量的变化而成正比例变化，本题中，当超过3次时，则在此基础上按每次2万元付费，应为延期变动成本，选项C正确。注意与半变动成本的区别：半变动成本是指通常有一个初始量，类似于固定成本，在这个初始量的基础上其余部分随业务量的增长而成正比例增长，又类似于变动成本。

【例题2-39·多选题】 AB

【解析】变动成本的基本特征是：在特定的业务量范围内，变动成本总额因业务量的变动而成正比例变动，但单位变动成本不变，选项A的说法正确，选项D的说法不正确。固定成本的基本特征是：在一定期间及特定的业务量范围内，固定成本总额不因业务量的变动而变动，但单位固定成本会与业务量呈反方向变动，选项B的说法正确，选项C的说法不正确。

第三章　预算管理

考情分析

考点	近6年考查频次	2016年	2017年	2018年	2019年	2020年	2021年
预算的分类	3					3	
预算编制方法	11	1	2	2	1	3	2
经营预算的编制	22	4	4	3	6	4	1
财务预算的编制	6			1	1	2	2
预算的调整	1	1					
计算题/综合题	7		2	2	2	1	

考点一：预算的分类

【例题3-1·单选题】下列各项中，属于专门决策预算的是（　　）。（2020年）
A. 预计利润表　　　　　　　　B. 产品成本预算
C. 资本支出预算　　　　　　　D. 预计资产负债表

【例题3-2·多选题】下列关于财务预算的表述中，正确的有（　　）。（2013年）
A. 财务预算多为长期预算
B. 财务预算又被称作总预算
C. 财务预算是全面预算体系的最后环节
D. 财务预算主要包括资金预算和预计财务报表

【例题3-3·多选题】在企业编制的下列预算中，属于财务预算的有（　　）。（2020年）
A. 制造费用预算　　　　　　　B. 资本支出预算
C. 预计资产负债表　　　　　　D. 预计利润表

【例题3-4·多选题】下列各项中，属于经营预算内容的有（　　）。（2020年）
A. 销售预算　　　　　　　　　B. 采购预算
C. 生产预算　　　　　　　　　D. 资金预算

【例题3-5·判断题】财务预算能够综合反映各项经营预算和各项专门决策预算，因此称为总预算。（　　）（2011年）

考点二：预算工作的组织

【例题3-6·单选题】 下列各项中，对企业预算管理工作负总责的组织是（　　）。（2013年）

A. 财务部　　　　B. 董事会　　　　C. 监事会　　　　D. 股东会

考点三：预算编制方法

【例题3-7·单选题】 下列预算编制方法中，可能导致无效费用开支项目无法得到有效控制的是（　　）。（2011年）

A. 增量预算　　　B. 弹性预算　　　C. 滚动预算　　　D. 零基预算

【例题3-8·单选题】 运用零基预算法编制预算，需要逐项进行成本效益分析的费用项目是（　　）。（2011年）

A. 可避免费用　　　　　　　　　　B. 不可避免费用
C. 可延续费用　　　　　　　　　　D. 不可延续费用

【例题3-9·单选题】 下列各项费用预算项目中，最适宜采用零基预算编制方法的是（　　）。（2012年）

A. 人工费　　　　B. 培训费　　　　C. 材料费　　　　D. 折旧费

【例题3-10·单选题】 随着预算执行不断补充预算，但始终保持一个固定预算期长度的预算编制方法是（　　）。（2015年）

A. 滚动预算法　　　　　　　　　　B. 弹性预算法
C. 零基预算法　　　　　　　　　　D. 定期预算法

【例题3-11·单选题】 运用弹性预算编制成本费用预算包括以下步骤：①分析预算项目与业务量之间的数量依存关系，确定弹性定额；②构建弹性预算模型，形成预算方案；③选择业务量的计量单位，预测其变动范围；④预算管理委员会审议，董事会审批。这四个步骤的正确顺序是（　　）。（2015年改编）

A. ①②③④　　　　　　　　　　　B. ③②①④
C. ③①②④　　　　　　　　　　　D. ①③②④

【例题3-12·单选题】 下列预算编制方法中不受历史期不合理因素影响，能够灵活应对内外环境变化的是（　　）。（2014年、2016年改编）

A. 零基预算法　　　　　　　　　　B. 滚动预算法
C. 弹性预算法　　　　　　　　　　D. 增量预算法

【例题3-13·多选题】 运用公式"$y=a+bx$"编制弹性预算，字母x所代表的业务量可能有（　　）。（2011年改编）

A. 人工工时　　　B. 修理工时　　　C. 库存量　　　　D. 实物数量

【例题3-14·判断题】 采用弹性预算法编制成本费用预算时，业务量计量单位的选择非常关键，自动化生产车间适合用机器工时作为业务量的计量单位。（　　）（2014年）

考点四：经营预算的编制

【例题3-15·单选题】 下列各项中，不会对预计资产负债表中存货金额产生影响的是

( )。(2011年)

　　A. 生产预算　　　　　　　　　　　B. 材料采购预算
　　C. 销售费用预算　　　　　　　　　D. 单位产品成本预算

【例题3-16·单选题】下列关于生产预算的表述中，错误的是（　　）。(2013年)

　　A. 生产预算是一种经营预算　　　　B. 生产预算不涉及实物量指标
　　C. 生产预算以销售预算为基础编制　D. 生产预算是直接材料预算的编制依据

【例题3-17·单选题】某企业制造费用中油料费用与机器工时密切相关，预计预算期固定油料费用为10 000元，单位工时的变动油料费用为10元，预算期机器总工时为3 000小时，则预算期油料费用预算总额为（　　）元。(2014年)

　　A. 10 000　　　B. 20 000　　　C. 30 000　　　D. 40 000

【例题3-18·单选题】下列预算中，不直接涉及现金收支的是（　　）。(2016年)

　　A. 销售预算　　　　　　　　　　　B. 产品成本预算
　　C. 直接材料预算　　　　　　　　　D. 销售与管理费用预算

【例题3-19·单选题】丙公司预计2016年各季度的销售量分别为100件、120件、180件、200件，预计每季度末产成品存货为下一季度销售量的20%。丙公司第二季度预计生产量为（　　）件。(2016年)

　　A. 120　　　B. 132　　　C. 136　　　D. 156

【例题3-20·单选题】下列各项中，不属于经营预算的是（　　）。(2017年)

　　A. 资金预算　　B. 销售预算　　C. 销售费用预算　　D. 直接材料预算

【例题3-21·单选题】某企业2017年度预计生产某产品1 000件，单位产品耗用材料15千克，该材料期初存量为1 000千克，预计期末存量为3 000千克，则全年预计采购量为（　　）千克。(2017年)

　　A. 18 000　　　B. 16 000　　　C. 15 000　　　D. 17 000

【例题3-22·单选题】下列预算中，一般不作为资金预算编制依据的是（　　）。(2018年)

　　A. 管理费用预算　　B. 直接人工预算　　C. 生产预算　　D. 直接材料预算

【例题3-23·单选题】某公司预计第一季度和第二季度产品销量分别为140万件和200万件，第一季度期初产品存货量为14万件，预计期末存货量为下季度预计销量的10%，则第一季度的预计生产量为（　　）万件。(2018年)

　　A. 146　　　B. 154　　　C. 134　　　D. 160

【例题3-24·单选题】某公司在编制生产预算时，2018年第四季度期末存货量为13万件，2019年四个季度的预计销售量依次为100万件、130万件、160万件和210万件，每季度末预计产品存货量占下季度销售量的10%，则2019年第三季度预计生产量为（　　）万件。(2019年)

　　A. 210　　　B. 133　　　C. 100　　　D. 165

【例题3-25·多选题】下列各项中，属于经营预算的有（　　）。(2012年)

　　A. 资本支出预算　　B. 生产预算　　C. 管理费用预算　　D. 销售预算

【例题3-26·多选题】编制资产负债表预算时，下列预算中，能够直接为"存货"项目年末余额提供数据来源的有（　　）。(2016年)

A. 销售预算　　　　B. 生产预算　　　　C. 直接材料预算　　D. 产品成本预算

【例题3-27·判断题】 在预算编制过程中，企业销售预算一般应当在生产预算的基础上编制。（　　）（2020年）

【例题3-28·计算题】 甲公司在2016年第四季度按照定期预算法编制2017年度的预算，部分资料如下：

资料一：2017年1~4月的预计销售额分别为600万元、1 000万元、650万元和750万元。

资料二：公司的目标现金余额为50万元，经测算，2017年3月末预计"现金余缺"为30万元，公司计划采用短期借款的方式解决资金短缺。

资料三：预计2017年1~3月净利润为90万元，没有进行股利分配。

资料四：假设公司每月销售额于当月收回20%，下月收回70%，其余10%将于第三个月收回；公司当月原材料金额相当于次月全月销售额的60%，购货款于次月一次付清；公司第1、第2月短期借款没有变化。

资料五：公司2017年3月31日的预计资产负债表（简表）如下表所示。

甲公司2017年3月31日的预计资产负债表（简表）　　　　　　　　单位：万元

资产	年初余额	月末余额	负债与股东权益	年初余额	月末余额
现金	50	（A）	短期借款	612	（C）
应收账款	530	（B）	应付账款	360	（D）
存货	545	＊	长期负债	450	＊
固定资产净额	1 836	＊	股东权益	1 539	（E）
资产总计	2 961	＊	负债与股东权益总计	2 961	＊

注：表内的"＊"为省略的数值。

要求：确定表格中字母所代表的数值（不需要列示计算过程）。（2017年）

【例题3-29·计算题】 甲公司编制销售预算的相关资料如下：

资料一：甲公司预计每季度销售收入中，有70%在本季度收到现金，30%于下一季度收到现金，不存在坏账。2016年末应收账款余额为6 000万元。假设不考虑增值税及其影响。

资料二：甲公司2017年的销售预算如下表所示。

甲公司2017年销售预算　　　　　　　　单位：万元

季度	一	二	三	四	全年
预计销售量（万件）	500	600	650	700	2 450
预计单价（元/件）	30	30	30	30	30
预计销售收入	15 000	18 000	19 500	21 000	73 500
预计现金收入					
上年应收账款	＊				＊
第一季度	＊	＊			＊
第二季度		（B）	＊		＊

续表

季度	一	二	三	四	全年
第三季度			*	(D)	*
第四季度				*	*
预计现金收入合计	(A)	17 100	(C)	20 550	*

注：表内的"*"为省略的数值。

要求：

(1) 确定表格中字母所代表的数值（不需要列式计算过程）。

(2) 计算2017年末预计应收账款余额。(2017年)

【例题3-30·综合题】甲企业是某公司下属的一个独立分厂，该企业仅生产并销售W产品，2018年有关预算与考核分析资料如下：

资料一：W产品的预计产销量相同，2018年第一季度至第四季度的预计产销量分别是100件、200件、300件和400件，预计产品销售单价1 000元/件，预计销售收入中，有60%在本季度收到现金，40%在下一季度收到现金。2017年末应收账款余额80 000元。不考虑增值税及其他因素。

资料二：2018年初材料存货量为500千克，每季度末材料存货量按下一季度生产需用量的10%确定。单位产品用料标准为10千克/件。单位产品材料价格标准为5元/千克。材料采购款有50%在本季度支付现金，另外50%下一季度支付。

要求：

(1) 根据资料一计算：①W产品的第一季度现金收入；②资产负债表预算中应收账款的年末数。

(2) 根据资料一和资料二计算：①第二季度预计材料期末存货量；②第二季度预计材料采购量；③第三季度预计材料采购金额。(2019年)

考点五：专门决策预算的编制

【例题3-31·判断题】专门决策预算主要反映项目投资与筹资计划，是编制资金预算和预计资产负债表的依据之一。（　　）(2013年)

考点六：财务预算的编制

【例题3-32·单选题】根据企业2018年的资金预算，第一季度至第四季度期初现金余额分别为1万元、2万元、1.7万元、1.5万元，第四季度现金收入为20万元，现金支出为19万元，不考虑其他因素，则该企业2018年末的预计资产负债表中，货币资金年末数为（　　）万元。(2018年)

A. 2.7　　　　　B. 7.2　　　　　C. 4.2　　　　　D. 2.5

【例题3-33·单选题】公式法编制财务预算时，固定制造费用为1 000元，如果业务量为100%时，变动制造费用为3 000元；如果业务量为120%，则总制造费用为（　　）。(2020年)

A. 3 000　　　　B. 4 000　　　　C. 4 600　　　　D. 3 600

【例题3-34·单选题】某公司在编制资金预算时，期末现金余额要求不低于10 000元，资金不足则向银行借款,借款金额要求为 10 000 元的整数倍。若"现金余缺"为 -55 000 元,则应向银行借款的金额为(　　)。(2021 年)

　　A. 40 000 元　　　B. 70 000 元　　　C. 60 000 元　　　D. 50 000 元

【例题 3-35·多选题】下列各项预算中,与编制利润表预算直接相关的有(　　)。(2015 年)

　　A. 销售预算　　　B. 生产预算　　　C. 产品成本预算　　　D. 销售及管理费用预算

【例题 3-36·计算题】丁公司 2014 年末的长期借款余额为 12 000 万元,短期借款余额为 0。该公司的最佳现金持有量为 500 万元,如果资金不足,可向银行借款。假设:银行要求借款的金额是 100 万元的倍数,而偿还本金的金额是 10 万元的倍数;新增借款发生在季度期初,偿还借款本金发生在季度期末,先偿还短期借款;借款利息按季度平均计提,并在季度期末偿还。

丁公司编制了 2015 年分季度的资金预算,部分信息如下表所示。

丁公司 2015 年资金预算的部分信息　　　　　　　　　　　　单位:万元

季度	一	二	三	四
现金余缺	-7 500	(C)	*	-450
长期借款	6 000	0	5 000	0
短期借款	2 600	0	0	(E)
偿还短期借款	0	1 450	1 150	0
偿还短期借款利息(年利率 8%)	52	(B)	(D)	*
偿还长期借款利息(年利率 12%)	540	540	*	690
期末现金余额	(A)	503	*	*

注:表中"*"表示省略的数据。

要求:确定上表中英文字母代表的数值(不需要列示计算过程)。(2015 年)

【例题 3-37·综合题】乙公司是一家制造企业,长期以来只生产 A 产品。2018 年有关资料如下:

资料一:8 月 A 产品月初存货量预计为 180 件,8 月和 9 月的预计销售量分别为 2 000 件和 2 500 件。A 产品的预计月末存货量为下月销售量的 12%。

资料二:生产 A 产品需要耗用 X、Y、Z 三种材料,其价格标准和用量标准如下表所示。

A 产品直接材料成本标准

项目	标准		
	X 材料	Y 材料	Z 材料
价格标准(元/千克)	10	15	20
用量标准(千克/件)	3	2	2

资料三:公司利用标准成本信息编制直接人工预算。生产 A 产品的工时标准为 3 小时/件,标准工资率为 20 元/小时。8 月 A 产品的实际产量为 2 200 件,实际工时为 7 700 小时,实际发

生直接人工成本 146 300 元。

资料四：公司利用标准成本信息，并采用弹性预算法编制制造费用预算，A 产品的单位变动制造费用标准成本为 18 元，每月的固定制造费用预算总额为 31 800 元。

资料五：A 产品的预计销售单价为 200 元/件，每月销售收入中，有 40% 在当月收取现金，另外的 60% 在下月收取现金。

资料六：9 月初现金余额预计为 60 500 元，本月预计现金支出为 487 500 元。公司理想的月末现金余额为 60 000 元且不低于该水平，现金余额不足时向银行借款，多余时归还银行借款，借入和归还金额均要求为 1 000 元的整数倍。不考虑增值税及其他因素的影响。

要求：

（1）根据资料一，计算 8 月 A 产品的预计生产量。

（2）根据要求（1）的计算结果和资料三，计算 8 月的直接人工预算金额。

（3）根据要求（1）的计算结果和资料四，计算 8 月制造费用预算总额。

（4）根据资料一和资料五，计算公司 9 月的预计现金收入。

（5）根据要求（4）的计算结果和资料六，计算 9 月的预计现金余缺，并判断为保持所需现金余额，是否需要向银行借款，如果需要，指出应借入多少款项。(2018 年改编)

考点七：预算的执行

【例题 3-38·判断题】企业财务管理部门应当利用报表监控预算执行情况，及时提供预算执行进度、执行差异信息。（　　）(2012 年)

考点八：预算的调整

【例题 3-39·判断题】企业正式下达执行的预算，执行部门一般不能调整。但是，市场环境、政策法规等发生重大变化，将导致预算执行结果产生重大偏差时，可经逐级审批后调整。（　　）(2015 年)

答　案

【例题 3-1·单选题】C

【解析】专门决策预算指企业重大的或不经常发生的、需要根据特定决策编制的预算。专门决策预算直接反映相关决策的结果，是实际中已选方案的进一步规划，如资本支出预算。选项 AD 属于财务预算，选项 B 属于经营预算。

【例题 3-2·多选题】BCD

【解析】一般情况下，企业的经营预算和财务预算多为 1 年期的短期预算，选项 A 错误；财务预算主要包括资金预算、预计财务报表等内容，作为全面预算体系的最后环节，它是从价值方面总括地反映企业经营预算和专门决策预算的结果，故亦称为总预算，其他预算则相应称为辅助预算或分预算，选项 BCD 正确。

【例题 3-3·多选题】CD

【解析】财务预算指与企业资金收支、财务状况或经营成果等有关的预算，包括资金预算、预计资产负债表预算、预计利润表预算等。

【例题 3-4·多选题】ABC

【解析】经营预算是指与企业日常业务直接相关的一系列预算,包括销售预算、生产预算、采购预算、费用预算、人力资源预算等。选项D属于财务预算。

【例题3-5·判断题】正确

【解析】财务预算作为全面预算体系的最后环节,它是从价值方面总括地反映企业经营预算和专门决策预算的结果,故亦称为总预算,其他预算则相应称为辅助预算或分预算。

【例题3-6·单选题】B

【解析】企业董事会或类似机构应当对企业预算的管理工作负总责,选项B正确。企业财务管理部门具体负责企业预算的跟踪管理,监督预算的执行情况,分析预算与实际执行的差异及原因,提出改进管理的意见与建议。

【例题3-7·单选题】A

【解析】增量预算以历史期实际经营活动及其预算为基础,结合预算期经济活动及其相关影响因素的变动情况,通过调整历史期经济活动项目及金额形成预算的预算编制方法。缺点是可能导致无效费用开支项目无法得到有效控制,造成预算上的浪费,选项A正确。

【例题3-8·单选题】A

【解析】零基预算编制过程中需要划分不可避免费用项目和可避免费用项目:对不可避免费用项目必须保证资金供应;对可避免费用项目,则需要逐项进行成本与效益分析,尽量控制可避免项目纳入预算当中。

【例题3-9·单选题】B

【解析】零基预算法在编制预算时不考虑以往会计期间所发生的费用项目或费用数额,而是一切以零为出发点,从实际需要逐项审议预算期内各项费用的内容及开支标准是否合理,在综合平衡的基础上编制费用预算。企业的人工费、材料费、折旧费都需要考虑以往会计期间发生的数额,只有培训费适合采用零基预算法,选项B正确。

【例题3-10·单选题】A

【解析】滚动预算法是指在编制预算时,将预算期与会计期间脱离开,随着预算的执行不断地补充预算,逐期向后滚动,使预算期始终保持为一个固定长度的一种预算方法,选项A正确。

【例题3-11·单选题】C

【解析】运用弹性预算法编制预算的基本步骤是:第一步,选择业务量的计量单位,预测其变动范围;第二步,分析预算项目与业务量之间的数量依存关系,确定弹性定额;第三步,构建弹性预算模型,形成预算方案;第四步,预算管理委员会审议,董事会审批。

【例题3-12·单选题】A

【解析】零基预算法的优点是:①不受历史期不合理因素影响,能够灵活应对内外环境的变化,贴近真实需要;②增加预算编制透明度,有利于预算控制。选项A正确。

【例题3-13·多选题】ABD

【解析】编制弹性预算,要选用一个最能代表生产经营活动水平的业务量计量单位。例如,以手工操作为主的车间,就应选用人工工时;制造单一产品或零件的部门,可以选用实物数量;修理部门可以选用直接修理工时等。

【例题3-14·判断题】正确

【解析】编制弹性预算,要选用一个最能代表生产经营活动水平的业务量计量单位。因此,自动化生产车间适合选用机器工时作为业务量的计量单位。

【例题3-15·单选题】C

【解析】销售及管理费用预算只影响利润表中数额，对存货金额没有影响。

【例题3-16·单选题】B

【解析】生产预算需要根据预计的销售量，并考虑预计期初存货和预计期末存货等因素按品种和生产车间分别编制。生产预算只涉及实物量指标，不涉及价值量指标，选项B错误。

【例题3-17·单选题】D

【解析】预算期油料费用预算总额为 10 000 + 3 000 × 10 = 40 000（元），选项D正确。

【例题3-18·单选题】B

【解析】产品成本预算是销售预算、生产预算、直接材料预算、直接人工预算、制造费用预算的汇总。主要内容是产品的单位成本和总成本，因此不直接涉及现金收支，选项B正确。

【例题3-19·单选题】B

【解析】基本公式：期初 + 增加 − 减少 = 期末，可推导：增加 = 期末 + 减少 − 期初，因此第二季度预计生产量 = 第二季度期末产成品存货 + 第二季度销售量 − 第二季度期初产成品存货 = 180 × 20% + 120 − 120 × 20% = 132（件），选项B正确。注意：第二季度期初产成品存货即为第一季度期末产成品存货，因此为 24 件（120 × 20%）。

【例题3-20·单选题】A

【解析】资金预算属于财务预算，选项A正确。

【例题3-21·单选题】D

【解析】基本公式：期初 + 本期增加 − 本期减少 = 期末，因此，本期增加 = 期末 + 本期减少 − 期初；生产需用量（本期减少）= 预计生产量 × 单位产品材料耗用量 = 1 000 × 15 = 15 000（千克），预计采购量（本期增加）= 期末存量 + 生产需用量 − 期初存量 = 3 000 + 15 000 − 1 000 = 17 000（千克）。选项D正确。

【例题3-22·单选题】C

【解析】生产预算是唯一只以实物量表示的预算，与资金预算没有直接联系，所以选项C正确。

【例题3-23·单选题】A

【解析】第一季度的预计生产量 = 期末产品存货量 + 本期销售量 − 期初产品存货量 = 200 × 10% + 140 − 14 = 146（万件）

【例题3-24·单选题】D

【解析】第三季度预计生产量 = 第三季度销售量 + 第三季度期末存货量 − 第二季度末存货量 = 160 + 210 × 10% − 160 × 10% = 165（万件）

【例题3-25·多选题】BCD

【解析】资本支出预算属于专门决策预算，选项A不正确。

【例题3-26·多选题】CD

【解析】直接材料预算可以提供原材料的期末余额，产品成本预算可以提供在产品、产成品的期末余额，选项CD正确。

【例题3-27·判断题】错误

【解析】销售预算是编制全面预算的起点，生产预算是在销售预算的基础上编制的，并可以作为编制直接材料预算和产品成本预算的依据。

【例题3-28·计算题】
A = 50；B = 620；C = 632；D = 450；E = 1 629。

【解析】
（1）公司的目标现金余额为50万元，经测算，2017年3月末预计"现金余缺"为30万元，公司计划采用短期借款的方式解决资金短缺，则A = 50万元。

（2）公司每月销售额于当月收回20%，下月收回70%，其余10%将于第三个月收回；3月份应收账款月末余额 = 2月份销售额的10% + 3月份销售额的80%，故B = 650 × 80% + 1 000 × 10% = 620（万元）。

（3）回忆资金预算的三个公式"①可供使用现金 = 期初现金余额 + 现金收入；②可供使用现金 − 现金支出 = 现金余缺；③现金余缺 + 现金筹措 − 现金运用 = 期末现金余额"，这里使用公式③，已知目标现金余额为50万元，即期末现金余额为50万元，"公司计划采用短期借款的方式解决资金短缺"，故3月新增短期借款 = 50 − 30 = 20（万元），则C = 612 + 20 = 632（万元）。

（4）公司当月原材料金额相当于次月全月销售额的60%，购货款于次月一次付清，3月末应付账款余额等于4月份销售额的60%，故D = 750 × 60% = 450（万元）。

（5）公司预计2017年1~3月净利润为90万元，没有进行股利分配。3月末股东权益余额 = 年初余额 + 1~3月净利润，故E = 1 539 + 90 = 1 629（万元）。

单位：万元

项目	1月	2月	3月	4月
预计销售额	600	1 000	650	750
应收账款	600 × (70% + 10%)	600 × 10% + 1 000 × (70% + 10%)	1 000 × 10% + 650 × (70% + 10%)	650 × 10% + 750 × (70% + 10%)
原材料金额	1 000 × 60%	650 × 60%	750 × 60%	
应付账款	1 000 × 60%	650 × 60%	750 × 60%	

【例题3-29·计算题】
（1）A = 16 500；B = 12 600；C = 19 050；D = 5 850。
（2）2017年末预计应收账款余额 = 21 000 × 30% = 6 300（万元）

【解析】
（1）第一季度预计现金收入应为第一季度销售收入的70%和上一年度应收账款的年末余额，故A = 15 000 × 70% + 6 000 = 16 500（万元）。

第二季度应收的当季现金为当月销售收入的70%，故B = 18 000 × 70% = 12 600（万元）；第三季度预计现金收入包含两部分，即第二季度收入剩下的30%和当季收入的70%，故C = 18 000 × 30% + 19 500 × 70% = 19 050（万元）。

第四季度应收第三季度的现金收入D = 19 500 × 30% = 5 850（万元）。

（2）根据题目表述，甲公司预计每季度销售收入中，有70%在本季度收到现金，30%于下一季度收到现金，不存在坏账。2017年前三季度的收入在第四季度都已经全部收回。第四季度预计销售收入为21 000万元，有70%在第四季度收到现金，30%于2018年第一季度收到现金,因此,2017 年末预计应收账款余额 = 21 000 × 30% = 6 300(万元)。

【例题 3 – 30·综合题】
(1) W 产品的第一季度现金收入 = 80 000 + 100 × 1 000 × 60% = 140 000(元)
资产负债表预算中应收账款的年末数 = 400 × 1 000 × 40% = 160 000(元)
(2) 第二季度预计材料期末存货量 = 300 × 10 × 10% = 300(千克)
第二季度预计材料采购量 = 300 + 200 × 10 – 200 × 10 × 10% = 2 100(千克)
第三季度预计材料采购金额 = (400 × 10 × 10% + 300 × 10 – 300) × 5 = 15 500(元)
【解析】
(1) 根据销售收入中,有 60% 在本季度收到现金,40% 在下一季度收到现金,W 产品的第一季度现金收入 = 2017 年末应收账款余额 + 2018 年第一季度现金收入 × 60% = 80 000 + 100 × 1 000 × 60% = 140 000(元),应收账款的年末数 = 2018 年第四季度现金收入 × 40% = 400 × 1 000 × 40% = 160 000(元)。
(2) 根据每季度末材料存货量按下一季度生产需用量 10% 确定,第二季度预计材料期末存货量 = 第三季度生产需用量 × 10% = 300 × 10 × 10% = 300(千克);第二季度预计材料采购量 = 第二季度预计材料期末存货量 + 第二季度生产需用量 – 第一季度预计材料期末存货量 = 300 + 200 × 10 – 200 × 10 × 10% = 2 100(千克);第三季度预计材料采购金额 = 第三季度预计材料期末存货量 + 第三季度生产需用量 – 第二季度预计材料期末存货量 = (400 × 10 × 10% + 300 × 10 – 300) × 5 = 15 500(元)。

【例题 3 – 31·判断题】正确
【解析】专门决策预算主要是长期投资预算(又称资本支出预算),通常是指与项目投资决策相关的专门预算,它的要点是准确反映项目投资支出与筹资计划,同时也是编制资金预算和预计资产负债表的依据。

【例题 3 – 32·单选题】D
【解析】货币资金年末数 = 1.5 + 20 – 19 = 2.5(万元),选项 D 正确。

【例题 3 – 33·单选题】C
【解析】总制造费用 = 变动制造费用 + 固定制造费用 = 120% ÷ 100% × 3 000 + 1 000 = 4 600(元)

【例题 3 – 34·单选题】B
【解析】依题意得:– 55 000 + 借款额 = 10 000,所以借款额 ≥ 65 000(元);因为借款金额要求是 10 000 元的整数倍,所以应向银行借款的金额为 70 000 元。

【例题 3 – 35·多选题】ACD
【解析】利润表预算中"销售收入"项目数据来自销售收入预算;"销售成本"项目的数据,来自产品成本预算;"销售及管理费用"项目的数据来自销售及管理费用预算,选项 ACD 正确。生产预算只涉及实物量指标,不涉及价值量指标,因此与利润表预算的编制不直接相关。

【例题 3 – 36·计算题】A = 508 万元;B = 52 万元;C = 2 545 万元;D = 23 万元;E = 1 700 万元。
【解析】
(1) 期末现金余额 = 期初现金余额 + 当期长期借款 + 当期短期借款 – 当期偿还短期借款 – 当

期偿还短期借款利息－当期偿还长期借款利息。故 A＝－7 500＋6 000＋2 600－52－540＝508（万元）。

（2）由于本题已经说明了利息支付方式，新增借款发生在季度期初，偿还借款本金发生在季度期末，因此，短期借款1 450万元是季末归还的，相当于这部分仍然要计提第二季度利息，因此偿还短期借款利息还是按2 600元的本金计算，与第一季度相同。8%是年利率，因此第二季度偿还短期借款利息＝本金×年利率÷4，故 B＝2 600×8%÷4＝52（万元）。

（3）根据期末现金余额＝期初现金余额＋当期长期借款＋当期短期借款－当期偿还短期借款－当期偿还短期借款利息－当期偿还长期借款利息，可得期初现金余额＝期末现金余额－当期长期借款－当期短期借款＋当期偿还短期借款＋当期偿还短期借款利息＋当期偿还长期借款利息。故 C＝503＋540＋52＋1 450＝2 545（万元）。

（4）道理同（2），第二季度已经归还1 450万元短期借款，第三季度的1 150万元是季度末归还的，所以本季度还是要计算利息。故 D＝（2 600－1 450）×8%÷4＝23（万元）。

（5）该公司的最佳现金持有量为500万元，期末现金余额＝－450＋E－E×8%÷4－690≥500，得出 E≥1 673.47万元；由于银行要求借款的金额是100万元的倍数，因此 E＝1 700万元。

【例题3－37·综合题】
（1）8月 A产品的预计生产量＝2 000＋2 500×12%－180＝2 120（件）
（2）8月的直接人工预算金额＝2 120×3×20＝127 200（元）
（3）8月制造费用预算总额＝2 120×18＋31 800＝69 960（元）
（4）9月的预计现金收入＝2 000×200×60%＋2 500×200×40%＝440 000（元）
（5）9月的预计现金余缺＝60 500＋440 000－487 500＝13 000（元）
向银行借款＝60 000－13 000＝47 000（元）

【解析】
（1）A产品的预计月末存货量为下月销售量的12%，根据：期初＋本期增加－本期减少＝期末，8月份 A产品的预计生产量（本期增加）＝预计销售量（本期减少）＋预计期末－预计期初（即上期期末）＝2 000＋2 500×12%－180＝2 120（件）。

（2）生产 A产品的工时标准为3小时/件，标准工资率为20元/小时，8月份的直接人工预算金额＝8月份 A产品的预计生产量×A产品的标准工时×A产品的标准工资率＝2 120×3×20＝127 200（元）。

（3）8月份制造费用预算总额＝A产品的单位变动制造费用标准成本×8月份 A产品的预计生产量＋8月的固定制造费用预算＝2 120×18＋31 800＝69 960（元）

（4）每月销售收入中，有40%在当月收取现金，另外的60%在下月收取现金。9月的预计现金收入＝8月销售收入×60%＋9月销售收入×40%＝2 000×200×60%＋2 500×200×40%＝440 000（元）。

（5）9月的预计现金余缺＝9月月初现金余额＋9月的预计现金收入－9月预计现金支出＝60 500＋440 000－487 500＝13 000（元）＜公司理想的月末现金余额60 000元，差额为60 000－13 000＝47 000（元），刚好为1 000的整数倍，因此向银行借款47 000元。

【例题3－38·判断题】 正确
【解析】 企业财务管理部门应当利用财务报表监控预算的执行情况，及时向预算执行单位、企业预算委员会以至董事会或经理办公会提供财务预算的执行进度、执行差异及其对企业预算目标的影响等财务信息，促进企业完成预算目标。

【例题3-39·判断题】正确

【解析】企业正式下达执行的预算，一般不予调整。预算执行单位在执行中由于市场环境、经营条件、政策法规等发生重大变化，致使预算的编制基础不成立，或者将导致预算执行结果产生重大偏差，可以调整预算。

第四章 筹资管理（上）

考情分析

考点	近6年考查频次	2016年	2017年	2018年	2019年	2020年	2021年
企业筹资的动机	2	1	1				
筹资管理的内容	7	1	1		1	2	2
筹资的方式和分类	11		1	2	3	4	1
银行借款	7	1	2		1	2	1
发行公司债券	1						1
租赁	8	1	2	3		1	1
债务筹资的优缺点	4		1	1		1	1
吸收直接投资	5	1	3			1	
发行股票	6	1	2	1		1	1
留存收益	3			1	1	1	
股权筹资的优缺点	9	1	1	2	2	3	
可转换债券	6	1	1	2	1	1	
认股权证	1		1				
优先股	7		2	1	2	2	

考点一：企业筹资的动机

【例题4-1·单选题】企业为了优化资本结构而筹集资金，这种筹资的动机是（　　）。（2016年）

　　A. 创立性筹资动机　　　　　　　　B. 支付性筹资动机
　　C. 扩张性筹资动机　　　　　　　　D. 调整性筹资动机

【例题4-2·判断题】调整性筹资动机是指企业因调整公司业务所产生的筹资动机。（　　）（2014年）

考点二：筹资管理的内容

【例题4-3·判断题】经济危机时期，由于企业经营环境恶化、销售下降，企业应当逐步

降低债务水平,以减少破产风险。(　　)(2012年)

【例题4-4·判断题】支付的银行借款利息属于企业的筹资费用。(　　)(2020年)

考点三：筹资的方式和分类

【例题4-5·单选题】下列筹资方式中,属于间接筹资的是(　　)。(2017年)
A. 银行借款　　　　B. 发行债券　　　　C. 发行股票　　　　D. 合资经营

【例题4-6·单选题】下列各项中,属于内部筹资方式的是(　　)。(2019年)
A. 向股东发行新股筹资　　　　B. 向企业职工借款筹资
C. 向股东借款筹资　　　　　　D. 利用留存收益筹资

【例题4-7·判断题】公司发行的永续债由于没有明确的到期日或期限非常长,因此在实质上属于股权资本。(　　)(2020年)

考点四：筹资管理的原则

【例题4-8·多选题】下列各项中,属于企业筹资管理应当遵循的原则有(　　)。(2012年)
A. 依法筹资原则　　　　B. 负债最低原则
C. 规模适度原则　　　　D. 结构合理原则

考点五：银行借款

【例题4-9·单选题】企业可以将某些资产作为质押品向商业银行申请质押贷款。下列各项中,不能作为质押品的是(　　)。(2014年)
A. 厂房　　　　B. 股票　　　　C. 汇票　　　　D. 专利权

【例题4-10·单选题】下列筹资方式中,既可以筹集长期资金,也可以融通短期资金的是(　　)。(2016年)
A. 发行股票　　　　B. 利用商业信用
C. 吸收直接投资　　D. 向金融机构借款

【例题4-11·多选题】相对于普通股筹资,属于银行借款筹资特点的有(　　)。(2020年)
A. 财务风险低　　　　B. 不分散公司控制权
C. 可以利用财务杠杆　D. 筹资速度快

【例题4-12·判断题】根据风险与收益均衡的原则,信用贷款利率通常比抵押贷款利率低。(　　)(2011年)

考点六：发行公司债券

【例题4-13·多选题】与银行借款相比,下列各项中,属于发行债券筹资特点的有(　　)。(2013年)
A. 资本成本较高　　　　B. 一次筹资数额较大
C. 扩大公司的社会影响　D. 筹资使用限制较多

考点七：租赁

【例题4-14·单选题】与银行借款相比,下列各项中不属于租赁筹资特点的是(　　)。

(2013年)

A. 资本成本低　　B. 融资风险小　　C. 融资期限长　　D. 融资限制少

【例题4-15·单选题】下列各项中,不属于租赁租金构成内容的是（　　）。(2013年)

A. 设备原价　　　　　　　　B. 租赁手续费

C. 租赁设备的维护费用　　　D. 垫付设备价款的利息

【例题4-16·单选题】下列各种筹资方式中,筹资限制条件相对最少的是（　　）。(2015年)

A. 租赁　　　　　　　　　　B. 发行股票

C. 发行债券　　　　　　　　D. 发行短期融资券

【例题4-17·单选题】下列各项中,不计入租赁租金的是（　　）。(2017年)

A. 租赁手续费　　　　　　　B. 承租公司的财产保险费

C. 租赁公司垫付资金的利息　D. 设备的买价

【例题4-18·单选题】某航空公司为开通一条国际航线,需增加两架空客飞机,为尽快形成航运能力,下列筹资方式中,该公司通常会优先考虑（　　）。(2018年)

A. 普通股筹资　　B. 债券筹资　　C. 优先股筹资　　D. 租赁筹资

【例题4-19·单选题】承租人既是资产出售者又是资产使用者的租赁方式是（　　）。(2020年)

A. 杠杆租赁　　　B. 直接租赁　　C. 售后回租　　　D. 经营租赁

【例题4-20·多选题】下列关于杠杆租赁的表述中,正确的有（　　）。(2017年)

A. 出租人既是债权人又是债务人

B. 涉及出租人、承租人和资金出借人三方当事人

C. 租赁的设备通常是出租方已有的设备

D. 出租人只投入设备购买款的部分资金

【例题4-21·多选题】在确定租赁的租金时,一般需要考虑的因素有（　　）。(2018年)

A. 租赁公司办理租赁业务所发生的费用

B. 租赁期满后租赁资产的预计残值

C. 租赁公司购买租赁资产所垫付资金的利息

D. 租赁资产价值

考点八：债务筹资的优缺点

【例题4-22·单选题】与股票筹资相比,下列各项中,属于债务筹资缺点的是（　　）。(2014年)

A. 财务风险较大　　　　　　B. 资本成本较高

C. 稀释股东控制权　　　　　D. 筹资灵活性小

【例题4-23·单选题】下列各项中,不属于债务筹资优点的是（　　）。(2018年)

A. 可形成企业稳定的资本基础　B. 筹资弹性较大

C. 筹资速度较快　　　　　　　D. 筹资成本负担较轻

【例题4-24·判断题】企业利用有息债务筹资可以获得节税效应。（　　）(2020年)

考点九：吸收直接投资

【例题 4-25·单选题】 企业下列吸收直接投资的筹资方式中，潜在风险最大的是（　　）。（2011 年）

　　A. 吸收货币资产　　　　　　　　B. 吸收实物资产
　　C. 吸收专有技术　　　　　　　　D. 吸收土地使用权

【例题 4-26·单选题】 公司在创立时首先选择的筹资方式是（　　）。（2012 年）

　　A. 租赁　　　　　　　　　　　　B. 向银行借款
　　C. 吸收直接投资　　　　　　　　D. 发行企业债券

【例题 4-27·单选题】 与发行公司债券相比，吸收直接投资的优点是（　　）。（2013 年）

　　A. 资本成本较低　　　　　　　　B. 产权流动性较强
　　C. 能够提升企业市场形象　　　　D. 易于尽快形成生产能力

【例题 4-28·单选题】 下列各项中，不能作为资产出资的是（　　）。（2013 年）

　　A. 存货　　　　　　　　　　　　B. 固定资产
　　C. 可转换债券　　　　　　　　　D. 特许经营权

【例题 4-29·单选题】 下列各项中，与留存收益筹资相比，属于吸收直接投资特点是（　　）。（2015 年）

　　A. 资本成本较低　　　　　　　　B. 筹资速度较快
　　C. 筹资规模有限　　　　　　　　D. 形成生产能力较快

【例题 4-30·多选题】 企业可将特定的债权转为股权的情形有（　　）。（2014 年）

　　A. 公司重组时的银行借款
　　B. 改制时未退还职工的集资款
　　C. 上市公司依法发行的可转换债券
　　D. 国有金融资产管理公司持有的国有企业债权

【例题 4-31·判断题】 企业吸收直接投资有时能够直接获得所需的设备和技术，及时形成生产能力。（　　）（2017 年）

考点十：发行股票

【例题 4-32·单选题】 下列各项中，不属于普通股股东拥有的权利是（　　）。（2014 年）

　　A. 优先认股权　　B. 优先分配收益权　　C. 股份转让权　　D. 剩余财产要求权

【例题 4-33·单选题】 与配股相比，定向增发的优势是（　　）。（2016 年）

　　A. 有利于社会公众参与
　　B. 有利于保持原有的股权结构
　　C. 有利于促进股权的流通转让
　　D. 有利于引入战略投资者和机构投资者

【例题 4-34·单选题】 下列各项优先权中，属于普通股股东所享有的一项权利是（　　）。（2017 年）

　　A. 优先剩余财产分配权　　　　　B. 优先股利分配权
　　C. 优先股份转让权　　　　　　　D. 优先认股权

【例题 4-35·单选题】 下列筹资方式中，更有利于上市公司引入战略投资者的是（　　）。(2020 年)

A. 发行债券
B. 定向增发股票
C. 公开增发股票
D. 配股

考点十一：留存收益

【例题 4-36·单选题】 相对于普通股筹资，下列属于留存收益筹资特点的是（　　）。(2019 年)

A. 增强公司声誉
B. 不发生筹资费用
C. 资本成本较高
D. 筹资额较大

【例题 4-37·多选题】 留存收益是企业内源性股权筹资的主要方式，下列各项中，属于该种筹资方式特点的有（　　）。(2011 年)

A. 筹资数额有限
B. 不存在资本成本
C. 不发生筹资费用
D. 改变控制权结构

【例题 4-38·多选题】 下列各项中，属于盈余公积金用途的有（　　）。(2015 年)

A. 弥补亏损
B. 转增股本
C. 扩大经营
D. 分配股利

【例题 4-39·多选题】 与增发新股筹资相比，留存收益筹资的优点有（　　）。(2018 年)

A. 筹资成本低
B. 有助于增强公司的社会声誉
C. 有助于维持公司的控制权分布
D. 筹资规模大

【例题 4-40·多选题】 关于留存收益筹资的特点，下列表述正确的有（　　）。(2020 年)

A. 不发生筹资费用
B. 没有资本成本
C. 筹资数额相对有限
D. 不分散公司的控制权

考点十二：股权筹资的优缺点

【例题 4-41·单选题】 与发行债务筹资相比，发行普通股股票筹资的优点是（　　）。(2017 年)

A. 可以稳定公司的控制权
B. 可以降低资本成本
C. 可以利用财务杠杆
D. 可以形成稳定的资本基础

【例题 4-42·单选题】 关于普通股筹资方式，下列说法错误的是（　　）。(2018 年)

A. 普通股筹资属于直接筹资
B. 普通股筹资能降低公司的资本成本
C. 普通股筹资不需要还本付息
D. 普通股筹资是公司良好的信誉基础

【例题 4-43·判断题】 相对于债权筹资成本，股权筹资成本较低、财务风险较高。（　　）(2020 年)

考点十三：可转换债券

【例题 4-44·单选题】 关于可转换债券的赎回条款，下列说法错误的是（　　）。(2020 年)

A. 赎回条款通常包括不可赎回期间与赎回期间、赎回价格和赎回条件等
B. 赎回条款是发债公司按事先约定的价格买回未转股债券的相关规定
C. 赎回条款的主要功能是促使债券持有人积极行使转股权

D. 赎回条款主要目的在于降低投资者持有债券的风险

【例题 4-45·单选题】公司债券发行中约定有提前赎回条款的，下列表述恰当的是（　　）。(2021年)

A. 当预测利率下降时，可提前赎回债券
B. 提前赎回条款增加了公司还款的压力
C. 当公司资金紧张时，可提前赎回债券
D. 提前赎回条款降低了公司筹资的弹性

【例题 4-46·多选题】下列可转换债券条款中，有利于保护债券发行者利益的有（　　）。(2016年)

A. 回售条款
B. 赎回条款
C. 转换比率条款
D. 强制性转换条款

【例题 4-47·判断题】对附有回售条款的可转换公司债券持有人而言，当标的公司股票价格在一段时间内连续低于转股价格达到一定幅度时，把债券卖回给债券发行人，将有利于保护自身的利益。（　　）(2011年)

【例题 4-48·判断题】可转换债券的持有人具有在未来按一定的价格购买普通股股票的权利，因为可转换债券具有买入期权的性质。（　　）(2014年)

考点十四：认股权证

【例题 4-49·单选题】下列各种筹资方式中，企业无须支付资金占用费的是（　　）。(2015年)

A. 发行债券
B. 发行优先股
C. 发行短期票据
D. 发行认股权证

【例题 4-50·多选题】下列各项中，属于认股权证筹资特点的有（　　）。(2013年)

A. 认股权证是一种融资促进工具
B. 认股权证是一种高风险融资工具
C. 有助于改善上市公司的治理结构
D. 有利于推进上市公司的股权激励机制

考点十五：优先股

【例题 4-51·单选题】下列关于优先股筹资的表述中，不正确的是（　　）。(2017年)

A. 优先股筹资有利于调整股权资本的内部结构
B. 优先股筹资兼有债务筹资和股权筹资的某些性质
C. 优先股筹资不利于保障普通股的控制权
D. 优先股筹资会给公司带来一定的财务压力

【例题 4-52·单选题】与普通股筹资相比，下列属于优先股筹资优点的是（　　）。(2019年)

A. 有利于降低公司财务风险
B. 优先股股息可以抵减所得税
C. 有利于保障普通股股东的控制权
D. 有利于减轻公司现金支付的财务压力

【例题 4-53·单选题】参与优先股中的"参与"，指的是优先股股东按确定股息率获得股

息后，还能与普通股东一起参与（　　）。(2020 年)

　　A. 剩余利润分配　　　　　　　　B. 认购公司增长的新股
　　C. 剩余财产清偿分配　　　　　　D. 公司经营决策

【例题 4－54·多选题】相对于普通股而言，优先股的优先权包含的内容有（　　）。(2020 年)

　　A. 股利分配优先权　　　　　　　B. 配股优先权
　　C. 剩余财产分配优先权　　　　　D. 表决优先权

答　案

【例题 4－1·单选题】D

【解析】调整性筹资动机，是指企业因调整资本结构而产生的筹资动机，选项 D 正确。

【例题 4－2·判断题】错误

【解析】调整性筹资动机，是指企业因调整资本结构而产生的筹资动机。

【例题 4－3·判断题】正确

【解析】企业经营环境恶化、销售下降，经营风险增加，为将总风险控制在一定的范围内，应降低财务风险，逐步降低债务水平，以减少到期无力偿债而破产的风险。

【例题 4－4·判断题】错误

【解析】资本成本是企业筹集和使用资金所付出的代价，包括筹资费用和占用费用。筹资费用包括资金筹集过程中发生的股票发行费、借款手续费、证券印制费、公证费、律师费等费用；占用费用包括在企业生产经营和对外投资活动中发生的利息支出、股利支出、租赁的资金利息等费用。支付的银行借款利息属于占用费用。

【例题 4－5·单选题】A

【解析】间接筹资是企业借助银行和非银行金融机构筹集资金。在间接筹资方式下，银行等金融机构发挥中介作用，预先集聚资金，然后提供给企业。间接筹资的基本方式是银行借款，此外还有租赁等方式。间接筹资，形成的主要是债务资金，主要用于满足企业资金周转的需要，故选项 A 正确。直接筹资方式主要有发行股票、发行债券、吸收直接投资等，故选项 BCD 错误。

【例题 4－6·单选题】D

【解析】内部筹资是指企业通过利润留存而形成的筹资来源，选项 D 是正确答案。外部筹资是指企业向外部筹措资金而形成的筹资来源，如发行股票、债券，取得商业信用、银行借款等。选项 ABC 对应的内容属于外部筹资。

【例题 4－7·判断题】错误

【解析】永续债是一种介于债权和股权之间的融资工具，其特点包括：(1) 不设定债券到期日；(2) 票面利率较高；(3) 包含赎回条款及利率调整条款。

【例题 4－8·多选题】ACD

【解析】筹资管理的原则包括筹措合法、规模适当、取得及时、来源经济、结构合理五个原则，选项 ACD 正确。

【例题 4－9·单选题】A

【解析】质押是指债务人或第三方将其动产或财产权利移交给债权人占有，将该动产或财产权利作为债权的担保，不动产不能作为质押品，选项A不正确。

【例题4-10·单选题】D

【解析】银行借款是指企业向银行或其他非银行金融机构借入的，需要还本付息的款项，包括偿还期限超过1年的长期借款和不足1年的短期借款，主要用于企业购建固定资产和满足流动资金周转的需要，选项D正确。

【例题4-11·多选题】BCD

【解析】银行借款属于债务筹资，所以财务风险高，但可以利用财务杠杆，选项A错误、选项C正确。银行借款筹资不会增加普通股股数，所以不分散公司控制权，选项B正确。银行借款的程序相对简单，所花时间较短，公司可以迅速获得所需资金，选项D正确。

【例题4-12·判断题】错误

【解析】信用贷款是指以借款人的信誉或保证人的信用为依据而获得的贷款。企业取得这种贷款，无须以财产做抵押。对于这种贷款，由于风险较高，银行通常要收取较高的利息，往往还附加一定的限制条件。

【例题4-13·多选题】ABC

【解析】发行公司债券筹资的特点包括：（1）一次筹资数额大（选项B正确）；（2）筹资使用限制少（选项D错误）；（3）资本成本负担较高（选项A正确）；（4）提高公司社会声誉（选项C正确）。

【例题4-14·单选题】A

【解析】租赁无须大量资金就能迅速获得资产，财务风险小、财务优势明显，筹资的限制条件较少，租赁能延长资金融通的期限，但资本成本负担较高，选项A错误。

【例题4-15·单选题】C

【解析】租赁每期租金的多少，取决于以下几项因素：设备原价及预计残值、利息（指租赁公司为承租企业购置设备垫付资金所应支付的利息）、租赁手续费和利润，不包括租赁设备的维护费用，选项C正确。

【例题4-16·单选题】A

【解析】企业运用股票、债券、长期借款等筹资方式，都受到相当多的资格条件的限制，如足够的抵押品、银行贷款的信用标准、发行债券的政府管制等。相比之下，租赁筹资的限制条件最少，选项A正确。

【例题4-17·单选题】B

【解析】租赁每期租金的多少，取决于以下几项因素：（1）设备原价及预计残值。包括设备买价、运输费、安装调试费、保险费等，以及指设备租赁期满后出售可得的收入（选项D）。（2）利息。指租赁公司为承租企业购置设备垫付资金所应支付的利息（选项C）。（3）租赁手续费和利润。租赁手续费指租赁公司承办租赁设备所发生的业务费用，包括业务人员工资、办公费、差旅费等（选项A），不包括承租公司的财产保险费。因此，选项B正确。

【例题4-18·单选题】D

【解析】在资金缺乏情况下，租赁能迅速获得所需资产。大型企业的大型设备、工具等固定资产，也经常通过租赁方式解决巨额资金的需要，如商业航空公司的飞机，大多是通过租赁取得的。

【例题4-19·单选题】C

【解析】售后回租是将自制或外购的资产出售，然后向买方租回使用。采用这种租赁方式可使承租人迅速回收购买物品的资金，加速资金周转。此时承租人既是资产出售者又是资产使用者。

【例题 4-20·多选题】ABD

【解析】租赁的设备通常是出租人根据设备需要者的要求重新购买的，所以选项 C 不正确。杠杆租赁是指涉及承租人、出租人和资金出借人三方的租赁业务。出租人既是债权人也是债务人，如果出租人到期不能按期偿还借款，资产的所有权则转移给资金的出借者。

【例题 4-21·多选题】ABCD

【解析】确定租赁的租金主要考虑租赁资产原值及净残值、租赁公司办理租赁业务所发生的费用、租赁公司购买租赁资产所垫付资金的利息，所以选项 ABCD 正确。

【例题 4-22·单选题】A

【解析】债务筹资不能形成企业稳定的资本基础，财务风险较大，筹资数额有限，选项 A 正确。

【例题 4-23·单选题】A

【解析】债务筹资的优点：（1）筹资速度较快；（2）筹资弹性较大；（3）资本成本负担较轻；（4）可以利用财务杠杆；（5）稳定公司的控制权。选项 A 属于股权筹资的优点。

【例题 4-24·判断题】正确

【解析】利息税前扣除，可以抵税，所以企业利用有息债务筹资可以获得节税效应。

【例题 4-25·单选题】C

【解析】吸收知识产权等无形资产出资的风险较大，因技术具有强烈的时效性，会因其不断老化落后而导致实际价值不断减少甚至完全丧失。

【例题 4-26·单选题】C

【解析】股权筹资形成企业的股权资金，是企业最基本的筹资方式；吸收直接投资、发行股票和利用留存收益是股权筹资的三种基本形式，选项 C 正确，选项 ABD 均属于债务筹资。

【例题 4-27·单选题】D

【解析】吸收直接投资能够尽快形成生产能力，容易进行信息沟通，但是资本成本较高，企业控制权集中，不利于企业治理，不利于进行产权交易，选项 D 正确。

【例题 4-28·单选题】D

【解析】国家相关法律法规对无形资产出资方式另有限制，股东或者发起人不得以劳务、信用、自然人姓名、商誉、特许经营权或者设定担保的财产等作价出资，选项 D 正确。

【例题 4-29·单选题】D

【解析】吸收直接投资的筹资特点包括：（1）能够尽快形成生产能力；（2）容易进行信息沟通；（3）资本成本较高；（4）公司控制权集中，不利于公司治理；（5）不易进行产权交易。留存收益的筹资特点包括：（1）不用发生筹资费用；（2）维持公司控制权分布；（3）筹资数额有限。因此，与留存收益筹资相比，吸收直接投资能够尽快形成生产能力，选项 D 正确。

【例题 4-30·多选题】BCD

【解析】企业可以将特定债权转为股权的情形主要有：

（1）上市公司依法发行的可转换债券（选项 C 正确）。

（2）金融资产管理公司持有的国有及国有控股企业债权（选项 D 正确）。

（3）企业实行公司制改建时，经银行以外的其他债权人协商同意，可以按照有关协议和企业章程的规定，将其债权转为股权。

（4）国有企业的境内债权人将持有的债权转给外国投资者，企业通过债转股改组为外商投资企业。

（5）国有企业改制时，账面原有应付工资中欠发职工工资部分，在符合国家政策、职工自愿的条件下，依法扣除个人所得税后可转为个人投资；未退还职工的集资款也可转为个人投资（选项B正确）。

【例题4-31·判断题】正确

【解析】吸收直接投资不仅可以取得一部分货币资金，而且能够直接获得所需的先进设备和技术，尽快形成生产经营能力。

【例题4-32·单选题】B

【解析】优先分配收益权属于优先股股东的权利，普通股股东拥有的是剩余财产要求权，除此之外，普通股股东还拥有公司管理权、收益分享权、股份转让权、优先认股权。

【例题4-33·单选题】D

【解析】上市公司定向增发的优势在于：

（1）有利于引入战略投资者和机构投资者（选项D正确）；

（2）有利于利用上市公司的市场化估值溢价，将母公司资产通过资本市场放大，从而提升母公司的资产价值；

（3）定向增发是一种主要的并购手段，特别是资产并购型定向增发，有利于集团企业整体上市，并同时减轻并购的现金流压力。

【例题4-34·单选题】D

【解析】股东最基本的权利是按投入公司的股份额，依法享有公司收益获取权、公司重大决策参与权和选择公司管理者的权利，并以其所持股份为限对公司承担责任。其中包括：（1）公司管理权；（2）收益分享权；（3）股份转让权；（4）优先认股权；（5）剩余财产要求权，故选项D正确，普通股股东享受的是股份转让权，不是优先股份转让权，故选项C错误。优先股股东在年度利润分配和剩余财产清偿分配方面，具有比普通股股东优先的权利，选项A和选项B属于优先股股东的权利。

【例题4-35·单选题】B

【解析】上市公司定向增发的优势在于：（1）有利于引入战略投资者和机构投资者；（2）有利于利用上市公司的市场化估值溢价，将母公司资产通过资本市场放大，从而提升母公司的资产价值；（3）定向增发是一种主要的并购手段，特别是资产并购型定向增发，有利于集团企业整体上市，并同时减轻并购的现金流压力。

【例题4-36·单选题】B

【解析】利用留存收益筹资的特点：（1）不用发生筹资费用。与普通股筹资相比较，留存收益筹资不需要发生筹资费用，资本成本较低。（2）维持公司的控制权分布。（3）筹资数额有限。

【例题4-37·多选题】AC

【解析】利用留存收益筹资的特点有：不用发生筹资费用、维持公司的控制权分布、筹资数额有限，选项AC正确。注意：留存收益虽然没有筹资费用，但仍存在资本成本，表现为股东追加投资要求的收益率，其计算与普通股相同。

【例题 4-38·多选题】 ABC

【解析】 盈余公积金主要用于企业未来的经营发展，经投资者审议后也可以用于转增股本（实收资本）和弥补以前年度经营亏损。盈余公积金不得用于以后年度的对外利润分配，选项 D 错误。

【例题 4-39·多选题】 AC

【解析】 利用留存收益的筹资特点：（1）不用发生筹资费用；（2）维持公司的控股权分布；（3）筹资数额有限。

【例题 4-40·多选题】 ACD

【解析】 利用留存收益的筹资特点有：（1）不用发生筹资费用；（2）维持公司的控制权分布；（3）筹资数额有限。选项 ACD 正确。留存收益是由企业税后净利润形成的，是一种所有者权益，其实质是所有者向企业的追加投资。企业利用留存收益筹资无须发生筹资费用。如果企业将留存收益用于再投资，所获得的收益率低于股东自己进行一项风险相似的投资项目的收益率，企业就应该将其分配给股东。留存收益的资本成本率，表现为股东追加投资要求的收益率，其计算与普通股成本相同。所以选项 B 错误。

【例题 4-41·单选题】 D

【解析】 股权筹资是企业稳定的资本基础，股权资本没有固定的到期日，无须偿还，除非企业清算时才有可能予以偿还，选项 D 正确；发行普通股股票会分散公司的控制权，选项 A 错误；由于股票投资的风险较大，收益具有不确定性，因此股权筹资的资本成本较高，选项 B 错误；利用财务杠杆是债务筹资的特点，选项 C 错误。

【例题 4-42·单选题】 B

【解析】 普通股筹资资本成本最高，所以选项 B 错误。

【例题 4-43·判断题】 错误

【解析】 一般来说，股权筹资的风险更高，股权筹资的资本成本较高。股权筹资企业的财务风险较小，股权资本不用在企业正常营运期内偿还，没有还本付息的财务压力。

【例题 4-44·单选题】 D

【解析】 赎回条款为发行人权利，因此会提升债券投资人的风险。

【例题 4-45·单选题】 A

【解析】 选项 A 正确，选项 C 错误。提前赎回是指在债券尚未到期之前就予以偿还，当公司资金有结余时，可提前赎回债券；当预测利率下降时，也可提前赎回债券，而后以较低的利率来发行新债券。

选项 B 错误，提前赎回是公司在适当条件下主动采取的行为，不会增加公司还款的压力。

选项 D 错误，具有提前赎回条款的债券可使公司筹资有较大的弹性。

【例题 4-46·多选题】 BD

【解析】 赎回条款能使发债公司避免在市场利率下降后，继续向债券持有人按较高的票面利率支付利息所蒙受的损失；公司设置强制性转换条款保证可转换债券顺利地转换成股票，预防投资者到期集中挤兑引发公司破产的悲剧，选项 BD 正确。

【例题 4-47·判断题】 正确

【解析】 回售条款是指债券持有人有权按照事先约定的价格将债券卖回给发债公司的条件

规定。回售一般发生在公司股票价格在一段时期内连续低于转股价格达到某一程度时,有利于保护债券投资人的利益。

【例题4-48·判断题】正确

【解析】可转换债券的持有人在一定期限内,可以按照事先规定的价格或者转换比例,自由地选择是否转换为公司普通股。可转换债券实质上是一种未来的买入期权。

【例题4-49·单选题】D

【解析】发行债券、发行带息的短期票据需要按期支付利息,发行优先股需要支付固定的股利,这些都会产生资金占用费,而认股权证是一种由上市公司发行的证明文件,持有人有权在一定时间内按约定价格认购该公司发行的一定数量的股票,因此发行认股权证不需要支付资金占用费,选项D正确。

【例题4-50·多选题】ACD

【解析】认股权证是一种融资促进工具,有助于改善上市公司的治理结构,有利于推进上市公司的股权激励机制,选项ACD正确。

【例题4-51·单选题】C

【解析】优先股是指在利润分配及剩余财产清偿分配的权利方面,优先股持有人优先于普通股股东;但在参与公司决策管理方面,优先股的权利受到限制。优先股股东一般没有选举权和被选举权,对股份公司的重大经营事项无表决权。仅在股东大会表决与优先股自身利益直接相关的特定事项时,具有有限表决权,优先股筹资是有利于保障普通股的控制权的,所以选项C的表述不正确。

【例题4-52·单选题】C

【解析】优先股筹资的优点:(1)有利于丰富资本市场的投资结构;(2)有利于股份公司股权资本结构的调整;(3)有利于保障普通股收益和控制权;(4)有利于降低公司财务风险。优先股筹资的缺点:可能给股份公司带来一定的财务压力。降低公司财务风险是与债券筹资相比的优点。由于优先股股东无表决权,因此不影响普通股股东对企业的控制权。

【例题4-53·单选题】A

【解析】持有人除可按规定的股息率优先获得股息外,还可与普通股股东分享公司的剩余收益的优先股,称为参与优先股。

【例题4-54·多选题】AC

【解析】优先股股票简称优先股,是公司发行的相对于普通股具有一定优先权的股票。其优先权利主要表现在股利分配优先权和分取剩余财产优先权上。

第五章 筹资管理（下）

考情分析

考点	近6年考查频次	2016年	2017年	2018年	2019年	2020年	2021年
因素分析法	1		1				
销售百分比法	4	1	1			1	1
资本成本的计算	17		1	6	4	4	2
杠杆系数	12		1	2	3	5	1
资本结构	8	1	1	1	2	3	
计算题/综合题	18	2	3	2	5	4	2

考点一：因素分析法

【例题5-1·单选题】甲企业本年度资金平均占用额为3 500万元，经分析，其中不合理部分为500万元。预计下年度销售增长5%，资金周转加速2%，则下年度资金需要量预计为（　　）万元。(2013年)

A. 3 087　　　　B. 3 088　　　　C. 3 150　　　　D. 3 213

考点二：销售百分比法

【例题5-2·单选题】某公司2011年预计营业收入为50 000万元，预计营业净利率为10%，股利支付率为60%。据此可以测算出该公司2011年内部资金来源的金额为（　　）万元。(2011年)

A. 2 000　　　　B. 3 000　　　　C. 5 000　　　　D. 8 000

【例题5-3·单选题】采用销售百分比法预测资金需求量时，下列各项中，属于非敏感性项目的是（　　）。(2014年)

A. 现金　　　　B. 存货　　　　C. 长期借款　　　　D. 应付账款

【例题5-4·判断题】采用销售百分比法预测筹资需求量的前提条件是公司所有资产及负债与销售额保持稳定百分比关系。（　　）(2020年)

【例题5-5·综合题】戊公司是一家设备制造商，公司基于市场发展进行财务规划，有关资料如下：

资料一：戊公司2017年12月31日的资产负债表简表及相关信息如下表所示。

戊公司资产负债表简表及相关信息

资产	金额（万元）	占销售额百分比（%）	负债与权益	金额（万元）	占销售额百分比（%）
现金	1 000	2.5	短期借款	5 000	N
应收票据	8 000	20.0	应付票据	2 000	5.0
应收账款	5 000	12.5	应付账款	8 000	20.0
存货	4 000	10.0	应付债券	6 000	N
其他流动资产	4 500	N	实收资本	20 000	N
固定资产	23 500	N	留存收益	5 000	N
合计	46 000	45.0	合计	46 000	25.0

注：表中"N"表示该项目不随销售额的变动而变动。

资料二：戊公司 2017 年销售额为 40 000 万元，销售净利率为 10%，利润留存率为 40%。预计 2018 年销售增长率为 30%，销售净利率和利润留存率保持不变。

资料三：戊公司计划于 2018 年 1 月 1 日从租赁公司融资租入一台设备。该设备价值为 1 000 万元，租期为 5 年。租赁期满时预计净残值为 100 万元，归租赁公司所有。年利率为 8%，年租赁手续费为 2%，租金每年末支付 1 次。相关货币时间价值系数为（P/F，8%，5）= 0.6806；（P/F，10%，5）= 0.6209；（P/A，8%，5）= 3.9927；（P/A，10%，5）= 3.7908。

不考虑增值税及其他因素的影响。

要求：

（1）根据资料一和资料二，计算戊公司 2018 年下列各项金额：①因销售增加而增加的资产额；②因销售增加而增加的负债额；③因销售增加而需要增加的资金量；④预计利润的留存增加额；⑤外部融资需要量。

（2）根据资料三，计算下列数值：①计算租金时使用的折现率；②该设备的年租金。(2018 年)

【例题 5-6·综合题】 甲公司生产销售 A 产品，有关资料如下：

资料一：甲公司 2019 年 12 月 31 日资产负债表，如下表所示。

单位：万元

资产	年末余额	负债与股东权益	年末余额
货币资金	200	应付账款	600
应收账款	400	长期借款	2 400
存货	900	股本	4 000
固定资产	6 500	留存收益	1 000
资产总计	8 000	负债与股东权益总计	8 000

资料二：公司 2019 年销售收入为 6 000 万元，净利润为 600 万元，股利支付率为 70%。

资料三：预计 2020 年销售收入将增长到 9 000 万元，公司流动资产和流动负债占销售收入的比例一直保持稳定不变。此外，随销售增长而需要追加设备投资 1 500 万元。2020 年销售净利率和股利支付率与2019年相同。

要求：

根据资料一、资料二和资料三，计算：（1）2020年增加的流动资产；（2）2020年增加的流动负债；（3）2020年的留存收益增加额；（4）2020年的外部融资需求量。（2020年）

考点三：资本成本的计算

【例题5－7·单选题】 已知当前的国债利率为3%，某公司适用的所得税税率为25%。出于追求最大税后收益的考虑，该公司决定购买一种金融债券。该金融债券的利率至少应为（　　）。（2011年）

A. 2.65%　　　　B. 3%　　　　C. 3.75%　　　　D. 4%

【例题5－8·单选题】 为反映现时资本成本水平，计算平均资本成本最适宜采用的价值权数是（　　）。（2013年）

A. 账面价值权数　　　　　　B. 目标价值权数
C. 市场价值权数　　　　　　D. 历史价值权数

【例题5－9·单选题】 下列关于留存收益筹资的表述中，错误的是（　　）。（2014年）

A. 留存收益筹资可以维持公司的控制权结构
B. 留存收益筹资不会发生筹资费用，因此没有资本成本
C. 留存收益来源于提取的盈余公积金和留存于企业的利润
D. 留存收益筹资有企业的主动选择，也有法律的强制要求

【例题5－10·单选题】 某企业发行了期限为5年的长期债券10 000万元，年利率为8%，每年末付息一次，到期一次还本，债券发行费率为1.5%，企业所得税税率为25%，该债券的资本成本率为（　　）。（2014年）

A. 6%　　　　B. 6.09%　　　　C. 8%　　　　D. 8.12%

【例题5－11·单选题】 某公司向银行借款2 000万元，年利率为8%，筹资费率为0.5%，该公司适用的所得税税率为25%，则该笔借款的资本成本是（　　）。（2015年）

A. 6.00%　　　　B. 6.03%　　　　C. 8.00%　　　　D. 8.04%

【例题5－12·单选题】 资本成本一般由筹资费和占用费两部分构成。下列各项中，属于占用费的是（　　）。（2018年）

A. 向银行支付的借款手续费　　　　B. 向股东支付的股利
C. 发行股票支付的宣传费　　　　　D. 发行债券支付的发行费

【例题5－13·单选题】 计算下列筹资方式的资本成本时需要考虑企业所得税因素影响的是（　　）。（2018年）

A. 留存收益资本成本　　　　B. 债务资本成本
C. 普通股资本成本　　　　　D. 优先股资本成本

【例题5－14·单选题】 下列各项中，通常会引起资本成本上升的情形是（　　）。（2019年）

A. 预期通货膨胀率呈下降趋势　　　B. 证券市场流动性呈恶化趋势
C. 企业总体风险水平得到改善　　　D. 投资者要求的预期收益率下降

【例题5－15·单选题】 某公司发行优先股，面值总额为8 000万元，年股息率为8%，股息不可税前抵扣。发行价格为10 000万元，发行费用占发行价格的2%，则该优先股的资本成

本率为（　　）。(2020 年)

  A. 8.16%　　　　B. 6.4%　　　　C. 8%　　　　D. 6.53%

【例题 5－16·多选题】 下列各项因素中，能够影响公司资本成本水平的有（　　）。(2012 年)

  A. 通货膨胀　　　　　　　　　B. 筹资规模
  C. 经营风险　　　　　　　　　D. 资本市场效率

【例题 5－17·多选题】 下列各项中，影响债券资本成本的有（　　）。(2020 年)

  A. 债券发行费用　　　　　　　B. 债券票面利率
  C. 债券发行价格　　　　　　　D. 利息支付频率

【例题 5－18·多选题】 关于资本成本，下列说法正确的有（　　）。(2020 年)

  A. 资本成本是衡量资本结构是否合理的重要依据
  B. 资本成本一般是投资所应获得收益的最低要求
  C. 资本成本是取得资本所有权所付出的代价
  D. 资本成本是比较筹资方式、选择筹资方案的依据

【例题 5－19·判断题】 由于内部筹集一般不产生筹资费用，所以内部筹资的资本成本最低。（　　）(2013 年)

【例题 5－20·判断题】 资本成本率是企业用以确定项目要求达到的投资收益率的最低标准。（　　）(2015 年)

【例题 5－21·判断题】 依据固定股利增长模型，股票投资内部收益率由两部分构成，一部分是预期股利收益率 $\dfrac{D_1}{P_0}$，另一部分是股利增长率 g。（　　）(2017 年)

【例题 5－22·判断题】 不考虑其他因素的影响，通货膨胀一般导致市场利率下降，从而降低了企业的筹资难度。（　　）(2018 年)

【例题 5－23·判断题】 相对于采用目标价值权数，采用市场价值权数计算的平均资本成本更适用于未来的筹资决策。（　　）(2018 年)

【例题 5－24·判断题】 在计算加权平均资本成本时，采用市场价值权数能够反映企业期望的资本结构，但不能反映筹资的现时资本成本。（　　）(2018 年)

【例题 5－25·综合题】 甲公司是一家生产经营比较稳定的制造企业，长期以来仅生产 A 产品。公司 2018 年的有关资料如下：

  公司在 2018 年有计划地进行外部融资，其部分资金的融资方案如下：溢价发行 5 年期公司债券，面值总额为 900 万元，票面利率为 9%，发行总价为 1 000 万元，发行费率为 2%；另向银行借款 4 200 万元，年利率为 6%。公司适用的企业所得税税率为 25%。

  要求：

  根据上述资料，不考虑货币时间价值，计算下列指标：(1) 债券的资本成本率；(2) 银行借款的资本成本率。(2018 年改编)

考点四：杠杆系数

【例题 5－26·单选题】 在通常情况下，适宜采用较高负债比例的企业发展阶段是（　　）。(2011 年)

A. 初创阶段　　　　B. 破产清算阶段　　C. 收缩阶段　　　　D. 发展成熟阶段

【例题5-27·单选题】下列各项中，将会导致经营杠杆效应最大的情况是（　　）。(2012年)

A. 实际销售额等于目标销售额　　　　B. 实际销售额大于目标销售额
C. 实际销售额等于盈亏临界点销售额　D. 实际销售额大于盈亏临界点销售额

【例题5-28·单选题】某公司基期息税前利润1 000万元，基期利息费用为400万元，假设与财务杠杆相关的其他因素保持不变，则该公司计划期的财务杠杆系数为（　　）。(2018年)

A. 2.5　　　　　B. 1.67　　　　　C. 1.25　　　　　D. 1.88

【例题5-29·单选题】基于本量利分析模式，各相关因素变动对于利润的影响程度的大小可用敏感系数来表达，其数值等于经营杠杆系数的是（　　）。(2020年)

A. 利润对销售量的敏感系数
B. 利润对单位变动成本的敏感系数
C. 利润对单价的敏感系数
D. 利润对固定成本的敏感系数

【例题5-30·单选题】某公司2019年普通股收益为100万元，2020年息税前利润预计增长20%，假设财务杠杆系数为3，则2020年普通股收益预计为（　　）万元。(2020年)

A. 300　　　　　B. 120　　　　　C. 100　　　　　D. 160

【例题5-31·单选题】某公司基期有关数据如下：销售额为100万元，变动成本率为60%，固定成本总额为20万元，利息费用为4万元，不考虑其他因素，该公司的总杠杆系数为（　　）。(2020年)

A. 1.25　　　　　B. 2　　　　　C. 2.5　　　　　D. 3.25

【例题5-32·多选题】下列各项因素中，影响经营杠杆系数计算结果的有（　　）。(2014年)

A. 销售单价　　　B. 销售数量　　　C. 资本成本　　　D. 所得税税率

【例题5-33·多选题】下列各项中，影响财务杠杆系数的有（　　）。(2017年)

A. 息税前利润　　B. 普通股股利　　C. 优先股股息　　D. 借款利息

【例题5-34·多选题】下列各项中，影响经营杠杆的因素有（　　）。(2020年)

A. 债务利息　　　　　　　　　　　B. 销售量
C. 所得税　　　　　　　　　　　　D. 固定性经营成本

【例题5-35·多选题】关于经营杠杆和财务杠杆，下列表述错误的有（　　）。(2020年)

A. 经营杠杆反映了权益资本收益的波动性
B. 经营杠杆效应使得企业的业务量变动率大于息税前利润变动率
C. 财务杠杆反映了资产收益的波动性
D. 财务杠杆效应使得企业的普通股收益变动率大于息税前利润变动率

【例题5-36·判断题】在企业承担总风险能力一定且利率相同的情况下，对于经营杠杆水平较高的企业，应当保持较低的负债水平，而对于经营杠杆水平较低的企业，则可以保持较高的负债水平。(　　) (2013年)

【例题5-37·判断题】如果企业的全部资本来源于普通股权益资本，则其总杠杆系数与

经营杠杆系数相等。（　　）（2018 年）

【例题 5-38·综合题】乙公司是一家饮料生产商，公司相关资料如下：

资料一：乙公司 2015 年相关财务数据如表 1 所示。假设乙公司成本性态不变，现有债务利息水平不变。

表 1　　　　　　　　　　乙公司 2015 年相关财务数据　　　　　　　　　　单位：万元

资产负债类项目（2015 年 12 月 31 日）	金额
流动资产	40 000
非流动资产	60 000
流动负债	30 000
长期负债	30 000
所有者权益	40 000
营业收入	80 000
固定成本	25 000
变动成本	30 000
财务费用（利息费用）	2 000

资料二：乙公司计划 2016 年推出一款新型饮料，年初需要购置一条新生产线，并立即投入使用。该生产线购置价格为 50 000 万元，可使用 8 年，预计净残值为 2 000 万元，采用直线法计提折旧。该生产线投入使用时需要垫支营运资金 5 500 万元，在项目终结时收回。该生产线投产后乙公司每年可增加营业收入 22 000 万元，增加付现成本 10 000 万元。会计上对于新生产线折旧年限、折旧方法以及净残值等的处理与税法保持一致。假设乙公司要求的最低收益率为 10%。

资料三：为了满足购置新生产线的资金需求，乙公司设计了两个筹资方案，第一个是以借贷方式筹集资金 50 000 万元，年利率为 8%；第二个方案是发行普通股 10 000 万股，每股发行价 5 元，乙公司 2016 年初普通股股数为 30 000 万元。

资料四：假设乙公司不存在其他事项，乙公司适用的所得税税率为 25%。相关货币时间价值系数如表 2 所示。

表 2　　　　　　　　　　货币时间价值系数

期数（n）	1	2	7	8
(P/F, 10%, n)	0.9091	0.8264	0.5132	0.4665
(P/A, 10%, n)	0.9091	1.7355	4.8684	5.3349

要求：

（1）根据资料一，以 2015 年为基期计算经营杠杆系数。

（2）根据资料一、资料三和资料四，计算两个筹资方案的每股收益无差别点（EBIT）。

（3）假设乙公司采用第一个方案进行筹资，根据资料一、资料二和资料三，计算新生产线投产后乙公司的息税前利润和财务杠杆系数。（2016 年改编）

【例题5-39·综合题】乙公司长期以来只生产X产品，有关资料如下：

资料一：2016年度X产品实际销售量为600万件，销售单价为30元，单位变动成本为16元，固定成本总额为2 800万元，假设2017年X产品单价和成本性态保持不变。

资料二：公司按照指数平滑法对各年销售量进行预测，平滑指数为0.7。2015年公司预测的2016年销售量为640万件。

要求：

根据资料一和资料二，完成下列要求：（1）采用指数平滑法预测2017年度X产品的销售量；（2）以2016年为基期计算经营杠杆系数；（3）预测2017年息税前利润增长率。（2017年改编）

考点五：资本结构

【例题5-40·单选题】出于优化资本结构和控制风险的考虑，相比较而言，下列企业中最不适宜采用高负债资本结构的是（　　）。（2012年）

A. 电力企业　　　　　　　　　B. 高新技术企业

C. 汽车制造企业　　　　　　　D. 餐饮服务企业

【例题5-41·单选题】下列关于最佳资本结构的表述中，错误的是（　　）。（2014年）

A. 最佳资本结构在理论上是存在的

B. 资本结构优化的目标是提高企业价值

C. 企业平均资本成本最低时资本结构最佳

D. 企业的最佳资本结构应当长期固定不变

【例题5-42·单选题】下列各种财务决策方法中，可以用于确定最优资本结构且考虑了市场反应和风险因素的是（　　）。（2015年）

A. 现值指数法　　　　　　　　B. 每股收益分析

C. 公司价值分析法　　　　　　D. 平均资本成本比较法

【例题5-43·单选题】下列方法中，能够用于资本结构优化分析并考虑了市场风险的是（　　）。（2016年）

A. 杠杆分析法　　　　　　　　B. 公司价值分析法

C. 每股收益分析法　　　　　　D. 利润敏感性分析法

【例题5-44·单选题】企业筹资的优序模式为（　　）。（2020年）

A. 内部筹资、借款、发行债券、发行股票

B. 发行股票、内部筹资、借款、发行债券

C. 借款、发行债券、发行股票、内部筹资

D. 借款、发行债券、内部筹资、发行股票

【例题5-45·单选题】下列因素可能改变企业的资本结构的是（　　）。（2020年）

A. 股票回购　　　　　　　　　B. 股票股利

C. 股票分割　　　　　　　　　D. 股票合并

【例题5-46·多选题】下列各项因素中，影响企业资本结构决策的有（　　）。（2015年）

A. 企业的经营状况　　　　　　B. 企业的信用等级

C. 国家的货币供应量　　　　　D. 管理者的风险偏好

【例题5-47·多选题】下列资本结构理论中,认为资本结构影响企业价值的有（　　）。(2020年)

A. 最初的MM理论 B. 修正的MM理论
C. 代理理论 D. 权衡理论

【例题5-48·综合题】乙公司是一家上市公司,该公司2014年末资产总计为10 000万元,其中负债合计为2 000万元。该公司适用的所得税税率为25%。相关资料如下：

资料一：预计乙公司净利润持续增长,股利也随之相应增长。相关资料如表1所示。

表1　　　　　　　　　乙公司相关资料

2014年末股票每股市价	8.75元
2014年股票的β系数	1.25
2014年无风险收益率	4%
2014年市场组合的收益率	10%
预计股利年增长率	6.5%
预计2015年每股现金股利（D_1）	0.5元

资料二：乙公司认为2014年的资本结构不合理,准备发行债券募集资金用于投资,并利用自有资金回购相应价值的股票,优化资本结构,降低资本成本。假设发行债券不考虑筹资费用,且债券的市场价值等于其面值,股票回购后该公司总资产账面价值不变,经测算,不同资本结构下的债务利率和运用资本资产定价模型确定的权益资本成本如表2所示。

表2　　　　　　不同资本结构下的债务利率与权益资本成本

方案	负债（万元）	债务利率	税后债务资本成本	按资本资产定价模型确定的权益资本成本	以账面价值为权重确定的平均资本成本
原资本结构	2 000	(A)	4.5%	*	(C)
新资本结构	4 000	7%	(B)	13%	(D)

注：表中"*"表示省略的数据。

要求：

(1) 根据资料一,利用资本资产定价模型计算乙公司股东要求的必要收益率；

(2) 确定表2中英文字母代表的数值（不需要列示计算过程）；

(3) 根据(2)的计算结果,判断这两种资本结构中哪种资本结构较优,并说明理由；

(4) 预计2015年乙公司的息税前利润为1 400万元,假设2015年该公司选择债务为4 000万元的资本结构,2016年的经营杠杆系数（DOL）为2,计算该公司2016年的财务杠杆系数（DFL）和总杠杆系数（DTL）。(2015年改编)

答 案

【例题 5-1·单选题】 B

【解析】 资金需要量 =（基期资金平均占用额 – 不合理资金占用额）×（1 + 预测期销售增长率）÷（1 + 预测期资金周转速度增长率）=（3 500 – 500）×（1 + 5%）÷（1 + 2%）= 3 088（万元）

【例题 5-2·单选题】 A

【解析】 预测期内部资金来源 = 预测期销售收入 × 预测期营业净利率 ×（1 – 股利支付率）= 50 000 × 10% ×（1 – 60%）= 2 000（万元），选项 A 正确。

【例题 5-3·单选题】 C

【解析】 敏感性项目指的是会随着销售额的变化而变化，一般指经营性资产和经营性负债，不包括短期借款、短期融资券、长期负债等筹资性负债，选项 C 属于非敏感性项目。

【例题 5-4·判断题】 错误

【解析】 销售百分比法是假设某些资产和负债，而不是所有资产与负债，与销售额存在稳定的百分比关系，根据这个假设预计外部资金需要量的方法。

【例题 5-5·综合题】

（1）①因销售增加而增加的资产额 = 40 000 × 30% × 45% = 5 400（万元）

②因销售增加而增加的负债额 = 40 000 × 30% × 25% = 3 000（万元）

③因销售增加而需要增加的资金量 = 5 400 – 3 000 = 2 400（万元）

④预计利润的留存增加额 = 40 000 ×（1 + 30%）× 10% × 40% = 2 080（万元）

⑤外部融资需要量 = 2 400 – 2 080 = 320（万元）

（2）①租金时使用的折现率 = 8% + 2% = 10%

②该设备的年租金 = [1 000 – 100 ×（P/F, 10%, 5）] ÷（P/A, 10%, 5）= 247.42（万元）

【解析】

（1）根据销售百分比法，敏感性资产占销售收入的比重为 45%，敏感性负债占销售收入的比重为 25%，两者差额的 20%（45% – 25%）产生了因销售增加而需要增加的资金。由题目可知，2018 年销售额预计增长 30%，即增加了 12 000 万元（40 000 × 30%），将增加资产额 5 400 万元（12 000 × 45%），增加负债额 3 000 万元（12 000 × 25%），将增加 2 400 万元（12 000 × 20%）的资金需求。题目中提到销售净利率和利润留存率保持不变。2018 年的净利润为 5 200 万元 [40 000 ×（1 + 30%）× 10%]，利润留存率 40%，则将有 2 080 万元（5 200 × 40%）利润被留存下来，最后，确定外部融资需求的数量有 320 万元（2 400 – 2 080）的资金必须从外部筹集。

（2）租赁手续费也属于租金的成本，因此租金的折现率 = 年利率 + 年租赁手续费 = 8% + 2% = 10%。

融资租赁每期租金的多少取决于设备原价及预计残值、利息和租赁手续费，租金的计算采用等额年金法。

【例题 5-6·综合题】

销售收入增长率 =（9 000 – 6 000）÷ 6 000 = 50%

（1）2020 年增加的流动资产 =（200 + 400 + 900）× 50% = 750（万元）

（2）2020 年增加的流动负债 = 600 × 50% = 300（万元）

（3）2020 年留存收益增加额 = 9 000 × 10% × (1 - 70%) = 270（万元）

（4）2020 年的外部融资需求量 = 750 - 300 - 270 + 1 500 = 1 680（万元）

【解析】考查根据销售收入计算外部融资需求量。

$$外部融资需求量 = \frac{\Delta S}{S_1} \times A - \frac{\Delta S}{S_1} \times B - P \times E \times S_2$$

A：基期敏感性资产；B：基期敏感性负债；P：预测期销售净利率；E：预测期利润留存率。

S_1：基期销售额；S_2：预测期销售额；ΔS：销售变动额；$\frac{\Delta S}{S_1}$：销售变动百分比。

【例题 5-7·单选题】D

【解析】企业所得税法规定，国债利息收入免缴企业所得税，而购买企业债券取得的利息收入需要缴纳企业所得税。因此，企业购买的金融债券的税后收益至少要大于或等于国债的收益，才符合追求最大税后收益的目标，则该金融债券的利率至少应为 3% ÷ (1 - 25%) = 4%，故选项 D 正确。

【例题 5-8·单选题】C

【解析】市场价值权数以各项个别资本的现行市价为基础计算资本权数，确定各类资本占总资本的比重，其优点是能够反映现时的资本成本水平，有利于进行资本结构决策，选项 C 正确。

【例题 5-9·单选题】B

【解析】留存收益筹资不会发生筹资费用；留存收益是由企业税后净利润形成的，其实质是所有者向企业追加投资，留存收益的资本成本率，表现为股东追加投资要求的收益率，选项 B 错误。

【例题 5-10·单选题】B

【解析】债券的资本成本率 = $\frac{年利率 \times (1 - 所得税税率)}{1 - 手续费费率} = \frac{i(1-T)}{1-f}$，该债券的资本成本率 = 8% × (1 - 25%) ÷ (1 - 1.5%) = 6.09%，选项 B 正确。

【例题 5-11·单选题】B

【解析】

借款的资本成本 = $\frac{年利率 \times (1 - 所得税税率)}{1 - 筹资费费率} \times 100\% = \frac{8\% \times (1 - 25\%)}{1 - 0.5\%} \times 100\% = 6.03\%$

【例题 5-12·单选题】B

【解析】资本成本的占用费是指企业在资本使用过程中因占用资本而付出的代价，如股利和利息等，这是资本成本的主要内容，所以选项 B 正确。

【例题 5-13·单选题】B

【解析】因为债务的利息均在税前支付，具有抵税的功能，因此企业实际负担的债务成本 = 利息 × (1 - 税率)，所以需要考虑所得税税率。而普通股股利和优先股股利都是用税后净利润支付的，所以选项 ACD 不考虑企业所得税因素。

【例题 5-14·单选题】B

【解析】如果资本市场缺乏效率，则证券市场的流动性就会降低，投资者的投资风险就会加大，那么投资者要求的预期收益率就会提高，由此通过资本市场所融通资本的成本也会提高。

【例题 5-15·单选题】D

【解析】优先股主要是向优先股股东支付的各期股利。若各期股利相等，则：

$$K_S = \frac{D}{P_n(1-f)} = \frac{8\,000 \times 8\%}{[10\,000 \times (1-2\%)]} = 6.53\%$$

【例题 5-16·多选题】 ABCD

【解析】 影响资本成本的因素有：(1) 总体经济环境，如国民经济发展水平、预期的通货膨胀等；(2) 资本市场条件，包括资本市场的效率和风险；(3) 企业经营状况和融资状况；(4) 企业对筹资规模和时限的需求。四个选项均正确。

【例题 5-17·多选题】 ABCD

【解析】 债券的发行费用、票面利率、发行价格、支付频率均会影响债券资本成本。

【例题 5-18·多选题】 ABD

【解析】 资本成本的作用有：(1) 资本成本是比较筹资方式、选择筹资方案的依据。(2) 平均资本成本是衡量资本结构是否合理的重要依据。(3) 资本成本是评价投资项目可行性的主要标准。(4) 资本成本是评价企业整体业绩的重要依据。所以选项 AD 正确。资本成本是衡量资本结构优化程度的标准，也是对投资获得经济效益的最低要求，所以选项 B 正确。对筹资者而言，由于取得了资本使用权，必须支付一定代价，资本成本表现为取得资本使用权所付出的代价，所以选项 C 错误。

【例题 5-19·判断题】 错误

【解析】 一般来说，股权筹资的资本成本要高于债务筹资。留存收益属于股权筹资方式，其资本成本率表现为股东追加投资要求的收益率，计算方法与普通股成本相同，不同点在于不考虑筹资费用。

【例题 5-20·判断题】 正确

【解析】 资本成本是衡量资本结构优化管理的标准，也是对投资获得经济效益的最低要求，通常用资本成本率表示。企业所筹得的资本付诸使用以后，只有投资项目的投资收益率高于资本成本率，才能表明所筹集的资本取得了较好的经济效益。

【例题 5-21·判断题】 正确

【解析】 依据固定股利增长模型 $R = \frac{D_1}{P_0} + g$ 可以看出，股票投资内部收益率由两部分构成：一部分是预期股利收益率 $\frac{D_1}{P_0}$，另一部分是股利增长率 g。

【例题 5-22·判断题】 错误

【解析】 通货膨胀对企业筹资活动的影响：(1) 引起资金占用的大量增加，从而增加企业的资金需求；(2) 引起企业利润虚增，造成企业资金流失；(3) 引起利润上升，加大企业的资金成本；(4) 引起有价证券价格下降，增加企业的筹资难度；(5) 引起资金供应紧张，增加企业的筹资困难。

【例题 5-23·判断题】 错误

【解析】 相对于采用目标价值权数，采用市场价值权数计算的平均资本成本不适用于未来的筹资决策。

【例题 5-24·判断题】 错误

【解析】 市场价值权数以各项个别资本的现行市价为基础来计算资本权数，确定各类资本占总资本的比重。其优点是能够反映现时的资本成本水平，有利于进行资本结构决策。但现行市价处于经常变动之中，不容易取得，而且现行市价反映的只是现时的资本结构，不适用于未来的筹资决策。

【例题 5－25·综合题】
（1）债券的资本成本率 = 900×9%×(1－25%)÷[1 000×(1－2%)]×100% = 6.20%
（2）银行借款的资本成本率 = 6%×(1－25%) = 4.5%

【解析】
（1）债券的资本成本率 = $\dfrac{\text{年利息} \times (1-\text{所得税税率})}{\text{债券筹资总额} \times (1-\text{手续费率})}$ = $\dfrac{i(1-T)}{L(1-f)}$ = 900×9%×(1－25%)÷[1 000×(1－2%)]×100% = 6.20%，注意利息的计算依据是面值，发行费用的计算依据是发行价格。

（2）银行借款的资本成本率 = 年利率×(1－所得税税率) = 6%×(1－25%) = 4.5%

【例题 5－26·单选题】D
【解析】一般来说，在企业初创阶段，产品市场占有率低，产销业务量小，经营杠杆系数大，此时企业筹资主要依靠权益资本，在较低程度上使用财务杠杆；在企业扩张成熟期，产品市场占有率高，产销业务量大，经营杠杆系数小，此时，企业资本结构中可扩大债务资本比重，在较高程度上使用财务杠杆。

【例题 5－27·单选题】C
【解析】DOL = 基期边际贡献÷基期息税前利润，当实际销售额等于盈亏临界点销售额时，企业的息税前利润为 0，可使公式趋于无穷大，经营杠杆效应最大，选项 C 正确。

【例题 5－28·单选题】B
【解析】DFL = 基期息税前利润÷基期利润总额 = 1 000÷(1 000－400) = 1.67

【例题 5－29·单选题】A
【解析】对销售量进行敏感分析，实质上就是分析经营杠杆现象，利润对销售量的敏感系数其实就是经营杠杆系数。经营杠杆系数 = 息税前利润变动率÷销售量变动率 = 利润对销售量的敏感系数。

【例题 5－30·单选题】D
【解析】财务杠杆系数 = 普通股收益变动率÷息税前利润变动率，普通股收益增长率 = 20%×3 = 60%，2020 年普通股收益 = 100×(1＋60%) = 160（万元）。

【例题 5－31·单选题】C
【解析】该公司的总杠杆系数 = 边际贡献÷(息税前利润－利息费用) = 100×(1－60%)÷[100×(1－60%)－20－4] = 2.5

【例题 5－32·多选题】AB
【解析】经营杠杆系数 = 基期边际贡献÷基期息税前利润，边际贡献 = 销售数量×(销售单价－单位变动成本)，息税前利润 = 边际贡献－固定成本，选项 AB 正确。

【例题 5－33·多选题】ACD
【解析】财务杠杆系数 = 息税前利润÷[息税前利润－利息费用－优先股股息÷(1－所得税税率)]，所以选项 ACD 正确。公式中并未涉及普通股股利，所以选项 B 错误。

【例题 5－34·多选题】BD
【解析】经营杠杆系数 = 边际贡献÷息税前利润，息税前利润 = 边际贡献－固定经营成本 =

（单价－单位变动成本）×销售量－固定经营成本，所以选项 BD 正确。选项 AC 影响财务杠杆，不影响经营杠杆。

【例题 5－35·多选题】 ABC

【解析】 经营杠杆，是指由于固定性经营成本的存在，而使得企业的资产收益（息税前利润）变动率大于业务量变动率的现象。经营杠杆反映了资产收益的波动性，用以评价企业的经营风险，所以选项 AB 错误。财务杠杆，是指由于固定性资本成本的存在，而使得企业的普通股收益（或每股收益）变动率大于息税前利润变动率的现象。财务杠杆反映了权益资本收益的波动性，用以评价企业的财务风险，所以选项 C 错误、选项 D 正确。

【例题 5－36·判断题】 正确

【解析】 总杠杆系数＝经营杠杆系数×财务杠杆系数。在总杠杆系数一定的情况下，经营杠杆系数与财务杠杆系数此消彼长。

【例题 5－37·判断题】 正确

【解析】 如果企业的全部资本来源于普通股权益资本，财务杠杆系数等于 1，则其总杠杆系数与经营杠杆系数相等。

【例题 5－38·综合题】

（1）经营杠杆系数＝(80 000－30 000)÷(80 000－30 000－25 000)＝2

（2）(EBIT－2 000)×(1－25%)÷(30 000＋10 000)＝(EBIT－2 000－50 000×8%)×(1－25%)÷30 000

解得 EBIT＝18 000 万元，因此两个筹资方案的每股收益无差别点为 18 000 万元。

（3）投产后的收入＝80 000＋22 000＝102 000（万元）

投产后的总成本＝25 000＋30 000＋10 000＋6 000（折旧）＝71 000（万元）

投产后的财务费用＝2 000＋50 000×8%＝6 000（万元）

①投产后的息税前利润＝102 000－71 000＝31 000（万元）

②财务杠杆系数＝息税前利润÷(息税前利润－利息)＝31 000÷(31 000－6 000)＝1.24

【解析】

（1）经营杠杆系数＝边际贡献÷息税前利润＝边际贡献÷(边际贡献－固定成本)＝(营业收入－变动成本)÷(营业收入－变动成本－固定成本)＝(80 000－30 000)÷(80 000－30 000－25 000)＝2

（2）根据每股收益无差别点计算公式：

$$\frac{(\overline{EBIT}-I_1)\cdot(1-T)-DP_1}{N_1}=\frac{(\overline{EBIT}-I_2)\cdot(1-T)-DP_2}{N_2}$$

式中，$\overline{EBIT}$ 为息税前利润平衡点，即每股收益无差别点；I_1、I_2 表示两种筹资方式下的债务利息；DP_1、DP_2 表示两种筹资方式下的优先股股利；N_1、N_2 表示两种筹资方式下的普通股股数；T 表示所得税税率；

（3）息税前利润＝营业收入－变动成本－固定成本，注意新增的折旧费用属于固定成本的增加；财务杠杆系数＝息税前利润÷(息税前利润－利息)。

【例题 5－39·综合题】

（1）2017 年度 X 产品的预计销售量＝0.7×600＋(1－0.7)×640＝612（万件）

（2）2016 年的边际贡献总额：600×(30－16)＝8 400（万元）；以 2016 年为基期计算的

经营杠杆系数 = 8 400 ÷ (8 400 - 2 800) = 1.5。

(3) 预计2017年销售量增长率 = (612 - 600) ÷ 600 × 100% = 2%，预测2017年息税前利润增长率 = 1.5 × 2% = 3%。

【解析】
(1) 根据指数平滑法公式 $Y_{n+1} = aX_n + (1-a)Y_n$，平滑指数 $a = 0.7$。

(2) 以2016年为基期计算的经营杠杆系数 = 边际贡献总额 ÷ (边际贡献总额 - 固定成本总额)

(3) 根据公式经营杠杆 $DOL = \dfrac{\dfrac{\Delta EBIT}{EBIT_0}}{\dfrac{\Delta Q}{Q_0}} = \dfrac{息税前利润变动率}{产销业务量变动率}$，息税前利润增长率 = 经营杠杆系数 × 产销业务量变动率，2017年X产品单价和成本性态保持不变，因此预计2017年销售量增长率 = (612 - 600) ÷ 600 × 100% = 2%，预测2017年息税前利润增长率 = 经营杠杆系数 × 2017年销售量增长率。

【例题5-40·单选题】B
【解析】不同行业资本结构差异很大。产品市场稳定的成熟产业经营风险低，因此可提高债务资金比重，发挥财务杠杆作用。高新技术企业的产品、技术、市场尚不成熟，经营风险高，因此不适宜采用高负债资本结构，应控制财务杠杆风险。

【例题5-41·单选题】D
【解析】从理论上讲，最佳资本结构是存在的，但由于企业内部条件和外部环境的经常性变动，动态地保持最佳资本结构十分困难，选项D错误。

【例题5-42·单选题】C
【解析】公司价值分析法，是在考虑市场风险基础上，以公司市场价值为标准，进行资本结构优化，选项C正确。每股收益分析法、平均资本成本比较法都是从账面价值的角度进行资本结构优化分析，没有考虑市场反应和风险因素。现值指数法是用来评价投资方案的方法。

【例题5-43·单选题】B
【解析】公司价值分析法，是在考虑市场风险基础上，以公司市场价值为标准，进行资本结构优化，选项B正确。

【例题5-44·单选题】A
【解析】根据优序融资理论，企业的筹资优序模式首先是内部筹资，其次是借款、发行债券、可转换债券，最后是发行新股筹资。

【例题5-45·单选题】A
【解析】股票回购会使资产减少，股东权益减少，所以会改变公司资本结构。股票股利会使未分配利润减少，股本和资本公积增加，不改变公司股东权益总额，但会改变股东权益的构成。股票分割和股票合并都不会引起股本变化，不改变公司股东权益总额。

【例题5-46·多选题】ABCD
【解析】影响企业资本结构决策的因素有：(1) 企业经营状况的稳定性和成长性；(2) 企业的财务状况和信用等级；(3) 企业的资产结构；(4) 企业投资人和管理当局的态度；(5) 行业特征和企业发展周期；(6) 经济环境的税收政策和货币政策。

【例题 5-47·多选题】 BCD

【解析】 最初的 MM 理论认为，不考虑企业所得税，有无负债不改变企业的价值。因此企业价值不受资本结构的影响。选项 BCD 均认为资本结构会影响企业价值。

【例题 5-48·综合题】

（1）必要收益率 = 4% + 1.25 × (10% − 4%) = 11.5%

（2）A = 4.5% ÷ (1 − 25%) = 6%

B = 7% × (1 − 25%) = 5.25%

C = 4.5% × (2 000 ÷ 10 000) + 11.5% × (8 000 ÷ 10 000) = 10.1%

D = 5.25% × (4 000 ÷ 10 000) + 13% × (6 000 ÷ 10 000) = 9.9%

（3）新资本结构更优，因为新资本结构下的平均资本成本更低。

（4）2015 年的税前利润 = 1 400 − 4 000 × 7% = 1 120（万元）

2016 年财务杠杆系数（DFL）= 2015 年息税前利润 ÷ 2015 年税前利润 = 1 400 ÷ 1 120 = 1.25

2016 年总杠杆系数（DTL）= 经营杠杆系数 × 财务杠杆系数 = 2 × 1.25 = 2.5

【解析】

（1）无风险收益率为 4%，即 R_f = 4%，股票的 β 系数 = 1.25，市场组合的收益率为 10%，即 R_m = 10%，根据资本资产定价模型：$R_s = R_f + β(R_m − R_f)$，故必要收益率 = 4% + 1.25 × (10% − 4%) = 11.5%。

（2）债务利息费用在税前支付，可以抵税（税盾效应），税后债务资本成本 = 债务利率 × (1 − 所得税率)，因此债务利率 = 税后债务资本成本 ÷ (1 − 所得税率)，故 A = 4.5% ÷ (1 − 25%) = 6%；B = 7% × (1 − 25%) = 5.25%。

发行债券募集资金前，公司资产总计为 10 000 万元，其中负债合计为 2 000 万元，股东权益合计为 10 000 − 2 000 = 8 000（万元），个别资本成本分别为：4.5%、11.5%，按账面价值计算，则该公司的平均资本成本 C = 4.5% × (2 000 ÷ 10 000) + 11.5% × (8 000 ÷ 10 000) = 10.1%，注意在计算平均资本成本时需要使用税后债务资本成本。

发行债券募集资金后，根据题干，公司总资产账面价值不变，仍为 10 000 万元，其中负债变为 4 000 万元，股东权益变为 10 000 − 4 000 = 6 000（万元），个别资本成本分别为 5.25%、13%，按账面价值计算则该公司的平均资本成本 D = 5.25% × (4 000 ÷ 10 000) + 13% × (6 000 ÷ 10 000) = 9.9%。

（3）资本结构优化的目标，是降低平均资本成本率。新资本结构下平均资本成本 < 原资本结构下平均资本成本，因此新资本结构更优。

（4）2016 年财务杠杆系数（DFL）= 2015 年息税前利润 ÷ 2015 年利润总额 = 2015 年息税前利润 ÷ (2015 年息税前利润 − 2015 年利息费用) = 1 400 ÷ (1 400 − 4 000 × 7%) = 1.25

2016 年总杠杆系数（DTL）= 2016 年经营杠杆系数 × 2016 年财务杠杆系数 = 2 × 1.25 = 2.5

第六章　投资管理

考情分析

考点	近6年考查频次	2016年	2017年	2018年	2019年	2020年	2021年
企业投资的分类	2	1		1			
项目现金流量	2			1			1
几种投资项目评价方法	13	1	2	2	5	3	
独立投资方案的决策	1			1			
固定资产更新决策	2		1	1			
证券资产概述	3		2	1			
债券投资	9	2	1	1	3	1	1
股票投资	5		1		1	2	1
计算题/综合题	16	2	3	2	2	5	2

考点一：企业投资的分类

【例题6-1·判断题】某投资者进行间接投资，与其交易的筹资者是在进行直接筹资；某投资者进行直接投资，与其交易的筹资者是在进行间接筹资。（　　）（2015年）

考点二：项目现金流量

【例题6-2·单选题】某公司新建一条生产线，预计投产后第一年末、第二年末流动资产分别为40万元和50万元，结算性流动负债分别为15万元和20万元，则第二年新增的营运资金是（　　）万元。（2012年）

A. 5　　　　B. 15　　　　C. 20　　　　D. 30

【例题6-3·单选题】某公司预计M设备报废时的净残值为3 500元，税法规定净残值为5 000元，该公司适用的所得税税率为25%，则该设备报废引起的预计现金净流量为（　　）元。（2015年）

A. 3 125　　　　B. 3 875　　　　C. 4 625　　　　D. 5 375

【例题6-4·单选题】某投资项目需要在第一年初投资840万元，寿命期为10年，每年可带来营业现金流量180万元，已知按照必要收益率计算的10年期年金现值系数为10，则该投

资项目的年金净流量为（　　）万元。(2018年)

A. 60　　　　B. 120　　　　C. 96　　　　D. 126

【例题6-5·多选题】在考虑所得税影响的情况下，下列可用于计算营业现金净流量的算式中，正确的有（　　）。(2015年)

A. 税后营业利润＋非付现成本

B. 营业收入－付现成本－所得税

C. （营业收入－付现成本）×（1－所得税税率）

D. 营业收入×（1－所得税税率）＋非付现成本×所得税税率

【例题6-6·计算题】甲公司拟投资100万元购置一台新设备，年初购入时支付20%的款项，剩余80%的款项下年初付清；新设备购入后可立即投入使用，使用年限为5年，预计净残值为5万元（与税法规定的净残值相同），按直线法计提折旧。新设备投产时需垫支营运资金10万元，设备使用期满时全额收回。新设备投入使用后，该公司每年新增净利润11万元。该项投资要求的必要收益率为12%。相关货币时间价值系数如下表所示。

货币时间价值系数

年份（n）	1	2	3	4	5
(P/F, 12%, n)	0.8929	0.7972	0.7118	0.6355	0.5674
(P/A, 12%, n)	0.8929	1.6901	2.4018	3.0373	3.6048

要求：

(1) 计算新设备每年折旧额。

(2) 计算新设备投入使用后第1~4年营业现金净流量（NCF_{1-4}）。

(3) 计算新设备投入使用后第5年现金净流量（NCF_5）。

(4) 计算原始投资额。

(5) 计算新设备购置项目的净现值（NPV）。(2015年)

考点三：几种投资项目评价方法

【例题6-7·单选题】某投资项目各年的预计净现金流量分别为：$NCF_0=-200$万元，$NCF_1=-50$万元，$NCF_{2-3}=100$万元，$NCF_{4-11}=250$万元，$NCF_{12}=150$万元，则该项目包括建设期的静态回收期为（　　）。(2011年)

A. 2.0年　　　B. 2.5年　　　C. 3.2年　　　D. 4.0年

【例题6-8·单选题】某投资项目的投资总额为200万元，投产后预计运营期内每年的息税前利润为24万元，相关负债筹资年利息费用为4万元，适用的企业所得税税率为25%，则该项目的总投资收益率为（　　）。(2011年)

A. 9%　　　B. 10%　　　C. 12%　　　D. 14%

【例题6-9·单选题】已知某投资项目的原始投资额现值为100万元，净现值为25万元，则该项目的现值指数为（　　）。(2014年)

A. 0.25　　　B. 0.75　　　C. 1.05　　　D. 1.25

【例题6-10·单选题】下列各项因素，不会对投资项目内含收益率指标计算结果产生影

响的是（　　）。(2014 年)

　　A. 原始投资额　B. 资本成本　　　C. 项目计算期　　D. 现金净流量

【例题 6-11·单选题】某公司计划投资建设一条新生产线，投资总额为 60 万元，预计新生产线投产后每年可为公司新增净利润 4 万元，生产线的年折旧额为 6 万元，则该投资的静态回收期为（　　）年。(2015 年)

　　A. 5　　　　　B. 6　　　　　C. 10　　　　　D. 15

【例题 6-12·单选题】某投资项目需在开始时一次性投资 50 000 元，其中固定资产投资 45 000 元，营运资金垫支 5 000 元，没有建设期。各年营业现金净流量分别为 10 000 元、12 000 元、16 000 元、20 000 元、21 600 元、14 500 元，则该项目的静态回收期是（　　）年。(2016 年)

　　A. 3.35　　　B. 3.40　　　C. 3.60　　　D. 4.00

【例题 6-13·单选题】某投资项目各年现金净流量按 13% 折现时，净现值大于零；按 15% 折现时，净现值小于零。则该项目的内含收益率一定是（　　）。(2017 年)

　　A. 大于 14%　B. 小于 14%　C. 小于 13%　D. 小于 15%

【例题 6-14·单选题】关于项目决策的内含收益率法，下列表述正确的是（　　）。(2020 年)

　　A. 项目的内含收益率大于 0，则项目可行
　　B. 内含收益率指标有时无法对互斥方案做出正确决策
　　C. 内含收益率指标没有考虑资金时间价值因素
　　D. 内含收益率不能反映投资项目可能达到的收益率

【例题 6-15·多选题】在其他因素不变的情况下，下列财务评价指标中，指标数值越大表明项目可行性越强的有（　　）。(2014 年)

　　A. 净现值　　　　　　　　　B. 现值指数
　　C. 内含收益率　　　　　　　D. 动态回收期

【例题 6-16·多选题】采用净现值法评价投资项目可行性时，贴现率选择的依据通常有（　　）。(2017 年)

　　A. 市场利率　　　　　　　　B. 期望最低投资收益率
　　C. 企业平均资本成本率　　　D. 投资项目的内含收益率

【例题 6-17·多选题】如果某项目投资方案的内含收益率大于必要收益率，则（　　）。(2019 年)

　　A. 年金净流量大于原始投资额现值　B. 现值指数大于 1
　　C. 净现值大于 0　　　　　　　　D. 静态回收期小于项目寿命期的一半

【例题 6-18·多选题】下列投资项目评价指标中，考虑了资金时间价值因素的有（　　）。(2020 年)

　　A. 内含收益率　　　　　　　B. 净现值
　　C. 年金净流量　　　　　　　D. 动态回收期

【例题 6-19·判断题】如果项目的全部投资均于建设起点一次投入且建设期为零，运营期每年净现金流量相等，则计算内部收益率所使用的年金现值系数等于该项目投资回收期期数。（　　）(2012 年)

【例题 6-20·判断题】 净现值法可直接用于对寿命期不同的互斥投资方案进行决策。（　　）（2018 年）

【例题 6-21·判断题】 投资项目是否具有财务可行性，主要取决于该项目在整个寿命周期内获得的利润总额是否超过整个项目投资成本。（　　）（2019 年）

考点四：独立投资方案的决策

【例题 6-22·判断题】 在投资项目可行性研究中，应首先进行财务可行性评价，再进行技术可行性分析，如果项目具备财务可行性和技术可行性，就可以做出该项目应当投资的决策。（　　）（2011 年）

考点五：固定资产更新决策

【例题 6-23·多选题】 运用年金成本法对设备重置方案进行决策时，应考虑的现金流量有（　　）。（2017 年）

A. 旧设备年营运成本
B. 旧设备残值变价收入
C. 旧设备的初始购置成本
D. 旧设备目前的变现价值

【例题 6-24·判断题】 在固定资产投资决策中，当税法规定的净残值和预计净残值不同时，终结期现金流量的计算一般应考虑所得税的影响。（　　）（2018 年）

【例题 6-25·计算题】 乙公司是一家饮料生产商，公司相关资料如下：

资料一：乙公司计划 2016 年推出一款新型饮料，年初需要购置一条新生产线，并立即投入使用。该生产线购置价格为 50 000 万元，可使用 8 年，预计净残值为 2 000 万元，采用直线法计提折旧。该生产线投入使用时需要垫支营运资金 5 500 万元，在项目终结时收回。该生产线投产后乙公司每年可增加营业收入 22 000 万元，增加付现成本 10 000 万元。会计上对于新生产线折旧年限、折旧方法以及净残值等的处理与税法保持一致。假设乙公司要求的最低收益率为 10%。

资料二：假设乙公司不存在其他事项，乙公司适用的所得税税率为 25%。相关货币时间价值系数如下表所示。

货币时间价值系数表

期数（n）	1	2	7	8
(P/F, 10%, n)	0.9091	0.8264	0.5132	0.4665
(P/A, 10%, n)	0.9091	1.7355	4.8684	5.3349

要求：

（1）根据资料一和资料二，计算新生产线项目的下列指标：①原始投资额；②第 1~7 年现金净流量（$NCF_{1\sim7}$）；③第 8 年现金净流量（NCF_8）；④净现值（NPV）。

（2）根据要求（1）的计算结果，判断是否应该购置该生产线，并说明理由。（2016 年）

【例题 6-26·综合题】 戊化工公司拟进行一项固定资产投资，以扩充生产能力。现有 X、Y、Z 三个方案备选。相关资料如下：

资料一：戊公司现有长期资本 10 000 万元，其中，普通股股本为 5 500 万元，长期借款为

4 000 万元，留存收益为 500 万元，长期借款利率为 8%。该公司股票的系统风险是整个股票市场风险的 2 倍。目前整个股票市场平均收益率为 8%，无风险收益率为 5%。假设该投资项目的风险与公司整体风险一致。该投资项目的筹资结构与公司资本结构相同。新增债务利率不变。

资料二：X 方案需要投资固定资产 500 万元，不需要安装就可以使用，预计使用寿命为 10 年，期满无残值，采用直线法计算折旧，该项目投产后预计会使公司的存货和应收账款共增加 20 万元，应付账款增加 5 万元。假设不会增加其他流动资产和流动负债。在项目运营的 10 年中，预计每年为公司增加税前利润 80 万元。X 方案的现金流量如表 1 所示。

表1　　　　　　　　　　　　X 方案的现金流量计算表　　　　　　　　　　单位：万元

年份	0	1~9	10
一、投资期现金流量			
固定资产投资	(A)		
营运资金垫支	(B)		
投资现金净流量	*		
二、营业期现金流量			
销售收入		*	*
付现成本		*	*
折旧		(C)	*
税前利润		80	*
所得税		*	*
净利润		(D)	*
营业现金净流量		(E)	(F)
三、终结期现金流量			
固定资产净残值			*
回收营运资金			(G)
终结期现金流量表			*
四、年现金净流量合计	*	*	(H)

注：表内的"*"为省略的数值。

资料三：Y 方案需要投资固定资产 300 万元，不需要安装就可以使用，预计使用寿命为 8 年。期满无残值，预计每年营业现金净流量为 50 万元，经测算，当折现率为 6% 时，该方案的净现值为 10.49 万元，当折现率为 8% 时，该方案的净现值为 -12.67 万元。

资料四：Z 方案与 X 方案、Y 方案的相关指标如表 2 所示。

表2　　　　　　　　　　　　备选方案的相关指标

方案	X 方案	Y 方案	Z 方案
原始投资额现值（万元）	*	300	420
期限（年）	10	8	8

续表

方案	X方案	Y方案	Z方案
净现值（万元）	197.27	*	180.50
现值指数	1.38	0.92	(J)
内含收益率	17.06%	*	*
年金净流量（万元）	(I)	*	32.61

注：表内的"*"为省略的数值。

资料五：公司使用的所得税税率为25%，相关货币时间价值系数如表3所示。

表3　　　　　　　　　　　相关货币时间价值系数

期数（n）	8	9	10
(P/F, i, n)	0.5019	0.4604	0.4224
(P/A, i, n)	5.5348	5.9952	6.4170

注：i为项目的必要收益率。

要求：

（1）根据资料一，利用资本资产定价模型计算戊公司普通股资本成本。

（2）根据资料一和资料五，计算戊公司的加权平均资本成本。

（3）根据资料二和资料五，确定表1中字母所代表的数值（不需要列示计算过程）。

（4）根据以上计算的结果和资料三，完成下列要求。①计算Y方案的静态回收期和内含收益率；②判断Y方案是否可行，并说明理由。

（5）根据资料四和资料五，确定表2中字母所代表的数值（不需要列示计算过程）。

（6）判断戊公司应当选择哪个投资方案，并说明理由。（2017年）

【例题6-27·综合题】甲公司生产销售A产品，有关资料如下：

因销售增长而需要添置的设备有X和Y两种型号可供选择，两者具有同样的功用，报价均为1 500万元。X设备可用5年，最终报废残值为300万元，每年发生付现成本1 000万元；Y设备可用8年，经测算年金成本为1 400万元。公司计算年金成本时不考虑所得税的影响，贴现率为10%，有关时间价值系数如下：

(P/A, 10%, 5) = 3.7908，(P/F, 10%, 5) = 0.6209

要求：根据上述资料，计算X设备的年金成本，并判断甲公司应选择哪种设备。（2020年）

【例题6-28·综合题】甲公司是一家制造企业，企业所得税税率为25%。公司考虑用效率更高的新生产线来代替现有旧生产线。有关资料如下。

资料一：旧生产线原价为5 000万元，预计使用年限为10年，已经使用5年。采用直线法计提折旧，使用期间无残值。每年生产的产品销售收入为3 000万元，变动成本总额为1 350万元，固定成本总额为650万元。

资料二：旧生产线每年的全部成本中，除折旧外均为付现成本。

资料三：如果采用新生产线取代旧生产线。相关固定资产投资和垫支营运资金均于开始时一次性投入（建设期为0），垫支营运资金于营业期结束时一次性收回。新生产线使用直线法计提折旧，使用期满无残值。有关资料如下表所示。

项目	固定资产投资	垫支营运资金	使用年限	年营业收入	年营运成本
数额	2 400万元	600万元	8年	1 800万元	500万元

资料四：公司进行生产线更新投资决策时采用的折现率为15%。有关资金时间价值系数如下：

(P/F，15%，8) = 0.3269，(P/A，15%，7) = 4.1604，(P/A，15%，8) = 4.4873

资料五：经测算，新生产线的净现值大于旧生产线的净现值，而其年金净流量小于旧生产线的年金净流量。

要求：

（1）根据资料一和资料二，计算旧生产线的年营运成本（付现成本）和年营业现金净流量。

（2）根据资料三，计算新生产线的如下指标：

①投资时点（第0年）的现金流量；②第1年到第7年营业现金净流量；③第8年的现金净流量。

（3）根据资料三和资料四，计算新生产线的净现值和年金净流量。

（4）根据资料五，判断公司是否采用新生产线替换旧生产线，并说明理由。（2020年）

考点六：证券资产概述

【例题6-29·单选题】 对债券持有人而言，债券发行人无法按期支付债券利息或偿付本金的风险是（　　）。（2017年）

A. 流动性风险　　B. 系统风险　　C. 违约风险　　D. 购买力风险

【例题6-30·多选题】 下列各项中，属于证券资产特点的有（　　）。（2013年）

A. 可分割性　　B. 高风险性　　C. 强流动性　　D. 持有目的多元性

【例题6-31·判断题】 证券资产不能脱离实体资产而独立存在，因此，证券资产的价值取决于实体资产的现实经营活动所带来的现金流量。（　　）（2013年）

考点七：债券投资

【例题6-32·单选题】 市场利率上升时，债券价值的变动方向是（　　）。（2013年）

A. 上升　　B. 下降　　C. 不变　　D. 随机变化

【例题6-33·单选题】 债券内含收益率的计算公式中不包含的因素是（　　）。（2016年）

A. 债券面值　　B. 债券期限　　C. 市场利率　　D. 票面利率

【例题6-34·单选题】 债券内在价值计算公式中不包含的因素是（　　）。（2018年）

A. 债券市场价格　　　　　　B. 债券面值

C. 债券期限　　　　　　　　D. 债券票面利率

【例题6-35·单选题】 某投资者年初以100元的价格购买A债券，当年获得利息收入5元，当年年末以103元的价格出售该债券，则该债券的持有期间收益率为（　　）。（2020年）

A. 8%　　B. 7.77%　　C. 3%　　D. 5%

【例题6-36·判断题】 在债券持有期间，当市场利率上升时，债券价格一般会随之下跌。（　　）（2016年）

【例题6-37·判断题】 假设其他条件不变,市场利率变动,债券价格反方向变动,即市场利率上升债券价格下降。( )(2017年)

考点八:股票投资

【例题6-38·单选题】 某投资者购买A公司股票,并且准备长期持有,要求的最低收益率为11%,该公司本年的股利为0.6元/股,预计未来股利年增长率为5%,则该股票的内在价值是( )元/股。(2013年)
A. 10.0   B. 10.5   C. 11.5   D. 12.0

【例题6-39·单选题】 某投资者购买X公司股票,购买价格为100万元,当期分得现金股利5万元,当期期末X公司股票市场价格上升到120万元。则该投资产生的资本利得为( )万元。(2020年)
A. 20   B. 15   C. 5   D. 25

【例题6-40·计算题】 公司拟购买由A、B、C三种股票构成的投资组合,资金权重分别为20%、30%、50%,A、B、C三种股票的β系数分别为0.8、2和1.5,无风险收益率为4%,市场平均收益率为10%,购买日C股票价格为11元/股,当年已发放股利(D_0)为每股0.9元,预期股利按3%的固定比率逐年增长,投资者要求达到的收益率为13%。

要求:
(1) 计算该组合β系数。
(2) 使用资本资产定价模型,计算该组合必要收益率。
(3) 使用股票估价模型计算C股票价值,并据此判断C股票是否值得单独购买。(2020年)

【例题6-41·计算题】 某投资者准备购买甲公司的股票,当前甲公司股票的市场价格为4.8元/股,甲公司采用固定股利政策,预计每年的股利均为0.6元/股。已知甲公司股票的β系数为1.5,无风险收益率为6%,市场平均收益率为10%。

要求:
(1) 采用资本资产定价模型计算甲公司股票的必要收益率。
(2) 以要求(1)的计算结果为投资者要求的收益率,采用股票估价模型计算甲公司股票的价值,据此判断是否值得购买,并说明理由。
(3) 采用股票估价模型计算甲公司股票的内部收益率。(2020年)

【例题6-42·综合题】 乙公司现有生产线已满负荷运转,鉴于其产品在市场上供不应求,公司准备购置一条生产线,公司及生产线的相关资料如下:

资料一:乙公司生产线的购置有两个方案可供选择:

A方案生产线的购买成本为7 200万元,预计使用6年,采用直线法计提折旧,预计净残值率为10%,生产线投产时需要投入营运资金1 200万元,以满足日常经营活动需要,生产线运营期满时垫支的营运资金全部收回,生产线投入使用后,预计每年新增销售收入11 880万元,每年新增付现成本8 800万元,假定生产线购入后可立即投入使用。

B方案生产线的购买成本为200万元,预计使用8年,当设定贴现率为12%时净现值为3 228.94万元。

资料二:乙公司适用的企业所得税税率为25%,不考虑其他相关税金,公司要求的最低投资收益率为12%,部分时间价值系数如下表所示:

货币时间价值系数

年度（n）	1	2	3	4	5	6	7	8
（P/F，12%，n）	0.8929	0.7972	0.7118	0.6355	0.5674	0.5066	0.4523	0.4039
（P/A，12%，n）	0.8929	1.6901	2.4018	3.0373	3.6048	4.1114	4.5638	4.9676

资料三：乙公司目前资本结构（按市场价值计算）为：总资本40 000万元，其中债务资本16 000万元（市场价值等于其账面价值，平均年利率为8%），普通股股本24 000万元（市价6元/股，4 000万股），公司今年的每股股利（D_0）为0.3元，预计股利年增长率为10%且未来股利政策保持不变。

资料四：乙公司投资所需资金7 200万元需要从外部筹措，有两种方案可供选择：方案一为全部增发普通股，增发价格为6元/股。方案二为全部发行债券，债券年利率为10%，按年支付利息，到期一次性归还本金。假设不考虑筹资过程中发生的筹资费用。乙公司预期的年息税前利润为4 500万元。

要求：

（1）根据资料一和资料二，计算A方案的下列指标：①投资期现金净流量；②年折旧额；③生产线投入使用后第1～5年每年的营业现金净流量；④生产线投入使用后第6年的现金净流量；⑤净现值。

（2）分别计算方案A和方案B的年金净流量，据以判断乙公司应选择哪个方案，并说明理由。

（3）根据资料二、资料三和资料四：①计算方案一和方案二的每股收益无差别点（以息税前利润表示）；②计算每股收益无差别点的每股收益；③运用每股收益分析法判断乙公司应选择哪一种筹资方案，并说明理由。

（4）假定乙公司按方案二进行筹资，根据资料二、资料三和资料四计算：①乙公司普通股的资本成本；②筹资后乙公司的加权平均资本成本。(2014年)

答 案

【例题6-1·判断题】错误

【解析】按是否借助于金融机构为媒介来获取社会资金，企业筹资可分为直接筹资和间接筹资；直接筹资是企业直接与资金供应者协商融通资金的筹资活动，主要有发行股票、发行债券、吸收直接投资等；间接筹资是企业借助于银行和非银行金融机构而筹集的资金，主要有银行借款、融资租赁等。

按投资活动与企业本身的生产经营活动的关系，企业投资可以划分为直接投资和间接投资，直接投资是将资金直接投放于形成生产经营能力的实体性资产，直接谋取经营利润的企业投资，间接投资是将资金投放于股票、债券等资产上的企业投资。某投资者进行直接投资，与其交易的筹资者是在进行吸收直接投资。

【例题6-2·单选题】A

【解析】垫支的营运资金是指投资项目形成了生产能力，需要在流动资产上追加的投资，即追加的流动资产扩大量与结算性流动负债扩大量的净差额。第二年新增的营运资金 = (50 -

40）－（20－15）＝5（万元），选项 A 正确。

【例题 6－3·单选题】 B

【解析】 由于报废时净残值小于税法规定净残值，说明发生了变现净损失，可以抵税，减少现金流出，增加现金净流量；该设备报废引起的预计现金净流量＝报废时净残值＋（税法规定的净残值－报废时净残值）×所得税税率＝3 500＋（5 000－3 500）×25%＝3 875（元），选项 B 正确。

【例题 6－4·单选题】 C

【解析】 年金净流量＝现金净流量总现值÷年金现值系数＝（－840＋180×10）÷10＝96（万元），选项 C 正确。

【例题 6－5·多选题】 AB

【解析】 营业现金净流量（NCF）＝营业收入－付现成本－所得税＝税后营业利润＋非付现成本＝收入×（1－所得税税率）－付现成本×（1－所得税税率）＋非付现成本×所得税税率，选项 AB 正确。

【例题 6－6·计算题】

（1）新设备每年折旧额＝（100－5）÷5＝19（万元）

（2）$NCF_{1\sim4}$＝净利润＋非付现成本＝11＋19＝30（万元）

（3）NCF_5＝30（营业现金净流量）＋5（净残值）＋10（营运资金回收）＝45（万元）

（4）原始投资额＝100＋10＝110（万元）

（5）NPV＝30×（P/A，12%，4）＋45×（P/F，12%，5）－100×20%－10－100×80%×（P/F，12%，1）＝30×3.0373＋45×0.5674－20－10－80×0.8929＝15.22（万元）

【解析】

（1）年折旧额＝（原价－净残值）÷预计使用的年限

（2）折旧为非付现成本，因此营业现金净流量应为净利润＋折旧之和，故 $NCF_{1\sim4}$＝净利润＋非付现成本＝净利润＋年折旧额；

（3）第 5 年是终结期，NCF_5＝净利润＋非付现成本＋净残值收入＋营运资金回收；

（4）原始投资＝长期资产投资＋垫支的营运资金

（5）新设备购置项目的净现值（NPV）＝未来现金净流量现值－原始投资额现值＝$NCF_{1\sim4}$×（P/A，12%，4）＋NCF_5×（P/F，12%，5）－100×20%－10－100×80%×（P/F，12%，1）。

注意：新设备的原始投资额年初购入时支付 20% 的款项，剩余 80% 的款项下年年初付清，因此原始投资额中的 80 万元要按 1 年期折现。

【例题 6－7·单选题】 C

【解析】 假设 M 为收回原始投资额的前一年，静态回收期＝M＋第 M 年的尚未收回额/第（M＋1）年的现金净流量＝3＋（200＋50－100×2）÷250＝3.2（年），选项 C 正确。注意：$NCF_{2\sim3}$＝100 万元，意思是第 2～3 年每年现金净流量为 100 万元，所以计算时要用 100×2。

【例题 6－8·单选题】 C

【解析】 总投资收益率＝息税前利润÷项目总投资×100%＝24÷200×100%＝12%，选项 C 正确。

【例题 6－9·单选题】 D

【解析】 现值指数＝未来现金净流量现值÷原始投资额现值＝（100＋25）÷100＝1.25，选项

D 正确。提示：因为净现值扣除了原始投资额，所以未来现金净流量现值要把初始投资加回去。

【例题 6-10·单选题】B

【解析】内含收益率是指对投资方案的未来每年现金净流量进行贴现，使所得的现值恰好与原始投资额现值相等，从而使净现值等于 0 时的贴现率，因此，内含收益率要计算的就是净现值为 0 时的资本成本，选项 B 正确。

【例题 6-11·单选题】B

【解析】静态回收期＝原始投资额÷每年现金净流量，由于折旧不是付现成本，因此每年现金净流量为 10 万元（4＋6），原始投资额为 60 万元，静态回收期＝60÷10＝6（年），选项 B 正确。

【例题 6-12·单选题】C

【解析】各年营业现金净流量不相等，因此根据初始一次性投资额 50 000－10 000－12 000－16 000＝12 000（元），第四年的营业现金净流量为 20 000 元，因此，静态回收期为 3＋12 000÷20 000＝3.6（年）。选项 C 正确。

【例题 6-13·单选题】D

【解析】内含收益率是净现值为 0 时的折现率，根据题目条件说明内含收益率在 13%～15% 之间。而 13%～15% 的区间整体均小于 15%，所以选项 D 正确。

【例题 6-14·单选题】B

【解析】内含收益率高于资本成本，则项目可行，选项 A 说法错误；在互斥投资方案决策时，如果各方案的原始投资额现值不相等，有时无法作出正确的决策，选项 B 说法正确；内含收益率是指对投资方案的未来每年现金净流量进行贴现，使所得的现值恰好与原始投资额现值相等，从而使净现值等于 0 时的贴现率，内含收益率考虑了货币的时间成本，选项 C 说法错误；内含收益率反映了投资项目可能达到的收益率，易于被高层决策人员所理解，选项 D 说法错误。

【例题 6-15·多选题】ABC

【解析】用回收期指标评价方案时，回收期越短越好，选项 D 不正确。

【例题 6-16·多选题】ABC

【解析】确定贴现率的参考标准可以是：(1) 以市场利率为标准；(2) 以投资者希望获得的预期最低投资收益率为标准；(3) 以企业平均资本成本率为标准。内含收益率，是指对投资方案的未来每年现金净流量进行贴现，使所得的现值恰好与原始投资额现值相等，从而使净现值等于 0 时的贴现率。由此可知，内含收益率是已知未来每年现金净流量，使净现值为 0，来反求出的折现率。

【例题 6-17·多选题】BC

【解析】某项目内含收益率大于必要收益率，则说明该项目具有可行性，则净现值大于 0，年金净流量大于 0，现值指数大于 1，未来现金净流量现值大于原始投资额现值。选项 A 的说法错误，选项 BC 正确。项目可行，则静态回收期小于项目寿命期，但"静态回收期小于项目寿命期的一半"无法判断，选项 D 的说法错误。

【例题 6-18·多选题】ABCD

【解析】在进行项目评价的指标中，静态回收期未能考虑货币时间价值。

【例题 6-19·判断题】错误

【解析】项目的全部投资均于建设起点一次投入，建设期为0，计算内部收益率所使用的年金现值系数等于该项目的静态回收期期数，但不等于动态回收期期数。

提示：静态回收期＝原始投资额÷每年的现金净流量，内含收益率是令净现值为0的折现率，即每年的现金净流量×年金现值系数－原始投资额＝0，因此对应的年金现值系数＝原始投资额÷每年的现金净流量＝静态回收期。

【例题6－20·判断题】错误

【解析】净现值法不可直接用于对寿命期不同的互斥投资方案进行决策。

【例题6－21·判断题】错误

【解析】对于投资方案财务可行性来说，项目的现金流量状况比会计期间盈亏状况更为重要。一个投资项目能否顺利进行，有无经济上的效益，不一定取决于有无会计期间利润，而在于能否带来正的现金净流量，即整个项目能否获得超过项目原始投资额现值的未来现金净流量现值。

【例题6－22·判断题】错误

【解析】财务可行性是在相关的环境、技术、市场可行性完成的前提下，着重围绕技术可行性和市场可行性而开展的专门经济性评价。

【例题6－23·多选题】ABD

【解析】设备重置方案运用年金成本方式决策时，应考虑的现金流量主要有：(1) 新旧设备目前市场价值。(2) 新旧设备残值变价收入，残值变价收入应作为现金流出的抵减。(3) 新旧设备的年营运成本，即年付现成本。如果考虑每年的营业现金流入，应作为每年营运成本的抵减。旧设备的初始购置成本是沉没成本，不需要考虑，所以选项C错误。

【例题6－24·判断题】正确

【解析】在固定资产投资决策中，当税法规定的净残值和预计净残值不同时，终结期现金流量的计算一般应考虑所得税的影响。

【例题6－25·计算题】

(1) 新生产线的指标：

①原始投资额＝50 000＋5 500＝55 500（万元）

②年折旧额＝(50 000－2 000)÷8＝6 000（万元）

第1～7年现金净流量＝22 000×(1－25%)－10 000×(1－25%)＋6 000×25%＝10 500（万元）

③第8年现金净流量＝10 500＋2 000＋5 500＝18 000（万元）

④净现值＝10 500×(P/A，10%，7)＋18 000×(P/F，10%，8)－55 500＝10 500×4.8684＋18 000×0.4665－55 500＝4 015.2（万元）

(2) 应该购置该生产线，因为项目净现值大于0，可以为公司创造价值。

【解析】

(1) 原始投资额＝长期资产投资＋垫支的营运资金

折旧可以抵税，年折旧额＝(原价－净残值)÷预计使用的年限；第1～7年现金净流量（$NCF_{1～7}$）＝(营业收入－付现成本)×(1－所得税税率)＋折旧额×所得税税率；第8年是终结期，相对于营业期现金净流量，要增加一个净残值收入和营运资金回收，第8年现金净流量（NCF_8）＝营业期现金净流量＋净残值收入＋营运资金回收。

净现值（NPV）= $NCF_{1\sim7}$ ×（P/A，10%，7）+ NCF_8 ×（P/F，10%，8）- 原始投资额

（2）根据决策原则：净现值＞0，投资项目可行。

【例题6-26·综合题】

（1）戊公司普通股资本成本 = 5% + 2×（8% - 5%）= 11%

（2）戊公司的加权平均资本成本 = 11%×（500 + 5 500）÷10 000 + 8%×（1 - 25%）×4 000÷10 000 = 9%

（3）A = -500；B = -15；C = 50；D = 60；E = 110；F = 110；G = 15；H = 125。

（4）①Y方案初始投资为300万元，预计每年现金净流量为50万元，故Y方案的静态回收期 = 300÷50 = 6（年）；内含收益率是净现值为0时的折现率，经测算，当折现率为6%时，Y方案的净现值为10.49万元，当折现率为8%时，该方案的净现值为-12.67万元，设内含收益率为X，根据插值法可得：（X - 6%）÷（8% - 6%）=（0 - 10.49）÷（-12.67 - 10.49），解得X = 6.91%，故Y方案的内含收益率为6.91%。

②Y方案的内含收益率（6.91%）小于戊公司的加权平均资本成本（9%），故Y方案不可行。

（5）I = 30.74；J = 1.43。

（6）戊公司应当选择Z方案。因为Y方案不可行，Z方案的年金净流量为32.61万元，大于X方案的年金净流量30.74万元，故Z方案更好。

【解析】

（1）该公司股票的系统风险是整个股票市场风险的2倍，β系数 = 2，根据公式 $R = R_f + β×(R_m - R_f)$。

（2）留存收益是由企业税后净利润形成的，其实质是所有者向企业追加投资。留存收益的资本成本率，表现为股东追加投资要求的收益率，其计算与普通股相同。本题中留存收益资本成本率 = 普通股资本成本率。注意计算加权平均资本成本时，要使用税后债务资本成本率。

（3）固定资产初始投资500万元，故A = -500。

期初垫支营运资金15万元（20 - 5），故B = -15；

固定资产年折旧额为50万元（500÷10），故C = 50；

净利润为60万元 [80×（1 - 25%）]，故D = 60；

折旧为非付现成本，因此营业现金净流量应为净利润 + 折旧之和，故E = F = 60 + 50 = 110；

终结期回收垫支营运资金15万元，故G = 15；

终结期年现金净流量为：H = 110 + 15 = 125。

（4）本题中未来每年现金净流量相等，因此静态回收期 = 原始投资额÷每年现金净流量；内含收益率是已知未来每年现金净流量，使净现值为0，来反求出的折现率。

内含收益率小于平均资本成本，说明该方案的净现值＜0，方案不可行。

（5）年金净流量 = 净现值÷年金现值系数，X方案中，净现值为197.27万元，项目期为10年，（P/A，i，10）= 6.4170，故I = 197.27÷6.4170 = 30.74（万元）；

现值指数 = 未来现金流量现值÷原始投资额现值，Z方案中，原始投资额现值为420万元，净现值为180.5万元，未来现金净流量现值为600.5万元（180.50 + 420），故J = 600.5÷420 = 1.43。

(6) 在两个以上寿命期不同的投资方案比较时，年金净流量越大，方案越好。

【例题6-27·综合题】

X设备经营期现金流=0-1 000=-1 000（万元）

X设备的NPV=-1 500-1 000×3.7908+300×0.6209=-5 104.53（万元）

X设备的年金净流量=-5 104.53÷3.7908=-1 346.56（万元）

X设备的年金成本=1 346.56（万元）

X设备的年金成本低，所以选择X设备。

【解析】 营业现金净流量=营业收入-付现成本-所得税

净现值（NPV）=未来现金净流量现值-原始投资额现值

年金净流量=现金净流量总现值÷年金现值系数，年金成本=-年金净流量，比较年金成本，选择年金成本低的。

【例题6-28·综合题】

(1) 年折旧额=5 000÷10=500（万元）

旧生产线的年营运成本（付现成本）=1 350+650-500=1 500（万元）

年营业现金净流量=(3 000-1 500)×(1-25%)+500×25%=1 250（万元）

(2) ①投资时点（第0年）的现金流量=-2 400-600=-3 000（万元）

②年折旧额=2 400÷8=300（万元）

第1～7年营业现金净流量=(1 800-500)×(1-25%)+300×25%=1 050（万元）

③第8年的现金净流量=1 050+600=1 650（万元）

(3) 净现值=-3 000+1 050×(P/A,15%,7)+1 650×(P/F,15%,8)=1 907.81（万元）

年金净流量=1 907.81÷(P/A,15%,8)=425.16（万元）

(4) 不应该采用新生产线替换旧生产线。因为新、旧生产线的期限不同，所以应采用年金净流量法，因为新生产线的年金净流量小于旧生产线的年金净流量，所以不应该采用新生产线替换旧生产线。

【解析】 本题目考查对两个投资项目进行比较，其中主要涉及公式列示如下：

营业现金净流量（NCF）=营业收入-付现成本-所得税=税后营业利润+非付现成本=收入×(1-所得税税率)-付现成本×(1-所得税税率)+非付现成本×所得税税率

终结阶段的现金流量主要是现金流入量，包括固定资产变价净收入、固定资产变现净损益的影响和垫支营运资金的收回。

净现值（NPV）=未来现金净流量现值-原始投资额现值

年金净流量=现金净流量总现值÷年金现值系数，年金成本=-年金净流量，比较年金成本，选择年金成本低的。

【例题6-29·单选题】 C

【解析】 违约风险是指证券资产发行者无法按时兑付证券资产利息和偿还本金的可能性，所以选项C正确。证券资产的系统性风险，是由于外部经济环境因素变化引起整个资本市场不确定性加强，从而对所有证券都产生影响的共同性风险。购买力风险是由于通货膨胀而使货币购买力下降的可能性。流动性风险，是指企业在履行以交付现金或其他金融资产的方式结算的义务时发生资金短缺的风险。

【例题6-30·多选题】ABCD

【解析】证券资产具有价值虚拟性、可分割性、持有目的多元性、强流动性、高风险性等特点，四个选项均正确。

【例题6-31·判断题】错误

【解析】证券资产不能脱离实体资产而完全独立存在，但证券资产的价值不是完全由实体资产的现实生产经营活动决定的，而是取决于契约性权利所能带来的未来现金流量，是一种未来现金流量折现的资本化价值。

【例题6-32·单选题】B

【解析】市场利率上升，折现率提高，债券价格是未来现金流量的折现，因此会随之下降。

【例题6-33·单选题】C

【解析】内含收益率即净现值等于0时的折现率，因此是不受市场利率影响的，选项C正确。

【例题6-34·单选题】A

【解析】影响债券内在价值的因素主要有债券的面值、期限、票面利率和所采用的贴现率等因素。债券的市场价格不影响债券内在价值。

【例题6-35·单选题】A

【解析】持有期间收益包括资本利得与利息收入，持有期间收益率=(103-100+5)÷100=8%。

【例题6-36·判断题】正确

【解析】市场利率上升，折现率提高，债券价格是未来现金流量的折现，因此会随之下降。

【例题6-37·判断题】正确

【解析】市场利率的上升会导致债券价值的下降，市场利率的下降会导致债券价值的上升。市场利率上升，折现率提高，债券价格是未来现金流量的折现，因此会随之下降。

【例题6-38·单选题】B

【解析】股票的内在价值 $V_s = [D_0(1+g)] \div (R_s - g) = 0.6 \times (1+5\%) \div (11\% - 5\%) = 10.5$（元）。

【例题6-39·单选题】A

【解析】该投资产生的资本利得=120-100=20（万元）

【例题6-40·计算题】

(1) 该组合β系数=20%×0.8+30%×2+50%×1.5=1.51

(2) 该组合必要收益率=4%+1.51×(10%-4%)=13.06%

(3) C股票的必要收益率=4%+1.5×(10%-4%)=13%

C股票价值=0.9×(1+3%)÷(13%-3%)=9.27（元/股）

C股票价值9.27元/股小于C股票价格11元/股，C股票不值得单独购买。

【解析】

(1) 证券资产组合的β系数就是组成证券资产组合的各种资产β系数的加权平均数，其权数为各种资产在组合中的价值比例。

(2) 根据资本资产定价模型，$R = R_f + \beta \times (R_m - R_f)$。

(3) 如果市场价格>价值，证明市场价格被高估，所以应该卖出；如果市场价格<价值，证明市场价格被低估，所以应该买入。

【例题6-41·计算题】
(1) 甲公司股票的必要收益率 = 6% + 1.5 × (10% - 6%) = 12%
(2) 甲公司的股票价值 = 0.6 ÷ 12% = 5（元）
甲公司股票的价值5元/股大于股票的市场价格4.8元/股，该股票值得购买。
(3) 甲公司股票的内部收益率 = 0.6 ÷ 4.8 = 12.5%

【解析】
(1) 根据资本资产定价模型，$R = R_f + \beta \times (R_m - R_f)$。
(2) 对于永续现金流的定价 = 现金流量 ÷ 必要收益率，如果计算出的价值 > 价格，则证明价格被低估，所以应该买入；如果计算出的价值 < 价格，则证明价格被高估，所以应该卖出。
(3) 对于永续现金流，内含收益率 = 现金流量 ÷ 产品价格。

【例题6-42·综合题】
(1) ①投资期现金净流量 NCF_0 = -(7 200 + 1 200) = -8 400（万元）
②年折旧额 = 7 200 × (1 - 10%) ÷ 6 = 1 080（万元）
③生产线投入使用后第1~5年每年的营业现金净流量 $NCF_{1\sim5}$ = (11 880 - 8 800) × (1 - 25%) + 1 080 × 25% = 2 580（万元）
④生产线投入使用后第6年的现金净流量 NCF_6 = 2 580 + 1 200 + 7 200 × 10% = 4 500（万元）
⑤净现值 = -8 400 + 2 580 × (P/A, 12%, 5) + 4 500 × (P/F, 12%, 6) = -8 400 + 2 580 × 3.604 8 + 4 500 × 0.506 6 = 3 180.08（万元）
(2) A方案的年金净流量 = 3 180.08 ÷ (P/A, 12%, 6) = 3 180.08 ÷ 4.111 4 = 773.48（万元）
B方案的年金净流量 = 3 228.94 ÷ (P/A, 12%, 8) = 3 228.94 ÷ 4.967 6 = 650（万元）
由于A方案的年金净流量大于B方案的年金净流量，乙公司应选择A方案。
(3) ①(EBIT - 16 000 × 8%) × (1 - 25%) ÷ (4 000 + 7 200 ÷ 6) = (EBIT - 16 000 × 8% - 7 200 × 10%) × (1 - 25%) ÷ 4 000；解得方案一和方案二的每股收益无差别点EBIT为4 400万元。
②每股收益无差别点的每股收益 = (4 400 - 16 000 × 8%) × (1 - 25%) ÷ (4 000 + 7 200 ÷ 6) = 0.45（元）
③乙公司应选择方案二。由于乙公司预期息税前利润4 500万元大于每股收益无差别点的息税前利润（4 400万元），此时运用负债筹资可获得较高的每股收益，因此，乙公司应该选择方案二债券筹资。
(4) ①乙公司普通股的资本成本 = 0.3 × (1 + 10%) ÷ 6 + 10% = 15.5%
②筹资后乙公司的加权平均资本成本 = 15.5% × 24 000 ÷ (40 000 + 7 200) + 8% × (1 - 25%) × 16 000 ÷ (40 000 + 7 200) + 10% × (1 - 25%) × 7 200 ÷ (40 000 + 7 200) = 11.06%

【解析】
(1) 投资期的现金净流量一般由初始投资额及垫支的营运资金构成：
营业现金净流量（NCF）=（收入 - 付现成本）× (1 - 所得税税率) + 非付现成本 × 所得税税率
终结期的现金净流量一般要考虑当年的营业现金净流量、回收的营运资金以及净残值回收。
(2) 年金净流量 = 现金净流量总现值 ÷ 年金现值系数。在两个以上寿命期不同的投资方案比较时，年金净流量越大，方案越好。
(3) 根据每股收益无差别点计算公式：

$$\frac{(\overline{EBIT} - I_1)(1-T) - DP_1}{N_1} = \frac{(\overline{EBIT} - I_2)(1-T) - DP_2}{N_2}$$

式中，$\overline{EBIT}$ 为息税前利润平衡点，即每股收益无差别点；I_1、I_2 表示两种筹资方式下的债务利息；DP_1、DP_2 表示两种筹资方式下的优先股股利；N_1、N_2 表示两种筹资方式下普通股股数；T 表示所得税税率。

每股收益 = 净利润 ÷ 普通股平均股数，本题中净利润 = （息税前利润 – 债务利息）× （1 – 所得税税率）。

如果预计追加筹资后的 EBIT > $\overline{EBIT}$ 时，运用负债筹资可获得较高的每股收益。

（4）普通股的资本成本 $R_s = \frac{D_1}{V_s} + g = \frac{D_0(1+g)}{V_s} + g$；筹资后公司资本总额为 40 000 + 7 200 = 47 200（万元），其中债务资本 16 000 万元（平均年利率为8%），新增债务资本 7 200 万元（债券年利率为10%），普通股股本 24 000 万元（市价6元/股，4 000 万股），注意筹资后原债务资本成本不会改变，同时计算平均资本成本时使用的是税后债务资本成本。

第七章 营运资金管理

考情分析

考点	近6年考查频次	2016年	2017年	2018年	2019年	2020年	2021年
营运资金的特点	3			1		2	
营运资金管理策略	11	1	3	2	1	2	2
持有现金的动机	5			1	3	1	
目标现金余额的确定	9	1	1	2	3	2	
现金收支日常管理	4	1		1		1	1
应收账款的成本	2		1	1			
应收账款日常管理	3	1	1			1	
存货的成本	1		1				
最优存货量的确定	8	1	2	2	1	2	
短期借款	8		1	2	2	2	1
短期融资券	2			1	1		
商业信用	6		1	1	3	1	
计算题/综合题	14	1	3	2	2	6	

考点一：营运资金的特点

【例题7-1·单选题】 下列各项中，不属于营运资金构成内容的是（　　）。(2020年)
A. 存货　　　　　　　　　　B. 应收账款
C. 货币资金　　　　　　　　D. 无形资产

【例题7-2·多选题】 下列各项中，对营运资金占用水平产生影响的有（　　）。(2020年)
A. 货币资金　　　　　　　　B. 应收账款
C. 预付账款　　　　　　　　D. 存货

考点二：营运资金管理策略

【例题7-3·单选题】 某公司在融资时，对全部非流动资产和部分永久性流动资产采用长

期融资方式，据此判断，该公司采取的融资策略是（　　）。（2011年）

A. 保守融资策略　　　　　　　B. 激进融资策略
C. 稳健融资策略　　　　　　　D. 期限匹配融资策略

【例题7-4·单选题】 某企业以长期融资方式满足固定资产、永久性流动资产和部分波动性流动资产的需要，短期融资仅满足剩余的波动性流动资产的需要，该企业所采用的流动资产融资策略是（　　）。（2012年）

A. 激进融资策略　　　　　　　B. 保守融资策略
C. 折中融资策略　　　　　　　D. 期限匹配融资策略

【例题7-5·单选题】 某公司在营运资金管理中，为了降低流动资产的持有成本、提高资产的收益性，决定保持一个低水平的流动资产与销售收入比率，据此判断，该公司采取的流动资产投资策略是（　　）。（2014年）

A. 紧缩的流动资产投资策略　　B. 宽松的流动资产投资策略
C. 匹配的流动资产投资策略　　D. 稳健的流动资产投资策略

【例题7-6·单选题】 下列流动资产融资策略中，收益和风险均较低的是（　　）。（2016年）

A. 保守融资策略　　　　　　　B. 激进融资策略
C. 产权匹配融资策略　　　　　D. 期限匹配融资策略

【例题7-7·判断题】 如果销售额不稳定且难以预测，则企业应保持较高的流动资产水平。（　　）（2012年）

【例题7-8·判断题】 某公司推行适时制（JIT），对公司管理水平提出了更高的要求，因此该公司应采用宽松的流动资产投资策略。（　　）（2017年）

【例题7-9·判断题】 上市公司满足短期融资需求时，一般采用发行股票的方式进行融资。（　　）（2020年）

【例题7-10·判断题】 企业维持较高的流动资产存量水平有助于提高资金使用效率和企业总体收益水平。（　　）（2020年）

考点三：持有现金的动机

【例题7-11·单选题】 某企业因供应商收回了信用政策，导致资金支付需求增加，需要补充持有大量现金，这种持有现金的动机属于（　　）。（2020年）

A. 交易性　　B. 投资性　　C. 预防性　　D. 调整性

【例题7-12·多选题】 下列各项中，决定预防性现金需求数额的因素有（　　）。（2012年）

A. 企业临时融资的能力　　　　B. 企业预测现金收支的可靠性
C. 金融市场上的投资机会　　　D. 企业愿意承担短缺风险的程度

考点四：目标现金余额的确定

【例题7-13·单选题】 某企业根据现金持有量随机模型进行现金管理。已知现金最低持有量为15万元，现金余额回归线为80万元。如果公司现有现金220万元，此时应当投资于有价证券的金额是（　　）万元。（2016年）

A. 65　　　　B. 95　　　　C. 140　　　　D. 205

【例题7-14·单选题】 某上市公司利用随机模型确定最佳现金持有量,已知现金余额下限为200万元,目标现金余额为360万元,则现金余额上限为( )万元。(2017年)

A. 480　　　　B. 560　　　　C. 960　　　　D. 680

【例题7-15·单选题】 某公司当年的资本成本率为10%,现金平均持有量为30万元,现金管理费用为2万元,现金与有价证券之间的转换成本为1.5万元,则该公司当年持有现金的机会成本是( )万元。(2018年)

A. 5　　　　B. 3.5　　　　C. 6.5　　　　D. 3

【例题7-16·多选题】 运用成本模型确定企业最佳现金持有量时,现金持有量与持有成本之间的关系表现为( )。(2013年)

A. 现金持有量越小,总成本越大

B. 现金持有量越大,机会成本越大

C. 现金持有量越小,短缺成本越大

D. 现金持有量越大,管理总成本越大

【例题7-17·多选题】 在确定目标现金余额的存货模型中,需要考虑的相关现金成本有( )。(2018年)

A. 管理成本　　B. 短缺成本　　C. 交易成本　　D. 机会成本

【例题7-18·判断题】 在随机模型下,当现金余额在最高控制线与最低控制线之间波动时,表明企业现金持有量处于合理区域,无须调整。( )(2011年)

【例题7-19·判断题】 现金存货模型中,最佳现金持有量是机会成本和交易成本线交叉的点所对应的现金持有量。( )(2020年)

考点五:现金管理模式

【例题7-20·判断题】 企业内部银行是一种经营部分银行业务的非银行金融机构,需要经过中国人民银行审核批准才能设立。( )(2014年)

考点六:现金收支日常管理

【例题7-21·单选题】 在其他条件相同的情况下,下列各项中,可以加速现金周转的是( )。(2013年)

A. 减少存货量　　　　　　　B. 减少应付账款

C. 放宽赊销信用期　　　　　D. 利用供应商提供的现金折扣

【例题7-22·单选题】 关于现金周转期的计算,下列公式中正确的是( )。(2018年)

A. 现金周转期 = 应收账款周转期 + 应付账款周转期 - 存货周转期

B. 现金周转期 = 存货周转期 + 应收账款周转期 + 应付账款周转期

C. 现金周转期 = 存货周转期 + 应收账款周转期 - 应付账款周转期

D. 现金周转期 = 存货周转期 + 应付账款周转期 - 应收账款周转期

【例题7-23·多选题】 下列各项措施中,能够缩短现金周转期的有( )。(2015年)

A. 减少对外投资　　　　　　B. 延迟支付货款

C. 加速应收账款的回收　　　D. 加快产品的生产和销售

【例题7-24·多选题】企业采取的下列措施中，能够减少营运资本需求的有（　　）。(2020年)
A. 加速应收账款周转
B. 加速存货周转
C. 加速应付账款的偿还
D. 加速固定资产周转

考点七：应收账款的成本

【例题7-25·单选题】某企业预计下年度销售净额为1 800万元，应收账款周转天数为90天（一年按360天计算），变动成本率为60%，资本成本为10%，则应收账款的机会成本是（　　）元。(2013年)
A. 27　　　　B. 45　　　　C. 108　　　　D. 180

考点八：信用政策

【例题7-26·综合题】乙公司长期以来只生产X产品，2016年度X产品实际销售量为600万件，销售单价为30元，单位变动成本为16元，固定成本总额为2 800万元，假设2017年X产品单价和成本性态保持不变。为了提升产品市场占有率，公司决定2017年放宽X产品销售的信用条件，延长信用期，预计销售量将增加120万件，收账费用和坏账损失将增加350万元，应收账款年平均占有资金将增加1 700万元，资本成本率为6%。
要求：计算公司因调整信用政策而预计增加的相关收益（边际贡献）、相关成本和相关利润，并据此判断改变信用条件是否对公司有利。(2017年)

考点九：应收账款的监控

【例题7-27·多选题】动用应收账款余额控制模式进行应收账款管理可以发挥的作用有（　　）。(2014年)
A. 预测公司的现金流量
B. 预计应收账款的水平
C. 反映应付账款的周转速度
D. 评价应收账款的收账效率

考点十：应收账款日常管理

【例题7-28·判断题】在应收账款保理中，从风险角度看，有追索权的保理相对于无追索权的保理对供应商更有利，对保理商更不利。（　　）(2016年)

【例题7-29·判断题】应收账款保理的主要意图在于将逾期未能收回的应收账款转让给保理商，从而获取相应的资金。（　　）(2020年)

考点十一：存货管理的目标

【例题7-30·判断题】存货管理的目标是在保证生产和销售需要的前提下，最大限度地降低存货成本。（　　）(2013年)

考点十二：存货的成本

【例题7-31·单选题】下列各项中，不属于存货储存成本的是（　　）。(2012年)
A. 存货仓储费用
B. 存货破损和变质损失

C. 存货储备不足而造成的损失 D. 存货占用资金的应计利息

【例题7-32·判断题】 企业的存货总成本随着订货量的增加而呈正方向变化。（ ）（2012年）

考点十三：最优存货量的确定

【例题7-33·单选题】 根据经济订货批量的基本模型，下列各项中，可能导致经济订货批量提高的是（ ）。（2011年）

A. 每期对存货的总需求降低 B. 每次订货费用降低
C. 每期单位存货存储费降低 D. 存货的采购单价降低

【例题7-34·单选题】 在交货期内，如果存货需求量增加或供应商交货时间延迟，就可能发生缺货。为此，企业应保持的最佳保险储备量是（ ）。（2012年）

A. 使保险储备的订货成本与持有成本之和最低的存货量
B. 使缺货损失和保险储备的持有成本之和最低的存货量
C. 使保险储备的持有成本最低的存货量
D. 使缺货损失最低的存货量

【例题7-35·单选题】 某公司全年需用X材料18 000件，计划开工360天。该材料订货日至到货日的时间为5天，保险储备量为100件。该材料的再订货点是（ ）件。（2016年）

A. 100 B. 150 C. 250 D. 350

【例题7-36·单选题】 下列关于存货保险储备的表现中，表述正确的是（ ）。（2017年）

A. 较低的保险储备可降低存货缺货成本
B. 保险储备的多少取决于经济订货量的大小
C. 最佳保险储备能使缺货损失和保险储备的储存成本之和达到最低
D. 较高的保险储备可降低存货储存成本

【例题7-37·单选题】 某公司全年需要零配件72 000件，假设一年按360天计算，按经济订货基本模型计算的最佳订货量为9 000件，订货日至到货日的时间为3天，公司确定的保险储备为1 000件，则再订货点为（ ）件。（2017年）

A. 1 600 B. 4 000 C. 600 D. 1 075

【例题7-38·单选题】 下列各项因素中，不影响存货经济订货批量计算结果的是（ ）。（2018年）

A. 存货年需要量 B. 单位变动储存成本
C. 保险储备 D. 每次订货变动成本

【例题7-39·单选题】 根据存货的经济订货基本模型，影响经济订货批量的因素是（ ）。（2018年）

A. 购置成本 B. 每次订货变动成本
C. 固定储存成本 D. 缺货成本

【例题7-40·多选题】 在存货订货量决策中，下列关于保险储备的表述正确的有（ ）。（2020年）

A. 保险储备增加，存货的缺货损失减小
B. 保险储备增加，存货中断的概率变小

C. 保险储备增加，存货的再订货点降低
D. 保险储备增加，存货的储存成本提高

【例题7-41·计算题】 甲公司是一家制造类企业，全年平均开工250天。为生产产品，全年需要购买A材料250 000件，该材料进货价格为150元/件，每次订货需支付运费、订单处理费等变动费用500元，材料年储存费率为10元/件。A材料平均交货时间为4天。该公司A材料满足经济订货基本模型各项前提条件。

要求：

（1）利用经济订货基本模型，计算A材料的经济订货批量和全年订货次数。

（2）计算按经济订货批量采购A材料的年存货相关总成本。

（3）计算A材料每日平均需用量和再订货点。(2014年)

考点十四：存货的控制系统

【例题7-42·单选题】 采用ABC控制法进行存货管理时，应该重点控制的存货类别是（　　）。(2013年)

A. 品种较多的存货　　　　B. 数量较多的存货
C. 库存时间较长的存货　　D. 单位价值较大的存货

考点十五：短期借款

【例题7-43·单选题】 某企业从银行获得附有承诺的周转信贷额度为1 000万元，承诺费率为0.5%，年初借入800万元，年底偿还，年利率为5%。则该企业负担的承诺费是（　　）万元。(2012年)

A. 1　　　　B. 4　　　　C. 5　　　　D. 9

【例题7-44·单选题】 某公司向银行借款100万元，年利率为8%，银行要求保留12%的补偿性余额，则该借款的实际年利率为（　　）。(2015年)

A. 6.67%　　B. 7.14%　　C. 9.09%　　D. 11.04%

【例题7-45·单选题】 某企业获100万元的周转信贷额度，约定年利率为10%，承诺费率为0.5%，年度内企业实际动用贷款60万元，使用了12个月，则该笔业务在当年实际的借款成本为（　　）万元。(2017年)

A. 10　　　B. 10.2　　　C. 6.2　　　D. 6

【例题7-46·单选题】 某公司借入名义年利率为10%的银行借款6 000万元，分12个月等额偿还本息，则按照加息法计算的该借款的实际年利率为（　　）。(2020年)

A. 20%　　B. 10.25%　　C. 21%　　D. 10%

【例题7-47·判断题】 在银行授予企业的信贷额度内，企业可以按需借款，银行应当承担满足企业在贷款限额内的全部需求的法律义务。（　　）(2018年)

【例题7-48·判断题】 银行借款如果附带补偿性余额条款，则会降低银行借款的实际利率。（　　）(2020年)

考点十六：短期融资券

【例题7-49·单选题】 下列关于短期融资券的表述中，错误的是（　　）。(2013年)

A. 短期融资券不向社会公众发行
B. 必须具备一定信用等级的企业才能发行短期融资券
C. 相对于发行公司债券而言，短期融资券的筹资成本较高
D. 相对于银行借款筹资而言，短期融资券的一次性筹资数额较大

【例题7-50·多选题】在我国，下列关于短期融资券的说法，正确的有（ ）。(2019年)
A. 相对于银行借款，信用要求等级高
B. 相对于企业债券，筹资成本较高
C. 相对于商业信用，偿还方式灵活
D. 相对于银行借款，一次性筹资金额较大

考点十七：商业信用

【例题7-51·单选题】下列各项中，属于商业信用筹资方式的是（ ）。(2011年)
A. 发行短期融资券   B. 应付账款筹资
C. 短期借款   D. 融资租赁

【例题7-52·多选题】在确定因放弃现金折扣而发生的信用成本时，需要考虑的因素有（ ）。(2011年)
A. 数量折扣百分比   B. 现金折扣百分比
C. 折扣期   D. 信用期

【例题7-53·多选题】一般而言，与短期筹资和短期借款相比，商业信用筹资的优点有（ ）。(2014年)
A. 融资数额较大   B. 融资条件宽松
C. 融资机动权大   D. 不需提供担保

【例题7-54·多选题】下列各项中，属于企业利用商业信用进行筹资的形式有（ ）。(2018年)
A. 应付票据   B. 预收账款
C. 短期借款   D. 应付账款

【例题7-55·判断题】如果企业利用应付账款进行筹资而无须支付利息，则可以认为采用这种商业信用形式是没有筹资成本的。（ ）(2019年)

【例题7-56·综合题】戊公司是一家设备制造商，公司基于市场发展进行财务规划，有关资料如下：

戊公司采用以下两种筹资方式：（1）利用商业信用：戊公司供应商提供的付款条件为"1/10，N/30"；（2）向银行借款：借款年利率为8%。一年按360天计算。该公司适用的企业所得税税率为25%。

不考虑增值税及其他因素的影响。

要求：根据上述资料，计算并回答如下问题：（1）计算放弃现金折扣的信用成本率；（2）判断戊公司是否应该放弃现金折扣，并说明理由；（3）计算银行借款的资本成本。（2018年）

答 案

【例题7-1·单选题】 D

【解析】 营运资金=流动资产-流动负债，无形资产属于非流动资产，不属于营运资金构成内容。

【例题7-2·多选题】 ABCD

【解析】 营运资金=流动资产-流动负债，选项ABCD均属于流动资产，所以均会影响营运资金占用水平。

【例题7-3·单选题】 B

【解析】 用长期融资方式为部分永久性流动资产和全部非流动资产融资，是激进融资策略的特点。

【例题7-4·单选题】 B

【解析】 长期融资方式支持非流动资产、永久性流动资产和一部分波动性流动资产，是保守融资策略的特征，选项B正确。

【例题7-5·单选题】 A

【解析】 在紧缩的流动资产投资策略下，企业维持低水平的流动资产与销售收入比率。紧缩的流动资产投资策略可以节约流动资产的持有成本，但与此同时可能伴随着更高的风险。

【例题7-6·单选题】 A

【解析】 保守融资策略是一种风险小、收益低、成本高的融资策略，选项A正确。

【例题7-7·判断题】 正确

【解析】 流动资产账户通常随着销售额的变化而立即变化。销售的稳定性和可预测性反映了流动资产投资的风险程度。销售额越不稳定，越不可预测，则投资于流动资产上的资金就应越多，以保证有足够的存货和应收账款占用来满足生产经营和顾客的需要。

【例题7-8·判断题】 错误

【解析】 在紧缩的流动资产投资策略下，企业维持低水平的流动资产与销售收入比率。采用紧缩的流动资产投资策略，无疑对企业的管理水平有较高的要求。存货控制的适时管理系统（JIT），便是其中一个突出代表。

【例题7-9·判断题】 错误

【解析】 公司发行股票所筹集的资金无须归还，没有期限，属于公司的长期自有资金，所以一般满足的是上市公司的长期融资需求。

【例题7-10·判断题】 错误

【解析】 企业维持较高的流动资产存量水平会降低营运资金的周转，降低资金使用效率。同时较高的流动资产存量水平，会增加流动资产的持有成本，降低资产的收益率。

【例题7-11·单选题】 A

【解析】 企业的交易性需求是指企业为了维持日常周转及正常商业活动所需持有的现金额。预防性需求是指企业需要持有一定量的现金，以应付突发事件。投机性需求是企业需要持有一定量的现金以抓住突然出现的获利机会。本题企业支付给供应商的现金是由于维持日常经营导致的，故选项A正确。

【例题7-12·多选题】 ABD

【解析】 确定预防性需求的现金数额时，需要考虑以下因素：

（1）企业愿冒现金短缺风险的程度（选项D正确）；

（2）企业预测现金收支可靠的程度（选项B正确）；

（3）企业临时融资的能力。现金收支预测可靠性程度较高，信誉良好，与银行关系良好的企业，预防性需求的现金持有量一般较低（选项A正确）。

【例题7-13·单选题】C

【解析】根据H=3R-2L(L表示现金持有量下限，R表示现金返回线，H表示现金持有量上限）可得，H=3×80-2×15=210（万元），公司现有现金220万元超过210万元，应该将现金转换为有价证券。转换金额为220-80=140（万元），选项C正确。

【例题7-14·单选题】D

【解析】根据H=3R-2L(L表示现金持有量下限，R表示现金返回线，H表示现金持有量上限）=3×360-2×200=680（万元），所以选项D正确。

【例题7-15·单选题】D

【解析】持有现金的机会成本=现金平均持有量×资本成本率=30×10%=3（万元）。本题问的是机会成本，指企业因持有一定现金余额丧失的再投资收益。

【例题7-16·多选题】BC

【解析】机会成本与现金持有量成正比例变动，现金持有量越大，机会成本越大；短缺成本是因缺乏必要的现金，不能应付业务开支所需而使企业蒙受损失或为此付出的转换成本等代价，与现金持有量呈现反比例变动，现金持有量越大，短缺成本越小，选项BC正确。管理成本是一种固定成本，与现金持有量之间无明显的比例关系。

【例题7-17·多选题】CD

【解析】在确定目标现金余额的存货模型中，需要考虑的相关现金成本有交易成本与机会成本，所以选项CD正确。

【例题7-18·判断题】正确

【解析】随机模型是在现金流量波动是随机的情况下进行现金持有量控制的方法，公司根据历史经验和现实需要，测算出一个现金持有量的控制范围，即制定出现金持有量的上限和下限，将现金持有量控制在上下限之内；若现金持有量在控制的上下限之内，便不必进行现金与有价证券的转换，保持它们各自的现有存量。

【例题7-19·判断题】正确

【解析】现金的机会成本和交易成本是两条随现金持有量呈不同方向发展的曲线，两条曲线交叉点相应的现金持有量，即相关总成本最低的现金持有量，也是最佳现金持有量。

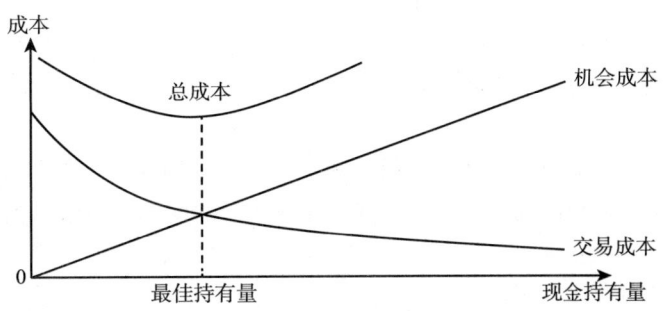

【例题7-20·判断题】错误

【解析】内部银行是将社会银行的基本职能与管理方式引入企业内部管理机制而建立起来的一种内部资金管理机构，不需要经过中国人民银行审核批准。财务公司是一种经营部分银行业务的非银行金融机构，它一般是集团公司发展到一定水平后，需要经过中国人民银行审核批准才能设立。

【例题7-21·单选题】A

【解析】现金周转期=经营周期-应付账款周转期，如果要减少现金周转期，可以从以下方面着手：加快制造与销售产成品，即减少存货量来缩短存货周转期，选项A正确；加速应收账款的回收来缩短应收账款周转期；延缓支付应付账款来延长应付账款周转期。放宽赊销信用期，减慢了应收账款的回收速度，会减慢现金周转；利用供应商提供的现金折扣，即尽早支付货款享受现金折扣，会导致应付账款周转期变短，也会减慢现金周转。

【例题7-22·单选题】C

【解析】现金周转期=存货周转期+应收账款周转期-应付账款周转期，所以选项C正确。

【例题7-23·多选题】BCD

【解析】现金周转期=存货周转期+应收账款周转期-应付账款周转期。如果要减少现金周转期，可以从以下方面着手：加快制造与销售产成品来缩短存货周转期；加速应收账款的回收来缩短应收账款周转期；延缓支付应付账款来延长应付账款周转期，从而最终达到缩短现金周转期的目的，选项BCD正确。

【例题7-24·多选题】AB

【解析】加速应收账款周转会减少应收账款，减少营运资本需求；加速存货周转会减少存货，减少营运资本需求；加速应付账款的偿还，会减少应付账款，增加营运资本需求；加速固定资产周转，会减少固定资产，不影响营运资本需求。

【例题7-25·单选题】A

【解析】应收账款机会成本=日销售额×平均收现期×变动成本率×资本成本=1 800÷360×90×60%×10%=27（万元）

【例题7-26·综合题】

增加的相关收益=120×(30-16)=1 680（万元）

增加的相关成本=350+1 700×6%=452（万元）

增加的相关利润=1 680-452=1 228（万元）

改变信用条件后公司利润增加，所以改变信用条件对公司有利。

【解析】增加的相关收益=增加的销售数量×(单价-单位变动成本)

增加的相关成本=增加的收账费用+增加的坏账损失+增加的应收账款机会成本=增加的收账费用+增加的坏账损失+增加的应收账款占用资金×资本成本率=350+1 700×6%=452（万元）

增加的相关利润=增加的相关收益-增加的相关成本=1 680-452=1 228（万元）

增加的相关收益＞增加的相关成本，改变信用条件后公司利润增加，所以改变信用条件对公司有利。

【例题7-27·多选题】ABD

【解析】企业管理部门通过将当前的模式和过去的模式进行对比来评价应收账款余额模式

的任何变化。企业还可以运用应收账款账户余额的模式来计划应收账款金额水平,衡量应收账款的收账效率以及预测未来的现金流,选项 ABD 正确。

【例题 7-28·判断题】 错误
【解析】 有追索权的保理是指供应商将债权转让给保理商,从保理商那里融通资金。如果购货商到期拒绝付款或无力付款,保理商有权向供应商要求偿还预付的货币资金,这种情况下对供应商不利,对保理商有利。

【例题 7-29·判断题】 错误
【解析】 应收账款保理是企业将赊销形成的未到期应收账款(而不是逾期未能收回的应收账款),在满足一定条件的情况下转让给保理商,以获得流动资金,加快资金的周转。

【例题 7-30·判断题】 正确
【解析】 存货管理的目标,就是在保证生产和销售经营需要的前提下,最大限度地降低存货成本。

【例题 7-31·单选题】 C
【解析】 存货储存成本指为保持存货而发生的成本,主要包括存货占用资金的应计利息、仓库费用、保险费用、存货破损以及损失等费用;存货储备不足而造成的损失属于缺货成本,选项 C 正确。

【例题 7-32·判断题】 错误
【解析】 变动订货成本随着订货量的增加而降低,变动储存成本随着订货量的增加而增加,而变动订货成本和变动储存成本都会影响存货总成本,因此订货批量增加,存货总成本不一定呈正方向变化。

【例题 7-33·单选题】 C
【解析】 经济订货量(EOQ)$= \sqrt{\frac{2KD}{K_c}}$,D 是存货年需要量,K 是每次订货的变动成本,K_c 是存货单位变动储存成本,存货年需要量与每次订货变动成本和经济订货量成正比例变动,存货单位变动储存成本和经济订货量成反比例变动,选项 C 正确。

【例题 7-34·单选题】 B
【解析】 最佳的保险储备应该是使保险储备的储存成本及缺货成本之和最小,选项 B 正确。

【例题 7-35·单选题】 D
【解析】 再订货点 = 交货时间 × 平均日需求量 + 保险储备 = 5 × 18 000 ÷ 360 + 100 = 350(件),选项 D 正确。

【例题 7-36·单选题】 C
【解析】 较高的保险储备可降低缺货损失,但也增加了存货的储存成本。因此,最佳的保险储备应该是缺货损失和保险储备的储存成本之和达到最低。

【例题 7-37·单选题】 A
【解析】 考虑了保险储备的再订货点 = 预计交货期内的需求 + 保险储备 = 交货时间 × 平均日需求量 + 保险储备,再订货点 = 72 000 ÷ 360 × 3 + 1 000 = 1 600(件),所以选项 A 正确。

【例题 7-38·单选题】 C
【解析】 保险储备是指企业为防止在交货期间因需求量增大或交货时间延误造成缺货损失而保持一定的存货储备量。

【例题7－39·单选题】 B

【解析】 根据存货经济订货批量计算公式可知，存货年需要量、单位变动储存成本、每次订货变动成本都会影响存货经济订货批量计算结果，所以选项B正确。

【例题7－40·多选题】 ABD

【解析】 较高的保险储备可降低存货中断的概率和存货中断的损失，即降低缺货损失，但也增加了存货的储存成本。因此，最佳的保险储备应该是使缺货损失和保险储备的储存成本之和达到最低，所以选项ABD正确。再订货点＝预计交货期内的需求＋保险储备，保险储备增加，存货的再订货点提高，所以选项C错误。

【例题7－41·计算题】

（1）A材料的经济订货批量＝$\sqrt{\dfrac{2\times 500\times 250\,000}{10}}$＝5 000（件）

全年订货次数＝全年需求量÷经济订货批量＝250 000÷5 000＝50（次）

（2）A材料的年存货相关总成本＝$\sqrt{2\times 500\times 250\,000\times 10}$＝50 000（元）

（3）每日平均需用量＝250 000÷250＝1 000（件），再订货点＝4×1 000＝4 000（件）。

【解析】

（1）经济订货量（Q^*）基本模型：$Q^*=\sqrt{\dfrac{2KD}{K_c}}$

D是存货年需要量250 000件；K是每次订货的变动成本500元，K_c是存货单位变动储存成本10元/件。

（2）与批量相关的存货总成本$TC(Q^*)=\sqrt{2KDK_c}$

（3）再订货点R＝交货时间×平均日需求量＋保险储备

【例题7－42·单选题】 D

【解析】 ABC控制法就是把企业种类繁多的存货，依据其重要程度、价值大小或者资金占用等标准分为ABC三大类，其中A类为高价值存货，应作为管理的重点，选项D正确。

【例题7－43·单选题】 A

【解析】 该企业负担的承诺费＝（周转信贷限额－贷款额）×承诺费率＝（1 000－800）×0.5%＝1（万元），选项A正确。

【例题7－44·单选题】 C

【解析】 有效年利率＝$\dfrac{贷款额\times 报价利率}{贷款额\times(1-补偿性余额比率)}$＝$\dfrac{报价利率}{(1-补偿性余额比率)}$＝8%÷（1－12%）＝9.09%。

【例题7－45·单选题】 C

【解析】 实际借款成本＝利息＋承诺费＝60×10%＋（100－60）×0.5%＝6.2（万元），选项C正确。

【例题7－46·单选题】 A

【解析】 按照加息法计算的该借款的实际年利率＝10%×2＝20%

【例题7－47·判断题】 错误

【解析】 在银行授予企业的信贷额度内，企业可以按需借款，但银行并不承担满足企业在贷款限额内的全部需求的法律义务。

【例题 7-48·判断题】错误
【解析】对借款企业来说，补偿性余额提高了借款的实际利率，加重了企业负担。

【例题 7-49·单选题】C
【解析】短期融资券的发行和交易的对象是银行间债券市场的机构投资者，不向社会公众发行和交易；相对于发行公司债券而言，发行短期融资券的筹资成本较低（选项 C 错误）；发行短期融资券的条件比较严格，必须具备一定的信用等级的企业才能发行。

【例题 7-50·多选题】AD
【解析】在我国，短期融资券是指企业在银行间债券市场发行和交易并约定在一定期限内还本付息的有价证券，是企业筹措短期（1年以内）资金的直接融资方式。只有具备一定的信用等级的实力强的企业，才能发行短期融资券筹资，银行借款没有这样的规定，选项 A 正确。相对于发行企业债券筹资而言，发行短期融资券的筹资成本较低，选项 B 不正确。采用商业信用筹资，如果在期限内不能付款或交货时，一般还可以通过与客户的协商，请求延长时限，偿还方式更为灵活，选项 C 不正确。相对于银行借款筹资而言，短期融资券一次性的筹资数额比较大，选项 D 正确。

【例题 7-51·单选题】B
【解析】商业信用，是指在商品交易中由于延期付款或预收货款所形成的公司间的借贷关系。商业信用的具体形式有应付账款、应付票据（带息/不带息）、预收账款、应计未付款（如应付职工薪酬、应付股利）等，选项 B 正确。

【例题 7-52·多选题】BCD
【解析】放弃折扣的信用成本率 = $\dfrac{折扣\%}{1-折扣\%} \times \dfrac{360 天}{付款期-折扣期}$，选项 BCD 正确。

【例题 7-53·多选题】BCD
【解析】商业信用筹资的优点有：商业信用容易获得、企业有较大的机动权、企业一般不用提供担保，选项 BCD 正确。

【例题 7-54·多选题】ABD
【解析】通常包括应付账款、应付票据、预收账款和应计未付款等形式，所以选项 ABD 正确。

【例题 7-55·判断题】错误
【解析】供应商提供现金折扣时，放弃现金折扣是有成本的。在附有现金折扣条件的应付账款融资方式下，其筹资成本与银行信用相比较高。

【例题 7-56·综合题】
（1）放弃现金折扣的信用成本率 = 1% ÷ (1-1%) × 360 ÷ (30-10) = 18.18%

（2）戊公司不应该放弃现金折扣。

理由：因为放弃现金折扣的信用成本率 18.18% > 银行借款利息率 8%，所以不应该放弃现金折扣。

（3）银行借款的资本成本 = 8% × (1-25%) = 6%

【解析】放弃折扣的信用成本率 = $\dfrac{折扣\%}{1-折扣\%} \times \dfrac{360 天}{付款期-折扣期}$ = 1% ÷ (1-1%) × 360 ÷ (30-10) = 18.18%；

根据决策原则，若放弃现金折扣成本率>银行借款利率，则选择折扣期内付款（享受现金折扣）；

银行借款的利息费用在税前支付，可以抵税（税盾效应）。故银行借款的资本成本=8%×(1−25%)=6%。

第八章 成本管理

考情分析

考点	近6年考查频次	2016年	2017年	2018年	2019年	2020年	2021年
成本管理的主要内容	2					2	
单一产品本量利分析	11	2	3	1	3	1	1
多种产品本量利分析	2		2				
目标利润分析	2						2
利润敏感性分析	4			1	1		2
成本差异的计算及分析	8	1	2	2	2	1	
作业成本管理	7	2	1	1		3	
责任成本管理	12	1	3	1	5	2	
计算题/综合题	17	2	2	3	2	6	2

考点一：成本管理的主要内容

【例题8-1·单选题】在企业的日常经营管理工作中，成本管理工作的起点是（　　）。（2014年）

A．成本预测　　　B．成本核算　　　C．成本控制　　　D．成本分析

【例题8-2·单选题】下列各项中，利用有关成本资料或其他信息，从多个成本方案中选择最优方案的成本管理活动是（　　）。（2020年）

A．成本分析　　　B．成本计划　　　C．成本预测　　　D．成本决策

【例题8-3·多选题】成本管理是一系列成本管理活动的总称。下列各项中，属于成本管理内容的有（　　）。（2020年）

A．成本考核　　　B．成本计划　　　C．成本控制　　　D．成本预测

考点二：单一产品本量利分析

【例题8-4·单选题】下列各项指标中，能直接体现企业经营风险程度的是（　　）。（2017年）

A．安全边际率　　　B．边际贡献率　　　C．净资产收益率　　　D．变动成本率

【例题 8-5·单选题】某公司产销一种产品，变动成本率为 60%，盈亏平衡点作业率为 70%，则销售利润率为（　　）。(2021 年)

A. 18%　　　　　B. 28%　　　　　C. 12%　　　　　D. 42%

【例题 8-6·多选题】下列各项指标中，与保本点呈同向变化关系的有（　　）。(2013 年)

A. 单位售价　　　　　　　　　　B. 预计销量

C. 固定成本总额　　　　　　　　D. 单位变动成本

【例题 8-7·多选题】根据单一产品的本量利分析模式，下列关于利润的计算公式中，正确的有（　　）。(2017 年)

A. 利润 = 安全边际量 × 单位边际贡献

B. 利润 = 保本销售量 × 单位安全边际

C. 利润 = 实际销售额 × 安全边际率

D. 利润 = 安全边际额 × 边际贡献率

【例题 8-8·多选题】在单一产品本量利分析中，下列等式成立的有（　　）。(2019 年)

A. 保本作业率 + 安全边际率 = 1

B. 变动成本率 × 营业毛利率 = 边际贡献率

C. 安全边际率 × 边际贡献率 = 销售利润率

D. 变动成本率 + 边际贡献率 = 1

【例题 8-9·判断题】根据基本的本量利分析图，在销售量不变的情况下，保本点越低，盈利区越小、亏损区越大。（　　）(2013 年)

【例题 8-10·判断题】变动成本总额在特定的业务量范围内随着业务量的变化而成正比例变化。（　　）(2017 年)

【例题 8-11·综合题】戊公司只生产销售甲产品，该产品全年产销量一致。2013 年固定成本总额为 4 800 万元，该产品生产资料如表 1 所示。

表 1　　　　　　　　　　2013 年甲产品生产和销售资料

项目	产销量（万台）	单价（元）	单位变动成本（元）
甲产品	17	500	200

经过公司管理层讨论，公司 2014 年目标利润总额为 600 万元（不考虑所得税）。假设甲产品单价和成本性态不变。为了实现利润目标，根据销售预测，对甲产品 2014 年四个季度的销售量做出预计，如表 2 所示。

表 2　　　　　　　　2014 年度分季度销售量预测数　　　　　　　　单位：万台

项目	第一季度	第二季度	第三季度	第四季度	全年
预计销售量	3	4	5	6	18

若每季末预计的产成品存货占下个季度销售量的 10%，2014 年末预计的产成品存货数为 0.2 万台。各季预计的期初存货为上季末期末存货。2013 年第四季度的期末存货为 0.2 万台。根据以上资料，戊公司生产预算如表 3 所示。

表3　　　　　　　　　　　　　　　2014年生产预算　　　　　　　　　　　　　单位：万台

项目	第一季度	第二季度	第三季度	第四季度	全年
预计销售量	*	4	5	6	*
加：预计期末产成品存货	（A）	0.5	*	0.2	0.2
合计	*	4.5	*	6.2	*
减：预计期初产成品存货	0.2	*	（C）	*	*
预计生产量	*	（B）	*	*	*

注：表中"*"表示省略的数据。

要求：

（1）计算甲产品2013年的边际贡献总额和边际贡献率；

（2）计算甲产品2013年保本销售量和保本销售额；

（3）计算甲产品2013年的安全边际量和安全边际率，并根据投资企业经营安全程度的一般标准，判断公司经营安全与否；

（4）计算2014年实现目标利润总额600万元的销售量；

（5）确定表3中英文字母代表的数值（不需要列示计算过程）。（2014年）

考点三：多种产品本量利分析

【例题8-12·单选题】 对于生产多种产品的企业而言，如果能够将固定成本在各种产品之间进行合理分配，则比较适用的综合保本分析方法是（　　）。（2017年）

A. 联合单位法　　B. 顺序法　　C. 分算法　　D. 加权平均法

【例题8-13·多选题】 如果采用加权平均法计算综合保本点，下列各项中，将会影响综合保本点大小的有（　　）。（2017年）

A. 固定成本总额　　B. 销售结构　　C. 单价　　D. 单位变动成本

【例题8-14·计算题】 甲公司生产销售A、B、C三种产品，采用联合单位法进行本量利分析，由2件A产品、1件B产品和2件C产品构成一个联合单位。已知固定成本总额为72 000元，产品产销量、单价和单位变动成本数据如下表所示。

项目	A产品	B产品	C产品
产销量（件）	2 000	1 000	2 000
单价（元）	60	90	75
单位变动成本（元）	40	60	50

要求：

（1）计算联合单价。

（2）计算联合单位变动成本。

（3）计算联合盈亏平衡点的业务量。

（4）计算A产品盈亏平衡点的业务量。

（5）计算三种产品的综合边际贡献率。（2020年）

【例题 8 – 15 · 综合题】 乙公司长期以来只生产 X 产品，有关资料如下：

资料一：2016 年度 X 产品实际销售量为 600 万件，销售单价为 30 元，单位变动成本为 16 元，固定成本总额为 2 800 万元，假设 2017 年 X 产品单价和成本性态保持不变。

资料二：2017 年度公司发现新的商机，决定利用现有剩余生产能力，并添置少量辅助生产设备，生产一种新产品 Y。预计 Y 产品的年销售量为 300 万件，销售单价为 36 元，单位变动成本为 20 万元，固定成本每年增加 600 万元，与此同时，X 产品的销售会受到一定冲击，其年销售量将在原来基础上减少 200 万件。

要求：

(1) 根据资料一，计算 2016 年度下列指标：①边际贡献总额；②保本点销售量；③安全边际额；④安全边际率。

(2) 根据资料一和资料二，计算投产新产品 Y 为公司增加的息税前利润，并据此做出是否投产新产品 Y 的经营决策。(2017 年)

考点四：目标利润分析

【例题 8 – 16 · 单选题】 某公司预算年度计划新增留存收益为 150 万元，目标股利分配额为 600 万元，适用的所得税税率为 25%，则目标利润总额是（   ）万元。(2011 年)

  A. 337.5   B. 562.5   C. 750   D. 1 000

【例题 8 – 17 · 判断题】 基于本量利分析模型，若其他因素不变，目标利润的变动会影响盈亏平衡点的销售额。（   ）(2021 年)

【例题 8 – 18 · 综合题】 丁公司是一家处于初创阶段的电子产品生产企业，相关资料如下：

资料一：2016 年开始生产和销售 P 产品，售价为 0.9 万元/件，全年生产 20 000 件，产销平衡。丁公司适用的所得税税率为 25%。

资料二：公司 2016 年营业成本中固定成本为 4 000 万元，变动成本为 7 000 万元，期间费用中固定成本为 2 000 万元，变动成本为 1 000 万元，利息费用为 1 000 万元，假设 2017 年成本性态不变。

资料三：公司 2017 年目标净利润为 2 640 万元，预计利息费用为 1 200 万元。

要求：

根据资料一、资料二和资料三，计算 2017 年的下列指标：(1) 单位变动成本；(2) 保本点销售量；(3) 实现目标净利润的销售量；(4) 实现目标净利润时的安全边际量。(2017 年)

考点五：利润敏感性分析

【例题 8 – 19 · 计算题】 甲公司 2019 年 A 产品产销量为 3 万件，单价为 90 元/件，单位变动成本为 40 元/件，固定成本总额为 100 万元。预计 2020 年 A 产品的市场需求持续增加，甲公司面临以下两种可能的情形，并从中作出决策。

情形一：A 产品单价保持不变，产销量将增加 10%。

情形二：A 产品单价提高 10%，产销量将保持不变。

要求：

(1) 根据情形一计算：①利润增长百分比；②利润对销售量的敏感系数。

(2) 根据情形二计算：①利润增长百分比；②利润对单价的敏感系数。

(3) 判断甲公司是否应当选择提高 A 产品单价。(2020 年)

考点六：标准成本的分类

【例题 8-20·判断题】 理想标准成本考虑了生产过程中不能避免的损失、故障和偏差，属于企业经过努力可以达到的成本标准。（　　）(2014 年)

考点七：成本差异的计算及分析

【例题 8-21·单选题】 某公司月成本考核例会上，各部门经理正在讨论、认定直接人工效率差异的责任部门。根据你的判断，该责任部门应是（　　）。(2011 年)

A. 生产部门
B. 销售部门
C. 供应部门
D. 管理部门

【例题 8-22·单选题】 在标准成本管理中，成本总差异是成本控制的重要内容。其计算公式是（　　）。(2013 年)

A. 实际产量下实际成本－实际产量下标准成本
B. 实际产量下标准成本－预算产量下实际成本
C. 实际产量下实际成本－预算产量下标准成本
D. 实际产量下实际成本－标准产量下标准成本

【例题 8-23·单选题】 下列因素中，一般不会导致直接人工工资率差异的是（　　）。(2016 年)

A. 工资制度的变动
B. 工作环境的好坏
C. 工资级别的升降
D. 加班或临时工的增减

【例题 8-24·单选题】 企业生产 X 产品，工时标准为 2 小时/件，变动制造费用标准分配率为 24 元/小时，当期实际产量为 600 件，实际变动制造费用为 32 400 元，实际工作为 1 296 小时，则在标准成本法下，当期变动制造费用效率差异为（　　）元。(2017 年)

A. 1 200　　　B. 2 304　　　C. 2 400　　　D. 1 296

【例题 8-25·单选题】 某产品的预算产量为 10 000 件，实际产量为 9 000 件，实际发生固定制造费用 180 000 万元，固定制造费用标准分配率为 8 元/小时，工时标准为 1.5 小时/件，则固定制造费用成本差异为（　　）。(2018 年)

A. 超支 72 000 元
B. 节约 60 000 元
C. 超支 60 000 元
D. 节约 72 000 元

【例题 8-26·单选题】 某产品本期产量为 60 套，直接材料标准用量为 18 千克/套，直接材料标准价格为 270 元/千克，直接材料实际用量为 1 200 千克，实际价格为 280 元/千克。则该产品的直接材料用量差异为（　　）元。(2018 年)

A. 10 800　　　B. 12 000　　　C. 32 400　　　D. 33 600

【例题 8-27·判断题】 在标准成本法下，固定制造费用成本差异是指固定制造费用实际金额与固定制造费用预算金额之间的差异。（　　）(2017 年)

【例题 8-28·计算题】 甲公司生产销售产品，现将该产品的人工成本分解为产品产量、单位产品消耗人工工时和小时工资率三个影响因素，采用因素分析法对其人工成本变动进行分析，基期、报告期人工成本信息如下：

项目	基期	报告期
产品产量（件）	200	220
单位产品消耗人工工时（小时）	20	18
小时工资率（元/小时）	25	30

要求：

（1）计算该产品报告期与基期的人工成本的差额。

（2）使用因素分析法，依次计算下列因素变化对报告期与基期人工成本差额的影响：

①产品产量；

②单位产品消耗人工工时；

③小时工资率。（2020年）

【例题8-29·计算题】甲公司生产某产品，预算产量为10 000件，单位标准工时为1.2小时/件，固定制造费用预算总额为36 000元。该产品实际产量为9 500件，实际工时为15 000小时，实际发生固定制造费用38 000元。公司采用标准成本法，将固定制造费用成本差异分解为三差异进行计算与分析。

要求：

（1）计算固定制造费用耗费差异。

（2）计算固定制造费用产量差异。

（3）计算固定制造费用效率差异。

（4）计算固定制造费用成本差异，并指出该差异属于有利还是不利差异。（2021年）

【例题8-30·综合题】戊公司生产和销售E、F两种产品，每年产销平衡。为了加强产品成本管理，合理确定下年度经营计划和产品销售价格，该公司专门召开总经理办公会进行讨论。相关资料如下：

资料一：2014年E产品实际产销量为3 680件，生产实际用工为7 000小时，实际人工成本为16元/小时。标准成本资料如下表所示。

E产品单位标准成本

项目	直接材料	直接人工	制造费用
价格标准	35元/千克	15元/小时	10元/小时
用量标准	2千克/件	2小时/件	2小时/件

资料二：F产品年设计生产能力为15 000件，2015年计划生产12 000件，预计单位变动成本为200元，计划期的固定成本总额为720 000元。该产品适用的消费税税率为5%，成本利润率为20%。

资料三：戊公司接到F产品的一个额外订单，意向订购量为2 800件，订单价格为290元/件，要求2015年内完工。

要求：

根据资料一，计算2014年E产品的下列指标：（1）单位标准成本；（2）直接人工成本差异；（3）直接人工效率差异；（4）直接人工工资率差异。（2015年改编）

【例题 8-31·综合题】乙公司是一家制造企业,长期以来只生产 A 产品。2018 年有关资料如下:

资料一:生产 A 产品需要耗用 X、Y、Z 三种材料,其价格标准和用量标准如下表所示。

A 产品直接材料成本标准

项目	标准		
	X 材料	Y 材料	Z 材料
价格标准	10 元/千克	15 元/千克	20 元/千克
用量标准	3 千克/件	2 千克/件	2 千克/件

资料二:8 月份 A 产品月初存货量预计为 180 件,8 月份和 9 月份的预计销售量分别为 2 000 件和 2 500 件。A 产品的预计月末存货量为下月销售量的 12%。公司利用标准成本信息编制直接人工预算。生产 A 产品的工时标准为 3 小时/件,标准工资率为 20 元/小时。8 月 A 产品的实际产量为 2 200 件,实际工时为 7 700 小时,实际发生直接人工成本 146 300 元。

资料三:公司利用标准成本信息,并采用弹性预算法编制制造费用预算,A 产品的单位变动制造费用标准成本为 18 元,每月的固定制造费用预算总额为 31 800 元。

要求:

(1) 根据资料一,计算 A 产品的单位直接材料标准成本。

(2) 根据资料二,计算下列成本差异:①直接人工成本差异;②直接人工效率差异;③直接人工工资率差异。

(3) 根据 (1)、(2) 的计算结果和资料二、资料三,计算 A 产品的单位标准成本。

(2018 年)

考点八:作业成本管理

【例题 8-32·单选题】下列关于成本动因(又称成本驱动因素)的表述中,不正确的是( )。(2011 年)

A. 成本动因可作为作业成本法中成本分配的依据

B. 成本动因可按作业活动耗费的资源进行度量

C. 成本动因可分为资源动因和生产动因

D. 成本动因可以导致成本的发生

【例题 8-33·单选题】在作业成本法下,划分增值作业与非增值作业的主要依据是( )。(2020 年)

A. 是否有助于提高产品质量 B. 是否有助于增加产品功能

C. 是否有助于提升企业技能 D. 是否有助于增加顾客价值

【例题 8-34·单选题】作业成本法下,产品成本计算的基本程序可以表示为( )。(2020 年)

A. 作业—部门—产品 B. 资源—作业—产品

C. 资源—部门—产品 D. 资源—产品

【例题 8-35·判断题】在作业成本法下,成本动因是导致成本发生的诱因,是成本分配的依据。( )(2012 年)

【例题 8-36·判断题】对作业和流程的执行情况进行评价时，使用的考核指标可以是财务指标也可以是非财务指标，其中非财务指标主要用于时间、质量、效率三个方面的考核。（　　）（2015 年）

【例题 8-37·判断题】在作业成本法下，一个作业中心只能包括一种作业。（　　）（2020 年）

考点九：责任成本管理

【例题 8-38·单选题】下列各项中，最适用于评价投资中心业绩的指标是（　　）。（2012 年）

A. 边际贡献　　　B. 部门毛利　　　C. 剩余收益　　　D. 部门净利润

【例题 8-39·单选题】在企业责任成本管理中，责任成本是成本中心考核和控制的主要指标，其构成内容是（　　）。（2013 年）

A. 产品成本之和　　B. 固定成本之和　　C. 可控成本之和　　D. 不可控成本之和

【例题 8-40·单选题】以协商价格作为内部转移价格时，该协商价格的下限通常是（　　）。（2016 年）

A. 单位市场价格　　B. 单位变动成本　　C. 单位制造成本　　D. 单位标准成本

【例题 8-41·单选题】某利润中心本期销售收入为 7 000 万元，变动成本总额为 3 800 万元，中心负责人可控的固定成本为 1 300 万元，其不可控但由该中心负担的固定成本为 600 万元，则该中心的可控边际贡献为（　　）万元。（2017 年）

A. 1 900　　　　B. 3 200　　　　C. 5 100　　　　D. 1 300

【例题 8-42·单选题】企业以协商价格作为内部转移价格时，该协商价格的下限一般是（　　）。（2017 年）

A. 单位完全成本加上单位毛利　　　　B. 单位变动成本加上单位边际贡献

C. 单位完全成本　　　　　　　　　　D. 单位变动成本

【例题 8-43·单选题】对于成本中心而言，某项成本成为可控成本的条件不包括（　　）。（2020 年）

A. 该成本是成本中心可以计量的

B. 该成本的发生是成本中心可以预见的

C. 该成本是成本中心可以调节和控制的

D. 该成本是总部向成本中心分摊的

【例题 8-44·单选题】下列关于投资中心业绩评价指标的说法中，错误的是（　　）。（2020 年）

A. 使用投资收益率和剩余收益指标分别进行决策可能导致结果冲突

B. 计算剩余收益指标所使用的最低投资收益率一般小于资本成本

C. 在不同规模的投资中心之间进行比较时不适合采用剩余收益指标

D. 采用投资收益率指标可能因追求局部利益最大化而损害整体利益

【例题 8-45·多选题】下列各项指标中，根据责任中心权责利关系，适用于利润中心业绩评价的有（　　）。（2011 年）

A. 部门边际贡献　　B. 可控边际贡献　　C. 投资收益率　　D. 剩余收益

【例题8-46·多选题】根据责任成本管理基本原理,成本中心只对可控成本负责。可控成本应具备的条件有( )。(2015年)

A. 该成本是成本中心可计量的　　　　B. 该成本的发生是成本中心可预见的
C. 该成本是成本中心可调节和控制的　D. 该成本是为成本中心取得收入而发生的

【例题8-47·综合题】戊公司是一家以软件研发为主要业务的上市公司,其股票于2013年在我国深圳证券交易所创业板上市交易,戊公司有关材料如下:

资料一:X是戊公司下设的一个利润中心,2015年X利润中心的营业收入为600万元,变动成本为400万元,该利润中心负责人可控的固定成本为50万元。由该利润中心承担的但其负责人无法控制的固定成本为30万元。

资料二:Y是戊公司下设的一个投资中心,年初已占用的投资额为2 000万元,预计每年可实现利润300万元,投资收益率为15%,2016年初有一个投资额为1 000万元的投资机会,预计每年增加利润90万元,假设戊公司的投资必要收益率为10%。

要求:

(1) 根据资料一,计算X利润中心的边际贡献、可控边际贡献和部门边际贡献,并指出以上哪个指标可以更好地评价X利润中心负责人的管理业绩。

(2) 根据资料二,①计算接受新投资机会之前的剩余收益;②计算接受新投资机会之后的剩余收益;③判断该投资中心是否应该接受该投资机会,并说明理由。(2016年)

答　案

【例题8-1·单选题】A

【解析】成本管理具体包括成本预测、成本决策、成本计划、成本控制、成本核算、成本分析和成本考核七项内容,成本预测是进行成本管理的第一步,选项A正确。

【例题8-2·单选题】D

【解析】成本决策是在成本预测及有关成本资料的基础上,综合经济效益、质量、效率和规模等指标,运用定性和定量的方法对各个成本方案进行分析并选择最优方案的成本管理活动。

【例题8-3·多选题】ABCD

【解析】成本管理具体包括成本预测、成本决策、成本计划、成本控制、成本核算、成本分析和成本考核七项内容。

【例题8-4·单选题】A

【解析】通常采用安全边际率这一指标来评价企业经营是否安全,所以选项A正确。边际贡献率=边际贡献总额÷销售收入总额=单位边际贡献÷单价,净资产收益率=净利润÷平均所有者权益=净利润÷平均净资产,变动成本率=变动成本总额÷销售收入=单位变动成本÷单价。

【例题8-5·单选题】C

【解析】(1) 销售利润率=安全边际率×边际贡献率

(2) 边际贡献率+变动成本率=1

(3) 盈亏平衡点作业率+安全边际率=1

因此,销售利润率=(1-70%)×(1-60%)=12%。

【例题8-6·多选题】CD

【解析】保本点，又称盈亏平衡点，即企业一定时期的总收入等于总成本、利润为零时的业务量或销售额。保本销售量=固定成本÷（单价－单位变动成本），固定成本和单位变动成本与保本销售量呈同向变化，单价与保本点销售量呈反方向变化；保本销售额=保本销售量×单价，预计销售量与保本点销售量或保本销售额均无关，选项 CD 正确。

【例题 8-7·多选题】AD
【解析】根据本量利基本关系式：
（1）利润=销售量×单价－销售量×单位变动成本－固定成本=销售量×（单价－单位变动成本）－固定成本=销售量×单位边际贡献－固定成本=销售量×单位边际贡献－保本销售量×单位边际贡献=（销售量－保本销售量）×单位边际贡献=安全边际量×单位边际贡献
（2）利润=安全边际量×单位边际贡献=安全边际量×单价×单位边际贡献/单价=安全边际额×边际贡献率

【例题 8-8·多选题】ACD
【解析】边际贡献率=（单价－单位变动成本）/单价=1－单位变动成本/单价=1－变动成本率，所以选项 B 错误。

【例题 8-9·判断题】错误
【解析】

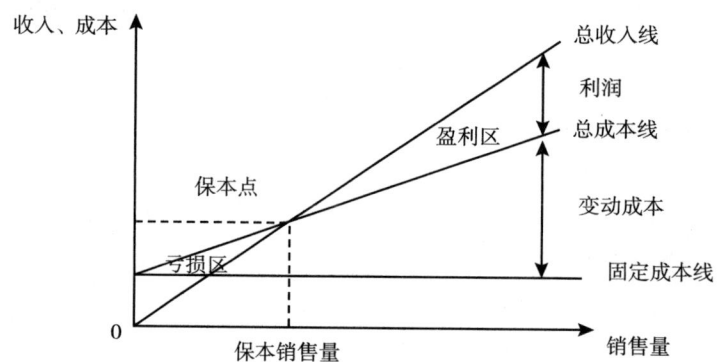

从图中可知，在销售量不变的情况下，保本点越低，亏损区越小，盈利区越大。

【例题 8-10·判断题】正确
【解析】变动成本是指在特定的业务量范围内，其总额会随业务量的变动而呈正比例变动的成本。变动成本总额=销售量×单位变动成本。

【例题 8-11·综合题】
（1）甲产品 2013 年边际贡献总额=17×（500－200）=5 100（万元）
2013 年边际贡献率=（500－200）÷500×100%=60%
（2）甲产品 2013 年保本销售量=4 800÷（500－200）=16（万台）
2013 年保本销售额=16×500=8 000（万元）或保本销售额=4 800÷60%=8 000（万元）
（3）甲产品 2013 年安全边际量=17－16=1（万台）；2013 年安全边际率=1÷17×100%=5.88%。
由于甲产品安全边际率小于 10%，根据一般标准，经营安全程度为危险。
（4）2014 年实现目标利润总额 600 万元的销售量=（4 800+600）÷（500－200）=18（万台）

(5) A = 4 × 10% = 0.4（万台）

B = 4 + 0.5 − 0.4 = 4.1（万台）

C = 0.5 万台

【解析】

(1) 边际贡献总额 = 产销量 × （单价 − 单位变动成本）；边际贡献率 = 单位边际贡献 ÷ 单价 × 100%。

(2) 保本销售量 = 固定成本总额 ÷ 单位边际贡献；保本销售额 = 保本销售量 × 单价 = 固定成本总额 ÷ 边际贡献率。

(3) 安全边际量 = 实际销售量 − 保本销售量；安全边际率 = 安全边际量 ÷ 实际销售量。

安全边际率与评价企业经营安全程度的一般性标准如下表所示。

安全边际率	40%以上	31%~40%	21%~30%	10%~20%	10%以下
经营安全程度	很安全	安全	较安全	值得注意	危险

(4) 目标利润销售量 = （固定成本 + 目标利润）÷ 单位边际贡献

(5) 每季末预计的产成品存货占下个季度销售量的10%，故 A = 下季度销售量 × 10% = 0.4（万台）。

根据：期初 + 本期增加 − 本期减少 = 期末，B = 预计生产量（本期增加）= 预计销售量（本期减少）+ 预计期末 − 预计期初（即上期期末）= 4 + 0.5 − 0.4 = 4.1（万台）。

各季预计的期初存货为上季末期末存货，因此 C = 三季度预计期初存货 = 二季度预计期末存货 = 0.5 万台。

【例题 8−12·单选题】 C

【解析】 分算法是在一定的条件下，将全部固定成本按一定标准在各种产品之间进行合理分配，确定每种产品应补偿的固定成本数额，然后再对每一种产品按单一品种条件下的情况分别进行本量利分析的方法，选项 C 正确。

【例题 8−13·多选题】 ABCD

【解析】 综合保本点销售额 = 固定成本总额 ÷ 加权平均边际贡献率。固定成本总额、销售结构、单价、单位变动成本都会影响加权平均边际贡献率，所以选项 ABCD 正确。

【例题 8−14·计算题】

(1) 联合单价 = 60 × 2 + 90 + 75 × 2 = 360（元）

(2) 联合单位变动成本 = 40 × 2 + 60 + 50 × 2 = 240（元）

(3) 联合盈亏平衡点的业务量 = 72 000 ÷ （360 − 240）= 600（件）

(4) A 产品盈亏平衡点的业务量 = 600 × 2 = 1200（件）

(5) 三种产品的综合边际贡献率 = [2 000 × （60 − 40）+ 1 000 × （90 − 60）+ 2 000 × （75 − 50）] ÷ （2 000 × 60 + 1 000 × 90 + 2 000 × 75）= 33.33%

【解析】 本题目考查多产品本量利分析中的联合单位法，联合单位法是指在事先确定各种产品间产销实物量比例的基础上，将各种产品产销实物量的最小比例作为一个联合单位，确定每一联合单位的单价、单位变动成本，进行本量利分析的一种分析方法。该方法将多种产品盈亏平衡点的计算问题转换为单一产品盈亏平衡点问题的计算。

【例题8-15·综合题】
(1) ①边际贡献总额=600×(30-16)=8 400（万元）
②保本点销售量=2 800÷(30-16)=200（万件）
③安全边际额=(600-200)×30=12 000（万元）
④安全边际率=(600-200)÷600=66.67%
(2) 增加的息税前利润=300×(36-20)-600-200×(30-16)=1 400（万元）
投资新产品Y后公司的息税前利润会增加，所以应投产新产品Y。
【解析】
(1) ①边际贡献总额=销售收入-变动成本=(单价-单位变动成本)×销售量
②保本点销售量=固定成本总额÷(单价-单位变动成本)
③安全边际额=销售收入-保本销售收入=(销售量-保本点销售量)×单价
④安全边际率=安全边际额÷销售收入=安全边际额÷(销售量×单价)
(2) 新产品Y的销售收入=300×36=10 800（万元）；变动成本=300×20=6 000（万元）；增加的固定成本为600万元；造成X产品的销售量在原来基础上减少200万件，X产品利润减少200×(30-16)=2 800（万元）；因此，投产新产品Y为公司增加的息税前利润=300×(36-20)-600-200×(30-16)=1 400（万元）。
投资新产品Y后公司的息税前利润>0，利润增加，所以应投产新产品Y。

【例题8-16·单选题】D
【解析】目标利润总额×(1-所得税税率)-股利分配=新增留存收益；解得，目标利润总额=1 000万元，选项D正确。

【例题8-17·判断题】错误
【解析】目标利润的变动会影响实现目标利润的销售量或销售额，不影响盈亏平衡点的销售额。

【例题8-18·综合题】
(1) 单位变动成本=(7 000+1 000)÷20 000=0.4（万元/件）
(2) 保本销售量=(4 000+2 000)÷(0.9-0.4)=12 000（件）
(3) 实现目标净利润的销售量=[4 000+2 000+2 640÷(1-25%)+1 200]÷(0.9-0.4)=21 440（件）
(4) 实现目标净利润时的安全边际量=21 440-12 000=9 440（件）
【解析】
(1) 单位变动成本=变动成本合计÷生产量=(7 000+1 000)÷20 000=0.4（万元/件）
(2) 保本销售量=固定成本÷(单价-单位变动成本)=(4 000+2 000)÷(0.9-0.4)=12 000（件）
(3) 实现目标净利润的销售量=(固定成本+目标利润)÷单位边际贡献
=[4 000+2 000+2 640÷(1-25%)+1 200]÷(0.9-0.4)=21 440（件）
(4) 实现目标净利润时的安全边际量=实现目标净利润的销售量-保本销售量=21 440-12 000=9 440（件）

【例题8-19·计算题】
(1) ①2019年的利润=3×(90-40)-100=50（万元）
2020年的利润=3×(1+10%)×(90-40)-100=65（万元）

利润增长百分比 =（65 – 50）÷ 50 × 100% = 30%

②利润对销售量的敏感系数 = 30% ÷ 10% = 3

（2）①2020 年的利润 = 3 ×［90 ×（1 + 10%）– 40］– 100 = 77（万元）

利润增长百分比 =（77 – 50）÷ 50 × 100% = 54%

②利润对单价的敏感系数 = 54% ÷ 10% = 5.4

（3）提高 A 产品单价导致的利润增长百分比高于提高销量导致的利润增长百分比，所以应当选择提高 A 产品的单价。

【解析】敏感系数 = 利润变动百分比 ÷ 因素变动百分比；利润 = 单位边际贡献 × 销售量 – 固定成本。

【例题 8 – 20·判断题】错误

【解析】理想标准成本是指在现有条件下所能达到的最优成本水平。而正常标准成本考虑了生产过程中不能避免的损失、故障和偏差，属于企业经过努力可以达到的成本标准。

【例题 8 – 21·单选题】A

【解析】直接人工效率差异形成的原因是多方面的，工人技术状况、工作环境和设备条件的好坏等，都会影响直接人工效率的高低，但主要责任还是在生产部门，选项 A 正确。

【例题 8 – 22·单选题】A

【解析】成本总差异 = 实际产量下实际成本 – 实际产量下标准成本，选项 A 正确。

【例题 8 – 23·单选题】B

【解析】工资率差异是价格差异，其形成原因比较复杂，工资制度的变动、工人的升降级、加班或临时工的增减都会导致工资率差异，一般这种差异的责任由劳动人事部门负责。直接人工效率差异是用量差异，工人技术状况、工作环境和设备条件的好坏等，都会影响效率的高低，主要责任在生产部门，因此，选项 B 工作环境的好坏影响的是直接人工效率差异，不会导致直接人工工资率差异。

【例题 8 – 24·单选题】B

【解析】变动制造费用效率差异 =（实际工时 – 实际产量下标准工时）× 变动制造费用标准分配率 =（1 296 – 600 × 2）× 24 = 2 304（元），选项 B 正确。

【例题 8 – 25·单选题】A

【解析】固定制造费用成本差异 = 实际发生固定制造费用 – 实际产量下标准工时 × 标准分配率 = 180 000 – 9 000 × 1.5 × 8 = 72 000（元）（超支）

【例题 8 – 26·单选题】C

【解析】产品的直接材料用量差异 =（实际数量 – 标准用量）× 标准价格 =（1 200 – 60 × 18）× 270 = 32 400（元），所以选项 C 正确。

【例题 8 – 27·判断题】错误

【解析】在标准成本法下，固定制造费用耗费差异是指固定制造费用实际金额与固定制造费用预算金额之间的差异。固定制造费用成本差异可以分为耗费差异和能量差异，能量差异可以进一步细分为产量差异和效率差异。

【例题 8 – 28·计算题】

（1）该产品报告期与基期人工成本的差额 = 220 × 18 × 30 – 200 × 20 × 25 = 18 800（元）

（2）①产品产量变动对人工成本差额的影响 =（220 – 200）× 20 × 25 = 10 000（元）

②单位产品消耗人工工时变动对人工成本差额的影响 = 220 × (18 - 20) × 25 = -11 000（元）

③小时工资率变动对人工成本差额的影响 = 220 × 18 × (30 - 25) = 19 800（元）

【解析】连环替代法是将分析指标分解为各个可以计量的因素，并根据各个因素之间的依存关系，顺次用各因素的比较值（通常为实际值）替代基准值（通常为标准值或计划值），据以测定各因素对分析指标的影响。

基准值（通常为标准值或计划值）：$A_0 \times B_0 \times C_0$ ①

比较值（通常为实际值）：$A_1 \times B_1 \times C_1$

第一次替代：$A_1 \times B_0 \times C_0$ ②

第二次替代：$A_1 \times B_1 \times C_0$ ③

第三次替代：$A_1 \times B_1 \times C_1$ ④

A 因素变动的影响为：② - ①

B 因素变动的影响为：③ - ②

C 因素变动的影响为：④ - ③

【例题 8 - 29·计算题】

(1) 固定制造费用耗费差异 = 38 000 - 36 000 = 2 000（元）（不利差异）

(2) ①固定制造费用标准分配率 = 36 000/(10 000 × 1.2) = 3（元/小时）

②固定制造费用产量差异 = (10 000 × 1.2 - 15 000) × 3 = -9 000（元）（有利差异）

(3) 固定制造费用效率差异 = (15 000 - 9 500 × 1.2) × 3 = 10 800（元）（不利差异）

(4) 固定制造费用成本差异 = 38 000 - 9 500 × 1.2 × 3 = 3 800（元）（不利差异）

【例题 8 - 30·综合题】

(1) 单位标准成本 = 35 × 2 + 15 × 2 + 10 × 2 = 120（元）

(2) 直接人工成本差异 = 7 000 × 16 - 3 680 × 2 × 15 = 1 600（元）

(3) 直接人工效率差异 = (7 000 - 3 680 × 2) × 15 = -5 400（元）

(4) 直接人工工资率差异 = (16 - 15) × 7 000 = 7 000（元）

【解析】

(1) 单位标准成本 = 直接材料单位标准成本 + 直接人工单位标准成本 + 制造费用单位标准成本 = 35 × 2 + 15 × 2 + 10 × 2 = 120（元）

(2) 直接人工成本差异 = 实际工时 × 实际工资率 - 实际产量下标准工时 × 标准工资率 = 7 000 × 16 - 3 680 × 2 × 15 = 1 600（元）

(3) 直接人工效率差异 = (实际工时 - 实际产量下标准工时) × 标准工资率 = (7 000 - 3 680 × 2) × 15 = -5 400（元）

(4) 直接人工工资率差异 = (实际工资率 - 标准工资率) × 实际工时 = (16 - 15) × 7 000 = 7 000（元）

【例题 8 - 31·综合题】

(1) A 产品的单位直接材料标准成本 = 10 × 3 + 15 × 2 + 20 × 2 = 100（元/件）

(2) ①直接人工成本差异 = 146 300 - 2 200 × 3 × 20 = 14 300（元）

②直接人工效率差异 = (7 700 - 2 200 × 3) × 20 = 22 000（元）

③直接人工工资率差异 = (146 300 ÷ 7 700 - 20) × 7 700 = -7 700（元）

(3) A 产品的单位标准成本 = 100 + 3 × 20 + 18 + 31 800 ÷ 2 120 = 193（元/件）

【解析】

（1）A产品的单位直接材料标准成本＝X材料标准成本＋Y材料标准成本＋Z材料标准成本＝X材料标准价格×标准用量＋Y材料标准价格×标准用量＋Z材料标准价格×标准用量＝10×3＋15×2＋20×2＝100（元/件）

（2）①直接人工成本差异＝实际发生直接人工成本－实际产量×标准工时×标准工资率＝146 300－2 200×3×20＝14 300（元）

②直接人工效率差异＝（实际工时－实际产量下标准工时）×标准工资率＝（7 700－2 200×3）×20＝22 000（元）

③直接人工工资率差异＝（实际工资率－标准工资率）×实际工时＝（146 300÷7 700－20）×7 700＝－7 700（元）

（3）A产品的单位标准成本＝A产品的单位直接材料标准成本＋A产品的单位变动制造费用标准成本＋A产品的单位人工工资＋固定制造费用预算总额÷预计生产量＝100＋3×20＋18＋31 800÷2 120＝193（元/件），其中，8月预计生产量＝2 000＋2 500×12%－180＝2 120（件）

【例题8－32·单选题】C

【解析】成本动因，亦称成本驱动因素，是指导致成本发生的因素，即成本的诱因。成本动因又可分为资源动因和作业动因，选项C错误。

【例题8－33·单选题】D

【解析】按照对顾客价值的贡献，作业可分为增值作业和非增值作业，所以选项D正确。

【例题8－34·单选题】B

【解析】作业成本法是先把资源费用分配到各项作业（如检验成本、材料成本、维修成本），然后按照更加精确的方式分配到产品。

【例题8－35·判断题】正确

【解析】成本动因，亦称成本驱动因素，是指导致成本发生的因素，即成本的诱因。在作业成本法下，成本动因是成本分配的依据。

【例题8－36·判断题】正确

【解析】若要评价作业流程的执行情况，必须建立业绩指标，可以是财务指标，也可以是非财务指标，非财务指标主要体现在效率、质量和时间三个方面。

【例题8－37·判断题】错误

【解析】作业中心可以是某一项具体的作业，也可以是由若干个相互联系的能够实现某种特定功能的作业的集合。作业中心又称成本库，按照统一的作业动因，将各种资源耗费项目归结在一起，便形成了作业中心。作业中心有助于企业更明晰地分析一组相关的作业，以便进行作业管理以及企业组织机构和责任中心的设计与考核。

【例题8－38·单选题】C

【解析】对投资中心的业绩进行评价时，不仅要使用利润指标，还需要计算、分析利润与投资的关系，主要有投资收益率和剩余收益等指标，选项C正确。

【例题8－39·单选题】C

【解析】成本中心不考核收益，只考核成本，且成本中心只对可控成本负责，不负责不可控成本，责任成本是成本中心考核和控制的主要内容，选项C正确。

【例题8－40·单选题】B

【解析】协商价格的上限是市场价格,下限则是单位变动成本。

【例题 8-41·单选题】A

【解析】该中心的可控边际贡献 = 销售收入 - 变动成本 - 该中心负责人可控的固定成本 = 7 000 - 3 800 - 1 300 = 1 900(万元)

【例题 8-42·单选题】D

【解析】企业以协商价格作为内部转移价格时,协商价格的上限是市场价格,协商价格的下限则是单位变动成本,所以选项 D 正确。

【例题 8-43·单选题】D

【解析】可控成本是指成本中心可以控制的各种耗费,它应具备三个条件:(1)该成本的发生是成本中心可以预见的;(2)该成本是成本中心可以计量的;(3)该成本是成本中心可以调节和控制的。可控成本和不可控成本的划分是相对的。它们与成本中心所处的管理层级别、管理权限与控制范围大小有关。对于一个独立企业而言,几乎所有的成本都是可控的。

【例题 8-44·单选题】B

【解析】计算剩余收益指标所使用的最低投资收益率,一般等于或大于资本成本,通常可以采用企业整体的最低期望投资收益率,也可以是企业为该投资中心单独规定的最低投资收益率。

【例题 8-45·多选题】AB

【解析】通常情况下,利润中心采用利润作为业绩考核指标,分为边际贡献、可控边际贡献和部门边际贡献,所以本题正确答案为AB。投资收益率、剩余收益属于投资中心业绩评价指标。

【例题 8-46·多选题】ABC

【解析】可控成本是指成本中心可以控制的各种耗费,它应具备三个条件:(1)该成本的发生是成本中心可以预见的;(2)该成本是成本中心可以计量的;(3)该成本是成本中心可以调节和控制的。选项 ABC 正确。

【例题 8-47·综合题】

(1)X 利润中心的边际贡献 = 600 - 400 = 200(万元)

可控边际贡献 = 200 - 50 = 150(万元)

部门边际贡献 = 150 - 30 = 120(万元)

可控边际贡献可以更好地评价 X 利润中心负责人的管理业绩。

(2)①接受新投资机会之前的剩余收益 = 300 - 2 000 × 10% = 100(万元)

②接受新投资机会之后的剩余收益 = (300 + 90) - (2 000 + 1 000) × 10% = 90(万元)

③由于接受该投资后剩余收益下降,所以 Y 不应该接受该投资机会。

【解析】

(1)可控边际贡献也称部门经理边际贡献,它衡量了部门经理有效运用其控制下的资源的能力,是评价利润中心管理者业绩的理想指标。部门边际贡献反映了部门为企业利润和弥补与生产能力有关的成本所做的贡献,它更多地用于评价部门业绩而不是利润中心管理者的业绩。

(2)剩余收益 = 息税前利润 - (平均经营资产 × 最低投资收益率);以剩余收益作为评价指标,实际上是分析该项投资是否给投资中心带来了更多的超额收入,所以如果用剩余收益指标来衡量投资中心的业绩,投资后剩余收益减少了,则不应该接受这项投资。

第九章　收入与分配管理

考情分析

考点	近6年考查频次	2016年	2017年	2018年	2019年	2020年	2021年
收入与分配管理的内容	1			1			
销售预测分析	3	1	1			1	
销售定价管理	5		1	2	1	1	
纳税筹划	1		1				
股利政策与企业价值	16	2	4	3	2	4	1
股利支付形式与程序	4		1	1		1	1
股票分割与股票回购	7		2	1	2	1	1
股权激励	3		1			1	1
计算题/综合题	8		2	3	2	1	

考点一：收入与分配管理的内容

【例题 9-1·单选题】 下列关于提取任意盈余公积的表述中，不正确的是（　　）。(2012年)

A. 应从税后利润中提取　　　　　　B. 应经股东会或者股东大会决议

C. 满足公司经营管理的需要　　　　D. 达到注册资本的50%时不再计提

【例题 9-2·单选题】 下列净利润分配事项中，根据相关法律法规和制度，应当最后进行的是（　　）。(2014年)

A. 向股东分配股利　　　　　　　　B. 提取任意公积金

C. 提取法定公积金　　　　　　　　D. 弥补以前年度亏损

【例题 9-3·单选题】 下列各项中，正确反映公司净利润分配顺序的是（　　）。(2018年)

A. 提取法定公积金、提取任意公积金、弥补以前年度亏损、向投资者分配股利

B. 向投资者分配股利、弥补以前年度亏损、提取法定公积金、提取任意公积金

C. 弥补以前年度亏损、向投资者分配股利、提取法定公积金、提取任意公积金

D. 弥补以前年度亏损、提取法定公积金、提取任意公积金、向投资者分配股利

考点二：销售预测分析

【例题 9-4·单选题】 下列销售预测方法中，属于因果预测分析的是（　　）。(2012年)

A. 指数平滑法　　　B. 移动平均法　　　C. 专家小组法　　　D. 回归直线法

【例题9-5·综合题】甲公司是一家生产经营比较稳定的制造企业，长期以来仅生产A产品。公司2017年和2018年的有关资料如下：

资料一：公司采用平滑指数法对销售量进行预测，平滑指数为0.6。2017年A产品的预测销售量为50万吨，实际销售量为45万吨，A产品的销售单价为3 300元/吨。

资料二：由于市场环境发生变化，公司对原销售预测结果进行修正，将预计销售额调整为180 000万元。公司通过资金习性分析，采用高低点法对2018年度资金需要量进行预测。有关历史数据如下表所示。

单位：万元

项目	2017年	2016年	2015年	2014年	2013年	2012年
销售额	148 500	150 000	129 000	120 000	105 000	100 000
资金占用	54 000	55 000	50 000	49 000	48 500	47 500

要求：

（1）根据资料一，计算：①2018年A产品的预计销售量；②2018年A产品的预计销售额。

（2）根据资料二，计算如下指标：①单位变动资金；②不变资金总额；③2018年度预计资金需求量。（2018年）

考点三：销售定价管理

【例题9-6·单选题】某公司非常重视产品定价工作，公司负责人强调，产品定价一定要正确反映企业产品的真实价值消耗和转移，保证企业简单再生产的继续进行。在下列定价方法中，该公司不宜采用的是（　　）。（2011年）

A. 全部成本费用加成定价法　　　　B. 制造成本定价法
C. 保本点定价法　　　　　　　　　D. 目标利润定价法

【例题9-7·单选题】下列各项中，以市场需求为基础的定价方法是（　　）。（2018年）

A. 保本定价法　　　　　　　　　　B. 全部成本费用加成定价法
C. 目标利润法　　　　　　　　　　D. 边际分析定价法

【例题9-8·单选题】在生产能力有剩余的情况下，下列各项成本中，适合作为增量产品定价基础的是（　　）。（2018年）

A. 固定成本　　　B. 制造成本　　　C. 全部成本　　　D. 变动成本

【例题9-9·单选题】某企业生产M产品，计划销售量为20 000件，目标利润总额为400 000元，完全成本总额为600 000元，不考虑其他因素，则使用目标利润法测算的M产品的单价为（　　）元。（2020年）

A. 10　　　B. 30　　　C. 50　　　D. 20

【例题9-10·多选题】使用以成本为基础的定价方法时，可以作为产品定价基础的成本类型有（　　）。（2012年）

A. 变动成本　　　B. 制造成本　　　C. 全部成本费用　　　D. 固定成本

【例题9-11·计算题】丙公司只生产销售H产品，其销售量预测相关资料如下表所示。

销售量预测相关资料　　　　　　　　　　　　　　　　　　　　　　　　单位：吨

项目	2008 年	2009 年	2010 年	2011 年	2012 年	2013 年
预计销售量	990	1 000	1 020	1 030	1 030	1 040
实际销售量	945	1 005	1 035	1 050	1 020	1 080

公司拟使用修正的移动平均法预测 2014 年 H 产品的销售量，并以此为基础确定产品销售价格，样本期为 3 期。2014 年公司目标利润总额（不考虑所得税）为 307 700 元，完全成本总额为 800 000 元。H 产品适用的消费税税率为 5%。

要求：

（1）假设样本期为 3 期，使用移动平均法预测 2014 年 H 产品的销售量。

（2）使用修正的移动平均法预测 2014 年 H 产品的销售量。

（3）使用目标利润法确定 2014 年 H 产品的销售价格。（2014 年）

【例题 9 - 12 · 综合题】 戊公司生产和销售 E、F 两种产品，每年产销平衡。为了加强产品成本管理，合理确定下年度经营计划和产品销售价格，该公司专门召开总经理办公会进行讨论。相关资料如下：

资料一：2014 年 E 产品实际产销量为 3 680 件，生产实际用工为 7 000 小时，实际人工成本为 16 元/小时。标准成本资料如下表所示。

项目	直接材料	直接人工	制造费用
价格标准	35 元/千克	15 元/小时	10 元/小时
用量标准	2 千克/件	2 小时/件	2 小时/件

资料二：F 产品年设计生产能力为 15 000 件，2015 年计划生产 12 000 件，预计单位变动成本为 200 元，计划期的固定成本总额为 720 000 元。该产品适用的消费税税率为 5%，成本利润率为 20%。

资料三：戊公司接到 F 产品的一个额外订单，意向订购量为 2 800 件，订单价格为 290 元/件，要求 2015 年内完工。

要求：

（1）根据资料一，计算 2014 年 E 产品的下列指标：①单位标准成本；②直接人工成本差异；③直接人工效率差异；④直接人工工资率差异。

（2）根据资料二，运用全部成本费用加成定价法测算 F 产品的单价。

（3）根据资料三，运用变动成本费用加成定价法测算 F 产品的单价。

（4）根据资料二、资料三和上述测算结果，作出是否接受 F 产品额外订单的决策，并说明理由。

（5）根据资料二，如果 2015 年 F 产品的目标利润为 150 000 元，销售单价为 350 元，假设不考虑消费税的影响。计算 F 产品保本销售量和实现目标利润的销售量。（2015 年）

考点四：纳税筹划

【例题 9 - 13 · 多选题】 下列各项中，属于企业纳税筹划应当遵循的原则有（　　）。

(2011年)

A. 合法性原则　　B. 系统性原则　　C. 经济性原则　　D. 先行性原则

【例题9-14·判断题】企业可以通过将部分产品成本计入研究开发费用的方式进行税收筹划，以降低税负。（　　）(2011年)

考点五：纳税管理的内容

【例题9-15·单选题】某企业开发新产品发生的研究开发费用形成了一项无形资产，根据税法规定，可按该项无形资产成本的一定比例在税前摊销，这一比例是（　　）。(2012年)

A. 200%　　B. 175%　　C. 100%　　D. 50%

考点六：股利政策与企业价值

【例题9-16·单选题】股利的支付可减少管理层可支配的自由现金流量，在一定程度上会抑制管理层的过度投资或在职消费行为。这种观点体现的股利理论是（　　）。(2011年)

A. 股利无关理论　　　　　　　　B. 信号传递理论
C. "手中鸟"理论　　　　　　　　D. 代理理论

【例题9-17·单选题】下列各项政策中，最能体现"多盈多分、少盈少分、无盈不分"股利分配原则的是（　　）。(2013年)

A. 剩余股利政策　　　　　　　　B. 低正常股利加额外股利政策
C. 固定股利支付率政策　　　　　D. 固定或稳定增长的股利政策

【例题9-18·单选题】下列股利政策中，根据股利无关理论制定的是（　　）。(2014年)

A. 剩余股利政策　　　　　　　　B. 固定股利支付率政策
C. 稳定增长股利政策　　　　　　D. 低正常股利加额外股利政策

【例题9-19·单选题】某股利分配理论认为，由于对资本利得收益征收的税率低于对股利收益征收的税率，企业应采用低股利政策。该股利分配理论是（　　）。(2015年)

A. 代理理论　　　　　　　　　　B. 信号传递理论
C. "手中鸟"理论　　　　　　　　D. 所得税差异理论

【例题9-20·单选题】下列各项中，属于固定股利支付率政策优点的是（　　）。(2016年)

A. 股利分配有较大灵活性　　　　B. 有利于稳定公司的股价
C. 股利与公司盈余紧密配合　　　D. 有利于树立公司的良好形象

【例题9-21·单选题】厌恶风险的投资者偏好确定的股利收益，而不愿将收益存在公司内部去承担未来的投资风险，因此公司采用高现金股利政策有利于提升公司价值，这种观点的理论依据是（　　）。(2016年)

A. 代理理论　　　　　　　　　　B. 信号传递理论
C. 所得税差异理论　　　　　　　D. "手中鸟"理论

【例题9-22·单选题】当公司宣布高股利政策后，投资者认为公司有充足的财务实力和良好的发展前景，从而使股价产生正向反映。持有这种观点的股利理论是（　　）。(2017年)

A. 所得税差异理论　　　　　　　B. 信号传递理论
C. 代理理论　　　　　　　　　　D. "手中鸟"理论

【例题9-23·单选题】下列股利理论中，支持"低现金股利有助于实现股东利益最大化

目标"观点的是（　　）。(2017年)

A. 信号传递理论　　　　　　　　　B. 所得税差异理论

C. "手中鸟"理论　　　　　　　　　D. 代理理论

【例题9-24·单选题】下列股利政策中，具有较大财务弹性，且可使股东得到相对稳定股利收入的是（　　）。(2017年)

A. 剩余股利政策　　　　　　　　　B. 固定或稳定增长的股利政策

C. 固定股利支付率政策　　　　　　D. 低正常股利加额外股利政策

【例题9-25·单选题】有种观点认为，企业支付高现金股利可以减少管理者对于自由现金流量的支配，从而在一定程度上抑制管理者的在职消费，持这种观点的股利分配理论是（　　）。(2018年)

A. 所得税差异理论　　　　　　　　B. 代理理论

C. 信号传递理论　　　　　　　　　D. "手中鸟"理论

【例题9-26·单选题】股利无关论认为股利分配对公司市场价值不产生影响，下列关于股利无关论的假设表述错误的是（　　）。(2019年)

A. 不存在个人或企业所得税　　　　B. 不存在资本增值

C. 投资决策不受股利分配影响　　　D. 不存在股票筹资费用

【例题9-27·多选题】下列各项股利政策中，股利水平与当期盈利直接关联的有（　　）。(2014年)

A. 固定股利政策　　　　　　　　　B. 稳定增长股利政策

C. 固定股利支付率政策　　　　　　D. 低正常股利加额外股利政策

【例题9-28·多选题】下列各项中，属于剩余股利政策优点的有（　　）。(2015年)

A. 保持目标资本结构　　　　　　　B. 降低再投资资本成本

C. 使股利与企业盈余紧密结合　　　D. 实现企业价值的长期最大化

【例题9-29·多选题】下列关于股利政策的说法中，符合代理理论观点的有（　　）。(2020年)

A. 股利政策应当向市场传递有关公司未来获利能力的信息

B. 股利政策是协调股东与管理者之间代理关系的约束机制

C. 高股利政策有利于降低公司的代理成本

D. 理想的股利政策应当是发放尽可能高的现金股利

【例题9-30·判断题】处于衰退期的企业在制定收益分配政策时，应当优先考虑企业积累。（　　）(2011年)

【例题9-31·判断题】当公司经营稳定或处于成长期，对未来的盈利和支付能力可作出准确判断并具有足够把握时，可以考虑采用稳定增长的股利政策，增强投资者信心。（　　）(2015年)

【例题9-32·判断题】根据"无利不分"原则，当企业出现年度亏损时，一般不进行利润分配。（　　）(2017年)

【例题9-33·判断题】采用剩余股利政策，在有投资机会时，企业偏向留存收益进行筹资。（　　）(2020年)

【例题9-34·综合题】甲公司是一家生产经营比较稳定的制造企业，长期以来仅生产A

产品。公司2017年和2018年的有关资料如下：

公司在2017年度实现净利润50 000万元，现根据2018年度的预计资金需求量来筹集资金，为了维持目标资本结构，要求所需资金中，负债资金占40%，权益资金占60%，按照剩余股利政策分配现金股利。公司发行在外的普通股股数为2 000万股。

要求：2018年度预计资金需求量为59 500万元，计算：（1）2018年资金总需求中的权益资本数额；（2）发放的现金股利总额与每股股利。（2018年）

考点七：股利支付形式与程序

【例题9-35·单选题】下列各项中，不影响股东权益总额变动的股利支付形式是（ ）。(2011年)

A. 现金股利　　　B. 股票股利　　　C. 负债股利　　　D. 财产股利

【例题9-36·单选题】确定股东是否有权领取本期股利的截止日期是（ ）。(2015年)

A. 除息日　　　B. 股权登记日　　　C. 股利宣告日　　　D. 股利发放日

【例题9-37·单选题】下列各项股利支付形式中，不会改变企业资本结构的是（ ）。(2015年)

A. 股票股利　　　B. 财产股利　　　C. 负债股利　　　D. 现金股利

【例题9-38·单选题】如果某公司以所持有的其他公司的有价证券作为股利发给本公司股东，则该股利支付方式属于（ ）。(2019年)

A. 负债股利　　　B. 财产股利　　　C. 股票股利　　　D. 现金股利

【例题9-39·多选题】下列关于发放股票股利的表述中，正确的有（ ）。(2013年)

A. 不会导致公司现金流出　　　B. 会增加公司流通在外的股票数量
C. 会改变公司股东权益的内部结构　　　D. 会对公司股东权益总额产生影响

【例题9-40·判断题】在股利支付程序中，除息日是指领取股利的权利与股票分离的日期，在除息日购买股票的股东有权参与当次股利的分配。（ ）(2014年)

考点八：股票分割与股票回购

【例题9-41·单选题】股票回购对上市公司的影响是（ ）。(2017年)

A. 有利于保护债权人利益　　　B. 分散控股股东的控制权
C. 有利于降低公司财务风险　　　D. 降低资产流动性

【例题9-42·多选题】根据股票回购对象和回购价格的不同，股票回购的主要方式有（ ）。(2013年)

A. 要约回购　　　B. 协议回购
C. 杠杆回购　　　D. 公开市场回购

【例题9-43·多选题】假设某股份公司按照1∶2的比例进行股票分割，下列说法正确的有（ ）。(2019年)

A. 股本总额增加1倍　　　B. 每股净资产保持不变
C. 股东权益总额保持不变　　　D. 股东权益内部结构保持不变

【例题9-44·多选题】股票分割和股票股利的相同之处有（ ）。(2020年)

A. 不改变公司股票数量　　　B. 不改变资本结构

C. 不改变股东权益结构 D. 不改变股东权益总额

【例题9-45·多选题】下列各项中,属于公司股票回购动机的有(   )。(2021年)
A. 改变公司的资本结构 B. 替代现金股利
C. 巩固控股股东的控制权 D. 传递公司股价被高估的信息

【例题9-46·判断题】股票分割会使股票的每股市价下降,可以提高股票的流动性。(   )(2013年)

【例题9-47·判断题】由于信息不对称和预期差异,投资者会把股票回购当作公司认为其股票价格被高估的信号。(   )(2017年)

【例题9-48·判断题】股票分割会使公司股票总数增加,但公司股本总额不变。(   )(2018年)

【例题9-49·计算题】甲公司发放股票股利前,投资者张某持有甲公司普通股20万股,甲公司的股东权益账户情况如下,股本为2 000万元(发行在外的普通股为2 000万股,面值1元),资本公积为3 000万元,盈余公积为2 000万元,未分配利润为3 000万元。公司每10股发放2股股票股利,按市值确定的股票股利总额为2 000万元。

要求:
(1) 计算股票股利发放后的"未分配利润"项目金额。
(2) 计算股票股利发放后的"股本"项目金额。
(3) 计算股票股利发放后的"资本公积"项目金额。
(4) 计算股票股利发放后张某持有公司股份的比例。(2020年)

考点九:股权激励

【例题9-50·单选题】股份有限公司赋予激励对象在未来某一特定日期内,以预先确定的价格和条件购买公司一定数量股份的选择权,这种股权激励模式是(   )。(2013年)
A. 股票期权模式 B. 限制性股票模式
C. 股票增值权模式 D. 业绩股票激励模式

【例题9-51·单选题】某公司对公司高管进行股权激励,约定每位高管只要自即日起在公司工作满三年,即有权按每股10元的价格购买本公司股票50万股,该股权激励模式属于(   )。(2020年)
A. 股票期权模式 B. 限制性股票模式
C. 业绩股票激励模式 D. 股票增值权模式

【例题9-52·判断题】公司采用股票期权激励高管,如果行权期内的行权价格高于股价,则激励对象可以通过行权获得收益。(   )(2021年)

答 案

【例题9-1·单选题】D

【解析】根据《公司法》的规定,法定公积金的提取比例为当年税后利润(弥补亏损后)的10%,当法定公积金的累积额达到注册资本的50%时,可以不再提取,选项D属于法定盈余公积的要求。任意公积金的提取比例由股东会或股东大会决定,并无法定标准。

【例题9-2·单选题】A

【解析】公司净利润的分配应先弥补以前年度亏损、提取法定公积金、提取任意公积金，最后向股东（投资者）分配股利（利润），选项 A 正确。

【例题 9-3·单选题】D

【解析】净利润分配的顺序是：弥补以前年度亏损、提取法定公积金、提取任意公积金、向投资者分配股利，所以选项 D 正确。

【例题 9-4·单选题】D

【解析】因果预测分析法是指通过影响产品销售量（因变量）的相关因素（自变量）以及它们之间的函数关系，并利用这种函数关系进行产品销售预测的方法，因果预测分析法最常用的是回归分析法，选项 D 正确。移动平均法和指数平滑法属于趋势预测分析法，趋势预测分析法和因果预测分析法属于销售预测的定量分析法；专家小组法属于销售预测的定性分析法。

【例题 9-5·综合题】

（1）①2018 年 A 产品的预计销售量 = 45×0.6+（1-0.6）×50 = 47（万吨）

②2018 年 A 产品的预计销售额 = 47×3 300 = 155 100（万元）

（2）①单位变动资金 =（55 000-47 500）÷（150 000-100 000）= 0.15（元）

②不变资金总额 = 55 000-0.15×150 000 = 32 500（万元）

③2018 年度预计资金需求量 = 32 500+0.15×180 000 = 59 500（万元）

【解析】

（1）根据指数平滑法公式 $Y_{n+1} = \alpha X_n +（1-a）Y_n$，平滑指数 a = 0.6；

销售额 = 销售量×销售单价

（2）①单位变动资金 =（最高收入期的资金占用量-最低收入期的资金占用量）÷（最高销售收入-最低销售收入），代入公式，故单位变动资金 =（55 000-47 500）÷（150 000-100 000）= 0.15。

②设产销量为自变量 x，资金占用为因变量 Y，它们之间关系可用下式表示：Y = a+bx，式中：a 为不变资金；b 为单位产销量所需变动资金。采用高低点法，最高销售收入 = 150 000 万元，最高收入期的资金占用量 = 55 000 万元，代入公式，不变资金 = 55 000-0.15×150 000 = 32 500（万元）。

③公司 2018 年预计销售额为 180 000 万元。根据公式 Y = a+bx，2018 年度预计资金需求量 = 32 500+0.15×180 000 = 59 500（万元）。

【例题 9-6·单选题】B

【解析】制造成本是指企业为生产产品或提供劳务等发生的直接费用支出，一般包括直接材料、直接人工和制造费用。由于制造成本不包括各种期间费用，因此不能正确反映企业产品的真实价值消耗和转移。利用制造成本定价不利于企业简单再生产的继续进行，选项 B 正确。

【例题 9-7·单选题】D

【解析】以市场需求为基础的定价方法有需求价格弹性系数法与边际分析定价法，选项 D 正确。选项 ABC 均属于以成本为基础的定价方法。

【例题 9-8·单选题】D

【解析】变动成本是指在特定的业务量范围内，其总额会随业务量的变动而变动的成本。变动成本可以作为增量产量的定价依据。

【例题 9-9·单选题】C

【解析】M 产品的单价 =（400 000 + 600 000）÷ 20 000 = 50（元），本题目中未给出消费税税率，因此无须考虑。

【例题 9-10·多选题】ABC

【解析】在企业成本范畴中，基本上有三种成本可以作为定价基础，即变动成本、制造成本和全部成本费用，选项 ABC 正确。

【例题 9-11·计算题】

（1）2014 年 H 产品的预测销售量 =（1 050 + 1 020 + 1 080）÷ 3 = 1 050（吨）

（2）2014 年 H 产品修正后的预测销售量 = 1 050 +（1 050 - 1 040）= 1 060（吨）

（3）单位产品价格 =（307 700 + 800 000）÷ [1 060 ×（1 - 5%）] = 1 100（元）

【解析】

（1）$Y_{n+1} = \dfrac{Y_{n-(m-1)} + X_{n-(m-2)} + \cdots + X_{n-1} + X_n}{m}$

样本期为 3 期，即 2011~2013 年三期数据，预测销售量需使用实际销售量，2014 年 H 产品的预测销售量 =（1 050 + 1 020 + 1 080）÷ 3 = 1 050（吨）。

（2）修正移动平均值 $\overline{Y}_{n+1} = Y_{n+1} + (Y_{n+1} - Y_n)$

= 本期移动预测值 +（本期移动预测值 - 上期移动预测值）

2014 年 H 产品修正后的预测销售量 = 1 050 +（1 050 - 1 040）= 1 060（吨）

（3）单位产品价格 =（目标利润总额 + 完全成本总额）÷ [产品销售量 ×（1 - 适用税率）]

【例题 9-12·综合题】

（1）①单位标准成本 = 35 × 2 + 15 × 2 + 10 × 2 = 120（元）

②直接人工成本差异 = 7 000 × 16 - 3 680 × 2 × 15 = 1 600（元）

③直接人工效率差异 =（7 000 - 3 680 × 2）× 15 = -5 400（元）

④直接人工工资率差异 =（16 - 15）× 7 000 = 7 000（元）

（2）全部成本费用加成定价法确定的 F 产品的单价 =（200 + 720 000 ÷ 12 000）×（1 + 20%）÷（1 - 5%）= 328.42（元）

（3）变动成本费用加成定价法确定的 F 产品的单价 = 200 ×（1 + 20%）÷（1 - 5%）= 252.63（元）

（4）由于额外订单价格 290 元高于单价 252.63 元，且订单总量未超过年设计生产能力，故应接受这一额外订单。

（5）保本销售量 = 720 000 ÷（350 - 200）= 4 800（件）

实现目标利润的销售量 =（150 000 + 720 000）÷（350 - 200）= 5 800（件）

【解析】

（1）①单位标准成本 = 直接材料单位标准成本 + 直接人工单位标准成本 + 制造费用单位标准成本 = 35 × 2 + 15 × 2 + 10 × 2 = 120（元）

②直接人工成本差异 = 实际工时 × 实际工资率 - 实际产量下标准工时 × 标准工资率 = 7 000 × 16 - 3 680 × 2 × 15 = 1 600（元）

③直接人工效率差异 =（实际工时 - 实际产量下标准工时）× 标准工资率 =（7 000 - 3 680 × 2）× 15 = -5 400（元）

④直接人工工资率差异 =（实际工资率 - 标准工资率）× 实际工时 =（16 - 15）× 7 000 =

7 000（元）

（2）全部成本费用加成定价法确定的 F 产品的单价 = 单位成本 × (1 + 成本利润率) ÷ (1 - 适用税率) = (200 + 720 000 ÷ 12 000) × (1 + 20%) ÷ (1 - 5%) = 328.42（元）

（3）变动成本费用加成定价法确定的 F 产品的单价 = 单位变动成本 × (1 + 成本利润率) ÷ (1 - 适用税率) = 200 × (1 + 20%) ÷ (1 - 5%) = 252.63（元）

（4）额外订单 F 产品价格 290 元 > 变动成本费用加成定价法测算 F 产品的单价 252.63 元，F 产品年设计生产能力为 15 000 件，2015 年计划生产 12 000 件，订单总量 2 800 件 < 年剩余设计生产能力 3 000 件（15 000 - 12 000），故应接受这一额外订单。

（5）保本销售量 = 固定成本 ÷ 单位边际贡献 = 固定成本 ÷ (单价 - 单位变动成本) = 720 000 ÷ (350 - 200) = 4 800（件）；实现目标利润的销售量 = (目标利润 + 固定成本) ÷ 单位边际贡献 = (150 000 + 720 000) ÷ (350 - 200) = 5 800（件）。

【例题 9 - 13 · 多选题】ABCD

【解析】企业的纳税筹划必须遵循以下原则：(1) 合法性原则；(2) 系统性原则（整体性原则、综合性原则）；(3) 经济性原则（成本效益原则）；(4) 先行性原则。四个选项均正确。

【例题 9 - 14 · 判断题】错误

【解析】企业纳税筹划必须遵循合法性原则、系统性原则、经济性原则和先行性原则。企业通过将部分产品成本计入研究开发费用的方式进行税收筹划，以降低税负，违背了合法性原则。

【例题 9 - 15 · 单选题】A

【解析】制造业企业开展研发活动中实际发生的研发费用，未形成无形资产的计入当期损益，在按照规定据实扣除的基础上，再按照实际发生额的 100% 在税前加计扣除；形成无形资产的，按照无形资产成本的 200% 在税前摊销。因此，企业在具备相应的技术和资金实力时，应该进行自主研发，从而享受加计扣除优惠。

【例题 9 - 16 · 单选题】D

【解析】代理理论认为，股利政策有助于减缓管理者与股东之间的代理冲突，股利政策是协调股东与管理者之间代理关系的一种约束机制；高水平股利政策有助于降低代理成本，但同时增加了外部融资成本，选项 D 正确。

【例题 9 - 17 · 单选题】C

【解析】采用固定股利支付率政策，股利与公司盈余紧密地配合，体现了"多盈多分、少盈少分、无盈不分"的股利分配原则，选项 C 正确。

【例题 9 - 18 · 单选题】A

【解析】剩余股利政策是指公司在有良好的投资机会时，根据目标资本结构，测算出投资所需的权益资本额，先从盈余中留用，然后剩余的盈余作为股利来分配，即净利润首先满足公司的资金需求，如果还有剩余，就派发股利；如果没有，则不派发股利，其理论依据是股利无关论，选项 A 正确。

【例题 9 - 19 · 单选题】D

【解析】所得税差异理论认为，由于普遍存在的税率以及纳税时间的差异，资本利得收益比股利收益更有助于实现收益最大化目标，公司应当采用低股利政策，选项 D 正确。

【例题 9 - 20 · 单选题】C

【解析】采用固定股利支付率政策，股利与公司盈余紧密地配合，体现了"多盈多分、少盈少分、无盈不分"的股利分配原则,选项C正确;大多数公司每年的收益很难保持稳定不变,导致年度间的股利额波动较大,由于股利的信号传递作用,波动的股利很容易给投资者带来经营状况不稳定、投资风险较大的不良印象,成为影响股价的不利因素,选项BD不正确。

【例题 9-21 · 单选题】 D

【解析】"手中鸟"理论认为用留存收益再投资,给投资者带来的收入具有较大的不确定性,股东偏好现金股利优于资本利得,当公司支付较高的股利时,公司的股票价格会随之上升,公司的价值将得到提高,因此选项D正确。

【例题 9-22 · 单选题】 B

【解析】信号传递理论认为,在信息不对称的情况下,公司可以通过股利政策向市场传递有关公司未来获利能力的信息,从而会影响公司的股价。此题公司通过宣布高股利政策,向投资者传递"公司有充足的财务实力和良好的发展前景"的信息,从而对股价产生正向影响,选项B正确。所得税差异理论认为,由于普遍存在的税率的差异以及纳税时间的差异,资本利得收入比股利收入更有助于实现收入最大化目标,企业应当采用低股利政策。代理理论认为,股利政策有助于减缓管理者与股东之间的代理冲突,股利政策是协调股东与管理者之间代理关系的一种约束机制。"手中鸟"理论认为用留存收益再投资,给投资者带来的收入具有较大的不确定性,股东偏好现金股利优于资本利得。

【例题 9-23 · 单选题】 B

【解析】所得税差异理论认为,由于普遍存在的税率以及纳税时间的差异,资本利得收益比股利收益更有助于实现收益最大化目标,公司应当采用低股利政策,选项B正确。信号传递理论认为,在信息不对称的情况下,公司可以通过股利政策向市场传递有关公司未来获利能力的信息,从而影响公司的股价。"手中鸟"理论认为公司的股利政策与公司的股票价格是密切相关的,当公司支付较高的股利时,公司股票价格会随之上升,公司价值会得到提高。代理理论认为,股利的支付能够有效地降低代理成本。

【例题 9-24 · 单选题】 D

【解析】低正常股利加额外股利政策,是指公司事先设定一个较低的正常股利额,每年除了按正常股利额向股东发放股利外,还在公司盈余较多、资金较为充裕的年份向股东发放额外股利。低正常股利加额外股利政策的优点:(1)赋予公司较大的灵活性,使公司在股利发放上留有余地,并具有较大的财务弹性。公司可根据每年的具体情况,选择不同的股利发放水平,以稳定和提高股价,进而实现公司价值的最大化。(2)使那些依靠股利度日的股东每年至少可以得到虽然较低但比较稳定的股利收入,从而吸引住这部分股东,故选项D正确。剩余股利政策,公司在有良好的投资机会时,根据目标资本结构,测算出投资所需的权益资本额,先从盈余中留用,然后剩余的盈余作为股利来分配,如果没有盈余,则不派发股利。固定或稳定增长的股利政策,公司将每年派发的股利额固定在某一特定水平或是在此基础上维持某一固定比率逐年稳定增长。固定股利支付率政策,公司确定固定的股利支付率,并长期按此比率支付股利的政策。

【例题 9-25 · 单选题】 B

【解析】代理理论认为,股利的支付能够有效地降低代理成本。首先,股利的支付减少了管理者对自由现金流量的支配权,这在一定程度上可以抑制公司管理者的过度投资或在职消费行为,从而保护外部投资者的利益;其次,较多的现金股利发放,减少了内部融资,导致公司进入资本市场寻求外部融资,从而公司将接受资本市场上更多的、更严格的监督,这样便通过资本市场的监督减少了代理成本。

【例题 9-26·单选题】 B

【解析】 股利无关论是建立在完全资本市场理论之上的,假定条件包括:第一,市场具有强式效率,没有交易成本,没有任何一个股东的实力足以影响股票价格;第二,不存在任何公司或个人所得税;第三,不存在任何筹资费用;第四,公司的投资决策与股利决策彼此独立,即投资决策不受股利分配的影响;第五,股东对股利收入和资本增值之间并无偏好,而非"不存在资本增值",所以选项 B 的说法错误。

【例题 9-27·多选题】 CD

【解析】 固定或稳定增长的股利政策会让股利的支付与企业的盈利相脱节,即不论公司盈利多少,均要支付固定的或按固定比率增长的股利;采用固定股利支付率政策,股利与公司盈余紧密地配合,体现了"多盈多分、少盈少分、无盈不分"的股利分配原则,选项 C 正确;低正常股利加额外股利政策,是指公司事先设定一个较低的正常股利额,每年除了按正常股利额向股东发放股利外,还在公司盈余较多、资金较为充裕的年份向股东发放额外股利,选项 D 正确。

【例题 9-28·多选题】 ABD

【解析】 剩余股利政策的特点是:留存收益优先保证再投资的需要,有助于降低再投资的资本成本,保持最佳的资本结构,实现企业价值的长期最大化。若完全遵照执行剩余股利政策,股利发放额就会每年随着投资机会和盈利水平的波动而波动。在盈利水平不变的前提下,股利发放额与投资机会的多寡呈反方向变动,选项 C 不正确。

【例题 9-29·多选题】 BC

【解析】 代理理论认为,股利政策有助于减缓管理者与股东之间的代理冲突,即股利政策是协调股东与管理者之间代理关系的一种约束机制,所以选项 B 正确。代理理论认为,高水平的股利政策降低了企业的代理成本,但同时增加了外部融资成本,理想的股利政策应当使两种成本之和最小,所以选项 C 正确,选项 D 错误。选项 A 属于信号传递理论的观点。

【例题 9-30·判断题】 错误

【解析】 由于企业处于衰退期,此时企业将留存收益用于再投资所得报酬低于股东个人单独将股利收入投资于其他投资机会所得的报酬,企业就不应多留存收益,而应多发股利,这样有利于股东价值的最大化。

【例题 9-31·判断题】 正确

【解析】 公司只有在确信未来盈余不会发生逆转时才会宣布实施固定或稳定增长的股利政策,固定或稳定增长的股利政策通常适用于经营比较稳定或正处于成长期的企业。

【例题 9-32·判断题】 正确

【解析】 出现年度亏损时企业一般不进行利润分配。

【例题 9-33·判断题】 正确

【解析】 剩余股利政策是指公司在有良好的投资机会时,根据目标资本结构,测算出投资所需的权益资本额,先从盈余中留用,然后将剩余的盈余作为股利来分配,如果没有盈余,则不派发股利。即净利润首先满足公司的权益资金需求,因此剩余股利政策是偏向留存收益进行筹资的。

【例题9-34·综合题】
(1) 2018年资金总需求中的权益资本数额=59 500×60%=35 700（万元）
(2) 发放的现金股利总额=50 000-35 700=14 300（万元）
每股股利=14 300÷2 000=7.15（元／股）
【解析】
(1) 2018年资金总需求中的权益资本数额=2018年度预计资金需求量×权益资金占比量=59 500×60%=35 700（万元）
(2) 公司按照剩余股利政策分配现金股利。发放的现金股利总额=净利润-权益资金需求数=50 000-35 700=14 300（万元）。

【例题9-35·单选题】B
【解析】 发放股票股利对公司来说，并没有现金流出企业，也不会导致公司的财产减少，而只是将公司的留存收益转化为股本，它不改变公司股东权益总额，但会改变股东权益的构成，选项B正确。而其他几种股利支付方式会导致资产的减少或负债的增加，会导致企业资本结构的改变。

【例题9-36·单选题】B
【解析】 股权登记日，即有权领取本期股利的股东资格登记截止日期；除息日，是领取股利的权利与股票分离的日期。选项B正确。

【例题9-37·单选题】A
【解析】 发放股票股利对公司来说，并没有现金流出企业，也不会导致公司的财产减少，而只是将公司的留存收益转化为股本，它不改变公司股东权益总额，但会改变股东权益的构成，选项A正确。而其他几种股利支付方式会导致资产的减少或负债的增加，会导致企业资本结构的改变。

【例题9-38·单选题】B
【解析】 财产股利是以现金以外的其他资产支付的股利，主要是以公司所拥有的其他公司的有价证券，如债券、股票等，作为股利支付给股东。

【例题9-39·多选题】ABC
【解析】 发放股票股利对公司来说，并没有现金流出企业，也不会导致公司的财产减少，而只是将公司的留存收益转化为股本。但股票股利会增加流通在外的股票数量，同时降低股票的每股价值。它不改变公司股东权益总额，但会改变股东权益的构成，选项D不正确。

【例题9-40·判断题】错误
【解析】 除息日，即领取股利的权利与股票分离的日期。在除息日之前购买的股票才能领取本次股利，而在除息日当天或是以后购买的股票，则不能领取本次股利。

【例题9-41·单选题】D
【解析】 股票回购对上市公司的影响包括：(1) 股票回购需要大量资金支付回购成本，容易造成资金紧张，降低资产流动性，影响公司的后续发展（选项C错误，选项D正确）；(2) 股票回购无异于股东退股和公司资本的减少，也可能会使公司的发起人股东更注重创业利润的实现，从而不仅在一定程度上削弱了对债权人利益的保护，而且忽视了公司的长远发展，损害了公司的根本利益（选项A错误）；(3) 股票回购容易导致公司操纵股价。公司回购自己的股票容易导致其利用内幕消息进行炒作，加剧公司行为的非规范化，损害投资者的利益。本题选项D正确。

【例题9-42·多选题】ABD

【解析】股票回购的方式主要有公开市场回购、要约回购和协议回购，选项ABD正确。

【例题9-43·多选题】CD

【解析】股票分割之后，股东权益总额及其内部结构都不会发生任何变化。因为股数增加，股东权益总额不变，所以每股净资产下降。

【例题9-44·多选题】BD

【解析】股票分割和股票股利都会导致股票数量增加，所以选项A错误；股票分割和股票股利都不改变资本结构和股东权益总额，所以选项BD正确；股票分割不改变股东权益结构，而股票股利会改变股东权益结构，所以选项C错误。

【例题9-45·多选题】ABC

【解析】股票回购的动机有：（1）现金股利的替代；（2）改变公司的资本结构，提高财务杠杆水平；（3）传递公司信息，通常，投资者会认为股票回购意味着公司认为其股票价值被低估而采取的应对措施；（4）基于控制权的考虑。

【例题9-46·判断题】正确

【解析】股票分割对公司的资本结构不会产生任何影响，一般只会使发行在外的股票总数增加，因此会降低股票价格，可以提高股票的流动性。

【例题9-47·判断题】错误

【解析】由于信息不对称和预期差异，证券市场上的公司股票价格可能被低估，而过低的股价将会对公司产生负面影响。一般情况下，投资者会认为股票回购意味着公司认为其股票价值被低估而采取的应对措施。

【例题9-48·判断题】正确

【解析】股票分割会使公司股票总数增加，但公司股本总额不变。

【例题9-49·计算题】

（1）股票股利发放后的"未分配利润"项目金额＝3 000－2 000＝1 000（万元）

（2）股票股利发放后的"股本"项目金额＝2 000＋2 000÷10×2×1＝2 400（万元）

（3）股票股利发放后的"资本公积"项目金额＝3 000＋（2 000－2 000÷10×2×1）＝4 600（万元）

（4）股票股利发放后张某持有公司股份的比例＝20×（1＋0.2）÷2 000×（1＋0.2）＝1%，发行股票股利前后张某的持股比率不变。

【解析】本题目考查股票股利对公司各财务科目的影响，发放股票股利对公司来说，并没有现金流出企业，也不会导致公司的财产减少，而只是将公司的未分配利润转化为股本和资本公积。但股票股利会增加流通在外的股票数量，同时降低股票的每股价值。它不改变公司股东权益总额，但会改变股东权益的构成。而股票股利派发前后每一位股东的持股比例也不会发生变化。

【例题9-50·单选题】A

【解析】股票期权是指股份公司赋予激励对象（如经理人员）在未来某一特定日期内以预先确定的价格和条件购买公司一定数量股份的选择权，选项A正确。限制性股票指公司为了实现某一特定目标，公司先将一定数量的股票赠与或以较低价格售予激励对象。只有当实现预定目标后，激励对象才可将限制性股票抛售并从中获利；若预定目标没有实现，公司有权将免费赠与的限制性股票收回或者将售出股票以激励对象购买时的价格回购。股票增值权模式与股票期权模式最大的区别是激励对象不用为行权支付现金，行权后由公司支付现金、股票或者股票和现金的组合。业绩股票激励模式指公司在年初确定一个合理的年度业绩目标，如果激励对象经过大量努力后，在年末实现了公司预定的年度业绩目标，则公司给予激励对象一定数量的股票，或奖励其一定数量的奖金来购买本公司的股票。

【例题9-51·单选题】A

【解析】股票期权是指上市公司授予激励对象（如经理人员）在未来一定期限内以预先确定的条件购买本公司一定数量股份的权利。限制性股票指公司为了实现某一特定目标，先将一定数量的股票赠与或以较低价格售予激励对象。只有当实现预定目标后，激励对象才可将限制性股票抛售并从中获利；若预定目标没有实现，公司有权将免费赠与的限制性股票收回或者将售出股票以激励对象购买时的价格回购。业绩股票激励模式指公司在年初确定一个合理的年度业绩目标，如果激励对象经过大量努力后，在年末实现了公司预定的年度业绩目标，则公司给予激励对象一定数量的股票，或奖励其一定数量的奖金来购买本公司的股票。股票增值权模式是指公司授予经营者一种权利，如果经营者努力经营企业，在规定的期限内，公司股票价格上升或业绩上升，经营者就可以按一定比例获得这种由股价上扬或业绩提升所带来的收益，收益为行权价与行权日二级市场股价之间的差价或净资产的增值额。

【例题9-52·判断题】错误

【解析】公司采用股票期权激励高管，在行权期内，如果股价高于行权价格，激励对象可以通过行权获得市场价与行权价格差带来的收益。

第十章　财务分析与评价

考情分析

考点	近6年考查频次	2016年	2017年	2018年	2019年	2020年	2021年
财务分析的方法	1		1				
偿债能力分析	13	2	3	2	1	3	2
营运能力分析	5	1		1		3	
盈利能力分析	3			2		1	
发展能力分析	3	1		1		1	
现金流量分析	5		1	1	2		1
上市公司特殊财务分析指标	4		1		1	2	
管理层讨论与分析	1				1		
计算题/综合题	14	2	4	1	2	4	1

考点一：财务分析的意义和内容

【例题10-1·判断题】 在财务分析中，企业经营者应对企业财务状况进行全面的综合分析，并关注企业财务风险和经营风险。（　　）（2012年）

考点二：财务分析的方法

【例题10-2·单选题】 下列各项中，不属于财务分析中因素分析法特征的是（　　）。（2012年）

A. 因素分解的关联性　　　　　　B. 顺序替代的连环性
C. 分析结果的准确性　　　　　　D. 因素替代的顺序性

考点三：偿债能力分析

【例题10-3·单选题】 下列各项中，不属于速动资产的是（　　）。（2014年）
A. 现金　　　B. 产成品　　　C. 应收账款　　　D. 交易性金融资产

【例题10-4·单选题】 在计算速动比率指标时，下列各项中，不属于速动资产的是（　　）。（2018年）

A．应收票据　　　B．货币资金　　　C．应收账款　　　D．存货

【例题10-5·单选题】已知利润总额为700万元，利润表中的财务费用为50万元，资本化利息为30万元，则利息保障倍数为（　　）。(2020年)

A．9.375　　　B．15　　　C．8.75　　　D．9.75

【例题10-6·单选题】某公司当前的速动比率大于1，若用现金偿还应付账款，则对流动比率与速动比率的影响是（　　）。(2021年)

A．流动比率变小，速动比率变小　　　B．流动比率变大，速动比率不变

C．流动比率变大，速动比率变大　　　D．流动比率不变，速动比率变大

【例题10-7·多选题】下列各项因素中，影响企业偿债能力的有（　　）。(2015年)

A．经营租赁　　　B．或有事项　　　C．资产质量　　　D．授信额度

【例题10-8·判断题】现金比率不同于速动比率之处主要在于剔除了应收账款对短期偿债能力的影响。（　　）(2017年)

【例题10-9·综合题】戊公司是一家啤酒生产企业，相关资料如下：

资料一：由于戊公司产品生产和销售存在季节性，应收账款余额在各季度的波动幅度很大，其全年应收账款平均余额的计算公式确定为：应收账款平均余额＝年初余额÷8＋第一季度末余额÷4＋第二季度末余额÷4＋第三季度末余额÷4＋年末余额÷8，公司2016年各季度应收账款余额如表1所示。

表1　　　　　　　　　　　　2016年各季度应收账款余额　　　　　　　　　　　　单位：万元

时间	年初	第一季度末	第二季度末	第三季度末	年末
金额	1 380	2 480	4 200	6 000	1 260

资料二：戊公司2016年末资产负债表有关项目余额及其与销售收入的关系如表2所示。

表2　　　　　　　　2016年资产负债表有关项目期末余额及其与销售收入的关系

资产项目	期末数（万元）	与销售收入的关系	负债与股东权益项目	期末数（万元）	与销售收入的关系
现金	2 310	11%	短期借款	2 000	N
应收账款	1 260	6%	应付账款	1 050	5%
存货	1 680	8%	长期借款	2 950	N
固定资产	8 750	N	股本	7 000	N
			留存收益	1 000	N
资产总计	14 000	25%	负债与股东权益总计	14 000	5%

注：表中"N"表示该项目不能随销售额的变动而变动。

资料三：2016年度公司营业收入为21 000万元，营业成本为8 400万元，存货周转期为70天，应付账款周转期为66天，假设一年按360天计算。

资料四：公司为了扩大生产能力，拟购置一条啤酒生产线，预计需增加固定资产投资4 000万元，假设现金、应收账款、存货、应付账款项目与销售收入的比例关系保持不变，增加生产线后预计2017年销售收入将达到28 000万元，税后利润将增加到2 400万元，预计

2017 年度利润留存率为 45%。

资料五：为解决资金缺口，公司打算通过以下两种方式筹集资金：

（1）按面值发行 4 000 万元的债券，期限为 5 年，票面利率为 8%，每年付息一次，到期一次还本，筹资费用率为 2%，公司适用的所得税税率为 25%。

（2）向银行借款解决其余资金缺口，期限为 1 年，年名义利率为 6.3%，银行要求公司保留 10% 的补偿性余额。

要求：

（1）根据资料一和资料三，计算 2016 年度下列指标：①应收账款平均余额；②应收账款周转期；③经营周期；④现金周转期。

（2）根据资料二和资料三，计算下列指标：①2016 年度末的权益乘数；②2016 年度的营业毛利率。

（3）根据资料二、资料三和资料四，计算 2017 年度下列指标：①利润的留存额；②外部融资需求量。

（4）根据资料五，计算下列指标：①发行债券的资本成本率（不考虑货币的时间价值）；②短期借款的年实际利率。(2017 年)

【例题 10-10·综合题】乙公司和庚公司是同一行业、规模相近的两家上市公司。有关资料如下：

资料一：乙公司 2017 年普通股股数为 10 000 万股，每股收益为 2.31 元。部分财务信息如表 1 所示。

表 1　　　　　　　　　　乙公司部分财务信息　　　　　　　　　　单位：万元

项目	2017 年末数据	项目	2017 年度数据
负债合计	184 800	营业收入	200 000
股东权益合计	154 000	净利润	23 100
资产总计	338 800	经营活动现金流量净额	15 000

资料二：乙公司股票的 β 系数为 1.2，无风险收益率为 4%，证券市场平均收益率为 9%，乙公司按每年每股 3 元发放固定现金股利。目前该公司的股票市价为 46.20 元。

资料三：乙公司和庚公司 2017 年部分财务指标如表 2 所示。

表 2　　　　　　　　　　乙公司和庚公司财务指标

项目	乙公司	庚公司
产权比率	（A）	1
净资产收益率（按期末数计算）	（B）	20%
总资产周转率（按期末数计算）	（C）	0.85
营业现金比率	（D）	15%
每股营业现金净流量（元）	（E）	*
市盈率（倍）	（F）	*

注：表中"*"表示省略的数据。

资料四：庚公司股票的必要收益率为11%。该公司2017年度股票分利方案是每股现金股利1.5元，即（$D_0=1.5$）预计未来各年的股利年增长率为6%。目前庚公司的股票市价为25元。

要求：

（1）根据资料一和资料二，确定上述表格中A、B、C、D、E、F所代表的数值（不需要列示计算过程）。

（2）根据（1）的计算结果和资料三，回答下列问题：

①判断乙公司和庚公司谁的财务结构更加稳健，并说明理由；

②判断乙公司和庚公司获取现金的能力哪个更强，并说明理由。

（3）根据资料二计算并回答下列问题：

①运用资本资产定价模型计算乙公司股票的必要收益率；

②计算乙公司股票的价值；

③给出"增持"或"减持"该股票的投资建议，并说明理由。

（4）根据资料四，计算并回答如下问题：

①计算庚公司的内部收益率；

②给出"增持"或"减持"该股票的投资建议，并说明理由。（2018年）

【例题10-11·综合题】甲公司生产销售A产品，有关资料如下：

公司2019年12月31日资产负债表如下表所示。

单位：万元

资产	年末余额	负债与股东权益	年末余额
货币资金	200	应付账款	600
应收账款	400	长期借款	2 400
存货	900	股本	4 000
固定资产	6 500	留存收益	1 000
资产总计	8 000	负债与股东权益总计	8 000

要求：根据上述资料，计算2019年末的流动比率、速动比率与产权比率。（2020年）

考点四：营运能力分析

【例题10-12·单选题】某企业的营业净利率为20%，总资产净利率为30%，则总资产周转率为（　　）次。（2018年）

A. 0.67　　　　B. 0.1　　　　C. 0.5　　　　D. 1.5

【例题10-13·多选题】在一定时期内，应收账款周转次数多、周转天数少表明（　　）。（2013年）

A. 收账速度快　　　　　　　　B. 信用管理政策宽松

C. 应收账款流动性强　　　　　D. 应收账款管理效率高

【例题10-14·多选题】一般而言，存货周转次数增加，其所反映的信息有（　　）。（2014年）

A. 盈利能力下降　　　　　　　B. 存货周转期延长

C. 存货流动性增强   D. 资产管理效率提高

【例题10-15·多选题】下列各项中，影响应收账款周转率指标的有（　　）。(2016年)
A. 应收票据　　B. 应收账款　　C. 预付账款　　D. 销售折扣与折让

【例题10-16·判断题】在计算应收账款周转次数指标时，不应将应收票据考虑在内。(　　)。(2020年)

【例题10-17·判断题】一般而言，存货周转速度越快，存货占用水平越低，企业的营运能力就越强。(　　)（2020年）

【例题10-18·综合题】丁公司是一家处于初创阶段的电子产品生产企业，相关资料如下：

资料一：2016年开始生产和销售P产品，售价为0.9万元/件，全年生产20 000件，产销平衡。丁公司适用的所得税税率为25%。

资料二：2016年财务报表部分数据如表1和表2所示。

表1　　　　　　　　　　　　2016年财务报表部分数据　　　　　　　　　　　单位：万元

流动资产合计	27 500	负债合计	35 000
非流动资产合计	32 500	所有者权益合计	25 000
资产总计	60 000	负债与所有者权益总计	60 000

表2　　　　　　　　　　　　利润表项目（年度数）　　　　　　　　　　　　单位：万元

营业收入	18 000	利润总额	3 000
营业成本	11 000	所得税	750
期间费用	4 000	净利润	2 250

资料三：所在行业的相关财务指标平均水平：总资产净利率为4%，总资产周转次数为0.5次，营业净利率为8%，权益乘数为2。

要求：

(1) 根据资料二，计算下列指标（计算中需要使用期初与期末平均数的，以期末数替代）：①总资产净利率；②权益乘数；③营业净利率；④总资产周转率。

(2) 根据(1)的计算结果和资料三，完成下列要求。①依据所在行业平均水平对丁公司偿债能力和营运能力进行评价；②说明丁公司总资产净利率与行业平均水平差异形成的原因。(2017年)

考点五：盈利能力分析

【例题10-19·单选题】假定其他条件不变，下列各项经济业务中，会导致公司总资产净利率上升的是（　　）。(2013年)
A. 收回应收账款
B. 用资本公积转增股本
C. 用银行存款购入生产设备
D. 用银行存款归还银行借款

【例题10-20·单选题】关于杜邦分析体系所涉及的财务指标，下列表述错误的是（　　）。(2018年)
A. 营业净利率可以反映企业的盈利能力

B. 权益乘数可以反映企业的偿债能力

C. 总资产周转率可以反映企业的营运能力

D. 总资产收益率是杜邦分析体系的起点

【例题10-21·判断题】净资产收益率是一个综合性比较强的财务分析指标，是杜邦财务分析体系的起点。（　　）（2018年）

【例题10-22·计算题】丁公司2013年12月31日总资产为600 000元，其中流动资产为450 000元，非流动资产为150 000元；股东权益为400 000元。

丁公司年度运营分析报告显示，2013年的存货周转次数为8次，营业成本为500 000元，净资产收益率为20%，非经营净收益为-20 000元。期末的流动比率为2.5。

要求：

（1）计算2013年存货平均余额。

（2）计算2013年末流动负债。

（3）计算2013年净利润。

（4）计算2013年经营净收益。

（5）计算2013年净收益营运指数。（2014年）

【例题10-23·综合题】甲公司生产销售A产品，有关资料如下：

公司2019年销售收入为6 000万元，净利润为600万元，股利支付率为70%。

要求：根据上述资料，计算2019年销售净利率。（2020年）

考点六：发展能力分析

【例题10-24·单选题】某公司2012年初所有者权益为1.25亿元，2012年末所有者权益为1.50亿元。该公司2012年的所有者权益增长率是（　　）。（2013年）

A. 16.67%　　　B. 20.00%　　　C. 25.00%　　　D. 120.00%

【例题10-25·单选题】某公司上期营业收入为1 000万元，本期期初应收账款为120万元，本期期末应收账款为180万元，本期应收账款周转率为8次，则本期的营业收入增长率为（　　）。（2020年）

A. 20%　　　B. 12%　　　C. 18%　　　D. 50%

【例题10-26·单选题】关于获取现金能力的有关财务指标，下列表述正确的是（　　）。（2019年）

A. 每股营业现金净流量是经营活动现金流量净额与普通股股数之比

B. 用长期借款方式购买固定资产会影响营业现金比率

C. 全部资产现金回收率指标不能反映公司获取现金的能力

D. 公司将销售政策由赊销调整为现销方式后，不会对营业现金比率产生影响

【例题10-27·判断题】计算资本保值增值率时，期末所有者权益的计量应当考虑利润分配政策及投入资本的影响。（　　）（2016年）

【例题10-28·计算题】丙公司是一家上市公司，管理层要求财务部门对公司的财务状况和经营成本进行评价。财务部门根据公司2013年和2014年的年报整理出用于评价的部分财务数据，如下表所示。

丙公司部分财务数据　　　　　　　　　　　　　　　单位：万元

资产负债表项目	2014 年期末余额	2013 年期末余额
应收账款	65 000	55 000
流动资产合计	200 000	220 000
流动负债合计	120 000	110 000
负债合计	300 000	300 000
资产总计	800 000	700 000
营业收入	420 000	400 000
净利润	67 500	55 000

要求：

（1）计算2014年末的下列财务指标：①营运资金；②权益乘数。

（2）计算2014年度的下列财务指标：①应收账款周转率；②净资产收益率；③资本保值增值率。（2015年）

考点七：现金流量分析

【例题10-29·判断题】净收益营运指数是收益质量分析的重要指标，一般而言，净收益营运指数越小，表明企业收益质量越好。（　　）（2013年）

考点八：上市公司特殊财务分析指标

【例题10-30·单选题】下列各项财务指标中，能够综合反映企业成长性和投资风险的是（　　）。（2011年）

A. 市盈率　　　　B. 每股收益　　　　C. 营业净利率　　　　D. 每股净资产

【例题10-31·单选题】下列各项财务指标中，能够提示公司每股股利与每股收益之间关系的是（　　）。（2011年）

A. 市净率　　　　B. 股利支付率　　　　C. 每股市价　　　　D. 每股净资产

【例题10-32·单选题】在计算稀释每股收益时，下列各项中，不属于潜在普通股的是（　　）。（2017年）

A. 可转换公司债券　　　　　　　　B. 不可转换优先股
C. 股票期权　　　　　　　　　　　D. 认股权证

【例题10-33·单选题】某上市公司股票市价为20元，普通股数量100万股，净利润400万元，净资产500万元，则市净率为（　　）。（2020年）

A. 4　　　　B. 5　　　　C. 10　　　　D. 20

【例题10-34·多选题】下列各项中，属于企业计算稀释每股收益时应当考虑的潜在普通股有（　　）。（2011年）

A. 认股权证　　　B. 股份期权　　　C. 公司债券　　　D. 可转换公司债券

【例题10-35·多选题】股利发放率是上市公司财务分析的重要指标，下列关于股利发放率的表述中，正确的有（　　）。（2012年）

A. 可以评价公司的股利分配政策　　B. 反映每股股利与每股收益之间的关系
C. 股利发放率越高，盈利能力越强　　D. 是每股股利与每股净资产之间的比率

【例题10-36·判断题】通过横向和纵向对比，每股净资产指标可以作为衡量上市公司股票投资价值的依据之一。（　　）（2011年）

【例题10-37·判断题】市盈率是反映股票投资价值的重要指标，该指标数值越大，表明投资者越看好该股票的投资预期。（　　）（2014年）

【例题10-38·综合题】戊公司是一家以软件研发为主要业务的上市公司，其股票于2013年在我国深圳证券交易所创业板上市交易，戊公司有关材料如下：

资料一：2015年戊公司实现的净利润为500万元，2015年12月31日戊公司股票每股市价为10元，戊公司2015年末资产负债表相关数据如下表所示。

项目	金额（万元）
资产总额	10 000
负债合计	6 000
股本（面值1元，发行在外1 000万股）	1 000
资本公积	500
盈余公积	1 000
未分配利润	1 500
所有者权益合计	4 000

资料二：戊公司2016年拟筹资1 000万元以满足投资的需要，戊公司2015年末的资本结构是该公司的目标资本结构。

资料三：戊公司制订的2015年度利润分配方案如下：（1）鉴于法定盈余公积累计已超过注册资本的50%，不再计提盈余公积；（2）每10股发放现金股利1元；（3）每10股发放股票股利1股。该方案已经股东大会审议通过，发放股利时戊公司的股价为10元/股。

要求：

（1）根据资料一，计算该公司2015年12月31日的市盈率和市净率。

（2）根据资料一和资料二，如果戊公司采用剩余股利分配政策，计算：①戊公司2016年度投资所需的权益资本数额；②每股现金股利。

（3）根据资料一和资料三，计算戊公司发放股利后的下列指标：①未分配利润；②股本；③资本公积。（2016年）

考点九：管理层讨论与分析

【例题10-39·单选题】我国上市公司"管理层讨论与分析"信息披露遵循的原则是（　　）。（2012年）

A. 自愿原则　　B. 强制原则
C. 不定期披露原则　　D. 强制与自愿相结合原则

答 案

【例题 10-1·判断题】 正确

【解析】 企业经营决策者必须对企业经营理财的各个方面,包括营运能力、偿债能力、获利能力及发展能力的全部信息予以详尽的了解和掌握,主要进行各方面综合分析,并关注企业财务风险和经营风险。

【例题 10-2·单选题】 C

【解析】 采用因素分析法时,必须注意以下问题:(1)因素分解的关联性;(2)因素替代的顺序性;(3)顺序替代的连环性;(4)计算结果的假定性,选项 C 不属于因素分析法的特征。

【例题 10-3·单选题】 B

【解析】 速动资产指可以在较短时期内变现的资产,包括货币资金、交易性金融资产和应收款项等,产成品不属于速动资产,选项 B 正确。

【例题 10-4·单选题】 D

【解析】 速动资产的内容包括货币资产、交易性金融资产和各种应收款项,所以选项 D 正确。

【例题 10-5·单选题】 A

【解析】 利息保障倍数 = 息税前利润 ÷ 应付利息 = (净利润 + 利润表利息费用 + 所得税) ÷ 应付利息 = (700 + 50) ÷ (50 + 30) = 9.375。公式分母中的应付利息包括计入财务费用中的利息费用和资本化利息。利息保障倍数越大,利息支付越有保障。

【例题 10-6·单选题】 C

【解析】 ①使用现金偿还应付账款,会使速动资产(货币资金)与流动负债(应付账款)减少相同的金额。②当速动比率大于1时,分子、分母减少相同的数值后速动比率变大;③速动比率大于1,流动比率也是大于1,使用现金偿还应付账款,也会使得流动资产、流动负债减少相同数值,流动比率变大。

【例题 10-7·多选题】 ABCD

【解析】 影响偿债能力的其他因素包括:(1)可动用的银行贷款指标或授信额度;(2)资产质量;(3)或有事项和承诺事项;(4)经营租赁。

【例题 10-8·判断题】 正确

【解析】 现金资产包括货币资金和交易性金融资产等。现金比率剔除了应收账款对偿债能力的影响,最能反映企业直接偿付流动负债的能力,表明每1元流动负债有多少现金资产作为偿债保障。

【例题 10-9·综合题】

(1)①应收账款平均金额余额 = 1 380 ÷ 8 + 2 480 ÷ 4 + 4 200 ÷ 4 + 6 000 ÷ 4 + 1 260 ÷ 8 = 3 500(万元)

②应收账款周转期 = 3 500 ÷ (21 000 ÷ 360) = 60(天)

③经营周期 = 60 + 70 = 130(天)

④现金周转期 = 130 - 66 = 64(天)

(2)①2016年度末的权益乘数 = 资产总额 ÷ 股东权益总额 = 14 000 ÷ (7 000 + 1 000) = 1.75

②2016年度的营业毛利率 = 营业毛利 ÷ 营业收入 = (营业收入 - 营业成本) ÷ 营业收入 =

$(21\ 000 - 8\ 400) \div 21\ 000 \times 100\% = 60\%$

（3）①利润的留存额＝税后利润×利润留存率＝2 400×45%＝1 080（万元）

②2016年度公司营业收入为21 000万元，增加生产线后预计2017年销售收入将达到28 000万元，注意这里是"将达到28 000万元"，因此销售变动额为7 000万元（28 000－21 000），由2016年资产负债表可知，敏感性资产与销售收入的比例为25%，敏感性负债与销售收入的比例为5%。

外部融资需求量＝(28 000－21 000)×(25%－5%)＋4 000－1 080＝4 320（万元）

（4）①发行债券的资本成本率＝8%×(1－25%)÷(1－2%)＝6.12%

②短期借款的年实际利率＝6.3%÷(1－10%)＝7%

【解析】

（1）根据其全年应收账款平均余额的计算公式确定为：应收账款平均余额＝年初余额÷8＋第一季度末余额÷4＋第二季度末余额÷4＋第三季度末余额÷4＋年末余额÷8，直接将2016年各季度应收账款余额表中数值代入公式中。

应收账款周转期＝应收账款平均金额÷日销售收入，日销售收入＝全年销售收入÷360，注意看清题目中表述一年是按360天还是按365天计算，本题中写明一年按360天计算。

经营周期＝应收账款周转期＋存货周转期

现金周转期＝经营周期－应付账款周转期

（2）2016年度末的权益乘数＝资产总额÷股东权益总额，本题中股东权益总额＝股本＋留存收益。

2016年度的营业毛利率＝营业毛利÷营业收入＝(营业收入－营业成本)÷营业收入

（3）利润的留存额＝税后利润×利润留存率

由题目可知，预计需增加固定资产投资4 000万元，假设现金、应收账款、存货、应付账款项目与销售收入的比例关系保持不变，根据销售百分比法，预计2017年销售收入将达到28 000万元，注意这里是"将达到28 000万元"，因此销售变动额为7 000万元（28 000－21 000），由2016年资产负债表可知，敏感性资产（现金、应收账款、存货）与销售收入的比例为25%，敏感性负债（应付账款）与销售收入的比例为5%，需要增加5 400万元[4 000＋7 000×(25%－5%)]的资金需求，最后，确定外部融资需求的数量。有1 080万元（2 400×45%）利润被留存下来，还有4 320万元（5 400－1 080）的资金必须从外部筹集。

（4） $\text{资本成本率} = \dfrac{\text{年利率} \times (1 - \text{所得税税率})}{1 - \text{手续费率}} = \dfrac{i(1-T)}{(1-f)}$

$\text{短期借款的年实际利率} = \dfrac{\text{贷款额} \times \text{报价利率}}{\text{贷款额} \times (1 - \text{补偿性余额比率})} = \dfrac{\text{报价利率}}{(1 - \text{补偿性余额比率})}$

【例题10－10·综合题】

（1）A＝184 800÷154 000＝1.2；B＝23 100÷154 000＝15%；C＝200 000÷338 800＝0.59；D＝15 000÷200 000＝7.5%；E＝15 000÷10 000＝1.5；F＝46.2÷(23 100÷10 000)＝20。

（2）①庚公司的财务结构更稳健，理由：庚公司的产权比率（1）低于乙公司的产权利率（1.2）。

②庚公司获取现金的能力更强，理由：庚公司营业现金比率15%高于乙公司的7.5%。

（3）①乙公司股票的必要收益率＝4%＋1.2×(9%－4%)＝10%

②乙公司股票价值 = 3÷10% = 30（元/股）

③应该减持股票。理由：股票价值低于股票价格。

（4）①庚公司股票的内部收益率 = 1.5×(1+6%)÷25+6% = 12.36%

②建议增持该股票，理由：内部收益率（12.36%）高于必要收益率（11%）。

【解析】

（1） A = 产权比率 = 负债÷股东权益

B = 净资产收益率 = 净利润÷股东权益

C = 总资产周转率 = 营业收入÷总资产

D = 营业现金比率 = 经营活动现金流量净额÷营业收入

E = 每股营业现金净流量 = 经营活动现金流量净额÷普通股股数

F = 市盈率 = 每股市价÷每股收益

（2）产权比率反映了债权人资本受股东权益保障的程度，比率越低，表明企业长期偿债能力越强，债权人权益保障程度越高；产权比率高，是高风险、高报酬的财务结构。

营业现金比率反映每元营业收入得到的经营现金流量净额，其数值越大越好。

（3）资本资产定价模型公式：$R = R_f + \beta \times (R_m - R_f)$。

乙公司按每年每股3元发放固定现金股利，股票价值 = $\dfrac{D}{R}$；

股票价值小于股票市价，股票不值得投资。

（4）固定股利增长率 g = 6%，根据公式 $R = \dfrac{D_1}{P_0} + g = \dfrac{D_0(1+g)}{P_0} + g$；股票的内部收益率，是指股票投资未来现金流量的贴现值等于目前的购买价格时的贴现率，也就是股票投资项目的内含收益率，内部收益率高于必要收益率时，股票值得投资。

【例题10-11·综合题】

2019年末的流动比率 = （200+400+900）÷600 = 2.5

2019年末的速动比率 = （200+400）÷600 = 1

2019年末的产权比率 = （600+2 400）÷（4 000+1 000）= 0.6

【解析】

流动比率 = 流动资产÷流动负债（流动资产 = 货币资金+交易性金融资产+各种应收款项+存货+预付账款+1年内到期的非流动资产+其他流动资产）；速动比率 = 速动资产÷流动负债（速动资产 = 货币资金+交易性金融资产+各种应收款项）；现金比率 = （货币资金+交易性金融资产）÷流动负债。

【例题10-12·单选题】D

【解析】总资产周转率 = 营业收入÷总资产 = 营业收入÷净利润×（净利润÷总资产）= 总资产净利率÷营业净利率 = 30%÷20% = 1.5，选项D正确。

【例题10-13·多选题】ACD

【解析】一般来说，应收账款周转率越高、周转天数越短表明应收账款管理效率越高。在一定时期内应收账款周转次数多、周转天数少表明：（1）企业收账迅速，信用销售管理严格（选项B错误）；（2）应收账款流动性强，从而增强企业短期偿债能力；（3）可以减少收账费用和坏账损失，相对增加企业流动资产的投资收益；（4）通过比较应收账款周转天数及企业信用期限，可评价客户的信用程度，调整企业信用政策。

【例题 10-14·多选题】 CD

【解析】 一般来讲，存货周转速度越快，存货占用水平越低，流动性越强，存货转化为现金或应收账款的速度就越快，这样会增加企业的短期偿债能力及盈利能力，选项 CD 正确。

【例题 10-15·多选题】 ABD

【解析】 应收账款周转率＝营业收入÷应收账款平均余额，其中营业收入指扣除销售折扣和折让后的销售净额；应收账款平均余额包括应收账款和应收票据，选项 ABD 正确。

【例题 10-16·判断题】 错误

【解析】 应收账款周转次数＝营业收入÷应收账款平均余额，营业收入指扣除销售折扣和折让后的销售净额；大部分应收票据是销售形成的，应将其纳入应收账款周转天数的计算。

【例题 10-17·判断题】 正确

【解析】 一般来讲，存货周转速度越快，存货占用水平越低，流动性越强，存货转化为现金或应收账款的速度就越快，这样会增强企业的短期偿债能力及盈利能力。即企业的营运能力也就越强。

【例题 10-18·综合题】

（1）①总资产净利率＝2 250÷60 000＝3.75%

②权益乘数＝60 000÷25 000＝2.4

③销售净利率＝2 250÷18 000＝12.5%

④总资产周转率＝18 000÷60 000＝0.3（次）

（2）①丁公司的权益乘数（2.4）大于行业平均水平（2），说明丁公司举债较多，偿债风险大，偿债能力相对较弱；丁公司的总资产周转率（0.3）小于行业平均水平（0.5），说明丁公司与行业平均水平相比，营运能力较差。

②总资产净利率＝销售净利率×总资产周转率

所在行业的总资产净利率＝8%×0.5＝4%

丁公司的总资产净利率＝12.5%×0.3＝3.75%

丁公司总资产净利率与所在行业总资产净利率差异为：3.75%－4%＝－0.25%，

第一次替代：12.5%×0.5＝6.25%；

则销售净利率变动对总资产净利率的影响为：6.25%－4%＝2.25%。

第二次替代：12.5%×0.3＝3.75%；

则总资产周转率对总资产净利率的影响为：3.75%－6.25%＝－2.5%。

因此，丁公司总资产净利率低于行业平均水平差异形成的主要原因是总资产周转率较低，低于行业平均水平。

【解析】

（1）①总资产净利率＝净利润÷总资产＝2 250÷60 000＝3.75%

②权益乘数＝总资产÷所有者权益＝60 000÷25 000＝2.4

③销售净利率＝净利润÷营业收入＝2 250÷18 000＝12.5%

④总资产周转率＝营业收入÷总资产＝18 000÷60 000＝0.3（次）

（2）权益乘数可以反映企业的偿债能力，权益乘数表明1元股东权益拥有的总资产；企业负债比率越高，权益乘数越大。丁公司的权益乘数（2.4）大于行业平均水平（2），因此丁公司举债较多，偿债风险大，偿债能力相对较弱。

反映总资产营运能力的指标是总资产周转率，资金周转速度越快，说明企业的资金管理水平越高，资金利用效率越高。丁公司的总资产周转率（0.3）小于行业平均水平（0.5），说明丁公司与行业平均水平相比，营运能力较差。

【例题 10–19·单选题】 D

【解析】 总资产净利率 = 净利润 ÷ 平均总资产，收回应收账款、用银行存款购入生产设备都是资产内部的增减，用资本公积转增股本属于所有者权益内部增减，均不影响净利润和平均总资产的数额；用银行存款归还银行借款，会引起资产和负债同时减少，总资产减少，总资产净利率上升，选项 D 正确。

【例题 10–20·单选题】 D

【解析】 净资产收益率是杜邦分析体系的起点。

【例题 10–21·判断题】 正确

【解析】 净资产收益率是杜邦分析体系的起点和核心。该指标的高低反映了投资者的净资产获利能力的大小。净资产收益率是由营业净利率、总资产周转率和权益乘数决定的。

【例题 10–22·计算题】

（1）2013 年的存货平均余额 = 500 000 ÷ 8 = 62 500（元）

（2）2013 年末的流动负债 = 450 000 ÷ 2.5 = 180 000（元）

（3）2013 年净利润 = 400 000 × 20% = 80 000（元）

（4）2013 年经营净收益 = 80 000 – (–20 000) = 100 000（元）

（5）2013 年的净收益营运指数 = 100 000 ÷ 80 000 = 1.25

【解析】

（1）存货周转率 = 营业成本 ÷ 存货平均余额

（2）流动比率 = 流动资产 ÷ 流动负债，流动负债 = 流动资产 ÷ 流动比率。

（3）净资产收益率 = 净利润 ÷ 净资产，净利润 = 净资产 × 资产收益率。

（4）经营净收益 + 非经营净收益 = 净利润，经营净收益 = 净利润 – 非经营净收益。

（5）净收益营运指数 = 经营净收益 ÷ 净利润

【例题 10–23·综合题】

2019 年销售净利率 = 600 ÷ 6 000 × 100% = 10%

【例题 10–24·单选题】 B

【解析】 所有者权益增长率 = 本年所有者权益增长额 ÷ 年初所有者权益 × 100% = (1.5 – 1.25) ÷ 1.25 × 100% = 20%

【例题 10–25·单选题】 A

【解析】 本期应收账款周转率 = 本期营业收入 ÷ [(期初应收账款 + 期末应收账款) ÷ 2]，即 8 = 本期营业收入 ÷ [(120 + 180) ÷ 2]，本期营业收入 = 1 200 万元。本期的营业收入增长率 = (1 200 – 1 000) ÷ 1 000 × 100% = 20%。

【例题 10–26·单选题】 A

【解析】 每股营业现金净流量 = 经营活动现金流量净额 ÷ 普通股股数，因此选项 A 的说法正确。营业现金比率 = 经营活动现金流量净额 ÷ 营业收入，用长期借款购买固定资产，影响投资活动现金流量净额，不影响经营活动现金流量净额，因此选项 B 的说法错误。全部资产现金回收率是通过企业经营活动现金流量净额与企业平均总资产之比来反映的，它说明企业全部资产产生现金的能力，因此选项C的说法错误。企业将销售政策由赊销调整为现销，会影响经营活动现金流量净额，进而会影响营业现金比率，因此选项D的说法错误。

【例题10-27·判断题】正确

【解析】资本保值增值率除了受企业经营成果的影响外，还受企业利润分配政策和投入资本的影响。

【例题10-28·计算题】
（1）①营运资金＝200 000－120 000＝80 000（万元）
②权益乘数＝800 000÷（800 000－300 000）＝1.6
（2）①应收账款周转率＝420 000÷［（65 000＋55 000）÷2］＝7
②2013年末所有者权益＝700 000－300 000＝400 000（万元）
2014年末所有者权益＝800 000－300 000＝500 000（万元）
净资产收益率＝67 500÷［（500 000＋400 000）÷2］×100%＝15%
③资本保值增值率＝500 000÷400 000×100%＝125%

【解析】
（1）①营运资金＝流动资产－流动负债＝200 000－120 000＝80 000（万元）
②权益乘数＝总资产÷所有者权益＝总资产÷（总资产－负债）＝800 000÷（800 000－300 000）＝1.6
（2）①应收账款周转率＝营业收入÷应收账款平均余额＝420 000÷［（65 000＋55 000）÷2］＝7
②2013年末所有者权益＝2013年末总资产－2013年末负债＝700 000－300 000＝400 000（万元）
2014年末所有者权益＝2014年末总资产－2014年末负债＝800 000－300 000＝500 000（万元）
净资产收益率＝净利润÷所有者权益平均余额＝67 500÷［（500 000＋400 000）÷2］×100%＝15%
③资本保值增值率＝年末所有者权益总额÷年初所有者权益总额＝500 000÷400 000×100%＝125%

【例题10-29·判断题】错误

【解析】净收益营运指数＝经营净收益÷净利润，该指标越小，非经营净收益所占比重越大，收益质量越差，因为非经营净收益不反映公司的核心能力及正常的收益能力，可持续性较低。

【例题10-30·单选题】A

【解析】市盈率＝每股市价÷每股收益，一方面，市盈率越高意味着投资者对该股票的收益预期越看好，投资价值越大；反之，投资者对该股票评价越低。另一方面，市盈率越高，也说明获得一定的预期利润投资者需要支付更高的价格，因此，投资于该股票的风险也越大；市盈率越低，说明投资于该股票的风险越小。

【例题10-31·单选题】B

【解析】股利支付率＝股利支付额÷净利润＝每股股利÷每股收益，选项B正确。

【例题10-32·单选题】B

【解析】稀释性潜在普通股指假设当期转换为普通股会减少每股收益的潜在普通股。潜在普通股主要包括：可转换公司债券、认股权证和股份期权等，不包括不可转换优先股，选项B正确。

【例题10-33·单选题】A

【解析】市净率=每股市价÷每股净资产=20÷（500÷100）=4。一般来说，市净率较低的股票，投资价值较高；反之，则投资价值较低。但有时较低市净率反映的可能是投资者对公司前景的不良预期，而较高市净率则相反。因此，在判断某只股票的投资价值时，还要综合考虑当时的市场环境以及公司经营情况、资产质量和盈利能力等因素。

【例题10-34·多选题】ABD

【解析】稀释性潜在普通股指假设当期转换为普通股会减少每股收益的潜在普通股，主要包括可转换公司债券、认股权证和股份期权。

【例题10-35·多选题】AB

【解析】反映每股股利和每股收益之间关系的一个重要指标是股利发放率，即每股股利分配额与当期的每股收益之比。借助于该指标，投资者可以了解一家上市公司的股利发放政策，选项AB正确。

【例题10-36·判断题】正确

【解析】每股净资产指标反映了在会计期末每一股份在企业账面上到底值多少钱，利用该指标进行横向和纵向对比，可以衡量上市公司股票的投资价值。如在企业性质相同、股票市价相近的条件下，某一企业股票的每股净资产越高，则企业发展潜力与其股票的投资价值越大，投资者所承担的投资风险越小。

【例题10-37·判断题】正确

【解析】市盈率越高意味着投资者对该股票的收益预期越看好、投资价值越大；反之，投资者对该股票评价越低。

【例题10-38·综合题】

（1）每股收益=500÷1 000=0.5（元/股）

每股净资产=4 000÷1 000=4（元/股）

市盈率=10÷0.5=20；市净率=10÷4=2.5。

（2）①资产负债率=6 000÷10 000×100%=60%，又由于戊公司2015年末的资本结构是目标资本结构。

2016年投资所需的权益资本数额=1 000×（1-60%）=400（万元）

②每股现金股利=（500-400）÷1 000=0.1（元/股）

（3）发放现金股利需要减少未分配利润=1 000×（1/10）=100（万元）

发放股票股利需要减少未分配利润=1 000×（1/10）×10=1 000（万元）

发放股票股利增加股本=100×1=100（万元）

发放股票股利增加资本公积=100×（10-1）=900（万元）

①发放股利后的未分配利润=1 500-100-1 000=400（万元）

②发放股利后的股本=1 000+100=1 100（万元）

③发放股利后的资本公积=500+900=1 400（万元）

【解析】

(1) 每股收益 = 净利润 ÷ 发行在外普通股的股数 = 500 ÷ 1 000 = 0.5（元/股）

每股净资产 = 净资产 ÷ 发行在外普通股的股数 = 所有者权益合计 ÷ 发行在外普通股的股数 = 4 000 ÷ 1 000 = 4（元/股）

市盈率 = 每股市价 ÷ 每股收益 = 10 ÷ 0.5 = 20；市净率 = 10 ÷ 4 = 2.5。

(2) ①资产负债率 = 负债 ÷ 总资产 = 6 000 ÷ 10 000 × 100% = 60%，又由于戊公司2015年末的资本结构是目标资本结构。

2016年1 000万元投资所需的权益资本数额 = 1 000 × (1 - 60%) = 400（万元）

②剩余股利政策的特点是：留存收益优先保证再投资的需要，净利润500万元先满足投资所需的权益资本，剩余100万元（500 - 400）用于发放现金股利，每股现金股利 = 100 ÷ 1 000 = 0.1（元/股）。

(3) 每10股发放现金股利1元，发放现金股利需要减少未分配利润 = 普通股股数 × 每股股利金额 = 1 000 × (1/10) = 100（万元）；

每10股发放股票股利1股，发放股票股利需要减少未分配利润 = 普通股股数 × 每股对应股价 = 1 000 × (1/10) × 10 = 1 000（万元）；

发放股票股利增加股本 = 100 × 1 = 100（万元）；

发放股票股利增加资本公积 = 100 × (10 - 1) = 900（万元）

①发放股利后的未分配利润 = 1 500（原未分配利润） - 100（现金股利） - 1 000（股票股利） = 400（万元）

②发放股利后的股本 = 1 000（原股本） + 100（股票股利） = 1 100（万元）

③发放股利后的资本公积 = 500 + 900 = 1 400（万元）

【例题10 - 39·单选题】D

【解析】管理层讨论与分析信息大多涉及"内部性"较强的定性型软信息，无法对其进行详细的强制规定和有效监控，因此，西方国家的披露原则是强制与自愿相结合，企业可以自主决定如何披露这类信息。我国也基本实行这种原则。